2019(下)——2022(上)真题考点分布表

章 \ 年份	2022年	2021年		2020年	2019年
	上半年	下半年	上半年	下半年	下半年
教育基础知识与基本原理	教育及教育学的产生与发展;影响个体身心发展的主要因素;常用的教育研究方法;教育的社会属性;个体身心发展的规律;义务教育的基本特征	教育学的产生与发展;教育与社会发展;个体身心发展的动因;学校教育在人的身心发展中起主导作用的原因;教育目的	教育学的产生与发展;教育与社会发展;影响个体身心发展的主要因素;教育目的;学校教育制度的内涵	教育及教育学的产生与发展;影响个体身心发展的主要因素;教育与社会发展;现代学制的类型;教育目的的价值取向	教育发展的历史进程;教育学的产生与发展;教育与社会发展;影响个体身心发展的主要因素;教育目的
中学课程	基础教育课程改革的目标;制约课程内容选择的因素	教育史上第一部课程理论专著	课程理论及其代表人物	综合实践活动课程;课程的文本形式	课程类型;基础教育课程改革;课程的文本形式
中学教学	国外教学方法的改革与发展;教学组织形式;教学过程的基本规律;教学原则	教学过程的基本规律;教学原则与教学方法;教学的意义	教学过程的本质;教学原则与教学方法;教学评价的概念;教学工作的基本环节	教学原则;教学组织形式;教学评价的基本类型	教学过程的基本规律;教学评价的基本类型;教学工作的基本环节
中学生学习心理	认知过程;注意的品质;行为主义学习理论;学习迁移的种类;学习动机对学习的作用	知觉的特性;发散思维的特征;知识学习的类型;学习策略的种类;成就动机理论;注意的品质;概括化理论	影响遗忘过程的因素;注意的分类;自我效能感理论;学习动机的分类;想象的种类;学习策略的种类;学习迁移的种类;建构主义学习理论;学生创造性的培养	注意的品质;行为主义学习理论;奥苏伯尔的学习动机分类;学习迁移的种类;定势;自我效能感理论	注意的分类;成败归因理论;耶克斯一多德森定律;记忆;替代强化;问题解决的影响因素;元认知策略的种类
中学生发展心理	皮亚杰的认知发展阶段理论;维果斯基的最近发展区理论;中学生的情绪特点;意志的品质	情绪情感的分类;性格的概念;认知风格的分类	维果斯基的教学理论;认知风格的类型;气质的概念	皮亚杰的认知发展阶段理论;自我意识的发展阶段;能力发展的个体差异	性格的概念;中学生的情绪特点
中学生心理辅导	学校心理辅导的主要方法;焦虑症	常见的适应挫折的方式	行为改变的基本方法	心理辅导方法	强迫症;心理健康的标准
中学德育	态度与品德的培养方式;德育原则与德育方法	德育方法;德育的基本途径;态度与品德形成的三阶段	皮亚杰的道德发展阶段理论;德育原则与德育方法	柯尔伯格的道德发展理论;德育原则与德育方法;德育的途径	品德的心理结构;柯尔伯格的道德发展阶段理论;德育过程的基本规律;德育原则与德育方法
中学班级管理与教师心理	课堂管理方式;教师的角色心理;教师的心理健康	课堂气氛的类型;教师成长的三阶段理论	教师成长的三阶段理论;班主任培养班集体的主要方法;教师期望效应	课堂气氛的类型;教学操作能力的概念;班主任工作的基本内容;教师职业倦怠	教师成长的三阶段理论

第一模块　过关必刷题库

第一章　教育基础知识与基本原理

核心知识提要

答案见 P1

- 教育基础知识与基本原理
  - 教育的产生与发展
    - 教育的属性
      - 教育的本质属性★
      - 教育的社会属性★★★
    - 教育的基本要素与形态
    - 教育的功能★
      - ①________和社会功能
      - 正向功能和负向功能
      - 显性功能和②________
    - 教育的起源★
      - 神话起源说
      - 生物起源说
      - ③________
      - ④________
    - 教育发展的历史进程
      - 原始社会的教育
      - 古代社会的教育★
      - 近代社会的教育
      - 现代社会的教育
  - 教育学的产生与发展
    - 教育学的萌芽阶段
      - 古代中国★★★
      - 古代西方★
    - 教育学的独立形态阶段★★★
    - 20 世纪教育学的多元化发展
    - 当代教育学理论的新发展★
  - 教育与社会发展
    - 人口与教育发展的关系★
    - 生产力水平与教育发展的关系★★
    - 社会政治经济制度与教育发展的关系★
    - 文化与教育发展的关系★
  - 教育与人的发展
    - 个体身心发展的动因
      - 内发论（⑤________）★
      - ⑥________（环境决定论）★
      - 辐合论
      - 多因素相互作用论（共同作用论）

- 教育基础知识与基本原理
  - 教育与人的发展
    - 个体身心发展的规律★★
      - 个体身心发展的⑦________
      - 个体身心发展的阶段性
      - 个体身心发展的稳定性和可变性
      - 个体身心发展的⑧________（不均衡性）
      - 个体身心发展的互补性
      - 个体身心发展的⑨________
    - 影响个体身心发展的主要因素★★★
      - 遗传
      - 环境
      - 教育（学校教育）
      - ⑩________
    - 中学生的生理特征
  - 教育目的
    - 教育目的概述★★
      - 教育目的与教育方针
      - 教育目的的层次结构
      - 教育目的的确立依据
    - 教育目的的价值取向★
      - ⑪________与社会本位论★
      - 其他价值取向的教育目的：宗教本位论、教育无目的论
    - 全面发展教育的组成部分及其关系
      - 全面发展教育的组成部分
        - ⑫________
        - 智育
        - 体育★
        - ⑬________★★
        - 劳动技术教育
      - 全面发展教育各组成部分之间的关系★
  - 教育制度
    - 教育制度的内涵★
    - 建立学制的依据★
    - 现代学制的类型★
      - 双轨学制
      - 单轨学制
      - 分支型学制
    - 旧中国的学制沿革★
      - ⑭________（正式公布但未实行）
      - ⑮________（实行新学制的开端）
      - 壬子癸丑学制
      - 壬戌学制（六三三学制）
    - 我国现行学制的结构及类型
    - 义务教育制度★
    - 现代教育制度的发展
  - 常用的教育研究方法：观察研究法、调查研究法、实验研究法、行动研究法等

经典真题回顾

答案见 P1

一、单项选择题(每小题 2 分,共 26 小题。参考时限 35 分钟)

1. 教育与人类社会共始终,为一切人一切社会所必需,是新生一代的成长和社会生活的延续与发展不可缺少的手段。这表明教育具有( )
A. 阶级性 B. 历史性 C. 永恒性 D. 平等性

2. "今天的教育就是明天的经济,教育已经成为经济发展的杠杆"。这说明教育具有( )
A. 科学性 B. 阶段性 C. 生产性 D. 独立性

3. 教育具有自身的特点和规律,对政治经济制度和生产力具有能动作用。这说明教育具有( )
A. 历史性 B. 阶级性
C. 社会生产性 D. 相对独立性

4. 我国唐代中央官学设有"六学二馆",其入学条件中明文规定不同级别官员的子孙进入不同的学校。这主要体现了我国封建社会教育制度的哪一特征( )
A. 继承性 B. 等级性 C. 历史性 D. 民族性

5. 有人认为,教育投资是有效的生产性投资。这种观点主要反映了教育的哪种功能( )
A. 政治功能 B. 经济功能 C. 文化功能 D. 生态功能

6. 世界上最早专门论述教育的文献是( )
A.《学记》 B.《论语》
C.《论演说家的教育》 D.《理想国》

7. 有教无类是我国优秀教育传统,指对各类人平等看待,不分愚贤贵贱都进行教育。该词语出自( )
A.《道德经》 B.《论语》 C.《孟子》 D.《劝学》

8. 提出了普及初等教育思想,论述了班级授课制,被认为是近代最早的教育学著作的是( )
A.《普通教育学》 B.《大教学论》
C.《教育论》 D.《教育漫话》

9. 1762 年,法国启蒙思想家卢梭发表的系统阐述其自然主义教育思想的著作是( )
A.《理想国》 B.《巨人传》 C.《太阳城》 D.《爱弥儿》

10. 在教育史上,重视实科教育,主张学生学习的自觉性,强调教育是为"完满生活"做准备的教育家是( )
A. 夸美纽斯 B. 赫尔巴特 C. 斯宾塞 D. 杜威

11. 传统教育学派代表人物赫尔巴特主张的"三中心"是指( )
A. 教师中心、教材中心和课堂中心 B. 儿童中心、经验中心和活动中心
C. 管理中心、活动中心和教学中心 D. 管理中心、服务中心和教学中心

12. 新中国建立初期,我国师范院校教育学课程普遍采用的教材是( )
A. 夸美纽斯的《大教学论》 B. 赫尔巴特的《普通教育学》
C. 凯洛夫的《教育学》 D. 马卡连柯的《论共产主义教育》

13. 在当代教育学理论发展过程中,心理学家布卢姆提出了( )
A. 教学目标分类理论 B. 教学过程最优化理论
C. 教学与发展理论 D. 教学特殊认识理论

14. 近年来我国对农村中小学的布局结构进行了调整。这主要反映了下列哪一因素对教育的影响( )
A. 政治制度 B. 经济制度 C. 人口变化 D. 文化传统

15. 古代学校教育不仅脱离生产劳动,而且鄙视生产劳动。这主要反映了哪一因素对教育的制约( )
A. 生产力发展水平 B. 社会政治经济制度
C. 社会人口构成 D. 民族文化传统

16. 我国古代思想家墨子认为,人的发展犹如白布放进染缸,"染于苍则苍,染于黄则黄,所入者变,其色亦变"。墨子的这种观点属于( )
A. 遗传决定论 B. 环境决定论
C. 教育主导论 D. 主体能动论

17. 关于影响人的发展因素的问题,曾出现过"生而知之"的"天才论"。这种理论属于( )
A. 教育万能论 B. 环境决定论 C. 遗传决定论 D. 主观决定论

18. "教育要掌握和利用人的发展成熟机制,抓住发展的关键期,不失时机地采取有效措施,卓有成效地促进学生健康地发展。"这反映了人的身心发展具有( )
A. 顺序性 B. 稳定性 C. 不平衡性 D. 个别差异性

19. 李老师在教育过程中,深入了解学生,针对学生的不同发展水平、兴趣、爱好和特长,引导学生扬长避短,发展个性,不断促进学生的自由发展。李老师的这种做法适应了人身心发展的哪一特点( )
A. 顺序性 B. 阶段性 C. 连续性 D. 差异性

20. 儿童身心发展存在高速发展期,某一时期某一方面的发展特别迅速,而在其他阶段相对平稳。这一现象体现了儿童身心发展的哪一特性( )
A. 顺序性 B. 阶段性 C. 个别差异性 D. 不平衡性

21. 卢梭从自然教育观出发,提出培养自然人的教育目的。这种教育目的观属于( )
A. 社会本位论 B. 个人本位论
C. 宗教本位论 D. 自然本位论

22. 反映各级各类学校人才培养具体质量规格要求的是( )
A. 教育方针 B. 教育目的 C. 培养目标 D. 课程目标

23. 学校体育的根本任务是(　　)

A. 增强学生体质　　B. 传授体育运动的基础知识、培养基本技能

C. 使学生养成锻炼身体的习惯　　D. 为国家输送优秀体育人才

24. 学校教育制度一般是指一个国家(　　)

A. 各级各类学校内部的各种制度　　B. 各级各类学校的领导管理制度

C. 各级各类学校的办学体制　　D. 各级各类学校的总体系

25. 学制发展进程中,有些国家规定学生在小学和初中阶段接受统一的基础教育,初中以后可以接受普通教育或职业教育。这些国家的学制类型属于(　　)

A. 单轨学制　　B. 双轨学制　　C. 多轨学制　　D. 分支型学制

26. 我国近代教育史上,对封建教育制度所进行的废科举、兴学堂等改革始于(　　)

A. 明朝末期　　B. 清朝初期　　C. 清朝末期　　D. 民国初期

二、辨析题(每小题 8 分,参考时限 8 分钟。共 4 小题)

1. 母猴带着小猴爬树也是教育。

2. 教育在人的身心发展中起决定作用。

3. 教育必然促进社会的发展。

4. 教育既然是培养人的活动,教育目的就只能按照人的发展需要确立。

三、简答题(每小题 10 分,参考时限 10 分钟。共 3 小题)

1. 简述教育的政治功能。

2. 为什么教育(学校教育)对人的发展起主导作用?

3. 简述学校美育的基本任务。

过关必刷题库

专题一　教育的产生与发展

答案见 P3

一、单项选择题(每小题 2 分,共 26 小题。参考时限 35 分钟)

1. 中世纪的西欧,教会教育的教育内容是(　　)

A. 神学　　B. 骑士七技　　C. 六艺　　D. 七艺

2. 近代社会,有些国家明确规定,宗教、政党不得干预学校教育。这反映了近代社会教育的(　　)

A. 国家化　　B. 法制化　　C. 多样化　　D. 世俗化

3. 狭义的教育主要是指(　　),是指教育者根据一定的社会要求,有目的、有计划、有组织地对受教育者的身心施加影响,促使他们朝着期望的方向发展变化的活动。

A. 品德教育　　B. 文化教育　　C. 学校教育　　D. 家庭教育

4. 教科书、教学参考书等属于教育基本要素中的(　　)

A. 教育者　　B. 受教育者　　C. 教育媒介　　D. 教育媒体

5. 关于教育的起源一直是众说纷纭，其中，我国朱熹所持的观点是(　　)
A. 神话起源说　B. 生物起源说　C. 心理起源说　D. 劳动起源说

6. 张老师在英语教学中采用小组合作学习的形式，经过一段时间后，他发现学生的合作意识和能力有所提高。这体现了教育的(　　)
A. 显性负向功能　B. 显性正向功能　C. 隐性负向功能　D. 隐性正向功能

7. 我国封建社会的主要教育内容是(　　)
A. "四书""五经"　B.《诗》《春秋》
C.《礼》《易》　D. "六艺"

8. 原始社会时期的教育内容主要包括生产劳动和生活方式等的教育，现代社会的教育内容则体现为"五育并举"。这表明教育具有(　　)
A. 历史性　B. 永恒性　C. 社会性　D. 相对独立性

9. "教育与生产生活相融合，教育内容主要为生产生活经验。"这句话反映了(　　)的教育特征。
A. 原始社会　B. 现代社会　C. 封建社会　D. 古代社会

10. 在教育史上第一个正式提出并把教育起源问题作为一个学术问题来认识的是(　　)
A. 神话起源说　B. 生物起源说　C. 心理起源说　D. 劳动起源说

11. 马克思历史唯物主义理论在教育起源上坚持(　　)
A. 心理起源说　B. 生物起源说
C. 劳动起源说　D. 物质起源说

12. 下列属于教育现象的是(　　)
A. 老虎教会幼崽捕食　B. 幼鸟模仿大鸟扇动翅膀学习飞翔
C. 带学生参观国家博物馆　D. 教会小狗做算术题

13. 在构成教育活动的基本要素中，主导性的因素是(　　)
A. 教育者　B. 受教育者　C. 教育媒介　D. 教育内容

14. 中国古代教育家(　　)说："得天下英才而教育之，三乐也。"
A. 孔子　B. 孟子　C. 老子　D. 庄子

15. "标准化的教学很可能束缚学生的想象力和创造力，扼杀学生的创新精神。"这句话主要体现了教育的(　　)
A. 正向功能　B. 负向功能
C. 社会发展功能　D. 隐性功能

16. 樊迟请学稼。子曰："吾不如老农。"请学为圃。曰："吾不如老圃。"樊迟出。子曰："小人哉，樊须也！上好礼，则民莫敢不敬；上好义，则民莫敢不服；上好信，则民莫敢不用情。夫如是，则四方之民襁负其子而至矣，焉用稼？"这反映了古代教育(　　)
A. 具有鲜明的阶级性　B. 具有鲜明的等级性
C. 脱离生产劳动　D. 形式简单

17. 在教育方面，注重军事体育训练和政治道德灌输，教育内容单一，教育方法比较严厉的国家是(　　)
A. 古印度　B. 古埃及　C. 古斯巴达　D. 古雅典

18. 世界上最早的文学艺术专门学校是(　　)
A. 柏拉图创办的学园　B. 亚里士多德创办的吕克昂学园
C. 汉武帝时的太学　D. 东汉时的鸿都门学

19. 否定教育自身的发展规律，割裂教育的历史传统，把教育完全作为政治、经济的附庸。这样的观念违背了教育的哪一特性(　　)
A. 生产性　B. 永恒性　C. 相对独立性　D. 工具性

20. (　　)是养士的缩影，是由官家举办、私家主持的高等学府，特点是学术自由。
A. 稷下学宫　B. 太学　C. 私学　D. 书院

21. 既是教育的本质特征，也是教育区别于其他活动的根本特征的是(　　)
A. 有目的地培养人的社会活动　B. 有专职教师
C. 有专门场所　D. 有特定对象

22. "'基础教育'是必不可少的'走向生活的通行证'，它使享受教育的人能够选择自己将要从事的职业。"这句话主要表明教育具有(　　)
A. 经济功能　B. 文化功能　C. 生态功能　D. 社会流动功能

23. 教育能把可能的劳动力转化为现实的劳动力，是科学知识再生产和发展科学的重要手段，这体现了教育具有(　　)
A. 历史性　B. 阶级性　C. 生产性　D. 永恒性

24. 注重身心和谐发展，以培育有文化、修养和多种才能的政治家和商人为教育目的的是(　　)
A. 印度　B. 罗马　C. 雅典　D. 斯巴达

25. 子曰："吾十有五而志于学，三十而立，四十而不惑，五十而知天命，六十而耳顺，七十而从心所欲，不逾矩。"这句话体现的教学思想是(　　)
A. 公平教育　B. 基础教育　C. 素质教育　D. 终身教育

26. 在我国西周时期，(　　)是专门为奴隶主贵族阶级设置的学校。
A. 乡学　B. 国学　C. 太学　D. 书院

二、辨析题(每小题 8 分，参考时限 8 分钟。共 2 小题)

1. 终身教育即成人教育。

2. 凡是能影响人的身心发展的活动都是教育。

三、简答题(每小题 10 分,参考时限 10 分钟。共 1 小题)

简述原始社会的教育特征。

专题二　教育学的产生与发展

➤答案见 P5

单项选择题(每小题 2 分,共 25 小题。参考时限 35 分钟)

1. 赫尔巴特的(　　)是教育理论发展史上的里程碑,是近代教育理论走向科学的奠基石。

A.《大教学论》　B.《论演说家的培养》
C.《普通教育学》　D.《民主主义与教育》

2. 明确提出"教学永远具有教育性"的教育家是(　　)

A. 夸美纽斯　B. 赫尔巴特　C. 杜威　D. 赞可夫

3. 以美国教育家杜威为代表的现代教育派倡导的"三中心"是(　　)

A. 儿童、教材、活动　B. 教师、活动、经验
C. 儿童、活动、经验　D. 教师、经验、教材

4. 我国最早提出启发式教学思想的教育家是(　　)

A. 荀子　B. 孟子　C. 孔子　D. 墨子

5. 孔子认为"学而不思则罔,思而不学则殆",强调了(　　)的重要性。

A. 启发性教学　B. 学思结合　C. 因材施教　D. 学用结合

6. 我国的教育专著《学记》中提出的"大学之教也,时教必有正业,退息必有居学"体现了(　　)相结合的教育思想。

A. 游戏与学习　B. 课内与课外
C. 学习与思考　D. 学习与行动

7. "我们日常所见的人中,他们之所以或好或坏,或有用或无用,十分之九都是他们的教育所决定的。人类之所以千差万别,便是由于教育之故。"下列关于这段著名言论的提出者的说法正确的是(　　)

A. 提出了"白板说"　B. 批判绅士教育论
C. 认为人的观念是生来就有的　D. 著有《爱弥儿》一书

8. 在西方教育史上,第一个明确提出把教育提高到科学的水平,将教育科学建立在人的心理活动规律的基础上的是(　　)

A. 康德　B. 赫尔巴特　C. 裴斯泰洛齐　D. 卢梭

9. 下列教育著作中被誉为古代西方第一部教学法论著的是(　　)

A.《大教学论》　B.《雄辩术原理》
C.《课程与教学的基本原理》　D.《普通教育学》

10. 19 世纪末 20 世纪初,在欧美一些国家兴起的用自然科学的实验法研究儿童发展及其与教育的关系的理论是(　　)

A. 文化教育学　B. 实验教育学
C. 实用主义教育学　D. 制度教育学

11. 以伦理学和心理学作为其教育理论基础的教育家是(　　)

A. 赫尔巴特　B. 裴斯泰洛齐　C. 洛克　D. 杜威

12.《学记》反对死记硬背,主张"要引导学生,但绝不能牵着学生的鼻子走"。下列选项中符合此观点的是(　　)

A. 博学于文　B. 开而弗达　C. 强而弗抑　D. 道而弗牵

13. 反映古希腊百科全书式的哲学家的教育思想的著作是(　　)

A.《民主主义与教育》　B.《政治学》
C.《理想国》　D.《大教学论》

14. 世界上第一部以马克思主义理论为指导的教育学专著是(　　)

A. 凯洛夫的《教育学》　B. 杨贤江的《新教育大纲》
C. 夸美纽斯的《大教学论》　D. 杜威的《民主主义与教育》

15. 认为学校教育的理想是培养全面和谐发展的人的教育家是(　　)

A. 亚里士多德　B. 苏霍姆林斯基
C. 保罗·朗格朗　D. 卢梭

16. 英国教育家斯宾塞的代表作是(　　)

A.《爱弥儿》　B.《人的教育》
C.《教育漫话》　D.《教育论》

17. 提出了"范例教学"主张的是(　　)

A. 布鲁纳　B. 赞可夫　C. 瓦·根舍因　D. 怀特海

18. 西方古代以其雄辩和与青年智者的问答法著名的教育家是(　　)

A. 苏格拉底　　B. 柏拉图　　C. 亚里士多德　　D. 德谟克利特

19. 实用主义教育学是19世纪末20世纪初在美国兴起的一股教育思潮，对20世纪整个世界的教育理论研究和教育实践发展产生了极大的影响。下列观点与实用主义教育学观点不一致的是(　　)

A. 教育即生活　　B. 教育即个人经验的增长

C. 学校的课程应以学生的经验为中心　　D. 教育教学中以教师为中心

20. “虽有嘉肴，弗食不知其旨也；虽有至道，弗学不知其善也。是故学然后知不足，教然后知困。知不足然后能自反也，知困然后能自强也。”这句话所体现的教学原则是(　　)

A. 藏息相辅　　B. 启发诱导　　C. 教学相长　　D. 长善救失

21. 提出“人是唯一需要教育的动物”，并且最早在大学开设教育学讲座的教育家是(　　)

A. 康德　　B. 卢梭　　C. 裴斯泰洛齐　　D. 夸美纽斯

22. 在西方，最早提出“教育遵循自然”的观点，主张按照儿童心理发展的规律对儿童进行分阶段教育的学者是(　　)

A. 苏格拉底　　B. 柏拉图　　C. 毕达哥拉斯　　D. 亚里士多德

23. 倡导“生活即教育”“社会即学校”“教学做合一”三大主张，被毛泽东称为“伟大的人民教育家”的是(　　)

A. 蔡元培　　B. 晏阳初　　C. 陶行知　　D. 陈鹤琴

24. 在资本主义迅速发展时期，为了批判当时占主导地位的古典学科，唤起人们对自然科学的热情，明确提出“什么知识最有价值”这一经典课程论命题的学者是(　　)

A. 夸美纽斯　　B. 斯宾塞　　C. 康德　　D. 杜威

25. 《学记》的思想观点不包括(　　)

A. 古之王者，建国君民，教学为先　　B. 教也者，长善而救其失者也

C. 蓬生麻中，不扶而直　　D. 道而弗牵，强而弗抑，开而弗达

专题三　教育与社会发展

➤答案见 P6

一、单项选择题(每小题2分，共16小题。参考时限24分钟)

1. 为加强校园文化建设，一些学校开设了黄梅戏、徽剧、凤阳花鼓等反映传统文化的校本课程。这种做法主要体现了学校教育对文化的(　　)

A. 调节功能　　B. 评价功能

C. 传承功能　　D. 激励功能

2. 现代社会出现了古代社会所没有的工程、机电、航空之类的专业，这说明制约学校专业设置的因素是(　　)

A. 社会意识形态　　B. 社会政治制度

C. 生产力发展水平　　D. 本国文化历史传统

3. 对教育结构的变化具有制约作用的是(　　)

A. 人口结构　　B. 学科结构

C. 专业结构　　D. 生产力发展水平

4. 随着我国三孩政策的出台，有关部门指出要根据学龄人口高峰迁移做适当的师资储备。这是因为(　　)

A. 人口数量和增长速度对教育发展起着制约作用

B. 人口质量制约着教育的质量

C. 人口结构对教育发展起着制约作用

D. 教育对人口的再生产作用

5. 在中国历史上，为集中权力，统一思想，秦始皇焚书坑儒，汉武帝独尊儒术。这体现了(　　)

A. 政治经济制度决定受教育权　　B. 政治经济制度决定教育内容的取舍

C. 教育相对独立于一定社会的政治经济制度　　D. 教育与社会发展的不平衡性

6. 马克思说：“再生产科学所必要的劳动时间，同最初生产科学所需要的劳动时间是无法相比的，例如学生在一小时内就能学会二项式定理。”这说明教育具有(　　)

A. 政治功能　　B. 文化功能　　C. 经济功能　　D. 人口功能

7. 列宁说：“文盲是站在政治之外的，必须先教他们识字，不识字就不能有政治，不识字只能有流言蜚语、传闻偏见，而没有政治。”从此话可以看出(　　)

A. 教育是形成社会舆论、影响政治时局的重要力量

B. 教育通过提高全民文化素质，推动国家的民主政治建设

C. 教育通过政治造就人才，促进政治体制改革与完善

D. 教育通过传播一定的社会政治意识形态，完成青年一代的政治社会化

8. 唐朝“六学二馆”的入学要求反映了社会政治经济制度对教育的(　　)的影响。

A. 受教育权　　B. 领导权　　C. 教育内容　　D. 体制

9. 通过教育可以增强公民的民主意识。这表明教育具有(　　)

A. 经济功能　　B. 文化功能　　C. 政治功能　　D. 科技功能

10. 蒸汽时代要求工人具有初等教育水平，电气生产时代要求工人具有中等教育水平，自动化时代要求工人具有高中和专科教育以上水平，这说明影响人才培养规格的因素是(　　)

A. 生产力　　B. 文化　　C. 上层建筑　　D. 政治经济制度

11. 我国明代东林党领袖顾宪成创办东林书院，东林书院强调“风声雨声读书声声声入耳，家事国事天下事事事关心”。这在一定程度上反映了教育的(　　)

A. 政治功能　　B. 人口功能　　C. 经济功能　　D. 文化功能

12. 20 世纪 60 年代,美国学者提出了人力资本理论,认为教育(　　)

A. 是一种政治活动　B. 不是一种消费活动

C. 不是一种投资活动　D. 是一种投资活动

13. 14 世纪欧洲学校的课程有算数、几何、天文等,到 16 世纪增加了地理和力学,17 世纪又增加了代数、三角、物理和化学等。这说明对教学内容变化产生影响的是(　　)

A. 生产力　B. 传统文化　C. 上层建筑　D. 政治经济制度

14. 我国政府在国外建立孔子学院,进行对外汉语教学等行为体现了教育能(　　)

A. 传递、保存文化　B. 传播、交流文化

C. 选择、提升文化　D. 创造文化

15. 为了让子女拥有更好的教育机会,享受更高质量的教育资源,大量北京周边城市的家庭选择涌入北京。这主要体现了教育具有(　　)的作用。

A. 促进人口迁移　B. 提高人口素质　C. 控制人口数量　D. 调整人口结构

16. 近年来,越来越多的"一带一路"沿线国家的留学生来我国学习,并把中国文化带回自己的祖国。这反映了教育具有(　　)

A. 文化传承功能　B. 文化创造功能　C. 文化更新功能　D. 文化传播功能

二、辨析题(每小题 8 分,参考时限 8 分钟。共 2 小题)

1. 社会可以制约教育的发展,而教育无法影响社会的发展。

2. 教育可以改变政治经济制度发展的方向。

三、简答题(每小题 10 分,参考时限 10 分钟。共 4 小题)

1. 简述文化对教育的影响。

2. 简述教育再生产劳动力的具体体现。

3. 简述教育的人口功能。

4. 简述社会政治经济制度对教育发展的影响和制约。

专题四　教育与人的发展

答案见 P7

一、单项选择题(每小题 2 分,共 28 小题。参考时限 35 分钟)

1. "橘生淮南则为橘,生于淮北则为枳"反映了下列哪一因素对人的发展的影响(　　)

A. 遗传　B. 环境　C. 教育　D. 个人努力

2. 人的身心发展是由低级到高级、连续的、不可逆的过程。这反映出人的身心发展具有(　　)

A. 阶段性　B. 整体性　C. 顺序性　D. 差异性

3. 霍尔认为"一两的遗传胜过一吨的教育",这是(　　)的观点。

A. 辐合论　B. 能动论　C. 内发论　D. 外铄论

4. 在外部条件大致相同的课堂教学中,每个学生学习的需要和动机不同,对教学的态度和行为也各式各样。这反映了(　　)因素对学生身心发展的影响。

A. 遗传素质　B. 家庭背景

C. 社会环境　D. 个体主观能动性

5. 把教育隐喻为"园艺",把学生比作"祖国的花朵",称教师为"园丁"。持这种观点的人在人的身心发展影响因素问题上倾向于(　　)

A. 遗传决定论　B. 成熟论

C. 内外因交互作用论　　D. 环境决定论

6. 人的身体发展遵循着从上到下、从中间到四肢(从中心向周围发展)、从骨骼到肌肉的顺序发展。这说明人的身心发展具有(　　)

A. 个别差异性　　B. 顺序性

C. 阶段性　　D. 不平衡性

7. 格塞尔的“双生子爬梯”实验证明了(　　)对人的发展有关键影响。

A. 个体主观能动性　　B. 生理成熟　　C. 环境　　D. 教育

8. 遗传素质是人的身心发展的(　　)

A. 主导因素　　B. 决定因素　　C. 物质前提　　D. 无关因素

9. 我国古代思想家董仲舒提出了“性三品说”,他把人性由高到低分为圣人之性、中民之性、斗筲之性三等。其中,“圣人”是先知先觉者,无需教育;而“斗筲”之性不可移,教也无用。这种观点属于(　　)

A. 环境决定论　　B. 教育主导论

C. 遗传决定论　　D. 外因决定论

10. 在良好的环境中,有的人没有什么成就,甚至走向与环境所要求的相反的道路;在恶劣的环境中,有的人却“出淤泥而不染”。这种现象说明(　　)

A. 人的发展不受环境的影响

B. 人们接受环境的影响不是消极被动的,而是积极主动的实践过程

C. 好的环境不利于人的发展,坏的环境对人的发展有利

D. 人是环境的奴隶,个人发展是好是坏,完全由环境来决定

11. 因材施教的教育理念对当代教育提出了更高的要求,因材施教反映的是个人身心发展规律中的(　　)

A. 顺序性　　B. 阶段性

C. 个别差异性　　D. 不平衡性

12. 王安石的《伤仲永》记述了一个叫仲永的人,小时候聪颖异常,五岁即能诗,但由于缺乏足够的教育,十二三岁写的诗已大不如前,二十岁左右便“泯然众人矣”。这表明(　　)

A. 遗传素质的差异是造成个别差异的重要因素

B. 遗传素质的成熟程度制约身心发展的水平及阶段

C. 遗传素质仅仅为人的发展提供物质前提

D. 遗传素质为人的发展提供了可能

13. 肯定先天遗传因素和后天环境对儿童发展的重要作用,而且二者的作用各不相同,且不能相互替代的理论是(　　)

A. 内发论　　B. 外铄论

C. 辐合论　　D. 多因素相互作用论

14. 下列不属于教育的个体个性化发展功能的主要表现的是(　　)

A. 教育能促进人的主体意识　　B. 教育能促进个性差异的发展

C. 教育能促进人的个体价值的实现　　D. 教育能促进个体思想意识的社会化

15. 下列不属于遗传决定论的是(　　)

A. 高尔顿的优生学　　B. 霍尔的复演说

C. 墨子的素丝说　　D. 格塞尔的成熟说

16. 同一课堂中,有的学生专心听讲,有的学生心不在焉,长此以往,学生之间的学习成绩有了很大差异。这主要体现了(　　)对人的发展的作用。

A. 遗传　　B. 学校环境

C. 社会环境　　D. 个体主观能动性

17. 把“基因复制”看作是决定人的一切行为的本质力量的是(　　)

A. 威尔逊　　B. 格塞尔　　C. 华生　　D. 洛克

18. 六岁是人类语言学习的一个敏感期,错过了将事倍功半,甚至无法弥补。这反映了个体身心发展具有(　　)

A. 阶段性　　B. 差异性　　C. 不平衡性　　D. 顺序性

19. 有的人大器晚成,随着年龄的增长更加聪慧;而有的人则年少有为,从小就聪明伶俐。这实际上反映了人的发展具有(　　)

A. 顺序性　　B. 整体性　　C. 阶段性　　D. 个别差异性

20. 天赋优异的儿童比较容易成才,而存在智力缺陷的儿童教育起来就比较困难。这说明(　　)

A. 遗传素质可以决定人的发展

B. 遗传素质的个别差异是人的身心发展的个别差异的原因之一

C. 遗传素质的成熟机制制约着人的身心发展的水平及阶段

D. 遗传素质是人的身心发展的前提

21. 个体主观能动性从活动水平看分为三个层次,最高层次是(　　)

A. 生理活动　　B. 心理活动　　C. 思考活动　　D. 社会实践活动

22. 不顾学生的年龄特征,在教育教学中搞“齐步走”,违背了个体身心发展的(　　)

A. 顺序性　　B. 整体性　　C. 阶段性　　D. 互补性

23. 我国历史上著名的大思想家王阳明 5 岁还不能开口说话,却能默背祖父的众多藏书。这说明(　　)

A. 人的发展具有阶段性　　B. 人的发展具有不均衡性

C. 人的发展具有顺序性　　D. 人的发展具有整体性

24. 有的人记忆力强,有的人感知力强,有的人语言表达能力强,有的人写作能力强。这说明人的发展具有(　　)

A. 顺序性　　B. 阶段性　　C. 不平衡性　　D. 个别差异性

25.“返老还童”的字面意思是个体由衰老恢复青春,这明显违背了个体身心发展的(　　)

A. 顺序性　　B. 阶段性　　C. 不均衡性　　D. 个体差异性

26.“同流而不合污”“威武不能屈”等反映出(　　)在个体发展中的作用。

A. 遗传素质　　B. 社会环境　　C. 主观能动性　　D. 教育

27. 教育家苏霍姆林斯基在他曾经担任校长的帕夫雷什中学创立了几十个兴趣小组,以供不同学生选择。这反映了教育必须适应人身心发展的哪一个特点(　　)

A. 顺序性　　B. 稳定性

C. 可变性　　D. 个别差异性

28. 下列选项中,属于外铄论的代表人物的是(　　)

A. 威尔逊、华生　　B. 孟子、霍尔

C. 荀子、洛克　　D. 高尔顿、格塞尔

二、辨析题(每小题 8 分,参考时限 8 分钟。共 1 小题)

只要教育得法,人人都可以成为歌唱家、科学家、诗人。

二、简答题(每小题 10 分,参考时限 10 分钟。共 2 小题)

1. 简述个体身心发展的个别差异性的具体表现。

2. 简述学校教育在人的身心发展中起主导作用的表现。

专题五　教育目的

➢答案见 P9

一、单项选择题(每小题 2 分,共 20 小题。参考时限 30 分钟)

1. 美国社会追求“民主、平等”,其民主主义的教育目的包括自我实现、人际关系、经济效率和公民责任;而苏联学校教育的基本目的是培养全面发展的人,培养共产主义社会的积极建设者。这表明(　　)

A. 教育目的受制于政治、经济和科学文化的发展水平

B. 教育目的是社会的历史性与时代性的动态结合

C. 教育目的随着人类社会的发展而发展

D. 教育目的表明个人价值高于社会价值

2. 我国确立教育目的的理论依据和基础是(　　)

A. 素质教育论　　B. 马克思关于人的全面发展学说

C. 社会本位论　　D. 个人本位论

3. 教育目的所要回答的根本问题是(　　)

A. 教育的方向　　B. 教育为谁服务

C. 教育要培养什么样的人　　D. 教育怎样培养人

4. 下列关于教育目的与培养目标之间的关系,说法正确的是(　　)

A. 教育目的与培养目标在本质上指的是同一概念

B. 教育目的与培养目标毫无联系,是两个完全不同的概念

C. 教育目的与培养目标之间的关系是量变和质变的关系

D. 教育目的与培养目标之间的关系是普遍与特殊的关系

5. 衡量教育好坏的最高标准是看教育能否为社会稳定和发展服务,能否促进社会的存在和发展。持有这种观点的是(　　)

A. 神学教育目的论　　B. 社会本位论

C. 教育无目的论　　D. 个人本位论

6. 美育最高层次的任务是培养学生(　　)的能力。

A. 发现美　　B. 鉴赏美　　C. 创造美　　D. 感受美

7. 马克思认为(　　)是导致人的片面发展的根本原因。

A. 社会分工　　B. 经济基础

C. 先天遗传　　D. 后天环境

8.“教育的主要目的,在最广泛的意义上就是‘塑造人’,或者更确切地说,帮助儿童成为充分成型和完善发展的人。其他目的如传递特定文明区域的文化遗产,为参与社会生活和成为优良的公民做好准备,以及履行整个社会的特定职能,完成家庭责任和谋生所需要的精神准备,乃是一些推论,它

们是重要的,但属于第二位的目的。"这段话体现的观点属于( )

A. 个人本位论　　B. 社会本位论
C. 教育无目的论　　D. 教师中心论

9. 教育目的包含三个层次,其中最为具体化的是( )

A. 教学计划　B. 教育目的　C. 培养目标　D. 教学目标

10. 我国的教育目的较好地体现了( )

A. 个人本位与社会本位的统一　　B. 个人本位论
C. 社会本位论　　D. 教育万能论

11. 海伦·凯勒曾说:"如果我是大学的校长,我要设定一门'如何使用你的眼睛'的必修课,致力于让学生善于发现生活中被忽视的欢乐。"这体现了( )的重要性。

A. 德育　B. 美育　C. 智育　D. 体育

12. 智育的根本任务是( )

A. 发展学生的智力　　B. 培养学生的自主性
C. 提高学生的竞争意识　　D. 完善学生的人格

13. 五育中,为实现学生全面发展提供物质保证的是( )

A. 德育　B. 智育　C. 体育　D. 美育

14. "教育在于使青年社会化——在我们每一个人之中造成一个社会的我,这便是教育的目的。"这句话体现的教育目的观是( )

A. 个人本位论　　B. 文化本位论
C. 社会本位论　　D. 科学本位论

15. 凯兴斯泰纳认为,国家的教育制度只有一个目标,那就是造就公民。从教育目的的价值取向看,该观点属于( )

A. 个人本位论　　B. 社会本位论
C. 宗教本位论　　D. 教育无目的论

16. 引导学生掌握劳动技术知识和技能,形成劳动观点和习惯的教育是( )

A. 劳动技术教育　　B. 体育
C. 社会公益劳动　　D. 美育

17. 下列选项中,属于个人本位论的代表人物的是( )

A. 斯宾塞和裴斯泰洛齐　　B. 卢梭和裴斯泰洛齐
C. 夸美纽斯和涂尔干　　D. 卢梭和涂尔干

18. 我国全面发展教育中起保证方向和保持动力作用的是( )

A. 德育　　B. 劳动技术教育
C. 体育　　D. 智育

19. 美国著名心理学家马斯洛提出需要层次理论,强调发展人的潜能;罗杰斯提出非指导性教学,强调师生之间形成一种良好的、民主的伙伴关系。从教育目的的价值取向上来说,他们的理论属于( )

A. 个人本位论　　B. 社会本位论
C. 教育适应生活论　　D. 教育准备生活论

20. 明确规定受教育者的培养质量和规格标准的是( )

A. 教学设计　B. 课程目标　C. 教育目的　D. 教学目标

二、辨析题(每小题 8 分,参考时限 8 分钟。共 4 小题)

1. 教育目的的"社会本位论"忽视了受教育者个人的发展,因此,我们应当坚持教育目的的"个人本位论"。

2. 教育目的是国家制定的,与教师平时的教学没有直接的联系。

3. 教育方针是评价教育效果的根本依据。

4. 全面发展教育的组成部分包括德、智、体、美、劳。其中,体育是"五育"的基础。

三、简答题(每小题 10 分,参考时限 10 分钟。共 3 小题)

1. 简述确立教育目的的依据。

2. 智育的任务有哪些?

3. 简述德育的基本任务。

四、材料分析题(每小题 18 分,参考时限 20 分钟。共 1 小题)

材料:有一所学校,从一年级开始抓分数,把学生考分作为评定三好学生的唯一标准,把各种平均分数作为评定各科教师教育质量的全部依据。学校不开设体育、音乐、美术课,也很少进行思想品德教育,几乎所有时间都用来上语文、数学课。在这种情况下,学生体质普遍下降、近视率增高,学生不知五线谱为何物,更没有画过什么儿童画。虽然有不少学生的语文、数学成绩较好,但多数学生成绩平平,没有学习的兴趣和信心,更谈不上有什么业余爱好。

问题:这所学校的做法符合我国的教育方针吗?请简要分析并阐述理由。

专题六　教育制度

答案见 P11

一、单项选择题(每小题 2 分,共 12 小题。参考时限 20 分钟)

1. 明显反映了资产阶级在学制方面的要求,并在法律上体现了教育机会均等且第一次规定了男女同校的学制是(　　)

A. 壬戌学制　　B. 壬寅学制

C. 壬子癸丑学制　　D. 癸卯学制

2. 清朝末年推行"废科举,兴学校"的举措,开始以日本学制为蓝本建立现代学制。由张百熙起草,国家正式颁布但未实行的现代学制是(　　)

A. 癸卯学制　　B. 壬寅学制

C. 壬子癸丑学制　　D. 壬戌学制

3. 从层次结构上来看,我国现行学校教育包括学前教育、初等教育、中等教育和(　　)

A. 职业技术教育　　B. 成人教育　　C. 特殊教育　　D. 高等教育

4. 我国 1922 年颁布的"壬戌学制"实行的是(　　)

A. 四四四制　　B. 五四三制

C. 六三三制　　D. 八四制

5. 英国政府 1870 年颁布的《初等教育法》中,既保持原有的专为资产阶级子女服务的学校系统,又为劳动人民的子女设立国民小学、职业学校。这种学制属于(　　)

A. 分支型学制　　B. 单轨学制　　C. 中间型学制　　D. 双轨学制

6. 我国近代第一个正式实施的学制是(　　)

A. 癸卯学制　　B. 壬寅学制

C. 壬子癸丑学制　　D. 壬戌学制

7. 立学宗旨是"以忠孝为本,以中国经史之学为基。俾学生心术壹归于纯正,而后以西学瀹其知识,练其艺能,务期他日成才,各适实用"的学制是(　　)

A. 癸卯学制　　B. 壬寅学制

C. 壬子癸丑学制　　D. 壬戌学制

8. 有一种学制最早产生于美国,因为它有利于教育的逐级普及,有利于现代生产和现代科技的发展而被世界许多国家采用。这种学制是(　　)

A. 单轨制　　B. 双轨制

C. 分支型学制　　D. 六三三学制

9. 规定各级各类学校性质、任务、入学条件、修业年限以及它们之间的关系的是(　　)

A. 学校教育制度　　B. 学校文化制度

C. 课程管理制度　　D. 教学管理制度

10. 从类型结构上来看,我国现行学校教育可划分为职业技术教育、高等教育、成人教育、(　　)五个大类。

A. 基础教育和特殊教育　　B. 基础教育和继续教育

C. 初等教育和继续教育　　D. 初等教育和特殊教育

11. 义务教育的(　　)是我国义务教育的基本性质。

A. 强制性　　B. 公益性　　C. 普及性　　D. 基础性

12. 允许智力超常的学生跳级、设立特殊学校与特殊班,这些说明学制的制定受(　　)

A. 社会政治经济制度的影响　　B. 人口的影响

C. 人的身心发展规律的影响　　D. 文化的影响

二、辨析题(每小题 8 分,参考时限 8 分钟。共 1 小题)

义务教育是为高一级学校输送优质生源的教育。

三、简答题(每小题 10 分,参考时限 10 分钟。共 1 小题)

简述当代发达国家学校教育制度改革的主要趋势。

专题七　常用的教育研究方法

答案见 P12

单项选择题(每小题 2 分,共 10 小题。参考时限 15 分钟)

1. 教育行动研究的最后一个环节是(　　)

A. 问题　　B. 计划　　C. 行动　　D. 反思

2. 教育研究活动的起始环节是(　　)

A. 收集资料　　B. 选择课题　　C. 提出假设　　D. 制订方案

3. 在比较讲授法和讨论法的教学效果时,教师分别选用两个班级,一班采用讲授法,另一班采用讨论法,两班学生在智力、学业基础等方面尽量保持均衡,期末时测量其成绩差异。这种教育研究方法属于(　　)

A. 教育观察法　　B. 教育实验法

C. 教育叙事法　　D. 教育调查法

4. 各类研究中唯一能确定因果关系的是(　　)

A. 观察研究　　B. 行动研究

C. 实验研究　　D. 个案研究

5. 常用的调查方法中,最基本、使用最广泛的方法是(　　)

A. 调查表法　　B. 文献法　　C. 问卷法　　D. 访谈法

6. 李老师发现了教学中的某一问题并对其描述,继而形成解决计划并实施,随后搜集数据和材料以分析计划的有效性,最后把结果应用于处理后续课堂中出现的类似问题。这种研究的方法是(　　)

A. 叙事研究　　B. 行动研究　　C. 文献研究　　D. 实验研究

7. 观察研究法是指人们有目的、有计划地通过感官和辅助仪器,对处于(　　)下的客观事物进行系统考察,从而获取经验事实的一种科学研究方法。

A. 实验室条件　　B. 自然状态

C. 人为控制　　D. 自然状态或实验室

8. 根据观察时是否借助仪器设备,观察可分为(　　)

A. 直接观察与间接观察　　B. 参与观察与非参与观察

C. 自然观察与实验观察　　D. 结构性观察与非结构性观察

9. 采用问卷、访谈等方式收集有关资料,进行分析研究的教育研究方法是(　　)

A. 调查研究法　　B. 个案研究法

C. 观察研究法　　D. 实验研究法

10. 李老师每天都坚持写日记,记录自己当天的教育教学过程和事例,对自己的教学实践进行反思和改进。这种教育研究方法是(　　)

A. 历史研究法　　B. 教育实验法

C. 调查研究法　　D. 叙事研究法

第二章　中学课程

核心知识提要

答案见 P12

- 中学课程
  - 课程与课程理论
    - 课程的概念
    - 课程理论及主要流派★
      - 学科中心课程理论
      - 活动中心课程理论
      - 社会中心课程理论
  - 课程类型★★★
    - ①________、综合课程和活动课程
    - 必修课程与选修课程
    - 国家课程、②________与③________
    - 显性课程与④________
  - 课程开发
    - 课程目标
      - 课程目标的内涵
      - 确定课程目标的依据
      - 三维课程目标
    - 课程内容
      - 课程的文本形式★★
        - 课程计划
        - ⑤________
        - ⑥________
      - 课程内容的组织形式★
        - 直线式与⑦________
        - ⑧________与横向组织
        - 逻辑顺序与⑨________
    - 课程实施与评价
    - 影响课程开发的主要因素
      - ⑩________
      - 社会需求
      - 学科特征
  - 基础教育课程改革
    - 基础教育课程改革的理念
    - 基础教育课程改革的目标
      - 基础教育课程改革的总目标
      - 基础教育课程改革的具体目标★★
    - 基础教育课程改革的内容★★★
      - 重建⑪________
      - 制定国家课程标准
      - 改善课程实施(教学)过程
      - 规范教材的开发与管理
      - 建立⑫________评价体系
      - 实行⑬________课程管理政策
    - 基础教育课程改革的基本实施状况

经典真题回顾

答案见 P12

一、单项选择题(每小题 2 分,共 8 小题。参考时限 15 分钟)

1. 我国古代教育内容中的“六艺”、欧洲古代教育内容中的“七艺”和工业革命以后出现的物理、化学等课程属于(　　)

A. 学科课程　　B. 活动课程
C. 综合课程　　D. 融合课程

2. 标志着课程论作为独立学科出现,也是教育史上第一部课程论的专著是(　　)

A. 斯宾塞《教育论》　　B. 杜威《儿童与课程》
C. 博比特《课程》　　D. 泰勒《课程与教学的基本原理》

3. 美国实用主义教育家杜威所倡导的课程理论是(　　)

A. 学科中心课程论　　B. 活动中心课程论
C. 要素主义课程论　　D. 永恒主义课程论

4. 目前,我国中学实行的课程管理体制是(　　)

A. 国家统一管理　　B. 地方与学校共同管理
C. 学校自主管理　　D. 国家、地方与学校三级共同管理

5. 在专家指导下,地处贵州东南的侗寨中学组织有关教师对面临传承危机的侗族织锦工艺进行课程开发,开设了具有民族特色的“侗族织锦课程”,该课程属于(　　)

A. 国家课程　　B. 地方课程　　C. 校本课程　　D. 社会课程

6. 学生在小学数学课程中通过测量或拼图学习三角形的内角和为 180 度,在中学数学课程中通过证明学习三角形的内角和为 180 度。这种课程内容的组织形式是(　　)

A. 直线式　　B. 螺旋式　　C. 纵向式　　D. 横向式

7. 要充分发挥课程在学校教育中的作用,就必须编制好三个文本。这三个文本是(　　)

A. 课程计划、课程标准、课程内容　　B. 课程计划、课程标准、教科书
C. 课程方案、课程标准、课程内容　　D. 课程方案、课程实施、课程评价

8. 我国《基础教育课程改革纲要(试行)》规定,在课程设置上,高中阶段(　　)

A. 以综合课程为主　　B. 以分科课程为主
C. 以实践活动课程为主　　D. 设置分科与综合相结合的课程

二、辨析题(每小题 8 分,参考时限 8 分钟。共 1 小题)

教材编写的直接依据是课程计划。

三、简答题(每小题 10 分,参考时限 10 分钟。共 2 小题)

1. 简述综合实践活动的主要领域。

2. 简述教材编写的基本要求。

过关必刷题库

专题一　课程与课程理论

答案见 P13

单项选择题(每小题 2 分,共 9 小题。参考时限 15 分钟)

1. 中小学课程不管过去、现在、未来都应是“不变的学问”,因此,学习者要认真地阅读那些经历了许多世纪仍广泛流传的经典著作。这种观点属于课程理论流派中的(　　)

A. 经验主义　　B. 后现代主义　　C. 永恒主义　　D. 结构主义

2. “课程”一词在我国始见于(　　)

A. 唐宋时期　　B. 春秋时期　　C. 明清时期　　D. 元朝时期

3. “无论选择何种学科,都务必使学生理解该学科的基本结构。”依此而建立的课程理论是(　　)

A. 活动中心课程理论　　B. 综合课程理论

C. 实用主义课程理论　　D. 结构主义课程理论

4. 多尔设想的后现代课程标准中,最重要的特征是(　　)

A. 丰富性　　B. 循环性　　C. 关联性　　D. 严密性

5. 主张课程内容的组织以儿童活动为中心,提倡“做中学”的课程理论是(　　)

A. 学科中心课程理论　　B. 活动中心课程理论

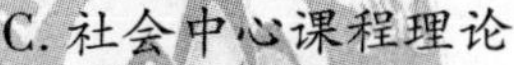

C. 社会中心课程理论　　D. 要素主义课程理论

6. 我国中小学普遍实行的学科课程及相应的理论是哪种课程观的表现(　　)

A. 课程是知识　　B. 课程是活动　　C. 课程是经验　　D. 课程是项目

7. 我国的课程概念有广义和狭义之分,广义的课程指学生在校期间的所学内容的总和及进程安排,狭义的课程特指(　　)

A. 主要学科　　B. 各门学科　　C. 某专业学科　　D. 某一门学科

8. (　　)对于“课程”的定义主要是指“功课及其进程”,这与现在的人们对课程的理解有相似之处。

A. 孔子　　B. 朱熹　　C. 王夫之　　D. 曾国藩

9. 强调课程应该围绕当代重大的社会问题来组织,帮助学生在社会方面得到发展。这种课程理论是(　　)

A. 经验主义课程理论　　B. 结构主义课程理论

C. 社会改造主义课程理论　　D. 永恒主义课程理论

专题二　课程类型

答案见 P14

一、单项选择题(每小题 2 分,共 15 小题。参考时限 20 分钟)

1. 为发展学生的兴趣、爱好和特长而开设的、可供学生自由选择的课程是(　　)

A. 综合课程　　B. 选修课程　　C. 学科课程　　D. 活动课程

2. 地方课程的制定主体是(　　)

A. 学校　　B. 市级教育行政部门

C. 省级教育行政部门　　D. 国家教育行政部门

3. 从学生的兴趣和经验出发,以儿童的活动为中心,通过儿童的亲身体验获得直接经验的课程,被称为(　　)

A. 学科课程　　B. 综合课程

C. 校本课程　　D. 活动课程

4. 课程有不同的分类标准,从课程存在状态的角度来划分,课程可分为(　　)

A. 国家课程和地方课程　　B. 必修课程和选修课程

C. 显性课程和隐性课程　　D. 学科课程和活动课程

5. “校徽”是学校文化的重要组成部分,是体现学校特色、凝聚人心、振奋精神的载体,包括“校徽”这类教育内容的课程属于(　　)

A. 隐性课程　　B. 显性课程　　C. 综合课程　　D. 相关课程

6. A 市为满足本市人才培养与学生发展的具体实际需要和体现本土特色,安排市教研室组织人员编写了《我在 A 市》《我爱 A 市》《我与 A 市》三套充分体现了 A 市的经济和社会发展的具体实际的教材,并面向全市学生开设了一门以这三套教材为主的课程。这门课程在类型上属于(　　)

A. 国家课程　　B. 地方课程　　C. 校本课程　　D. 生本课程

7. 某学校为传承中华国粹,培养学生自强不息的精神,磨砺坚韧意志,决定开设武术课。该课程属于(　　)

A. 校本课程　　B. 地方课程　　C. 国家课程　　D. 学科课程

8. 直接经验与间接经验的关系反映到课程类型上主要表现为(　　)的关系。

A. 活动课程与学科课程　　B. 学科课程与综合课程

C. 显性课程与隐性课程　　D. 选修课程与必修课程

9. 课程的特点在于动手"做",在于手脑并用,以获得直接经验。这种课程类型是(　　)

A. 学科课程　　B. 活动课程　　C. 隐性课程　　D. 显性课程

10. 学校人际关系状况,师生特有的心态、行为方式等属于(　　)

A. 显性课程　　B. 活动课程　　C. 隐性课程　　D. 学科课程

11. 某沿海城市在义务教育阶段全面开设海洋教育知识课程,这种课程属于(　　)

A. 国家课程　　B. 地方课程

C. 校本课程　　D. 生本课程

12. 社会研究课综合了历史、地理、经济学、社会学、政治学、法学、人类学等有关学科内容。其课程类型是(　　)

A. 融合课程　　B. 广域课程　　C. 核心课程　　D. 相关课程

13. 至今仍是世界绝大多数国家学校中最主要、最常用的一种课程类型是(　　)

A. 核心课程　　B. 综合课程　　C. 学科课程　　D. 活动课程

14. 把若干相邻的学科内容加以筛选、充实后按照新的体系合而为一的课程是(　　)

A. 学科课程　　B. 分科课程　　C. 综合课程　　D. 活动课程

15. 经验课程的主导价值在于(　　)

A. 使学生获得关于现实世界的直接经验和真切感受

B. 传承人类文明,让学生掌握人类积累下来的文化遗产

C. 培养和发展学生的共性

D. 促进学生认知的整体性发展,并形成全面解决问题的视野和方法

二、简答题(每小题 10 分,参考时限 10 分钟。共 4 小题)

1. 简述学科课程的主要特征。

2. 简述活动课程的特征。

3. 简要回答综合课程的优缺点。

4. 与显性课程相比,隐性课程有哪些特点?

专题三　课程开发

答案见 P15

一、单项选择题(每小题 2 分,共 12 小题。参考时限 15 分钟)

1. 各学科教材的编写都要以"三个面向""三个代表"和"科学发展观"重要思想为指导,寓思想政治教育于学科教学内容之中。这体现了编写教科书要遵循的原则是(　　)

A. 科学性与思想性统一　　B. 理论与实践统一

C. 知识内在逻辑与教学法要求统一　　D. 知识与能力统一

2. 持有"课程不是既定的计划,而是教师和学生经验的总和"观点的是(　　)

A. 活动取向　　B. 忠实取向　　C. 创生取向　　D. 相互适应取向

3. (　　)是学生获得系统知识的重要工具,也是教师进行教学的主要依据。

A. 教学参考书　　B. 教师用书　　C. 教科书　　D. 课程标准

4. 课程计划的中心问题是(　　)

A. 开设哪些学科　　B. 各门学科开设的顺序

C. 各门学科的教学时间　　D. 各门学科的教学方法

5. 课程标准是学生经过学习以后应达到的(　　)

A. 最基本的水平标准　　B. 最高的水平标准

C. 中等的水平标准　　D. 特殊的水平标准

6. 李老师刚入职一周,为避免自己紧张,他总是在上课前写好教案,并在课堂上严格按照自己的教案来上课。李老师课程实施的价值取向为(　　)

A. 多元化取向　　B. 相互调适取向　　C. 课程创生取向　　D. 忠实取向

7. 在数学教科书中"统计与概率"这一内容按照由浅入深、由易到难的方式编排,使关键概念和基本原理得以重复出现,逐步扩展。这种教材编排的方式属于(　　)

A. 单一排列式　　B. 直线排列式　　C. 螺旋排列式　　D. 过渡式排列方式

8. 由背景评价、输入评价、过程评价和成果评价构成的教学评价模式是(　　)

A. CIPP 评价模式　　B. 泰勒评价模式

C. 外貌模式　　D. 目的游离评价模式

9. 初中道德与法治《依法服兵役》教学设计当中,"学生知道依法服兵役和参加民兵组织是公民的光荣义务以及军人的职责"这一教学目标属于(　　)

A. 过程与方法目标　　B. 知识与技能目标

C. 个性与共性目标　　D. 情感态度与价值观目标

10. 某教师在教授《路旁的橡树》一课时，将学生"学会关爱生命"拟定为教学目标之一。该教学目标属于(　　)

A. 过程与方法目标　　B. 知识与技能目标

C. 价值观与方法目标　　D. 情感态度与价值观目标

11. 以预先规定的目标为中心来设计、组织和实施评价，从而确定学生通过课程学习所取得的进步的课程评价模式是(　　)

A. 目标评价模式　　B. 目的游离评价模式

C. CIPP 评价模式　　D. 结果评价模式

12. 目的游离评价模式主张把课程评价的重点从"课程计划预期的结果"转向(　　)

A. 目标　　B. 计划背景

C. 课程实施　　D. 课程计划实际的结果

二、辨析题(每小题 8 分，参考时限 8 分钟。共 2 小题)

1. 课程计划与课程标准是同一概念。

2. 新课程特别强调三维目标中的"过程与方法""情感态度与价值观"，这说明"知识与技能"不是很重要了。

三、简答题(每小题 10 分，参考时限 10 分钟。共 2 小题)

1. 简述确定课程目标的依据。

2. 简述影响课程开发的因素。

专题四　基础教育课程改革

➢答案见 P16

一、单项选择题(每小题 2 分，共 7 小题。参考时限 10 分钟)

1. 某中学组织开展了"珍爱生命，快乐成长"的生命主题教育活动，该活动在于培养学生核心素养中的(　　)

A. 实践创新　　B. 责任担当　　C. 人文底蕴　　D. 健康生活

2. 学生在开展以"保护绿水青山"为主题的综合实践活动过程中，自己选择指导老师，自己查阅资料、确定活动方案，自己呈现活动结果。这体现了综合实践活动的(　　)

A. 综合性　　B. 开放性　　C. 自主性　　D. 实践性

3. 为了改变传统课程过分强调学科本位的现象，新课程注重联系学生经验和生活实际，提倡和追求不同学科间的彼此关联。这体现了新课程结构的哪一基本特征(　　)

A. 均衡性　　B. 学科性　　C. 综合性　　D. 选择性

4. 实行国家、地方、学校三级课程管理，为的是增强课程对学校及学生的(　　)

A. 适应性　　B. 普及性　　C. 实用性　　D. 时代性

5.《基础教育课程改革纲要(试行)》明确要求课程改革必须体现课程结构的(　　)

A. 强制性、普及型和统一性　　B. 统一性、综合性和强制性

C. 科学性、基础性和发展性　　D. 均衡性、综合性和选择性

6. 新课程改革从原来注重知识传播变为引导学生学会学习、学会合作、学会生存、学会做人，这体现的新课程改革目标是(　　)

A. 改善学生的学习方式　　B. 实现课程功能的转变

C. 体现课程结构的选择性　　D. 密切课程内容与生活的联系

7. 基础教育课程改革的核心理念是(　　)

A. 使学生更快乐地学习

B. 为了中华民族的复兴，为了每一位学生的发展

C. 使学生全面掌握知识与技能

D. 对传统教育课程的改革

二、简答题(每小题 10 分，参考时限 10 分钟。共 1 小题)

第八次基础教育课程改革对课程结构的调整有哪些?

第三章　中学教学

核心知识提要

答案见 P17

- 中学教学
  - 教学概述
    - 教学的概念
    - 教学的意义★
    - 教学的一般任务★★
  - 教学过程
    - 教学过程的概念
    - 教学过程的本质★
    - 教学过程的基本规律(基本特点)★★★
      - ①________(间接性规律)
      - ②________(发展性规律)
      - 教师主导作用与学生主体作用相统一(③________)
      - 传授知识与思想品德教育相统一(④________)
    - 教学过程的阶段★
      - 激发学习动机
      - ⑤________
      - 巩固知识
      - ⑥________
      - 检查知识
  - 教学原则与教学方法
    - 教学原则★★★
      - 思想性(教育性)和科学性相统一原则
      - ⑦________
      - 直观性原则
      - ⑧________
      - 循序渐进原则
      - 巩固性原则
      - ⑨________
      - 量力性原则
    - 教学方法
      - 我国中学常用的教学方法★★★
        - 以语言传递为主的教学方法:⑩________、谈话法、⑪________、读书指导法
        - 以直观感知为主的教学方法:演示法、参观法
        - 以实际训练为主的教学方法:练习法、⑫________、实习作业法、实践活动法
        - 以引导探究为主的教学方法:发现法
        - 以情感陶冶(体验)为主的教学方法:⑬________、情境教学法
      - 国外教学方法的改革与发展★
        - 纲要信号图式教学法
        - 暗示教学法
        - 非指导性教学法
        - 程序教学法

- 中学教学
  - 教学组织形式与教学工作的基本环节
    - 教学组织形式
      - 现代教学的基本组织形式——⑭________
      - 现代教学的辅助形式——个别教学与现场教学
      - 现代教学的特殊组织形式——⑮________
      - 其他教学组织形式★
        - 分组教学
        - 贝尔—兰喀斯特制
        - 道尔顿制
        - 文纳特卡制
        - 设计教学法
        - 特朗普制
        - 活动课时制
    - 教学工作的基本环节★★★
      - 备课
      - ⑯________
      - 作业的布置与反馈
      - ⑰________
      - 学业成绩的检查与评定
  - 教学评价
    - 教学评价的概念★
    - 教学评价的基本内容
      - 学生学业评价
      - 课堂教学评价
      - 教师评价
    - 教学评价的基本类型
      - 诊断性评价、⑱________和总结性评价★★
      - 绝对性评价、相对性评价和⑲________★
      - 内部评价和外部评价
  - 我国当前教学改革的主要观点与趋势

经典真题回顾

答案见 P17

一、单项选择题(每小题 2 分,共 8 小题。参考时限 15 分钟)

1. 在教学过程中,教师主导作用发挥的主要标志是(　　)

A. 确保学生的独立地位　　B. 维持正常课堂秩序

C. 维护教师的中心地位　　D. 调动学生的积极性

2. 学完“压强”概念,学生理解了“在同等压力下,受力面积越大压强越小”的道理,田老师要求学生举例说明这个原理在生活中的运用。田老师贯彻的主要教学原则是(　　)

A. 理论联系实际　　B. 循序渐进　　C. 直观性　　D. 启发性

3. 学校教育中的教学过程对学生来说是一个特殊的认识过程,具有不同于人类总体认识的特点。它主要表现为(　　)

A. 以学习个体经验为主　　B. 以学习间接经验为主

C. 以学习直接经验为主　　D. 以学习群体经验为主

4. 学生在教师指导下通过实地测算、地形测绘、植物栽培和动物饲养等以获得相关学科知识的方法属于(　　)

A. 实验法　　B. 参观法

C. 演示法　　D. 实习作业法

5. 由教育家洛扎诺夫创立,注重强化联想,坚持理智与情感、有意识与无意识的结合,使学生在愉快的气氛中有效地接收更多信息的教学方法是(　　)

A. 范例教学　　B. 发现学习　　C. 暗示教学　　D. 非指导教学

6. 李老师在语文课上,按照组织教学、检查复习、讲授新教材、巩固新教材、布置课外作业的程序进行教学。这体现了哪一类型课的结构(　　)

A. 单一课　　B. 综合课　　C. 练习课　　D. 复习课

7. 为了更好地因材施教,新学期伊始,在高一化学课上,李老师对所教班级学生的学习情况进行了摸底考试,初步了解学生已有的知识基础和有关能力。这种考试属于(　　)

A. 形成性评价　　B. 诊断性评价　　C. 总结性评价　　D. 相对性评价

8. 班主任王老师在对学生评价的过程中,详细记录了学生学习、品德、体育锻炼等各方面的日常表现,较客观地反映了学生的进步与成长。王老师的这种评价方式属于(　　)

A. 形成性评价　　B. 终结性评价　　C. 诊断性评价　　D. 标准性评价

二、辨析题(每小题 8 分,参考时限 8 分钟。共 3 小题)

1. 学生在学校学习的主要是间接经验。

2. 教学的任务就是向学生传授知识。

3. 教学评价就是某一学段结束后,对学生学业成绩的总评价。

三、简答题(每小题 10 分,参考时限 10 分钟。共 3 小题)

1. 简述学校教学工作的意义。

2. 简述贯彻科学性和思想性相统一教学原则的基本要求。

3. 简述教学工作的基本环节。

四、材料分析题(每小题 18 分,参考时限 20 分钟。共 1 小题)

材料:周老师教高一(5)班数学时,发现学生的知识基础差别较大,于是他决定对不同程度的学生提出不同任务和要求。对于学习基础较好的六位学生,周老师特别要求他们到图书馆查找和阅读相关书籍。经过自学,他们不但完成了规定的作业,还选做了一些难度更大的习题。对于其他学生,周老师分别给他们布置了难易程度不同的习题。在课堂教学中,周老师通过创设情境、多媒体教学、小组讨论等多种方式,调动学生学习的积极性和主动性,激发他们对所学内容的兴趣。同时提出问题,让学生深入思考,当学生遇到困惑时,周老师耐心地加以辅导,让学生自己动脑动手,找到解决问题的办法。学生通过解决问题获取了知识,很好地完成了学习任务。

问题:

(1)周老师贯彻了哪些教学原则?

(2)请结合材料对这些教学原则加以分析。

过关必刷题库

专题一　教学概述

答案见 P18

一、单项选择题(每小题 2 分,共 3 小题。参考时限 5 分钟)

1. 教学的根本目的是(　　)

A. 培养学生良好的道德品质　　B. 促进学生智力与能力的全面发展

C. 使学生系统地掌握科学基础知识　　D. 培养全面发展的人

2. 下列说法错误的是(　　)

A. 教学与教育是部分与整体的关系　　B. 教学与智育是交叉关系

C. 教学是智育的唯一途径　　D. 智育不是教学的唯一任务

3. 实施全面发展教育,实现教育目的的基本途径是(　　)

A. 教学　　B. 德育　　C. 智育　　D. 考试

二、辨析题(每小题 8 分,参考时限 8 分钟。共 3 小题)

1. 教学即教育,二者是相同的。

2. 教学的首要任务是发展学生智力,培养学生的创造能力。

3. 常言道,做事先做人,因此学校的中心工作是德育。

三、简答题(每小题 10 分,参考时限 10 分钟。共 1 小题)

简述教学的一般任务。

专题二　教学过程

答案见 P19

一、单项选择题(每小题 2 分,共 12 小题。参考时限 20 分钟)

1. 班主任在课堂上讲到“共和国勋章”时,向学生介绍了钟南山不顾生命危险救治危重病人,奔赴疫区指导医疗救治工作的事迹,同学们深受教育。这体现的教学规律是(　　)

A. 发展性规律　　B. 间接性规律　　C. 教育性规律　　D. 双边性规律

2. 要求学生高质量地完成书面或口头作业,形成一定的技能技巧,同时引导学生不断创新或改进,学会解决复杂问题。这属于学生掌握知识中的(　　)阶段。

A. 理解教材　　B. 巩固知识　　C. 运用知识　　D. 检查知识

3. 教学过程的本质是一种(　　)

A. 认识活动　　B. 实践活动　　C. 交往活动　　D. 课堂活动

4. 张老师在教学中充分利用学生已有经验,增加学生学习新知识时所必需的感性认识,以保证教学的顺利开展。张老师遵循了教学过程的哪一基本规律(　　)

A. 间接性规律　　B. 发展性规律

C. 双边性规律　　D. 教育性规律

5. 魏老师在课堂上把大部分时间交给学生讨论问题,学生自主学习的积极性很高,而魏老师作为课堂的引导者,保证学生不偏离主道,取得了很好的教学效果。这说明教学过程中,要遵循(　　)

A. 掌握知识与发展智力相统一的规律

B. 教师主导作用与学生主体作用相统一的规律

C. 学习知识与应用知识相统一的规律

D. 直接经验与间接经验相结合的规律

6. 我国古代既有“指引者,师之功也”的箴言,又有“师傅领进门,修行靠个人”的教谕。这体现了教学过程具有(　　)的规律。

A. 学生认识的间接性　　B. 教学与发展相互促进

C. 知识学习与品德形成相统一　　D. 教师主导作用和学生主体作用辩证统一

7. 在教学过程中,能使学生获得关于所学内容的一个整体的表象,是所有教学活动必经阶段的是(　　)

A. 激发学习动机　　B. 感知教材　　C. 理解教材　　D. 运用知识

8. 某教师认为自己只需要进行教学工作、传授教学知识,学生的行为习惯和心理健康等都与自己无关。这说明这名教师在教学过程中忽视了(　　)

A. 掌握知识与发展能力相统一的规律　　B. 传授知识与思想教育相统一的规律

C. 教师主导与学生主体相统一的规律　　D. 直接经验与间接经验相统一的规律

9. 通过教学活动,学生可以“上知天文,下知地理”。这说明学生认识的对象是(　　)

A. 直接经验　　B. 间接经验　　C. 主观世界　　D. 客观世界

10. 构成教学过程的要素有很多，其中最基本的是教师、学生、教学内容和(　　)

A. 教学大纲　　B. 教学理论　　C. 教学手段　　D. 教学规律

11. 物理课上，张老师在推导浮力计算公式时，要求学生保持安静，不要插嘴。学生举手提出疑问时他也不予理会，只顾着讲知识。张老师的教学过程违背了(　　)

A. 传授知识与思想品德教育相统一的规律　　B. 间接经验与直接经验相统一的规律

C. 掌握知识与发展能力相统一的规律　　D. 教师主导作用与学生主体作用相统一的规律

12. 张老师在讲授人物描写方法后，让学生写一写自己眼中妈妈的形象。通过写作，学生体会到妈妈温暖的爱和细致的呵护，学生展现出对母亲的依赖和信任，也更尊重和理解自己的母亲。这体现了张老师在教学过程中遵循(　　)

A. 间接经验与直接经验相统一规律

B. 教师的主导作用与学生的主体作用相统一规律

C. 掌握知识与发展能力相统一规律

D. 传授知识与思想品德教育相统一规律

二、辨析题(每小题 8 分，参考时限 8 分钟。共 3 小题)

1. 学生的认识活动是教学中最主要的活动。

2. 教学中"授人以鱼，不如授人以渔"。

3. 教学过程的中心环节是巩固知识。

三、简答题(每小题 10 分，参考时限 10 分钟。共 2 小题)

1. 怎样使知识的掌握真正促进智力的发展？

2. 简述教学过程中的教育性规律。

专题三　教学原则与教学方法

➢答案见 P20

一、单项选择题(每小题 2 分，共 23 小题。参考时限 30 分钟)

1. 教学方法是教学活动结构的媒介，具有独特的教学功能，同时也承载着学生学习活动的特点。下列教学方法属于"以直观感知为主的方法"的是(　　)

A. 读书指导法　　B. 参观法　　C. 练习法　　D. 发现法

2. 王老师在课堂上讲到"杂交水稻"时，向同学们讲述了袁隆平几十年来一身泥一身水，奋斗在田间，忠于职守，敢于创新，坚持梦想的先进事迹。这体现了哪一教学原则(　　)

A. 科学性与思想性相统一原则　　B. 理论联系实际原则

C. 启发性原则　　D. 发散性原则

3. 教师在教学中承认学生是学习的主体，调动其学习主动性，引导其独立思考、积极探索，生动活泼地学习，自觉地掌握科学知识，提高分析问题和解决问题的能力。以上做法体现的教学原则是(　　)

A. 直观性原则　　B. 循序渐进原则

C. 启发性原则　　D. 巩固性原则

4. 陈老师为某中学的数学教师，他在给学生讲解完等差数列的基本概念之后，不断给他们出新的题目进行练习，加深学生对等差数列概念的理解。陈老师遵循了教学过程中的(　　)

A. 循序渐进原则　　B. 直观性原则　　C. 巩固性原则　　D. 启发性原则

5.《学记》中提出的"不陵节而施"所对应的教学原则是(　　)

A. 因材施教原则　　B. 循序渐进原则

C. 巩固性原则　　D. 启发性原则

6. 孔子要求"学而时习之""温故而知新"，即在教学中要贯彻(　　)

A. 理论联系实际原则　　B. 循序渐进原则

C. 启发性原则　　D. 巩固性原则

7. 以下选项中，不属于贯彻启发性教学原则的基本要求的是(　　)

A. 加强学习的目的性教育，调动学生学习的主动性

B. 启发学生独立思考，发展学生的逻辑思维能力

C. 发扬教学民主

D. 重视运用言语直观

8. 罗老师在教学中，对反应迟钝的学生采取激励的方式，鼓励他们思考；对语言表述缺乏条理的学生，让他们在课堂上多做复述和发言，以克服不足。罗老师主要遵循的教学原则是(　　)

A. 直观性原则　　B. 因材施教原则
C. 循序渐进原则　　D. 发展性原则

9. 学生在老师的指导下，将快熄灭的细木条插进玻璃管内，观察到细木条复燃，说明有氧气产生，因为氧气有助燃的性质，由此验证了"光合作用产生氧气"。这种教学方法属于(　　)

A. 讨论法　　B. 活动法　　C. 练习法　　D. 实验法

10. 学生在教师指导下运用知识反复完成一定的操作或解决某类作业与习题，以便加深理解，形成技能、技巧。这种教学方法是(　　)

A. 指导法　　B. 练习法　　C. 演示法　　D. 实验法

11. 洛扎诺夫开创了一种运用心理学、生理学、精神治疗学的知识，精心设计教学环境，调动学习者潜意识，使学生在心情愉快状态下学习的教学方法，称为(　　)

A. 探究发现教学法　　B. 纲要信号图式教学法
C. 暗示教学法　　D. 掌握式教学法

12. 某教师在讲述"大漠孤烟直，长河落日圆"这一诗句时，播放了一段地理纪录片中关于沙漠景象的视频，使学生能够更好地领会诗中所蕴含的意境。该教师运用的教学方法是(　　)

A. 演示法　　B. 参观法　　C. 现场教学法　　D. 情境教学法

13. 谈话法和讨论法都是以语言传递为主的教学方法。下列关于两者的区别，说法错误的是(　　)

A. 谈话法侧重于指导学生获取新知识和巩固旧知识，而讨论法更侧重于获取知识
B. 谈话法在使用过程中，一般是师问生答，而讨论法在使用中更侧重学生互动
C. 谈话法需要学生有一定的知识基础，多适用于高年级，而讨论法则多适用于低年级
D. 谈话法能比较充分地激发学生的主动思维和独立思考能力，而讨论法有利于学生互相启发，加深对知识的理解

14. "不闻不若闻之，闻之不若见之。"这句话反映的是(　　)

A. 启发性原则　　B. 直观性原则　　C. 巩固性原则　　D. 系统性原则

15. 在教学生演唱《我们是工农子弟兵》这一京剧唱段时，刘老师就如何才能更好地表现这个唱段的韵味，让学生各抒己见，充分表达自己的看法。刘老师采用的教学方法是(　　)

A. 讨论法　　B. 练习法　　C. 谈话法　　D. 问答法

16. 教师模拟了一场话剧，让学生扮演故事中的角色，体验人物的心路历程。该教师使用的教学方法是(　　)

A. 演示实验法　　B. 谈话交流法
C. 情境教学法　　D. 读书指导法

17. 教师根据学生已有经验，通过师生问答、对话使学生获得知识的教学方法称为(　　)

A. 读书指导法　　B. 谈话法　　C. 讨论法　　D. 研究法

18. 教师提出课题并提供一定材料，引导学生自己进行分析、综合、抽象、概括等一系列活动，最后得出学习结果的方法是(　　)

A. 发现法　　B. 讲授法　　C. 暗示教学法　　D. 示范教学法

19. 为使学生了解有关电荷的知识，老师在课堂上做了有关摩擦生电的实验。该老师所采用的教学方法是(　　)

A. 实验法　　B. 演示法　　C. 观察法　　D. 讨论法

20. 墨子认为教育学生要做到"深其深，浅其浅，益其益，尊其尊"。这句话体现的教学原则是(　　)

A. 系统性原则　　B. 巩固性原则　　C. 量力性原则　　D. 启发性原则

21. 以教师的语言为主要媒介，系统、连贯地向学生传授知识，表达情感和价值观念的教学方法是(　　)

A. 演示法　　B. 谈话法　　C. 陶冶法　　D. 讲授法

22. 维果斯基的"最近发展区"思想与《学记》的"语之而不知，虽舍之可也"的表述体现了(　　)的原则。

A. 因材施教　　B. 教学相长　　C. 启发性　　D. 量力性

23. 在教学中要做到"文以载道""教书育人"，这体现了下列哪一项教学原则(　　)

A. 理论联系实际原则　　B. 循序渐进原则
C. 科学性与思想性相统一原则　　D. 直观性原则

二、辨析题(每小题 8 分，参考时限 8 分钟。共 2 小题)

1. "教学有法，但无定法"，在教学中可以任意采用某一种教学方法。

2. 教学方法就是指教师为完成教学任务而采取的方法。

三、简答题(每小题 10 分，参考时限 10 分钟。共 2 小题)

1. 简述理论联系实际教学原则的含义和贯彻要求。

2. 简述选择教学方法的基本依据。

四、材料分析题(每小题 18 分,参考时限 15 分钟。共 2 小题)

1. 材料:

谢老师在课上讲解食物链和食物网的知识时,首先播放一个两分钟的短视频,导入新课后,用 PPT 展示一些动植物的图片,并提出一系列问题:"这些动植物之间存在怎样的关联?它们能形成一个完整的食物链吗?为什么?"让学生自己去发现、分析问题。

在讲解完食物链和食物网的概念之后,谢老师又提供 4 组动植物名称,要求全班学生分成 4 个小组讨论并绘制食物网,提高学生分析问题、解决问题的能力。

问题:谢老师采用了哪些教学方法?请结合材料进行分析。

2. 材料:

孙老师是一位经验丰富的语文老师,对所带班级有充分的了解,并能有针对性地进行教学。一天,他在给学生布置作业的时候说:"春天到了,请同学们利用周末走向大自然,仔细观察并完成一篇记录和描写春天的作文。"紧接着,孙老师根据全班学生的能力差异提出了不同的要求,他对学习程度低的学生说:"请你们在感受春天的同时,用手机如实拍下春天的景象,录下百鸟的声音。"对学习程度中等的学生说:"请你们用自己的语言描写出春天的景象。"对学习程度较高的学生说:"请你们引用借鉴中外名句描写美丽的春天。"

问题:

(1)结合材料分析孙老师在教学中贯彻了哪些教学原则?

(2)谈谈教师在贯彻上述教学原则时的要求是什么?

专题四　教学组织形式与教学工作的基本环节

答案见 P22

一、单项选择题(每小题 2 分,共 19 小题。参考时限 25 分钟)

1. 下列不属于平时考查方式的是(　　)

A. 口头提问　B. 检查家庭作业　C. 考试　D. 检查书面作业

2. 教学活动中教师与学生为实现教学目标所采用的社会结合方式是(　　)

A. 教学组织形式　B. 教学模式　C. 教学方法　D. 教学策略

3. 小兰上课认真,但反应很慢。为了不影响班级的教学进度,张老师会在课间或放学后给她单独辅导。这种教学组织形式属于(　　)

A. 现场教学　B. 复式教学　C. 个别教学　D. 小组教学

4. 由于贫困山区的教师人数以及教学资源有限,学校往往把不同年级的学生组织在同一间教室上课。这种特殊的教学组织形式为(　　)

A. 复式教学　B. 分组教学　C. 现场教学　D. 个别教学

5. 将同一年级的学生按照英语测试水平分为 A、B、C、D 四个等级,分别编入不同的英语教室上课,这属于(　　)

A. 内部分组　B. 外部分组　C. 现场教学　D. 复式教学

6. 下列哪种教学组织形式主张教师不再向学生传授系统知识,而是指导学生自学和独立作业(　　)

A. 复式教学　B. 分组教学

C. 个别教学　D. 道尔顿制

7. 在学校教学工作中,主要目的在于巩固知识和培养技能技巧的环节是(　　)

A. 上课　B. 课外活动

C. 布置和批改作业　D. 学业成绩的检查和评定

8. 老师在布置课堂练习和家庭作业时,不妥当的是(　　)

A. 课堂练习的布置与教学目标相一致　B. 练习题的设计要富于变化,并有适当的难度

C. 给学生以适当的帮助　D. 只给学生一些知识性记忆的练习

9. 班级授课制是近现代教学的基本组织形式。首先对班级授课制进行研究并确定了班级授课制的基本轮廓的是(　　)

A. 泰勒　B. 夸美纽斯　C. 洛克　D. 赫尔巴特

10. 打乱传统的按年龄编班的做法,而按学生的能力或某些测验成绩编班,这是(　　)

A. 内部分组　B. 外部分组　C. 设计教学法　D. 道尔顿制

11. 根据一节课所完成的任务数,课的类型可以分为(　　)

A. 理论课和实践课　B. 讲授课和练习课　C. 新授课和巩固课　D. 单一课和综合课

12. (　　)是课时计划的主要组成部分,应写得详细具体。

A. 教学目标　B. 教学重点和难点

C. 教学方法　　D. 教学进程

13. 班级授课制在我国兴起的时间是清朝，1862 年，京师同文馆是最早采用这一教学组织形式的学校，在清政府颁布(　　)后，在全国广泛推广。

A.《钦定学堂章程》　　B.《奏定学堂章程》

C.《学校系统令》　　D.《强迫教育章程》

14. 通常所说的备课工作的"三备"，即理解教材、设计教法和(　　)

A. 了解学生　　B. 请教同事　　C. 设计作业　　D. 指导学法

15. 教师上课的必要补充主要是通过(　　)实现的。

A. 布置作业　　B. 检查作业　　C. 课外辅导　　D. 课后练习

16. 教师组织学生到田间地头、工厂、博物馆、社区等进行教学，这种教学称为(　　)

A. 现场教学　　B. 个别教学　　C. 课堂教学　　D. 探究教学

17. 把大班上课、小组讨论、个人自学结合在一起，并以灵活的时间单位代替固定划一的上课时间，大约 20 分钟为一个课时。这种出现于美国 20 世纪 50 年代的教学组织形式是(　　)

A. 文纳特卡制　　B. 活动课时制

C. 道尔顿制　　D. 特朗普制

18. 对一节课所包含的组成部分以及各部分的顺序、时限和相互关系的规范，在"教学论"中具体指的是(　　)

A. 课的类型　　B. 课的形式　　C. 课的模式　　D. 课的结构

19. 下列关于课外作业的表述，错误的是(　　)

A. 上完每堂课后都应该给学生布置家庭作业

B. 课外作业宜精不宜多，要起到举一反三的作用

C. 课外作业应起到鼓励学生自主探究学习的作用

D. 给学生布置课外作业不一定要全班统一

二、辨析题(每小题 8 分，参考时限 8 分钟。共 4 小题)

1. 评定学生学业成绩只能通过考试。

2. 备课是整个教学活动的中心环节，是提高教学质量的关键环节。

3. 作业是课堂教学的延续，是教学活动的有机组成部分。

4. 教学与上课是相同的，没有区别。

三、简答题(每小题 10 分，参考时限 10 分钟。共 3 小题)

1. 简述课外辅导的内容。

2. 简述组织复式教学的要求。

3. 简述布置作业的要求。

专题五　教学评价

答案见 P24

一、单项选择题(每小题 2 分，共 10 小题。参考时限 15 分钟)

1. 李老师对学生王大鹏的评语是："这段时间你开始主动回答老师的课堂提问，学习态度也更加认真，考试时避免了很多不必要的失分，因此，你的学习成绩比以前好多了，继续加油，我看好你哦！"这种评价方式是(　　)

A. 诊断性评价　　B. 形成性评价　　C. 终结性评价　　D. 全程性评价

2. 班主任认为小黄偏科严重，这实际上是一种(　　)

A. 定量评价　　B. 形成性评价　　C. 生成性评价　　D. 个体内差异评价

3. 某教师在教授《小小的船》一课时，想要了解学生对这首诗的理解情况，于是在课堂上向学生提问："你们知道叶圣陶先生想要通过这首诗表达什么吗?"这属于教学过程中的(　　)

A. 个体内差异评价　　B. 诊断性评价　　C. 形成性评价　　D. 总结性评价

4. 教师分析学生学习困难的原因，判断学生是否具备学习新知识的条件。这种评价方式是(　　)

A. 形成性评价　　B. 个体内差异评价　　C. 诊断性评价　　D. 终结性评价

5. 小明期末综合评价等级是中等，老师给他颁发"进步奖"，因为他的总体表现相比之前明显有进步，这一评价属于(　　)

A. 相对性评价　　B. 常模参照评价

C. 绝对性评价　　D. 个体内差异评价

6. 依据学生个人的成绩在该班学生成绩序列中所处的位置来判定其成绩的优劣，而不考虑其是否达到了教学目标的要求。这种教学评价属于(　　)

A. 诊断性评价　　B. 绝对性评价

C. 总结性评价　　D. 相对性评价

7. 张老师在教学过程中一方面让学生对自己的学习状况进行自我评估，另一方面利用教师的平常观察记录或与学生的面谈而进行教学评价，这属于(　　)

A. 配置性评价　　B. 形成性评价　　C. 诊断性评价　　D. 总结性评价

8. 教学评价中，要衡量学生的实际水平，了解学生对知识、技能的掌握情况，比较合适的评价方式是(　　)

A. 相对性评价　　B. 目标参照性评价

C. 常模参照性评价　　D. 定性评价

9. 我们常说"水涨船高""优中选优"，这属于(　　)

A. 终结性评价　　B. 绝对性评价

C. 相对性评价　　D. 个体内差异评价

10. 语文教师张某在初中一年级新生入学后立即组织了一次认知水平测试并根据学生的认知情况调整教学计划。该认知水平测试属于(　　)

A. 诊断性评价　　B. 形成性评价　　C. 终结性评价　　D. 发展性评价

二、辨析题(每小题 8 分，参考时限 8 分钟。共 1 小题)

诊断性评价注重考查学生对某门学科的整体掌握程度。

第四章　中学生学习心理

核心知识提要

答案见 P25

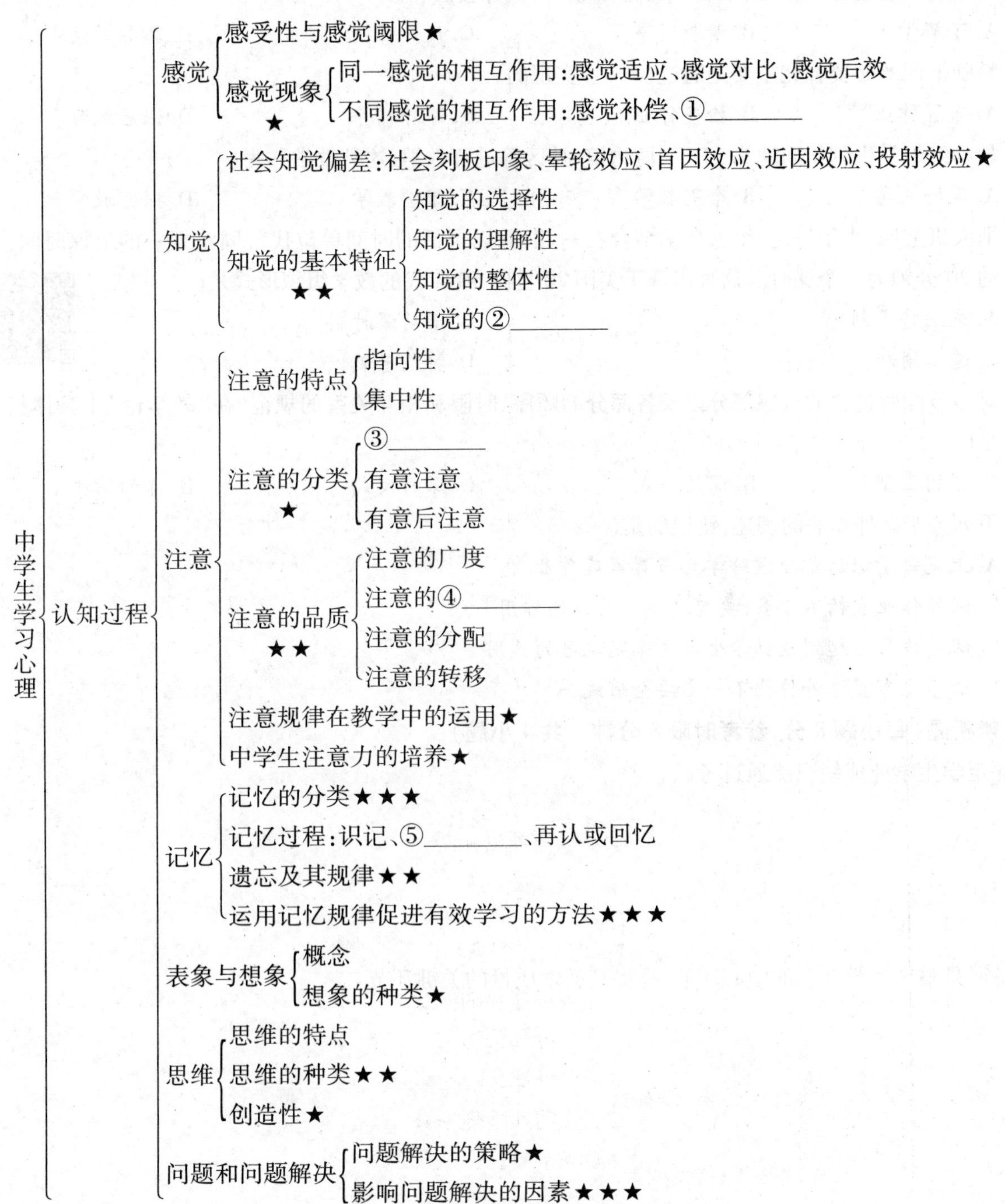

中学生学习心理

- 学习与学习理论
  - 学习及其分类★
    - 学习的内涵
    - 学习的分类:加涅、奥苏伯尔关于学习的分类
  - 行为主义学习理论
    - ⑥________的经典性条件反射学说★
    - 桑代克的联结—试误学习理论★
    - 斯金纳的⑦________★★
    - 班杜拉的社会学习理论★
  - 认知派学习理论
    - 格式塔学派的完形—顿悟学习理论
    - 托尔曼的符号学习理论
    - 布鲁纳的认知—发现学习理论
    - 奥苏伯尔的⑧________理论★
    - 加涅的信息加工学习理论
  - 人本主义学习理论
    - 有意义的自由学习观
    - 学生中心的教学观
  - 建构主义学习理论
    - 建构主义学习理论的主要内容★★
    - 建构主义学习理论对当前教育实践的启示
- 学习动机
  - 学习动机概述★
    - 学习动机的概念
    - 学习动机的成分
    - 学习动机的功能
  - 学习动机的分类★★
    - 内部学习动机和外部学习动机
    - 近景性动机和远景性动机
    - 认知内驱力、⑨________和附属内驱力
  - 学习动机对学习的作用
    - 学习动机对学习过程的影响
    - 学习动机与⑩________的关系★★
  - 学习动机理论
    - 强化理论
    - 需要层次理论
    - 成就动机理论
    - 成败归因理论★
    - 成就目标理论★
    - ⑪________理论★★
  - 学习动机的激发★★
- 学习迁移
  - 学习迁移及其种类
    - 学习迁移的概念
    - 学习迁移的种类★★
  - 迁移的学习理论
    - 早期的迁移理论★★
    - 当代的迁移理论★
  - 学习迁移与教学
    - 影响学习迁移的因素
    - 促进学习迁移的教学

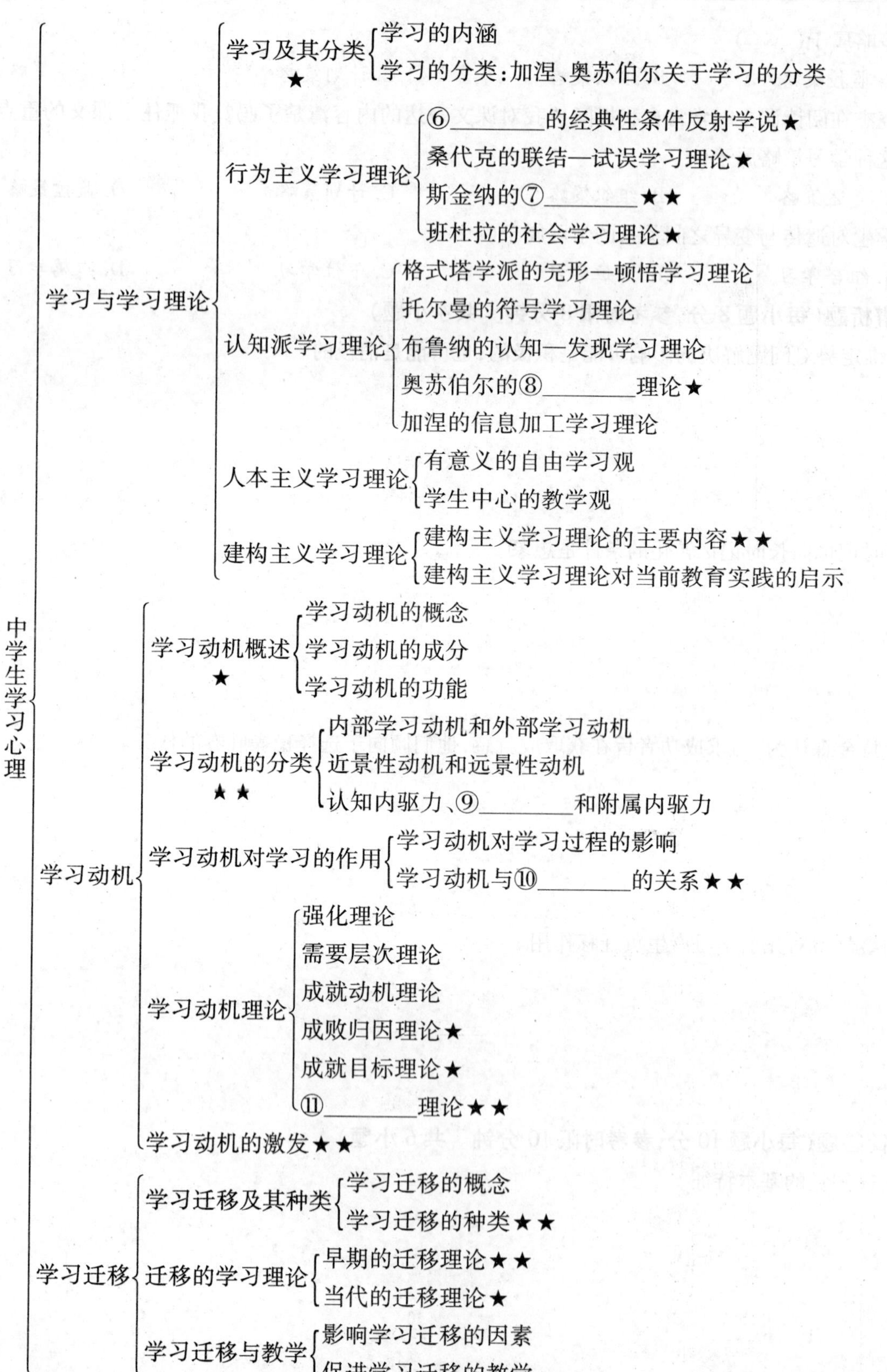

中学生学习心理

- 学习策略
  - 认知策略★★
    - ⑫________策略
    - ⑬________策略
    - 组织策略
  - 元认知策略★
    - 计划策略
    - ⑭________策略
    - 调节策略
  - 资源管理策略
    - 时间管理策略
    - 环境管理策略
    - 努力管理策略
    - 学业求助策略
- 知识与技能
  - 知识的分类
    - 陈述性知识和程序性知识★
    - 感性知识和理性知识
    - 策略性知识
  - 知识学习的类型
    - 符号学习、概念学习和命题学习
    - 下位学习、上位学习和⑮________学习★
  - 技能
    - 技能的种类
      - 动作技能
      - 心智技能
    - 动作技能的形成与培养★
    - 心智技能的形成与培养

经典真题回顾

答案见 P25

一、单项选择题(每小题 2 分,共 19 小题。参考时限 25 分钟)

1. 当人们听到一种自己觉得可怕的声音时,往往会感到发冷,甚至起鸡皮疙瘩。这种现象称为(　　)

A. 适应　　B. 对比　　C. 联觉　　D. 后像

2. 一件白衬衫在灯光昏暗的室内和阳光明媚的户外,其亮度差别很大,但是人们都能将其知觉为白色衬衫。这反映了知觉具有(　　)

A. 整体性　　B. 选择性　　C. 理解性　　D. 恒常性

3. 同学们正在教室里聚精会神地听老师讲课,突然从教室外飞进来一只小鸟,于是大家不约而同地把视线朝向小鸟。这种现象属于(　　)

A. 随意前注意　　B. 随意后注意　　C. 无意注意　　D. 有意注意

4. 建华在听课过程中会不由自主地玩手机或做小动作。这种现象属于(　　)

A. 注意集中　　B. 注意分散　　C. 注意分配　　D. 注意转移

5. 林菁擅长记忆物理定律、数学公式和化学方程式,这表明他的哪种记忆好(　　)

A. 形象记忆　　B. 情绪记忆　　C. 逻辑记忆　　D. 动作记忆

6. 教师向学生依次呈现一组单词，要求他们记住，随后进行自由回忆。结果发现，最后呈现的单词更容易被回忆起来。这种现象称为（　　）

A. 首因效应　B. 近因效应　C. 前摄抑制　D. 倒摄抑制

7. 艾宾浩斯遗忘曲线表明，遗忘的速度是不均衡的，呈现的趋势是（　　）

A. 先慢后快　B. 匀速加快　C. 先快后慢　D. 匀速减慢

8. 伟华看见天上的浮云，脑海中出现"骏马""恐龙"等动物形象。这种现象属于（　　）

A. 有意想象　B. 无意想象　C. 再造想象　D. 创造想象

9. 在心理学实验中，为了使小狗能够区分开圆形光圈和椭圆形光圈，研究者只在圆形光圈出现时才给予食物强化，而在呈现椭圆形光圈时不给予强化，那么小狗便可以学会只对圆形光圈做出反应而不理会椭圆形光圈。该过程称为（　　）

A. 刺激的分化　B. 刺激的泛化

C. 刺激的获得　D. 刺激的消退

10. "学习过程就是尝试错误的过程"，这一观点属于哪种学习理论（　　）

A. 行为主义　B. 认知主义　C. 人本主义　D. 建构主义

11. 教师："面粉可以做什么？"

学生甲："可以做面包、蛋糕、馒头、花卷、油条、面条。"

学生乙："可以做馒头、调芡汁、捏面人。"

上述对话说明乙比甲的思维更具有（　　）

A. 精细性　B. 流畅性　C. 变通性　D. 反思性

12. 李红看到王强经常帮助同学而受到老师的表扬，因此她也愿意帮助同学。这种现象主要体现了哪种强化方式（　　）

A. 负向强化　B. 间隔强化　C. 自我强化　D. 替代强化

13. 晓磊为了获得老师或家长的表扬而努力学习。根据奥苏伯尔的理论，晓磊的学习动机属于（　　）

A. 认知内驱力　B. 自我提高内驱力

C. 附属内驱力　D. 生理内驱力

14. 晓东期中考试成绩不理想，其父母承诺如果期末考试成绩优异，就奖励其一部华为手机，于是他学习更加努力。晓东的这种学习动机属于（　　）

A. 近景、外部动机　B. 近景、内部动机

C. 远景、外部动机　D. 远景、内部动机

15. 李伟同学在上课前会对本节课的内容进行判断，如果认为自己能听懂老师讲述的知识，他就会认真听课。根据班杜拉的理论，这种现象是（　　）

A. 结果期待　B. 过程期待　C. 社会期待　D. 效能期待

16. 刘杰学过物理平衡的概念，促进了他对化学平衡概念的理解。这种迁移属于（　　）

A. 负向迁移　B. 顺向迁移　C. 垂直迁移　D. 逆向迁移

17. 李利今天新学习了20个英文单词，放学后，他就一遍一遍地背诵，直至背会全部单词。这种学习策略属于（　　）

A. 监控策略　B. 组织策略　C. 计划策略　D. 复述策略

18. 晓杰在阅读课文时常常自我提问："我对课文表达的内容清楚了吗？我抓住了课文的重点了吗？"这种学习策略属于（　　）

A. 复述策略　B. 组织策略　C. 计划策略　D. 监控策略

19. 学生对遗传与变异之间关系的学习属于（　　）

A. 组合学习　B. 上位学习　C. 下位学习　D. 归属学习

二、辨析题（每小题8分，参考时限8分钟。共4小题）

1. 思维定势对问题解决的影响可能是积极的，也可能是消极的。

2. 短时记忆向长时记忆转化的条件是想象。

3. 阿特金森认为，力求成功者旨在获取成就感，他们倾向于选择稳操胜券的任务。

4. 后继学习对先前学习产生负迁移作用。

三、简答题（每小题10分，参考时限10分钟。共6小题）

1. 简述知觉的基本特征。

2. 简述注意的品质。

3. 培养学生创造性的主要途径有哪些？

4. 简述建构主义学习理论的主要观点。

5. 学习动机的定义与功能是什么？

6. 简述元认知策略的种类。

四、材料分析题（每小题 18 分，参考时限 20 分钟。共 2 小题）

1. 材料：

下面是一位学生给老师的求助信：

许老师您好！

我在初中的学习成绩一直很好，可是上高中以来学习成绩却不是很理想，尤其是近几次考试都没考好，这让我很沮丧，越来越不自信。现在一提到考试我就浑身不自在，怀疑自己到底能不能把成绩提高。在平时学习中我都能很好地理解知识，完成作业，老师和同学们也认为我的能力较强，常常推荐我参加一些学习竞赛，但我都推辞了，觉得自己能力不够，不能胜任。有时候我会不由自主地想：我能行吗？我还能考好吗？我是不是再也考不出好成绩了？

老师，我特别希望改变我目前的状态，在以后的考试中能取得好成绩，不辜负老师和同学对我的信任，因此希望得到您的帮助，谢谢！

学生：海波

3 月 31 日

问题：

(1)请根据自我效能感理论，分析这位学生存在的问题及产生的原因。

(2)如果你是许老师，应该如何帮助这位学生？

2. 材料：

王老师是初中语文老师，根据教学进度的安排，最近他开始讲授古代诗歌单元。在教学时，他先是引导学生探索五言绝句的平仄规律，刚开始学生总结不准确，经过多次讲解和引导，学生掌握了五言绝句的平仄规律。随后，王老师发现，当学生又学习五言律诗时，他们很快就能总结出五言律诗的平仄规律。再后来，当学生学习七言律诗时，也很快总结出了其平仄规律。

本单元结束后，王老师进行教学反思：学生之所以能很容易地总结出七言律诗的平仄规律，是因为学生已经掌握了五言绝句、五言律诗的平仄规律，他们利用已掌握的方法进行分析，很快就能总结出七言律诗的平仄规律。

问题：

(1)请用迁移相关理论分析上述学习现象。

(2)该迁移理论对教学有何启示？

过关必刷题库

答案见 P28

专题一　认知过程

一、单项选择题(每小题 2 分,共 105 小题。参考时限 120 分钟)

1. 教师在课堂上让学生做笔记,并做些小实验,其效果比教师自始至终地讲解要好,这种引起和保持有意注意的方法属于(　　)
A. 克服干扰　B. 培养间接兴趣
C. 合理组织活动　D. 加深对活动目的、任务的理解

2. "一题多解"的教学方式主要用于训练学生的哪一种思维(　　)
A. 直觉思维　B. 发散思维　C. 动作思维　D. 集中思维

3. "仁者见仁,智者见智"说明了(　　)
A. 知觉的选择性　B. 知觉的理解性　C. 知觉的恒常性　D. 知觉的整体性

4. 电影开映后,走进电影院起初什么也看不清,等一段时间后慢慢能看清了。这种现象叫视觉的(　　)
A. 明适应　B. 暗适应　C. 感受性　D. 恒常性

5. 通常情况下,一提到护士,我们会想到心细、体贴人、讲卫生;一提到模特,我们就会想到身材高挑、"衣架子"。这种现象,在心理学上称为(　　)
A. 首因效应　B. 刻板印象　C. 晕轮效应　D. 近因效应

6. "昨夜雨疏风骤,浓睡不消残酒。试问卷帘人,却道海棠依旧。知否?知否?应是绿肥红瘦。"李清照的这首《如梦令》体现了思维的(　　)
A. 间接性　B. 敏捷性　C. 概括性　D. 深刻性

7. 眼睛看着灯一段时间,然后闭上眼睛仍能看到灯光的这种现象属于(　　)
A. 感觉适应　B. 感觉对比　C. 联觉　D. 感觉后像

8. 知觉恒常性受各种因素影响,其中(　　)线索有重要作用。
A. 视觉　B. 听觉　C. 嗅觉　D. 触觉

9. 视觉的明适应是感受性的(　　)
A. 降低　B. 提高　C. 稳定　D. 都不是

10. 小刚发现桌子的螺丝松了,想找螺丝刀重新拧紧,但却找不到,其父知道以后,用小刀把螺丝拧紧,这说明小刚在解决问题的时候,不能摆脱(　　)的影响。
A. 问题的特点　B. 思维定势　C. 酝酿效应　D. 功能固着

11. 小明听了一段两倍速的听力材料,再接着听一段正常语速的听力材料,会觉得正常语速比较慢,这属于(　　)
A. 感觉后像　B. 感觉对比　C. 联觉　D. 感觉补偿

12. 先注视打开的电灯,几分钟后闭上眼睛,会感到眼前有一个同电灯差不多的光源出现在黑暗的背景里。这就是视觉现象中的(　　)
A. 视觉对比　B. 颜色视觉　C. 视觉适应　D. 视觉后像

13. 根据一个人的言谈举止,可以猜测一个人的喜怒哀乐,这表明思维具有(　　)
A. 概括性　B. 间接性　C. 客观性　D. 规律性

14. 王老师在讲课时,看到有学生走神,他并没有出声提醒这位学生,而是提高了讲课的声音,然后停顿了一下。学生发现了老师讲课的变化,开始注意听讲了。王老师的这种做法,是为了引起学生的(　　)
A. 有意后注意　B. 有意注意　C. 分解注意　D. 无意注意

15. 一个人换了衣服和发型,但是我们仍然能够认出来他。这体现了知觉的(　　)
A. 整体性　B. 恒常性　C. 理解性　D. 选择性

16. 由暗处到亮处,特别是在强光下最初一瞬间会感到光线刺眼几乎看不清外界物体,几秒钟之后逐渐看清物体。这种对光的感受性下降变化的现象称为(　　)
A. 暗适应　B. 明适应　C. 不适应　D. 知觉适应

17. 学生看书时,喜欢用荧光笔画出优美的语句,以便于下次欣赏品读。这利用了知觉的(　　)
A. 理解性　B. 整体性　C. 恒常性　D. 选择性

18. 学生在认识锐角三角形、直角三角形、钝角三角形的基础上,产生"由三条线段所围成的封闭图形是三角形"的认知,这表明学生思维具有(　　)
A. 间接性　B. 直接性　C. 概括性　D. 具体性

19. 平视与斜视桌面上同一位置的同一本书,在视网膜上成像的形状虽有不同,但人对书的形状知觉仍然保持不变。这体现了知觉的(　　)
A. 选择性　B. 理解性　C. 整体性　D. 恒常性

20. 感觉阈限与感受性在数值上成(　　)
A. 正比　B. 对数　C. 反比　D. 常数值

21. 受面包放入发酵剂后产生多孔、变得松软的启发,人们制造出泡沫橡胶。这种解决问题的过程与方法属于(　　)
A. 抽象思维　B. 功能固着　C. 原型启发　D. 思维定势

22. 大街上闪动着的霓虹灯容易引起人们的注意,主要原因是刺激物的(　　)
A. 强度　B. 对比关系　C. 活动变化　D. 新异性

23. 学生为了掌握书本上的概念、定理等知识,需要付出艰苦的意志努力,不断背诵。这一过程体现了(　　)
A. 无意识记　B. 有意识记　C. 情境记忆　D. 意义记忆

24. 在日常生活中,有的人看到虐待儿童的新闻时,一般会说有孩子的人看不得,这体现了(　　)
A. 晕轮效应　B. 归因效应　C. 刻板效应　D. 投射效应

25. 小明因为学习不好就被父母认为一无是处,这反映了印象形成中的(　　)

A. 首因效应　B. 晕轮效应　C. 近因效应　D. 投射效应

26. "入芝兰之室,久而不闻其香"描述的是(　　)

A. 味觉刺激　B. 听觉适应　C. 嗅觉刺激　D. 感觉适应

27. 某学生在写一篇论文时感觉任务太难,不知如何开始,于是他将这个任务划分成几个子任务:选题、查找资料、组织材料、制定大纲等,结果他较为轻松地完成了任务。该学生运用的解决问题的方法是(　　)

A. 手段—目的分析法　B. 逆向反推法

C. 爬山法　D. 类比思维法

28. 妈妈要小明给舅舅打个电话并把舅舅的号码告诉了他,但等小明打完电话后就不记得舅舅的号码了。小明对电话号码的记忆属于(　　)

A. 感觉记忆　B. 短时记忆　C. 长时记忆　D. 瞬时记忆

29. 我们从不同角度看门的形状时,都知道门是长方形的。这是由于知觉的(　　)

A. 整体性　B. 理解性　C. 恒常性　D. 选择性

30. 法国作家左拉的《陪衬人》一书描述了一个"丑"也可以被当做商品贩卖的巴黎社会。富裕的小姐们、太太们专门找一些比较丑的、没有特点的人带在身边出没公共场合,以此来显示自己的美。这种做法利用的是(　　)

A. 同时对比　B. 继时对比　C. 感觉适应　D. 感觉补偿

31. "视而不见,听而不闻"的现象,典型地体现了(　　)

A. 注意的指向性　B. 注意的集中性

C. 注意的稳定性　D. 注意的分配性

32. 雪地中难以分辨出白兔,这体现的影响知觉选择性的因素是(　　)

A. 刺激物的强度　B. 刺激新奇

C. 刺激对比　D. 刺激物的运动变化

33. 老师上课板书时,用红色粉笔把重点内容突出出来。这运用的原理是(　　)

A. 刺激强度大的物体容易引起人的无意注意

B. 色彩对比鲜明的物体容易引起人的无意注意

C. 新颖的物体容易引起人的无意注意

D. 活动的物体容易引起人的无意注意

34. 王老师在评讲数学月考试卷的最后一题时,书写的解题思路和解题过程占满了整个黑板,但李峰能关注到黑板上的大部分内容,这体现的注意品质是(　　)

A. 注意的分散　B. 注意的转移　C. 注意的广度　D. 注意的分配

35. 小刘打算用五天时间完成一项任务,但是领导派来了新任务,小刘又很快把精力投入到新任务中。这说明小刘的(　　)

A. 注意范围大　B. 注意的稳定性强

C. 注意的分配性好　D. 注意转移快

36. 游览过南京长江大桥的人,会在头脑中再现出该大桥的形象。这种形象在心理学上称为(　　)

A. 后像　B. 表象　C. 应激　D. 联想

37. 王老师讲课时,迟到的钱冰突然推门而入,同学们不约而同地把目光投向了他。学生的这种心理活动属于(　　)

A. 无意识记　B. 有意识记　C. 无意注意　D. 有意注意

38. 短时记忆的主要编码形式是(　　)

A. 图像编码　B. 听觉编码　C. 语义编码　D. 情境编码

39. 学生已知"平行四边形"这一概念,可通过"菱形是四边一样长的平行四边形"这一命题学习菱形,这种学习属于(　　)

A. 上位学习　B. 下位学习　C. 并列结合学习　D. 组合学习

40. 老师在讲课的过程中,会把重点知识反复强调几遍,这主要是为了引起学生的(　　)

A. 无意注意　B. 有意注意　C. 有意后注意　D. 分散注意

41. 诵读"草长莺飞二月天,拂堤杨柳醉春烟。儿童散学归来早,忙趁东风放纸鸢"时,头脑里立马浮现出草长莺飞、杨柳飘絮的画面,这种想象属于(　　)

A. 无意想象　B. 再造想象　C. 创造想象　D. 幻想

42. 下列哪种记忆可以通过语言传授而一次性获得,它的提取往往需要意识的参与,如我们在课堂上学习的各种课本知识和日常生活常识都属于这类记忆(　　)

A. 动作记忆　B. 逻辑记忆　C. 陈述性记忆　D. 程序性记忆

43. 一种记忆的特点是:信息的保存是形象的,保存的时间短、保存量大,编码是以事物的物理特性直接编码,这种记忆是(　　)

A. 短时记忆　B. 瞬时记忆　C. 长时记忆　D. 动作记忆

44. 从记忆类型来看,对哥伦布发现美洲这个事实的记忆属于(　　)

A. 形象记忆　B. 情景记忆　C. 逻辑记忆　D. 运动记忆

45. 教师在课堂教学过程中呈现相同的教学内容,但不同知识经验的初中生在知觉重点内容时有差异。这是因为知觉的(　　)

A. 整体性　B. 理解性　C. 恒常性　D. 选择性

46. 早晚时间被充分利用,晚上的学习效果优于白天,这是由于白天受(　　)干扰较多。

A. 前摄抑制　B. 倒摄抑制　C. 单一抑制　D. 双重抑制

47. 在记忆材料的过程中,中间部分忘得更快,这是由于(　　)造成的。

A. 前摄抑制　B. 倒摄抑制

C. 前摄抑制和倒摄抑制　D. 消退

48. 奥苏伯尔认为,遗忘是知识的组织和认知结构简化的过程。当人们学到了更高级的概念与规律之后,就可以以此来代替低级的观念,使低级观念简化,从而减轻记忆负担。这种学说是(　　)

A. 消退说　B. 干扰说　C. 同化说　D. 压抑说

49. 小明觉得晚上的学习效果会更好，这是因为这一阶段的学习不受(　　)的干扰。
A. 前摄抑制　　B. 前摄抑制和倒摄抑制
C. 分化抑制　　D. 倒摄抑制

50. 有时明明知道某人的姓名或某个字的写法，但就是想不起来，事后却能回忆起来。这体现了遗忘理论中的(　　)
A. 干扰说　　B. 衰退说　　C. 压抑说　　D. 提取失败说

51. 在感觉记忆中，信息的编码方式是(　　)
A. 语义记忆　　B. 概念体系
C. 图像记忆和声像记忆　　D. 图式

52. 学生在做问答题时所使用的记忆主要是(　　)
A. 识记　　B. 保持　　C. 再认　　D. 回忆

53. 小陈刚开始学数学的时候，只是为了应付学习任务，后来随着掌握的数学基础知识越来越丰富，他对数学产生了兴趣，凭着兴趣可以自然地将注意力集中到数学学习上。这种注意属于(　　)
A. 有意注意　　B. 无意注意　　C. 有意后注意　　D. 无意后注意

54. 游泳时，刚刚跳进水中时会觉得水很冷，不久后这种感觉就会消失，这种感觉规律属于(　　)
A. 感觉后像　　B. 感觉适应　　C. 感觉对比　　D. 感觉补偿

55. 我们阅读《红楼梦》时，根据文字描述在头脑中想象出王熙凤的形象，这种想象属于(　　)
A. 创造想象　　B. 幻想　　C. 无意想象　　D. 有意想象

56. 作文课上，王老师让学生以“苹果树”为题写一篇文章，小芳看到该题目后，脑海中浮现出自己家中的苹果树以及树上的大苹果。小芳的这种记忆属于(　　)
A. 情绪记忆　　B. 逻辑记忆
C. 形象记忆　　D. 语词记忆

57. 一个人学过某个舞蹈，过了一段时间，她又在另一个地方应邀为观众表演了这段舞蹈。她的表演凭借的是(　　)
A. 情绪记忆　　B. 情景记忆　　C. 动作记忆　　D. 语义记忆

58. 教师提问学生，要求学生列举砖头的各种用途。学生给出的答案是：建房子用的材料、打人的武器、用于垫高、用于固定东西。这种寻求多种答案的思维方式是(　　)
A. 抽象思维　　B. 形象思维　　C. 直觉思维　　D. 发散思维

59. 教师讲新知识之前都要先复习以前学过的知识并通过找到旧知识与新知识之间的联系来帮助学生记忆新知识。这种记忆过程属于(　　)
A. 机械识记　　B. 无意识记　　C. 意义识记　　D. 被动识记

60. 有些学生在考试时由于紧张，之前已经记住的知识怎么也想不起来。心理学中对这种现象进行解释的理论是(　　)
A. 衰退说　　B. 干扰说　　C. 压抑说　　D. 提取失败说

61. 艾宾浩斯的遗忘曲线表明，遗忘在学习之后立即开始，而且在最初的时间里遗忘速度很快，随着时间的推移，遗忘的速度逐渐慢下来，过了相当长时间后，几乎不再发生遗忘。影响遗忘进程的因素有很多，下列表述不正确的是(　　)
A. 学习材料的性质　　B. 系列位置效应
C. 识记材料的数量　　D. 个体的个性特点

62. 我们到一个地方去办事，会事先在头脑中想出可能到达的道路，经过分析与比较，最后选择一条短而方便的路。这样的思维是(　　)
A. 直观动作思维　　B. 具体形象思维
C. 抽象逻辑思维　　D. 直觉思维

63. 人的注意会经常出现周期性地加强和减弱。这一现象反映了注意的哪一现象(　　)
A. 注意的起伏　　B. 注意的广度　　C. 注意的分配　　D. 注意的转移

64. 学生认为某老师的第一堂课讲得非常好，于是以后上该老师的课时，他们都认为这个老师的课讲得非常好。这种现象被称为(　　)
A. 社会刻板印象　　B. 晕轮效应
C. 首因效应　　D. 近因效应

65. 张老师在教学生如何解答数学题时，再三强调让学生先审题明确题意，把握题目的目的性和问题的关键信息，摒弃无关因素。张老师的做法有利于学生在解答题目时(　　)
A. 强化对题目的记忆　　B. 形成对问题的表征
C. 有效监控解题过程　　D. 提取有针对性的计算技能

66. 阿基米德在洗澡时突然发现了浮力定律，解决了“王冠之谜”。这种思维属于(　　)
A. 分析思维　　B. 常规思维　　C. 直觉思维　　D. 抽象思维

67. “一俊遮百丑”是一种(　　)
A. 首因效应　　B. 近因效应　　C. 刻板印象　　D. 晕轮效应

68. 红红看动画片时，妈妈喊她很多遍她都没有听见。这一现象体现了注意的(　　)
A. 指向性　　B. 调节性　　C. 集中性　　D. 维持性

69. 孩子群中站一个大人、万绿丛中一点红，都容易引人注意。这种引起无意注意的因素是(　　)
A. 刺激物的强度　　B. 刺激物之间的对比关系
C. 刺激物的活动和变化　　D. 刺激物的新异性

70. 学生从各种解题方法中筛选出一种最佳解法，从而得出结论。这是一种(　　)
A. 聚合思维　　B. 发散思维
C. 常规思维　　D. 创造性思维

71. 丁墨在她的小说《他来了，请闭眼》中，塑造了高智商、严谨和善于推理的犯罪心理学专家薄靳言的形象。这属于(　　)
A. 无意想象　　B. 再造想象　　C. 无意记忆　　D. 创造想象

72. 设计师设计城市时规划蓝图的过程属于(　　)
A. 再造想象　　B. 创造想象　　C. 无意想象　　D. 空想

73. 在解决"1+2+3+4+……100=?"这一数学问题时，有的人依次从首加到尾得出了正确答案，也有人发现第一项和最后一项、第二项和倒数第二项……加起来都等于101，以此类推，一共有50对数的和等于101，最后得出结果5050。后者运用的思维方式是(　　)

A. 创造性思维　B. 逻辑思维　C. 分析思维　D. 常规思维

74. 李明同学每次解决问题都能够触类旁通，不受消极思维定势的桎梏。这说明其思维具有(　　)

A. 广阔性　B. 流畅性　C. 变通性　D. 独创性

75. 一个人面对问题情境时，在规定的时间内能产生大量不同的观念。这表明其创造性思维具有(　　)

A. 流畅性　B. 变通性　C. 指向性　D. 独创性

76. 人挑100斤重量的东西时增加一斤没感觉到差别，但是如果手提两斤重量的东西，再减一斤，差别就明显了。这种刚刚能引起差别感觉的刺激物之间的最小差异量叫做(　　)

A. 绝对感受性　B. 绝对感觉阈限

C. 差别感受性　D. 差别感觉阈限

77. 某教师在给学生评分时，认为某个学生好，会不自觉地给他的分数高一些，认为某个学生差，会不自觉地给他的分数低一些，这是(　　)的作用。

A. 原型启发　B. 功能固着　C. 思维定势　D. 酝酿效应

78. 教师可以通过观察学生的言行举止来了解学生的内心世界。这说明思维具有(　　)

A. 间接性　B. 概括性　C. 理解性　D. 整体性

79. 杨老师一边讲课一边观察学生的反应。这体现了注意的哪种品质(　　)

A. 注意的分配　B. 注意的稳定性

C. 注意的广度　D. 注意的转移

80. 李同学参观了民俗文化展览后，记住了各种民俗服装的样式。这属于(　　)

A. 运动记忆　B. 情景记忆　C. 情绪记忆　D. 形象记忆

81. 以科学的原理、定理、定律等理论为依据，对问题进行分析、判断的思维是(　　)

A. 求解思维　B. 决策思维　C. 经验思维　D. 理论思维

82. 个体在反复探索一个问题的答案而毫无结果的时候，如果把问题暂时搁置几小时或几天，然后再回过头来解决，往往可以很快找到解决办法。这种现象在心理学上称之为(　　)

A. 顿悟效应　B. 免疫效应　C. 酝酿效应　D. 搁置效应

83. 我们常用电吹风来吹头发，却没有想过用它来烘干潮湿的衣服，这种心理现象属于(　　)

A. 问题表征　B. 原型启发　C. 功能固着　D. 高原现象

84. 听音乐时感觉看到了相应的色彩或场景，这种现象属于(　　)

A. 联觉　B. 感觉后像　C. 感觉适应　D. 感觉对比

85. 很久以前学过的英语单词，一名学生现在写也许写不出来，但是在阅读文章时遇见这些单词却可以再认出来。该学生的这种记忆属于(　　)

A. 内隐记忆　B. 外显记忆　C. 形象记忆　D. 运动记忆

86. "一朝被蛇咬，十年怕井绳"说的是(　　)

A. 情绪记忆　B. 动作记忆　C. 形象记忆　D. 逻辑记忆

87. 50分贝的声音小燕刚刚能够听到，当声音提高到60分贝时，小燕刚好能感觉到此刻分贝的声音与原来大小不一样。这10分贝的差距是(　　)

A. 绝对感受性　B. 绝对感觉阈限　C. 差别感受性　D. 差别感觉阈限

88. 问题解决的(　　)策略是对一个问题解决的所有可能途径都加以尝试的一种策略。该策略的特点是：如果解决方案存在的话，就一定能找到解决问题的方案，而且能找出所有的解决方案，选出最佳的解决方案。

A. 逆推法　B. 手段—目标分析法　C. 爬山法　D. 算法

89. 陈老师总是提醒学生要抓紧一切时间进行学习，才能达到较好的学习效果，但在教育心理学上"过度学习"不是毫无限度的"超度学习"。一般来说，学习程度以(　　)为佳，其效应也最大。

A. 100%　B. 150%　C. 180%　D. 200%

90. 学生运用已学会的公式解决了同一类型问题。这一思维过程属于(　　)

A. 创造性思维　B. 再造性思维　C. 分析思维　D. 理论思维

91. 小明刚刚花了10分钟背会了一首宋词，接着又继续诵读了5分钟。这种知识保持属于(　　)

A. 有效运用记忆术　B. 及时复习

C. 适当过度学习　D. 进行组块化编码

92. 看见一面红旗，人们马上能认出它。这时的心理活动是(　　)

A. 感觉　B. 视觉　C. 色觉　D. 知觉

93. 学生对于如何骑自行车的记忆属于(　　)

A. 陈述性记忆　B. 形象记忆　C. 程序性记忆　D. 情绪记忆

94. "蚂蚁搬家蛇过道，明日必有大雨到。"这句谚语体现的思维类型是(　　)

A. 经验思维　B. 理论思维　C. 直觉思维　D. 发散思维

95. 教师将"辩""辨""辫""瓣"的不同部件标成红色，以帮助学生更好区别。这一做法符合(　　)

A. 知觉的选择性　B. 知觉的理解性

C. 知觉的恒常性　D. 知觉的整体性

96. 技术工人在对一台机器进行维修时，一边检查一边思考故障的原因，直到发现问题排除故障为止。这一过程中(　　)占据主要地位。

A. 直观动作思维　B. 具体形象思维

C. 抽象逻辑思维　D. 直觉思维

97. 长时记忆是指储存时间在(　　)以上的记忆。

A. 1秒钟　B. 1分钟　C. 1小时　D. 1天

98. 将学期报告分解成一个个小任务，如选择题目、查阅资料、制订纲要等来逐步解决，这种方法属于问题解决方法中的(　　)

A. 类比思维法　B. 手段—目的分析法

C. 爬山法　　D. 逆推法

99. 忘记了手机的开机密码，我们逐个进行尝试，终于找回了密码，这属于(　　)

A. 启发式　　B. 推理式　　C. 算法式　　D. 演绎式

100. 老师说"一斤棉花重，还是一斤铁重"时，穆丽丽不假思索地选择铁重，老师又问："你确定吗？"穆丽丽点了点头。这说明穆丽丽解决问题时受到的影响因素是(　　)

A. 功能固着　　B. 原型启发　　C. 心理定势　　D. 垂直迁移

101. 下列哪一项不是影响问题解决的因素(　　)

A. 问题情境　　B. 定势　　C. 情绪　　D. 算法策略

102. 记忆可分为瞬时记忆、短时记忆和长时记忆，短时记忆的容量有限，大体上为(　　)

A. 7 ±2 个组块　　B. 10 ±2 个组块

C. 12 ±2 个组块　　D. 16 ±2 个组块

103. 以下选项中，不属于短时记忆特点的是(　　)

A. 信息原始　　B. 时间很短　　C. 易受干扰　　D. 意识清晰

104. 做数学试题时，对于每一道计算题，小芳总能想出两种以上可能的计算方法。"想出两种以上可能的计算方法"属于问题解决的(　　)

A. 发现问题阶段　　B. 解决问题阶段

C. 明确问题阶段　　D. 提出假设阶段

105. 教师常把形近字的相异部分用不同颜色的粉笔写出来，以引起学生的注意，其运用的感觉规律是(　　)

A. 感觉适应　　B. 感觉后像　　C. 感觉补偿　　D. 感觉对比

二、辨析题(每小题 8 分，参考时限 8 分钟。共 3 小题)

1. 定势是一种消极的心理准备状态。

2. 注意的起伏和注意的分散都是稳定性差的表现。

3. 学习程度超过 150%，学习效果最好。

三、简答题(每小题 10 分，参考时限 10 分钟。共 5 小题)

1. 简述防止遗忘的方法。

2. 影响遗忘进程的因素有哪些？

3. 在教学应用中，教师应如何把握不随意注意的规律。

4. 简述问题解决的一般过程。

5. 简述引起和保持有意注意的条件。

四、材料分析题(每小题 18 分,参考时限 20 分钟。共 3 小题)

1. 材料:

上课铃声一响,教师走进教室。他首先把上课要演示的教具摆放在讲台上,接着宣布考试成绩,然后开始教授新课。很快,他便发现学生难以集中注意力。

问题:

(1)结合材料分析教师的哪些教学行为造成了学生难以集中注意力?

(2)运用心理学的注意规律,提出集中学生注意力的有效措施。

2. 材料:

漫画家丰子恺在刚开始学习外语时,第一天把第一课读了十遍,第二天把第二课读了十遍,第一课读了五遍,第三天把第三课读了十遍,第一、第二课各读五遍,第四天把第四课读了十遍,把第二、第三课各读五遍,第一课读了两遍,并在第一课上标了一个"读"。这样,他认为他四天读第一课二十二遍,比他一天读二十二遍第一课,效果要好,他只用几个月就掌握了外语的知识,并且能够阅读外文小说,后来从事翻译工作。

问题:这说明了什么问题?请用记忆的相关知识分析。

3. 材料:

培养创新型人才既是时代要求,也是教育改革的迫切要求。但是受应试教育的影响,学校在教育教学中追求标准化、统一化的现象依然存在,随着年级的递增,进而出现学生的好奇心、求知欲逐渐递减,甚至出现学生只会回答问题,不会提出问题的现象。而要培养创新型人才,实践教学是主阵地,教师则是主力军。

问题:

(1)请分析创造性的基本特征。

(2)如果你是一位中学在职教师,请分析如何在教学中培养学生的创造性?

专题二　学习与学习理论

答案见 P34

一、单项选择题(每小题 2 分,共 28 小题。参考时限 35 分钟)

1. 小明在学校不遵守纪律,妈妈就取消了这个周末看电影的计划,这属于(　　)

A. 移除性惩罚　　B. 呈现性惩罚　　C. 负强化　　D. 祖母法则

2. 提出"认知地图"这一概念的是(　　)

A. 斯金纳　　B. 布鲁纳　　C. 托尔曼　　D. 桑代克

3. 妈妈为了激励小明努力学习,提出如果他期末考试进了全班前十名,就免去他不喜欢的每周洗碗的任务。这种做法属于(　　)

A. 消退　　B. 正强化　　C. 负强化　　D. 惩罚

4. 奥苏伯尔更强调学生在学校的学习是(　　)

A. 有意义的接受学习　　B. 有意义的发现学习

C. 发现学习　　D. 探究学习

5. 学生不是空着脑袋走进教室的,所以教学不能无视学生原有的经验背景,而是要把儿童现有的知识经验作为新知识的生长点,引导儿童从原有的知识经验中"生长"出新知识。持这种观点的是(　　)

A. 联结学习理论　　B. 认知学习理论

C. 建构主义学习理论　　D. 有意义接受学习理论

6. 苗苗上课积极回答问题,多次受到老师表扬,之后苗苗上课回答问题更为积极。按照加涅的学习水

平分类,这种学习属于(　　)

A. 刺激—反应学习　B. 概念学习　C. 辨别学习　D. 规则学习

7. 李老师经常对进步的学生给予奖励,发小红花、小礼品,这对学生的教育起到了很好的效果。李老师的做法依据的学习理论是(　　)

A. 人本主义学习理论　B. 建构主义学习理论
C. 认知主义学习理论　D. 行为主义学习理论

8. 完形—顿悟说认为,学习的实质是(　　)

A. 形成刺激—反应的联结　B. 有意义学习
C. 形成新的完形　D. 主动形成认知结构

9. 以下属于学习行为的是(　　)

A. 蜘蛛结网　B. 蜻蜓点水　C. 老马识途　D. 春蚕吐丝

10. 在巴甫洛夫的经典性实验中,食物属于(　　)

A. 无条件刺激　B. 条件刺激　C. 中性刺激　D. 自然刺激

11. 小明看到那些欺负弱小的同学经常受到老师的严厉批评、处罚,而那些爱护弱小的同学则受到大家的喜爱。久而久之,他也变成了一个乐于助人、不欺负弱小的学生。这种学习属于(　　)

A. 亲历学习　B. 观察学习　C. 迁移学习　D. 试误学习

12. 现在越来越多的学校在教学上都强调让教师引导学生使用某些方法或策略来解答问题,或者给学生某个问题,让他们通过网络、图书馆等自己寻找答案。这种学习方式属于(　　)

A. 接受学习　B. 发现学习　C. 深度学习　D. 观察学习

13. "一朝被蛇咬,十年怕井绳"体现了巴甫洛夫经典性条件反射中的(　　)

A. 分化　B. 泛化　C. 获得　D. 消退

14. 在实际教学中,教师不能突袭(比如应该学习新知识,却进行考试),这不利于学生学习,其做法依据的是学习的(　　)

A. 准备律　B. 练习律　C. 效果律　D. 动机律

15. 李玲在数学课上多次被老师批评,不愉快的经验让她只要上数学课就焦虑、紧张,也不喜欢数学老师,逐渐不喜欢上数学课,后来发展为不喜欢上其他课,最终害怕去上学。行为主义理论称这种现象为(　　)

A. 正强化　B. 负强化　C. 消退　D. 泛化

16. "其身正,不令而行;其身不正,虽令不从。"可以解释这一现象的学习理论是(　　)

A. 观察学习理论　B. 信息加工学习理论
C. 建构主义学习理论　D. 有意义学习理论

17. 学习两个或两个以上概念之间的关系,如自然科学中各种定律、定理的学习称为(　　)

A. 辨别学习　B. 概念学习
C. 原理学习　D. 解决问题学习

18. 胡老师是一名新入职的老师,深受学生喜爱,当班级中的同学在测验中取得进步和好成绩时,她都对学生进行表扬和奖励。胡老师的这种做法符合桑代克学习规律中的(　　)

A. 准备律　B. 练习律　C. 效果律　D. 动机律

19. 格式塔学派提出了"顿悟学习",这一概念是基于下列哪一实验提出的(　　)

A. 猫开笼门　B. 小白鼠走迷宫
C. 鸽子拉杆取食　D. 黑猩猩取香蕉

20. 如果一个心理学家的研究对象是具有经验的人,研究关心的是个人的创造性、对个人和社会有意义的问题以及如何提高人的尊严和价值,则该心理学家最有可能属于的学派是(　　)

A. 行为主义学派　B. 认知主义学派
C. 精神分析学派　D. 人本主义学派

21. 学习"工作总量 = 工作效率 × 工作时间。"这是(　　)

A. 辨别学习　B. 概念学习　C. 规则学习　D. 解决问题学习

22. 心理学家桑代克提出的联结—试误学习理论认为,试误学习通常遵循一些基本学习规律。以下不属于试误学习基本规律的是(　　)

A. 效果律　B. 练习律　C. 遗忘律　D. 准备律

23. 某学生观看了电影《上甘岭》后,对剧中英雄人物顿生敬佩之情,立志学好本领,成为国家有用之才。从加涅的学习结果分类看,该生这一心理变化属于(　　)

A. 态度　B. 动作技能　C. 言语信息　D. 认知策略

24. 学习者综合、重组、转换、改造头脑中已有的知识经验,来解释新信息、新事物、新现象,或者解决新问题,最终生成个人的意义。根据建构主义学习理论,这属于(　　)

A. 主动建构性　B. 社会互动性　C. 情境性　D. 认知性

25. 布鲁纳提出了认知—发现学习理论,认为学习包括三种几乎同时发生的过程。下列选项中,不属于布鲁纳提出的学习的三大过程的是(　　)

A. 领会　B. 评价　C. 转化　D. 获得

26. 学生小刘对数学不感兴趣,常常不做作业,但他十分喜欢打篮球,因此方老师告诉小刘,只有做完了今天的数学作业,才能和同学去打篮球。这种用高频的活动作为低频活动的有效强化物的方式涉及强化物选择的(　　)

A. 耶克斯—多德森定律　B. 霍桑效应
C. 木桶效应　D. 普雷马克原则

27. 在课堂上,有些性子急的学生不举手就回答问题,老师不理会他,点那些举手的学生回答问题。很快,性子急的学生不举手回答问题的行为消失了,他们回答问题前都会先举手。该老师运用的方法是(　　)

A. 强化　B. 消退　C. 分化　D. 泛化

28. 下列属于有意义的接受学习的是(　　)

A. 中学生在商场里玩密室逃脱　B. 天文学家探索宇宙信息
C. 利用谐音记忆法背单词　D. 学生李娟聚精会神地听教育专家的讲座

二、辨析题(每小题 8 分,参考时限 8 分钟。共 3 小题)

1. 用语言教授的接受学习是被动机械的。

2. 在知识、技能、行为方面的临时性变化也是学习。

3. 强化一定能够增强学生的学习动机。

三、简答题(每小题 10 分,参考时限 10 分钟。共 6 小题)

1. 简述经典性条件作用理论的主要规律。

2. 如何理解学习的内涵?

3. 简述桑代克的联结—试误学习理论。

4. 简述加涅对学习结果的分类。

5. 简述布鲁纳提出的掌握学科基本结构的原则。

6. 简述奥苏伯尔提出的有意义学习的条件。

专题三　学习动机

答案见 P37

一、单项选择题(每小题 2 分,共 32 小题。参考时限 40 分钟)

1. 课间休息时间,四名学生在聊天,A 说:“我努力学习是为了获得国家奖学金。”B 说:“我是为了得到老师和父母的夸奖而努力学习的。”C 说:“我跟你们不一样,我努力学习是因为我真的对学习很感兴趣。”D 则说:“我努力学习就是为了考取学校第一名。”以上四名学生的学习动机属于附属内驱力的是(　　)

A. A　　B. B　　C. C　　D. D

2. 某教师认为只要教学认真,就能取得优异成绩,但又认为即使自己认真教学也没有能力达到期待目标。根据班杜拉的效能理论,表明该教师的效能感属于(　　)

A. 结果期待低,效能期待低　　B. 结果期待低,效能期待高
C. 结果期待高,效能期待低　　D. 结果期待高,效能期待高

3. 看到与自己水平差不多的人考上大学,就会增强自己考上大学的信心。这种自我效能感源自(　　)

A. 个体自己成功和失败的经验　　B. 替代经验
C. 言语暗示　　D. 情绪唤起

4. 根据个人成败是由内部因素还是外部环境决定，归因常被分为内部归因和外部归因。下列描述中不属于外部归因的是(　　)

A. 王华认为没考好完全是因为天气太热

B. 王涛认为取得高分是因为运气太好

C. 李明认为考试不及格是张老师出题太难

D. 张华认为成绩不理想是自己努力程度不够

5. 下列有关学习动机与学习效果之间关系的描述，正确的是(　　)

①学习难度大，学习动机水平高，学习效果好

②学习难度大，学习动机水平低，学习效果好

③学习任务容易，学习动机水平高，学习效果好

④学习任务容易，学习动机水平低，学习效果好

A. ①③　　B. ①④　　C. ②③　　D. ②④

6. 在学习动机理论中，成就动机理论的代表人物是(　　)

A. 马斯洛　　B. 韦纳　　C. 阿特金森　　D. 班杜拉

7. 个体在学习活动中感到有某种欠缺而力求获得满足的心理状态是(　　)

A. 学习动机　　B. 学习需要　　C. 学习兴趣　　D. 学习期待

8. 根据动机产生的诱因来源，可以把学习动机分为内部学习动机和外部学习动机，下面属于内部学习动机的是(　　)

A. 附属内驱力　　B. 自我提高内驱力

C. 认知内驱力　　D. 获得父母赞许

9. 阿特金森通过研究发现，倾向于选择非常容易的任务的是(　　)

A. 追求成功者　　B. 避免失败者　　C. 矛盾者　　D. 所有人

10. 以求知作为目标，从知识的获得中得到满足，这种学习动机是(　　)

A. 外部动机　　B. 认知内驱力

C. 附属内驱力　　D. 自我提高内驱力

11. 教师在激发学生的学习动机时要对学生的学习成果提供及时的反馈，这种做法的理论基础是(　　)

A. 需要层次理论　　B. 强化理论

C. 自我效能感理论　　D. 成就动机理论

12. 学生中流传的俏皮话"大考大玩，小考小玩，不考不玩"，体现的心理学原理是(　　)

A. 耶克斯—多德森定律　　B. 罗森塔尔效应

C. 皮格马利翁效应　　D. 社会刻板效应

13. 关于成就动机的研究表明，与害怕失败者相比，追求成功者倾向于选择(　　)

A. 比较难的任务　　B. 非常难的任务

C. 非常容易的任务　　D. 难度适中的任务

14. 个体对学习活动所要达到的目标的主观估计是(　　)

A. 学习期待　　B. 学习兴趣　　C. 学习动机　　D. 学习需要

15. 小红因对"必须坚持每天一定量的运动达半年以上"的要求感到落实困难，而放弃了瘦身计划。根据班杜拉的理论，这表明其对瘦身的(　　)

A. 结果期望低　　B. 结果期望高

C. 效能期望高　　D. 效能期望低

16. 下列因素中，属于成败归因理论中的稳定因素的是(　　)

A. 能力　　B. 努力程度　　C. 心境　　D. 运气

17. 小明的父母都是大学教授，小明为了像父母一样成为大学教授，经常利用假期学习理论知识。根据学习动机分类，小明的学习动机是(　　)

A. 认知内驱力　　B. 附属内驱力

C. 成就内驱力　　D. 自我提高内驱力

18. 需要层次论中的成长性需要是指(　　)

A. 自我实现的需要　　B. 归属与爱的需要

C. 生理的需要　　D. 尊重的需要

19. 教师要注重培养学生正确的归因观，那么正确的归因观主要是归因于(　　)

A. 内部、稳定的因素　　B. 内部、可控的因素

C. 内部、不可控的因素　　D. 外部、可控的因素

20. 学生小琳在本学期的语文期末考试中考了全班第一，获得了老师的表扬，她的心里很高兴。她认为自己这次考试成功是因为自己学习能力强，其归因是(　　)

A. 内部、不稳定、可控的　　B. 外部、稳定、不可控的

C. 内部、稳定、不可控的　　D. 外部、不稳定、不可控的

21. 从学习动机的类型来看，"知之者不如好之者，好之者不如乐之者"强调的动机类型是(　　)

A. 内部动机　　B. 外部动机　　C. 社会交往动机　　D. 自我提高动机

22. 王雷认为只要上课听讲，课后做好作业就能取得好成绩。这属于自我效能感理论中的(　　)

A. 效能期待　　B. 过程期待　　C. 行为期待　　D. 结果期待

23. 人们在研究中发现：成就动机水平不同的人，归因倾向也不一样，归因后的行为表现也不同。成就动机水平低的人在失败时往往把原因归于(　　)，容易灰心丧气，产生无助感。

A. 努力不够　　B. 运气不好　　C. 能力不足　　D. 任务太难

24. 小明这次的考试成绩非常差，老师找他谈话时，他说是因为近期熬夜玩网络游戏导致听课时经常分心，学习不够努力。这种归因属于(　　)

A. 不稳定、不可控制的外归因　　B. 稳定、可控制的内归因

C. 稳定、可控制的外归因　　D. 不稳定、可控制的内归因

25. 不同的动机水平会对学习产生不同的影响，一般来说，难度小的学习内容，(　　)较好。

A. 动机水平低　　B. 动机水平高

C. 中等水平的动机　　D. 正常动机

26. 不同个体对自己的能力有不同的看法，这种对能力的潜在认识会直接影响到个体对目标的选择。这一观点属于(　　)

A. 期待价值理论　　B. 动机的归因理论

C. 成就目标理论　　D. 自我功效论

27. 王某一直是学校的长跑冠军，但却在最近的一次比赛中落败，他认为这是由于雨后跑道湿滑影响了他的发挥。王某的这种归因属于(　　)的归因。

A. 不稳定、外在、不可控　　B. 不稳定、内在、可控

C. 稳定、外在、可控　　D. 稳定、内在、不可控

28. 小华初中时成绩不错，但中考失利，没考上理想的高中，于是觉得自己能力不行，考不上理想的大学。这种影响自我效能感的因素是(　　)

A. 替代经验　　B. 言语暗示

C. 情绪唤醒　　D. 个人自身行为的成败经验

29. "学生之所以学习，是因为在学习过程中可以得到奖赏、赞扬和优异的成绩等报酬"，持这种观点的学习动机理论是(　　)

A. 归因理论　　B. 麦克里兰的学习动机理论

C. 阿特金森的成就动机理论　　D. 强化理论

30. 小明倾向于确立掌握目标，希望通过学习来提高自己的能力。小可倾向于确立成绩目标，希望在学习过程中证明自己的能力。根据德韦克的理论，小明和小可分别持有(　　)

A. 能力变化观、能力增长观　　B. 能力增长观、能力实体观

C. 能力实体观、能力变化观　　D. 能力增长观、能力可控观

31. 在学习中，某学生因为种种学习障碍而在学习上屡遭失败的打击，最终沦为差生。他对自己的学习能力失去信心，对学习成功不抱期望，从而放弃学习。这种现象属于(　　)

A. 习得性无助感　　B. 厌学心理　　C. 自我效能感　　D. 焦虑感

32. 主张一般情况下，动机水平适中时，学习效果好的理论是(　　)

A. 成就动机理论　　B. 耶克斯—多德森定律

C. 需要层次理论　　D. 强化理论

二、辨析题(每小题 8 分，参考时限 8 分钟。共 4 小题)

1. 成就动机理论对教育实践的启示是：教师应多给学生布置容易的任务，以增强学生的自信心。

2. 只有在低级需要得到部分满足时，高一级需要才会产生。

3. 表扬和奖励对于学习具有推动作用，因此应多用。

4. 学习动机是直接推动学习行为的原因和动力。

三、简答题(每小题 10 分，参考时限 10 分钟。共 3 小题)

1. 简述影响学生自我效能感形成的主要因素。

2. 奥苏伯尔认为学校情境中的成就动机由哪几个方面组成？

3. 简述"耶克斯—多德森定律"。

四、材料分析题(每小题 18 分,参考时限 20 分钟。共 2 小题)

1.材料:

小明的父母都从事房地产开发工作。因为父母工作的原因,小明从小到大跟着父母去过不少地方,每个地方待了不到两三年就又要到另一个城市去。父母工作忙,小明与父母的沟通也不是很多,每次到了一个新的地方进入当地学校读书,小明就又要适应一个新环境。而当小明渐渐熟悉起来,可能又要离开了。刚入学时,小明成绩挺好的,可是几年下来,成绩一落千丈,他自己很烦恼,父母也很担忧。

问题:

(1)从马斯洛的需要层次理论来看,小明的哪种基本需要没有得到满足?

(2)请从需要之间的关系分析小明成绩下降的原因,并简要说明如何帮助小明摆脱困境,提高成绩。

2.材料:

小明是某初中一年级的学生,性格开朗,爱看报纸、玩电脑、打篮球,喜欢数学,成绩优秀。一次偶然,小明在英语测验中没考好,他感到很自责。老师认为小明没有考好的原因是没有认真备考,在考试之前打篮球,因此把他作为"反面例子"在全班人面前批评了他。由于成绩变差、名次后退,回家后小明也受到了父母的批评。这让小明的压力很大,他希望下周的数学测验成绩可以提高,以便重新获得老师和家长的认可。但由于压力过大,不仅数学没考好,其他科目也考得不好。面对老师和家长的批评、恨铁不成钢的态度,小明感觉自己各个方面都很差,进而对自己失去了信心,也变得不爱和同学交流了。

问题:

(1)小明的学习动机是什么类型?

(2)假如你是小明的老师,面对这种情况,你认为应该从哪些方面对他进行帮助?

专题四 学习迁移

答案见 P40

一、单项选择题(每小题 2 分,共 24 小题。参考时限 30 分钟)

1.学生在学习"刷牙"这个词时对学习"牙刷"这个词所产生的影响属于( )

A.同化性迁移 B.顺应性迁移
C.重组性迁移 D.具体迁移

2.下列现象属于学习迁移的是( )

A.举一反三 B.书山有路勤为径
C.近朱者赤,近墨者黑 D.学而时习之

3.当学生先学完"不"和"正"后,再学习"歪"时,即可以产生( )

A.逆向迁移 B.一般迁移 C.负迁移 D.具体迁移

4.在掌握了汉语语法的情况下,初学英语语法时总是出现用汉语语法去套用英语语法的情况。这种现象属于( )

A.正迁移 B.负迁移 C.零迁移 D.助长性迁移

5.学生因"凹透镜"知识掌握不好而影响了"凸透镜"知识的学习。这种迁移现象是( )

A.纵向迁移 B.横向迁移 C.一般迁移 D.普遍迁移

6.学过高等数学后有利于初等数学的进一步理解和掌握,这属于( )

A.顺向正迁移 B.逆向正迁移 C.顺向负迁移 D.逆向负迁移

7.提高对自己的知识经验的概括程度,以促进迁移的理论依据是( )

A.形式训练说 B.概括化理论
C.情境性理论 D.认知结构理论

8.认为良好的教材结构有利于学生形成良好的认知结构,从而促进学习迁移。这一观点的提出者是( )

A.桑代克 B.安德森 C.贾德 D.奥苏伯尔

9.小学生先前学习的加法、减法,对以后更高级的乘除法的学习具有促进作用。这种迁移是( )

A.纵向迁移 B.横向迁移 C.负向迁移 D.逆向迁移

10.迁移与教学是相辅相成的辩证关系,下列因素中不属于影响迁移的主要因素是( )

A.学习材料的特点 B.原有的认知结构
C.学习的心理准备状态 D.完成动作的速度较慢

11.不改变原有的认知结构,直接将原有的认知经验应用到本质特征相同的一类事物中去,这种迁移称为( )

A.重组性迁移 B.顺应性迁移 C.同化性迁移 D.排列性迁移

12.学生在学习了鲸、蝙蝠的概念后有利于哺乳动物概念的学习,这属于( )

A.水平迁移 B.一般迁移 C.正迁移 D.负迁移

13. 主张个体对原理、方法掌握得越好,在新情境中的学习迁移就越好的迁移理论最有可能是(　　)

A. 形式训练理论　B. 相同要素理论　C. 概括化理论　D. 三维迁移理论

14. 最早的有关学习迁移的代表性理论是(　　)

A. 形式训练说　B. 共同要素说　C. 经验类化说　D. 关系转换说

15. 平时我们所说的“举一反三”“触类旁通”“闻一知十”等属于学习迁移,学生迁移能力的形成有赖于教学,促进迁移的有效教学需要考虑(　　)

①精选教材　②合理编排教学内容

③合理安排教学程序　④教授学习策略,提高迁移意识

A. ①②④　B. ①②③④　C. ②③④　D. ②④

16. 奥苏伯尔提出的三个主要影响迁移的认知结构变量是(　　)

A. 结构性、可操作性和可辨别性　B. 稳定性、可利用性和结构性

C. 可操作性、可利用性和结构性　D. 可利用性、可辨别性和稳定性

17. 学生掌握基本的阅读技能后运用到各种具体的学科学习中,这属于(　　)

A. 普遍迁移　B. 特殊迁移　C. 逆向迁移　D. 水平迁移

18. 下列具体事例中体现垂直迁移的是(　　)

A. 汉语拼音的学习影响英语字母的发音

B. 在学校形成的爱护公物的习惯影响在校外的行为表现

C. “角”的概念的掌握影响“直角”“平角”等概念的学习

D. “石”字的学习影响“磊”字的学习

19. 当学生学会拼读“going”时,拼读其他带有“ing”的词也变得更加熟练,最能解释这个现象的理论是(　　)

A. 形式训练说　B. 共同要素说　C. 概括化理论　D. 关系转换说

20. 数学课上,唐老师问了同学们两个问题。第一个问题是“从A村到B村有3条路可以走,从B村到C村有4条路可以走,那么从A村经过B村到C村有多少条路可以走?”第二个问题是“书架上有7种不同的数学书,3种不同的语文书,要在书架上任取一本语文书和一本数学书,共有多少种取法?”随后,唐老师讲解了本堂课的重点“乘法原理”,并通过乘法原理计算出从A村经B村到C村共有12条路可以走。讲解完后同学们也都能根据乘法原理很快计算出第二个问题的答案,即取书的方式一共有21种。在这一案例中。同学们产生的学习迁移更符合以下哪种理论(　　)

A. 相同要素说　B. 形式训练说

C. 经验类化说　D. 关系顿悟说

21. 会骑自行车的人学骑三轮车时往往比不会骑自行车的人更困难,这是因为之前掌握的骑自行车的动作技能对学骑三轮车造成了干扰,这种影响属于(　　)

A. 顺向正迁移　B. 顺向负迁移　C. 逆向正迁移　D. 逆向负迁移

22. 苛勒的“小鸡觅食”实验证明了哪种迁移理论(　　)

A. 形式训练说　B. 相同要素说

C. 概括化理论　D. 关系转换理论

23. 迁移的程度取决于两种情境中相同要素的多寡。相同要素越多,迁移程度越高;相同要素越少,迁移程度越低。以上观点属于迁移的(　　)

A. 形式训练说　B. 相同要素说　C. 经验类化说　D. 关系转换说

24. 贾德的“水下打靶”实验,是(　　)的经典实验。

A. 共同要素说　B. 概括化理论　C. 关系理论　D. 形式训练说

二、辨析题(每小题8分,参考时限8分钟。共3小题)

1. 正迁移就是顺向迁移,而负迁移就是逆向迁移。

2. 学习迁移是学习过程中常见的现象,它对新知识、新技能的学习起促进作用。

3. 相同要素说认为,迁移是由于学习者理解或顿悟了情境之间关系的结果。

三、简答题(每小题10分,参考时限10分钟。共2小题)

1. 影响学习迁移的因素有哪些?

2. 常见的学习迁移理论有哪些？

四、材料分析题(每小题 18 分,参考时限 20 分钟。共 2 小题)

1. 材料：

热衷于“奥数”培训的人持有这样一种观点：“奥数”有利于训练学生的思维,学生思维能力提高了,其他能力相应就会有所提高。就像运动员的体能训练一样,其肌肉发达了,运动技能水平也会有所长进。

问题：哪一迁移理论与材料中观点相似？请阐述该迁移理论的基本观点。

2. 材料：

学生 A：中学学习英语语法对以后学习英语帮助很大。

学生 B：平面几何学得好,后面学习立体几何就简单了,知识之间有很大的联系。

学生 A：不光知识是这样,弹琴也是,会弹电子琴,学钢琴也快。

学生 B：可有时候也不一样,会骑自行车反而影响学骑三轮车。

学生 A：有意思,学习很奇妙。

问题：

(1)请分析材料中两位同学谈话用到的学习原理。

(2)教师应该如何利用这一原理促进学生的学习？

专题五　学习策略

答案见 P43

一、单项选择题(每小题 2 分,共 18 小题。参考时限 25 分钟)

1. 为了方便记忆二十四节气,人们采用首字连词法(即利用每一个词的第一个字形成一个缩写),编制了二十四节气歌。这种做法从学习策略的角度看属于(　　)

A. 复述策略　　B. 元认知策略　　C. 组织策略　　D. 精细加工策略

2. 杨毅在学习过程中,将自己的笔记本划分成两半,一半记录老师上课时所讲的内容,另一半记录自己不懂的地方或重要的地方。杨毅在这一过程中使用的学习策略属于(　　)

A. 精细加工策略　　B. 计划策略　　C. 组织策略　　D. 监视策略

3. 为了更好地帮助学生学习,教师用逻辑关系图对课本知识进行了总结。这属于组织策略中的(　　)

A. 记忆术　　B. 生成性学习　　C. 归类策略　　D. 纲要策略

4. 一名学生在描述自己的房间时说：“窗边是书桌,挨着书桌的是……”这种记忆法是(　　)

A. 形象联想法　　B. 谐音联想法　　C. 首字连词法　　D. 位置记忆法

5. 历史老师用歌诀的形式帮助学生记住历史朝代的顺序,这种学习策略是(　　)

A. 复述策略　　B. 精细加工策略　　C. 元认知策略　　D. 组织策略

6. 利用课余时间读短篇文章或阅读报纸、杂志,拓宽自己的知识面,属于(　　)

A. 计划策略　　B. 组织策略　　C. 时间管理策略　　D. 调节策略

7. 为了暂时记住朋友的电话号码以便拨号,最适宜的记忆策略是(　　)

A. 组织策略　　B. 精细加工策略　　C. 复述策略　　D. 元认知策略

8. 庚子春爆发的新冠肺炎疫情,波及范围之广、传染性之强,对人们社会生活影响之大,历史罕见。为阻断疫情向校园蔓延,确保师生生命安全和身体健康,全国大中小学 2020 年春季学期延期开学。虽然延期期间要求“教师停课不停教、学生停课不停学”,但是有的学生能够正确认识疫情,调整心态,坚持学习不放松;有的学生则焦虑不已,怨天尤人,放松学习。从学习策略来看,这种现象更多地反映了学生的(　　)

A. 计划策略　　B. 调节策略　　C. 努力管理策略　　D. 时间管理策略

9. 教师把零散的、枯燥的信息编成歌谣、口诀,帮助学生提高记忆效果的学习策略是(　　)

A. 组织策略　　B. 元认知策略　　C. 复述策略　　D. 精细加工策略

10. 小王在读一本书,但是读到第二章的第一节时发现自己无法理解,就根据情况反思应该怎么办。反思过后,他认为是第一章中的最后一节未读懂。因此,他重新阅读了一遍,最后他顺利地读懂了第二章的第一节。请问在阅读中,小王使用的学习策略是(　　)

A. 认知策略　　B. 元认知策略

C. 资源管理策略　　D. 时间管理策略

11. 在工作记忆中为了保持信息,运用内部语言在大脑中重现学习材料或刺激,以便将注意力维持在

学习材料上的方法称为(　　)

A. 组织策略　B. 复述策略　C. 计划策略　D. 调节策略

12. 熟练使用某种学习策略将有助于学习者更好地适应环境与调节环境以适应自己的需要，这种学习策略是(　　)

A. 精细加工策略　B. 元认知策略　C. 资源管理策略　D. 调控策略

13. 琳琳在听课时，经常将学习内容要点以画线的方式在书上做标记。这种学习策略属于(　　)

A. 复述策略　B. 调节策略　C. 监控策略　D. 计划策略

14. 小乐善于观察生活，好奇心强，乐于探索他所不熟悉的领域。每当小乐遇到不能理解的知识时，他总是积极借助互联网、工具书、图书馆等来寻求答案。可见小乐善于使用(　　)

A. 时间管理策略　B. 环境管理策略　C. 学业求助策略　D. 努力管理策略

15. 陈晨在写家庭作业前，规划好先做难的理科作业后做简单的文科作业，认为这样很轻松，这是元认知策略中的(　　)

A. 组织策略　B. 计划策略　C. 监控策略　D. 调节策略

16. 小明在学习英文单词“tiger”时，把单词联想成“泰山上一只虎”。小明运用了学习策略中的(　　)

A. 组织策略　B. 复述策略　C. 精细加工策略　D. 动机

17. 训练学生对他们所阅读的东西产生一个类比或表象，如图形、图像、表格和图解等，以加强其深层理解，这种学习策略是(　　)

A. 生成性学习　B. 视觉想象　C. 记忆术　D. 元认知监控

18. 学生把 PULL 记成 PUSH，老师告诉他可以把 PULL 后面两个 L 看成是两个钩，用来拉东西。这运用了(　　)

A. 形象联想法　B. 谐音联想法　C. 位置记忆法　D. 关键词法

二、辨析题(每小题 8 分，参考时限 8 分钟。共 1 小题)

在精细加工策略中，归类和列提纲都是能有效地促进学生学习的方法。

三、简答题(每小题 10 分，参考时限 10 分钟。共 2 小题)

1. 简述常用的精细加工策略。

2. 简述资源管理策略的内容。

专题六　知识与技能

➢答案见 P44

一、单项选择题(每小题 2 分，共 21 小题。参考时限 30 分钟)

1. 根据反映活动的深度不同，可以将知识分为(　　)

A. 感性知识和理性知识　B. 具体知识和抽象知识

C. 陈述性知识和程序性知识　D. 方式方法知识和普遍原理知识

2. 生物课上，老师讲解了人体的各大系统是什么，由什么器官组成，在人体中的作用是什么。这属于(　　)

A. 陈述性知识　B. 程序性知识　C. 策略性知识　D. 条件性知识

3. 在学过“正方体”“长方体”等的体积公式后，再学习“一般柱体”的体积计算公式属于(　　)

A. 并列结合学习　B. 下位学习

C. 派生类属学习　D. 上位学习

4. 学习了“萝卜”“白菜”等概念后再学习“蔬菜”的概念。这种学习是(　　)

A. 上位学习　B. 下位学习

C. 类属学习　D. 并列结合学习

5. 根据知识本身的存在形式和复杂程度，将知识学习分为三种：符号学习、概念学习和(　　)

A. 符号学习　B. 命题学习　C. 类属学习　D. 上位学习

6. 如果学生已经学习了质量与能量、遗传结构与变异等之间的关系，现在要学习需求与价格之间的关系。这种学习属于(　　)

A. 派生类属学习　B. 相关类属学习

C. 上位学习　D. 并列结合学习

7. 学生学习了平行四边形的概念，掌握了平行四边形的特点，而后学习长方形的知识，并把长方形同化到平行四边形的概念之下，理解了长方形实质上是一种特殊的平行四边形。这种学习属于(　　)

A. 规范学习　B. 统计学习　C. 派生类属学习　D. 相关类属学习

8. 学习“三角形”这一概念，就是掌握所有三角形都具有三条相连接的边和三个角这样两个共同的关键特征，而与它的大小、形状、颜色等特征无关。这种学习属于(　　)

A. 表征学习　B. 概念学习　C. 命题学习　D. 原理学习

9. 教学技能属于(　　)

A. 操作技能　B. 心智技能　C. 言语技能　D. 交际技能

10. 钢琴演奏是一项技能性、专业性较强的活动。在演奏技能形成的练习过程中，学生常常出现练习成绩不稳定、起伏较大或者常处于停滞不前的现象。在心理学中，这通常被称为(　　)

A. 抑制现象　B. 高原现象　C. 蝴蝶效应　D. 山谷效应

11. 体育课上，陈老师在教学生新的广播操动作，她先对每个动作进行示范与讲解，然后让学生进行细致的观察并思考应该怎么做这些动作。这属于操作技能的(　　)

A. 定向阶段　B. 模仿阶段　C. 整合阶段　D. 熟练阶段

12. 根据奥苏伯尔对有意义学习的分类，如果儿童听到"鸟"或看到文字"鸟"，就知道它代表实际的鸟，即使此时并未见到真实的鸟，儿童也能以语言或文字的形式在大脑中形成关于鸟的形象。这属于(　　)

A. 概念学习　B. 类属学习　C. 上位学习　D. 符号学习

13. 学生根据已经掌握的方程的解题步骤去解一元二次方程。这属于(　　)

A. 描述性知识　B. 陈述性知识

C. 策略性知识　D. 程序性知识

14. 学生小黄在学习了"蝴蝶""蜜蜂""蜻蜓"等词后，再学习"昆虫"一词，进而知道"蝴蝶""蜜蜂""蜻蜓"都属于"昆虫"。这种学习过程属于(　　)

A. 上位学习　B. 下位学习

C. 派生类属学习　D. 相关类属学习

15. 在历史课上，同学们学习了鸦片战争的起源、发展、结果等知识。按照知识的分类，这属于(　　)

①陈述性知识　②程序性知识　③直接经验　④间接经验

A. ①③　B. ①④　C. ②③　D. ②④

16. "见者易，学者难"这句话强调了哪一因素对动作技能学习的重要性(　　)

A. 言语指导　B. 示范　C. 练习　D. 反馈

17. 在技能形成的练习过程中，其进步情况的表示方法是(　　)

A. 图式　B. 坐标　C. 遗忘曲线　D. 练习曲线

18. 心智技能形成中出声的外部言语动作阶段、不出声的外部言语动作阶段和内部言语动作阶段可以合称为(　　)

A. 原型定向　B. 原型模仿　C. 原型操作　D. 原型内化

19. "学习直角三角形是一种特殊的三角形"，这种学习属于(　　)

A. 词汇学习　B. 概念学习　C. 命题学习　D. 原理学习

20. 下列选项中，主要依靠心智技能完成的任务是(　　)

A. 体操训练　B. 提问　C. 抄笔记　D. 织毛衣

21. 下列属于常见的心智技能的是(　　)

A. 驾驶汽车　B. 洗衣服　C. 解应用题　D. 拉小提琴

二、辨析题(每小题 8 分，参考时限 8 分钟。共 1 小题)

陈述性知识解决的主要是"做什么"和"怎么做"的问题。

三、简答题(每小题 10 分，参考时限 10 分钟。共 4 小题)

1. 简述奥苏伯尔关于知识学习的分类。

2. 简述心智技能的形成阶段。

3. 简述动作技能与心智技能的特点。

4. 简述动作技能的培养途径。

第五章　中学生发展心理

核心知识提要

答案见 P46

- 中学生发展心理
  - 中学生的心理发展特征概述
    - 个体心理发展的基本特征
      - 连续性与阶段性
      - 定向性与顺序性
      - ①________
      - 差异性
    - 中学生心理发展的特点★
      - 过渡性
      - 动荡性
      - ②________
      - 社会性
  - 中学生的认知发展
    - 皮亚杰的认知发展理论
      - 建构主义的发展观
      - 认知发展阶段理论★★
        - 感知运动阶段（0～2 岁）
        - 前运算阶段（2～7 岁）
        - ③________（7～11 岁）
        - 形式运算阶段（11 岁～成人）
    - 维果斯基的发展理论★★
      - 四个相关的分析层面
      - "文化—历史"发展理论的基本观点
      - 心理发展的实质与"内化说"
      - ④________的概念
      - "教学应走在发展的前面"包含的两层含义
      - 适时辅导学生是教学的必由之路——教学支架的应用
  - 中学生的情绪情感发展
    - 情绪和情感的概念及分类
      - 情绪的分类★
        - 心境
        - 激情
        - 应激
      - 情感的分类★
        - 道德感
        - 美感
        - ⑤________
    - 情绪理论
      - 情绪的早期理论
        - 詹姆士—朗格理论
        - 坎农—巴德学说
      - 情绪的认知理论
        - 阿诺德的评定—兴奋情绪学说★
        - 沙赫特和辛格的⑥________理论★
        - 拉扎勒斯的认知—评价理论
      - 情绪的动机—分化理论
    - 中学生的情绪特点★★★
      - 情绪非常丰富
      - 情绪反应强烈，易动感情
      - 情绪理解力增强，学会运用情绪表达规则
      - 能采用有效的情绪调节手段
      - 情绪的延续性较长，心境化
      - 出现⑦________情绪与逆反心理
      - 情绪变化的⑧________
    - 中学生良好情绪的培养★★★
      - 中学生良好情绪的培养方法
      - 对中学生情绪调节的指导
    - 压力与挫折★
  - 中学生的意志发展
    - 意志行动的过程
      - 准备阶段：⑨________冲突★★
      - 执行决定阶段
    - 意志的品质
      - 自觉性
      - 果断性
      - ⑩________
      - 坚韧性（坚持性）
  - 中学生的人格发展
    - 人格的概念与特征★
    - 人格的结构
      - 气质★
      - 性格★★
      - ⑪________★★★
      - 自我调控系统
    - 人格理论
      - 人格结构理论★
        - 弗洛伊德的人格"三我"结构
        - 福利曼和罗斯曼的 A—B 型人格类型理论
      - 人格发展理论★
        - 弗洛伊德的人格发展五阶段理论
        - ⑫________的人格发展八阶段理论
    - 影响人格形成与发展的因素
      - 生物遗传因素
      - 社会因素
      - 个人主观因素
  - 中学生的能力与自我意识发展
    - 能力
      - 能力与知识、技能的关系★★
      - 能力的结构（智力结构）
        - 斯皮尔曼的二因素论
        - 吉尔福特的智力三维结构论
        - 卡特尔的智力形态论★
        - 加德纳的⑬________
      - 能力的差异★
      - 智力测验的标准：信度、效度、标准化
      - 影响能力发展的因素
    - 自我意识
      - 自我意识的发展阶段★
      - 中学生自我意识发展的一般特征
  - 中学生的性心理发展与异性交往辅导★
    - 中学生性心理发展的特点
      - 疏远期
      - 爱慕期
      - 恋爱期
    - 中学生异性交往的指导

经典真题回顾

答案见 P46

一、单项选择题(每小题2分,共12小题。参考时限15分钟)

1. "跳一跳,摘到桃"主要强调教师在教学过程中尽可能挖掘每个学生的潜力,使其得到更好的发展。其理论依据是(　　)

A. 最近发展区理论　B. 范例教学理论
C. 合作教育学理论　D. 教学过程最优化理论

2. 当志君看到他喜欢的中国乒乓球队在2020年东京奥运会夺冠获胜时,欣喜若狂。这种情感状态属于(　　)

A. 心境　B. 激情　C. 应激　D. 热情

3. 梦佳理解了"物质决定意识,意识反作用于物质"的含义。按照皮亚杰的认知发展阶段理论,梦佳的思维发展水平处于(　　)

A. 感知运动阶段　B. 前运算阶段
C. 具体运算阶段　D. 形式运算阶段

4. 进入初中后,赵东难以控制自己的情绪,时常无故地兴奋不已,转而又哀伤忧愁。这反映了青少年的情绪发展具有(　　)

A. 弥散性　B. 闭锁性　C. 波动性　D. 感染性

5. 雨晴通过写诗作画让自己走出困扰,摆脱失去亲人的痛苦,这种情绪调节方法是(　　)

A. 脱敏法　B. 强化法　C. 幽默法　D. 升华法

6. 李哲爱好广泛,恰逢本周六晚上既有足球赛,又有演唱会,他都想去看。由于二者时间冲突,他很矛盾。他面临的冲突是(　　)

A. 双趋式冲突　B. 双避式冲突
C. 趋避式冲突　D. 多重趋避式冲突

7. 李玲遇事常拿不定主意,错失良机。这主要反映了她意志品质的哪一特点(　　)

A. 果断性　B. 独立性　C. 坚韧性　D. 自制性

8. 晓颖是个诚实、勤奋好学的好学生,这些特征属于(　　)

A. 性格　B. 能力　C. 气质　D. 认知

9. 阳慧在解决问题的过程中,常以老师、同学的建议作为参照做出决策。她的这种认知风格属于(　　)

A. 场依存型　B. 场独立型　C. 继时型　D. 同时型

10. 韩波进入中学后,经常独立思考"我是谁""未来从事何种职业?""在社会上处于什么样的地位?"等问题。根据埃里克森的人格发展阶段理论,韩波的人格发展处于(　　)

A. 主动对内疚阶段　B. 同一性对角色混乱阶段
C. 自我整合对绝望阶段　D. 自主对羞耻和疑虑阶段

11. 晓军上中学后,自尊心越来越强,自我评价越来越客观全面,自我控制能力明显提高,这反映的是晓军自我意识哪一方面的发展(　　)

A. 生理自我　B. 心理自我　C. 社会自我　D. 物质自我

12. 民辉在解答难题时产生的疑惑、惊讶、焦躁等情感体验属于(　　)

A. 道德感　B. 理智感　C. 美感　D. 荣誉感

二、辨析题(每小题8分,参考时限8分钟。共2小题)

1. 场独立型的学生比场依存型的学生更优秀。

2. 气质由遗传决定。

三、简答题(每小题10分,参考时限10分钟。共2小题)

1. 简述皮亚杰的认知发展阶段理论。

2. 简述弗洛伊德的人格发展阶段理论。

四、材料分析题(每小题18分,参考时限20分钟。共1小题)

材料:初三学生晓辉近期很苦恼,感觉常常不能很好地控制自己的情绪,他觉得自己的情绪来得快,变得也快。在学校,取得好成绩时就非常高兴,遇到一点挫折又极度苦恼;与同学交往经常为一点儿小事发脾气,导致同学关系紧张。回到家里,只要父母过问他的学习,他就很抵触:"我都这么大了,

还要你们管?”因此,与父母的关系也不融洽,他想改变这一切,可是每次出现状况时,老毛病就再次发作。他非常恨自己,每次发了脾气都后悔莫及,他不知该怎么办。

问题:

(1)材料中晓辉的表现反映了他情绪发展的哪些特点?

(2)作为教师,请你针对晓辉的问题提出指导建议。

过关必刷题库

答案见 P48

专题一　中学生的心理发展特征概述

单项选择题(每小题 2 分,共 5 小题。参考时限 5 分钟)

1. 心理学家将个体的心理发展划分为八个阶段,其中 14、15～25 岁属于(　　)

A. 童年期　　B. 少年期　　C. 青年期　　D. 成年期

2. 随着身心的迅速发展,中学生开始积极尝试脱离父母的保护和管理,渴望自己的行为像成人,不愿意被当作孩子看待。这说明中学生心理发展具有(　　)

A. 平衡性　　B. 独立性　　C. 闭锁性　　D. 动荡性

3. 尽管个体发展要经历一些共同的基本阶段,但在发展速度、最终达到的水平和优势领域上往往是有差别的。例如:有的学生反应敏捷,有的学生反应迟钝;有的学生开朗活泼,有的学生沉着内向。这反映了个体心理发展的(　　)

A. 不平衡性　　B. 方向性和顺序性　　C. 差异性　　D. 协调性

4. 初中学生的年龄一般是在 11、12 岁到 14、15 岁之间,这个年龄阶段在儿童心理学上被称为(　　)

A. 幼儿期　　B. 童年期　　C. 少年期　　D. 青年期

5. 中学生的内心世界逐渐复杂,他们开始不轻易地表露内心世界。这体现了中学生心理发展的(　　)

A. 闭锁性　　B. 过渡性　　C. 社会性　　D. 动荡性

专题二　中学生的认知发展

答案见 P48

一、单项选择题(每小题 2 分,共 12 小题。参考时限 15 分钟)

1. 将环境刺激纳入机体已有的图式中,以加强和丰富机体的动作,引起图式量的变化。皮亚杰将这一心理适应过程称为(　　)

A. 成熟　　B. 同化　　C. 顺应　　D. 平衡

2. 小优准备去国外旅游,为了此次出行顺利,他查看了很多旅游攻略,并根据攻略的描述,能想象得到出入境时大致的场景。根据维果斯基的文化—历史发展理论,小优的这种心理活动属于(　　)

A. 低级心理机能　　B. 本能　　C. 高级心理机能　　D. 条件反射

3. 亮亮把果冻偷偷藏在厨房的橱柜里,妈妈发现之后把果冻放到了客厅的抽屉里。有些儿童认为亮亮以后还会到厨房的橱柜里找果冻。这些儿童处在皮亚杰所说的认知发展阶段中的(　　)

A. 感知运动阶段　　B. 前运算阶段　　C. 具体运算阶段　　D. 形式运算阶段

4. 一个女孩正在清扫房间,她决定把自己书架上一大堆的动物玩具从最高到最矮重新摆放。先放高的,然后是中等的,最后是矮的。这个女孩的认知处于(　　)

A. 感知运动阶段　　B. 前运算阶段　　C. 具体运算阶段　　D. 形式运算阶段

5. 某学生认为“鸟是会飞的”,后来知道鸵鸟也是鸟,但不会飞,于是他又重新建立了鸟的概念。根据皮亚杰的认知发展阶段理论,该学生的这一认知过程属于(　　)

A. 适应　　B. 顺应　　C. 同化　　D. 异化

6. 某学生认为,插队是不文明的行为,但是当遇到孕妇和老人时,可以让他们“插队”。根据皮亚杰的认知发展阶段理论,该学生处于(　　)

A. 感知运动阶段　　B. 形式运算阶段

C. 具体运算阶段　　D. 前运算阶段

7. 儿童往往认为所有会动的东西都是有生命的,因此当他们看到月亮会动时,就坚持认为月亮是有生命的。这种构建知识的方式是(　　)

A. 同化　　B. 顺应　　C. 图式　　D. 平衡

8. 根据皮亚杰的认知发展阶段理论,泛灵论属于(　　)的特征。

A. 感知运动阶段　　B. 前运算阶段

C. 具体运算阶段　　D. 形式运算阶段

9. 根据皮亚杰的认知发展阶段理论,客体永久性出现在认知发展阶段中的(　　)

A. 感知运动阶段　　B. 前运算阶段

C. 具体运算阶段　　D. 形式运算阶段

10. 某学生能够进行逻辑推理,并且具备补偿与可逆的思维能力。根据皮亚杰的认知发展阶段理论,该生的认知发展处于(　　)

A. 感知运动阶段　　B. 前运算阶段

C. 具体运算阶段　　D. 形式运算阶段

11. 小张是某校新入职的数学教师，他在教学数周后发现该班小李同学的数学学习信心较低，小张老师就每天为他布置独特的数学作业，降低作业的难度，让他能够达到简单的目标。期末时，小李同学对数学的兴趣和能力都得到了巨大的提升。请问小张老师的做法依据了(　　)

A. 最近发展区理论　　B. 文化历史发展理论

C. 心理社会发展理论　　D. 道德发展理论

12. 心理学家(　　)提出了最近发展区。

A. 桑代克　　B. 布鲁纳　　C. 加涅　　D. 维果斯基

二、辨析题(每小题 8 分，参考时限 8 分钟。共 2 小题)

1. 个体通过同化和顺应达到机体与环境的平衡。

2. 最近发展区是指个体最擅长的能力或兴趣、研究领域。

三、简答题(每小题 10 分，参考时限 10 分钟。共 4 小题)

1. 简述具体运算阶段儿童的思维特征。

2. 简述形式运算阶段儿童的思维特征。

3. 简述维果斯基的“文化—历史”发展理论的基本观点。

4. 简述“教学应走在发展的前面”的含义。

专题三　中学生的情绪情感发展

答案见 P49

一、单项选择题(每小题 2 分，共 25 小题。参考时限 30 分钟)

1.《红楼梦》中的林黛玉在春暖花开之际，写下了伤感的《葬花吟》。这体现的情绪状态是(　　)

A. 心境　　B. 激情　　C. 应激　　D. 理智

2. 在公交车上，小华主动为一位老人让座，并感到很自豪。当时小华体验到的情感是(　　)

A. 道德感　　B. 美感　　C. 理智感　　D. 新异感

3. 某学生学习成绩差，却经常购买各种名牌消费品，以求得心理上的满足。该生的这种心理防御方式属于(　　)

A. 升华　　B. 补偿　　C. 压抑　　D. 转移

4. 有爱就有恨，有喜悦就有悲伤，有紧张就有轻松。这说明情绪和情感(　　)

A. 具有两极对立特性　　B. 具有不可调和的特性

C. 其两极是不相容的　　D. 其两极是绝对对立的

5. 应激是人的情绪状态中的一种，以下属于应激的是(　　)

A. 小美得知自己考试又是全班倒数，一气之下撕碎了试卷

B. 小明被老师表扬后，走在回家的路上，他感觉天格外蓝

C. 范进听到自己金榜题名时欣喜若狂、手舞足蹈

D. 小林突然被老师点名答题，他非常紧张，不知所措

6. 小雪非常喜欢印象派的绘画作品，当她看到印象派的代表作《草地上的午餐》《日出·印象》时，顿时心中非常喜悦。小雪此时的情感属于(　　)

A. 道德感　　B. 理智感　　C. 美感　　D. 成就感

7. 小明解答出一道困惑自己许久的难题时,无比兴奋、激动的情感体验称为(　　)

A. 理智感　B. 道德感　C. 美感　D. 责任感

8. 在遇到不开心的事情时,张亮总是会去操场上踢一场球,将不开心的情绪都释放出去,他这种情绪调节方法属于(　　)

A. 升华　B. 补偿　C. 宣泄　D. 幽默

9. 当学生嘲笑张老师个子矮小时,张老师以一句"浓缩的就是精华"化解了当时的尴尬。这种情绪调节的方法称为(　　)

A. 升华　B. 补偿　C. 幽默　D. 宣泄

10. 王萍代表学校参加竞赛获得第一名已经十多天了,仍心情愉悦,往常觉得平淡的事情也能让她很高兴。这种情绪状态属于(　　)

A. 心境　B. 热情　C. 应激　D. 激情

11. "圣雄"甘地年轻时搭乘火车的时候,因为自己的种族遭受了歧视对待,他把自己受到的歧视性待遇和同胞们的不幸遭遇联系在了一起,从此投身于印度民族解放运动。甘地这种对待挫折的方式属于(　　)

A. 认知重组　B. 补偿　C. 升华　D. 宣泄

12. "心晴的时候,雨也是晴;心雨的时候,晴也是雨"描写的心理现象是(　　)

A. 情绪　B. 性格　C. 认知　D. 思维

13. "先天下之忧而忧,后天下之乐而乐"是情感中的(　　)

A. 道德感　B. 美感　C. 理智感　D. 热爱感

14. 中学生晓华喜欢帮助有困难的人,他认为其他同学与他一样也喜欢帮助有困难的人。这种现象属于(　　)

A. 退行　B. 投射　C. 升华　D. 文饰

15. 下列选项中,不属于基本情绪的是(　　)

A. 快乐　B. 焦虑　C. 悲哀　D. 愤怒

16. "急中生智"描述的情绪状态是(　　)

A. 心境　B. 激情　C. 应激　D. 理智

17. 杜甫在听到官军收复蓟北的消息时,"漫卷诗书喜欲狂"。他当时的情绪状态是(　　)

A. 冲动　B. 心境　C. 应激　D. 激情

18. 盛怒时,拍案大叫、暴跳如雷;狂喜时,捧腹大笑、手舞足蹈;绝望时,心灰意冷、麻木不仁。这反映的是哪种情绪状态(　　)

A. 应激　B. 心境　C. 激情　D. 热情

19. 某中学的一次数学考试中,陈鹏是唯一满分的学生,当老师宣布考试成绩时,陈鹏内心非常高兴,但他却表现出若无其事的样子。这反映了青少年的情绪具有(　　)

A. 稳定性　B. 持久性　C. 隐蔽性　D. 短暂性

20. 一般而言,事业心、自尊心属于(　　)

A. 心境　B. 理智感　C. 美感　D. 道德感

21. 考试失利时认真分析失败原因,重新确定努力方向,这种对待挫折的方式是(　　)

A. 合理宣泄　B. 适当放松　C. 心理补偿　D. 认知重组

22. 小强进入中学以后经常对父母的约束感到厌倦、甚至叛逆,总希望能摆脱父母的监视。这反映了中学生(　　)

A. 出现逆反心理　B. 情绪丰富

C. 情绪反应强烈　D. 情绪具有两极性

23. 一个体能较差的学生非常排斥上体育课,他认为只有四肢发达的人,才会喜欢体育。这种心理防御机制属于(　　)

A. 否认　B. 反向　C. 退行　D. 文饰

24. 在现实生活中,人们常常把得不到的东西说成是不好的,这是一种(　　)

A. 甜柠檬心理　B. 退行心理　C. 否认心理　D. 酸葡萄心理

25. 列宁说,没有人的情感就从来没有也不可能有人们对真理的追求。这种情感是(　　)

A. 道德感　B. 美感　C. 理智感　D. 责任感

二、简答题(每小题 10 分,参考时限 10 分钟。共 3 小题)

1. 简述中学生的情绪发展特点。

2. 简述情绪的动机—分化理论的主要观点。

3. 简述培养中学生良好情绪的方法。

三、材料分析题(每小题 18 分,参考时限 20 分钟。共 2 小题)

1. 材料:

某班的 52 名中学生参与了一项中学生心理状况调查,调查结果显示,该班超过一半的学生经常出现情绪低落的状况。不少学生表示压力太大,且不知该如何面对这些压力。"成绩不好对不起家长""自己已经很努力了,可就是学不好""我感到孤独、寂寞""我总想和他在一起,但觉得这样不对",这些学生的想法不同程度地反映出学生焦虑、失意、矛盾等心理状况。

问题:

(1)分析材料中学生出现的心理问题。

(2)教师应如何培养中学生的良好情绪?

2. 材料:

小明是一名初中生,小学时成绩优异,并在初中的入学考试中以第一名的成绩考入班级。进入初中后,因学习不适应,渐渐地他的成绩下降到二十几名,这对小明的打击很大。从此,小明去学校时总把衣服的拉链拉得很高,将头藏进衣服里,独来独往,也不和其他同学交流。

问题:

(1)小明的这种状况属于什么心理现象?造成小明这一问题的原因是什么?

(2)如何帮助小明摆脱困境?

专题四　中学生的意志发展

答案见 P51

一、单项选择题(每小题 2 分,共 8 小题。参考时限 10 分钟)

1. 某学生放学后不用家长催促,就能自己主动去做作业。这体现了意志的(　　)

A. 果断性　　B. 自制性　　C. 自觉性　　D. 坚持性

2. 小美十分喜爱舞蹈,她既想加入学校的舞蹈协会来接受系统性的训练,又怕参加舞蹈训练会占用自己大量的学习时间而影响学业。小美的这种心理冲突属于(　　)

A. 趋避冲突　　B. 双趋冲突

C. 双避冲突　　D. 多重趋避冲突

3. "鱼与熊掌,两者不可兼得。"这种矛盾心态是动机冲突形式中的(　　)

A. 双避冲突　　B. 趋避冲突　　C. 双趋冲突　　D. 单趋冲突

4. "前怕狼,后怕虎"这种矛盾冲突是(　　)

A. 多重趋避冲突　　B. 双避冲突　　C. 趋避冲突　　D. 双趋冲突

5. 学生甲容易受情感左右,缺乏理智,常在需要克制的时候任意为之,意气行事;而学生乙常常在需要采取行动,迎接挑战的时候临阵退缩,不敢有所行动。这表明学生甲和乙的意志均缺乏(　　)

A. 自觉性　　B. 坚持性　　C. 果断性　　D. 自制性

6. 魏征曾对唐太宗李世民说:"嗜欲喜怒之情,贤愚皆同,贤者能节之,不使过度,愚者纵之,多至失所。"这说的是意志要有(　　)

A. 自制性　　B. 果断性　　C. 坚韧性　　D. 自觉性

7. 某学生能长时间地保持充沛的精力和顽强的毅力,持之以恒地进行晨跑,以达到强身健体的目的。这体现了该学生意志的(　　)较好。

A. 果断性　　B. 自觉性　　C. 坚持性　　D. 自制性

8. 与顽固执拗和见异思迁相反的意志品质是(　　)

A. 自觉性　　B. 果断性　　C. 坚持性　　D. 自制性

二、简答题(每小题 10 分,参考时限 10 分钟。共 1 小题)

简述培养学生良好意志品质的主要方法。

三、材料分析题(每小题 18 分,参考时限 20 分钟。共 1 小题)

材料:小明、小丽都是初二(3)班的学生,每天回到家,小明就开始看电视,必须要妈妈的督促才开始做作业;小丽每次都能自觉做作业,但只要有同学来找她玩,她就立马飞奔出去与伙伴们玩耍,将作

业忘得一干二净。

问题：

(1)请结合意志品质的相关内容分析材料中两人分别缺乏什么意志品质？

(2)如何培养中学生良好的意志品质？

专题五　中学生的人格发展

答案见 P52

一、单项选择题(每小题 2 分,共 32 小题。参考时限 40 分钟)

1. 学生在学习之前有明确的目的、步骤和方法,学习过程中能克服困难、始终如一地进行。这体现的是学生性格的(　　)

A. 态度特征　B. 理智特征　C. 情绪特征　D. 意志特征

2. 当课上老师提问时,学生小丽并不着急举手回答,而是先认真思考后才举手回答,答案也较为全面和准确。这说明小丽的认知方式属于(　　)

A. 沉思型　B. 冲动型　C. 发散型　D. 辐合型

3. 埃里克森指出,许多人对工作和学习的态度习惯可以追溯到其人格发展阶段中培养(　　)的时期。

A. 羞耻感　B. 内疚感　C. 勤奋感　D. 孤独感

4. 小明在课堂上回答问题时,常常因为老师和同学的某些反应而改变自己的答案。该现象说明其认知风格具有(　　)的特点。

A. 场依存型　B. 场独立型　C. 同时性　D. 继时性

5. 成为以后各个时期发展的基础,尤其是青年时期发展同一性的基础,也是形成健康的个性品质的基础的是(　　)

A. 信任感　B. 自主感　C. 主动感　D. 勤奋感

6. 有一类人他们善于察言观色,注意并记忆言语信息中的社会内容。这属于(　　)

A. 场依存型　B. 场独立型　C. 冲动型　D. 沉思型

7. 节俭属于性格的(　　)

A. 态度特征　B. 行为特征　C. 意志特征　D. 情绪特征

8. 某教师做重大决策判断时,常常利用他内心制定的参照,不易受外来因素的影响和干扰。他的这种认知方式叫作(　　)

A. 冲动型　B. 沉思型　C. 场依存型　D. 场独立型

9. 在儿童社会化和人格发展中,既能成为儿童学习社会行为的强化物,又能为儿童的社会化和人格发展提供社会模式或榜样的是(　　)

A. 家庭教养方式　B. 学校教育　C. 同伴群体　D. 社会媒体

10. 教师的言行对学生的人格产生了潜移默化的影响,这体现了哪一因素对人格的影响(　　)

A. 社会文化　B. 家庭环境　C. 学校教育　D. 生物遗传因素

11. 孩子任性、幼稚、自私,最有可能的家庭教养方式是(　　)

A. 专制型　B. 忽视型　C. 放纵型　D. 民主型

12. “世界上没有两片完全相同的树叶”,这体现了人格的(　　)

A. 稳定性　B. 整合性　C. 功能性　D. 独特性

13. “人心不同,各如其面”,这句俗语体现了人格的(　　)

A. 稳定性　B. 独特性　C. 整合性　D. 功能性

14. “性格决定命运”突出了人格的(　　)

A. 独特性　B. 社会性　C. 稳定性　D. 功能性

15. 小丽同学热爱集体、热爱劳动,尊敬老师,团结同学,学习努力,遵守中学生日常行为规范和学校各项规章制度。这主要反映了小丽性格结构特征中的(　　)

A. 情感特征　B. 态度特征　C. 情绪特征　D. 意志特征

16. 欣欣的气质类型属于多血质,她热情开朗、兴趣广泛,其高级神经活动类型是(　　)

A. 兴奋型　B. 活泼型　C. 安静型　D. 抑制型

17. 小江学习刻苦认真,虽然基础并不好,但他遇到困难时总能勇往直前,不达目的不罢休,因此他的学习成绩在班里一直名列前茅。这体现了小江性格的(　　)

A. 态度特征　B. 理智特征　C. 意志特征　D. 情绪特征

18. 某学生热爱交际、能说会道、活泼好动、反应迅速、适应性强,但同时也见异思迁、缺少耐性、稳定性差。该学生的气质类型属于(　　)

A. 胆汁质　B. 多血质　C. 黏液质　D. 抑郁质

19. 小雨是个敏感、细心的女孩,同时她又多疑、孤僻、多愁善感、不善于和同学交往,同学们都叫她“林妹妹”。小雨的气质类型属于(　　)

A. 胆汁质　B. 多血质　C. 黏液质　D. 抑郁质

20. 中学生人格发展的主要任务为(　　)

A. 培养自主性　B. 培养勤奋感

C. 培养主动性　D. 培养自我同一性

21. “江山易改,禀性难移”这句话说明人格具有(　　)

A. 稳定性　B. 独特性　C. 整合性　D. 功能性

22. 张老师根据小贾的气质类型特点,决定培养小贾的自制力,控制好自己的情绪,从而能够沉着冷静地做事。由此可以推断出小贾的气质类型是(　　)

A. 抑郁质　B. 黏液质　C. 多血质　D. 胆汁质

23. 王岩学习认真，做事冷静沉着，有耐久力，能承担长时间的学习任务，但思维反应较慢。他的气质类型属于(　　)

A. 多血质　　B. 黏液质　　C. 抑郁质　　D. 胆汁质

24. 一个人确立自己的目标，并自觉地调节自己的行为，克服困难，努力去实现目标的心理品质是(　　)

A. 性格的情绪特征　　B. 性格的意志特征

C. 性格的理智特征　　D. 性格的态度特征

25. 小楠考试没有考好，虽然父母没有责怪她，但从良心上讲，她还是感觉对不起父母。这一内疚感是由(　　)引发的。

A. 本我　　B. 自我　　C. 超我　　D. 现实的我

26. 谦虚骄傲、自尊自卑属于性格的(　　)

A. 态度特征　　B. 情绪特征　　C. 意志特征　　D. 理智特征

27. 小琼十分内向，不爱说话，无论是在陌生的环境还是在家里，她都少言寡语。这表明人格具有(　　)

A. 整体性　　B. 稳定性　　C. 独特性　　D. 功能性

28. 有的学生平时易受暗示，屈从于权威，按照他人的意见办事，不善于适应紧急情况。这类学生的认知风格类型属于(　　)

A. 场依存型　　B. 场独立型　　C. 情感型　　D. 内倾型

29. 中学生小杨进入青春期后，心里十分矛盾焦虑，内心渴望做一名作家，但又觉得不符合父母的期望，对如何做出抉择也摇摆不定。根据埃里克森的人格发展阶段理论，当前小杨需要解决的问题是(　　)

A. 获得尊重　　B. 克服内疚　　C. 获得信任　　D. 建立自我同一性

30. 小雅同学平时胆小、不爱交际、情感脆弱，面对危险时常恐惧、畏缩，行动迟缓、优柔寡断。小雅的气质类型为(　　)

A. 黏液质　　B. 胆汁质　　C. 抑郁质　　D. 多血质

31. 有的人诚实、善良正直；有的人虚伪、狡猾；有人的勤劳、俭朴。这是(　　)方面的差异。

A. 性格　　B. 情绪　　C. 人格　　D. 气质

32. “精力旺盛、勇敢果断、热情直率，但是容易感情用事、鲁莽”，《水浒传》中的李逵是这种类型的典型代表人物。这种气质类型是(　　)

A. 多血质　　B. 胆汁质　　C. 黏液质　　D. 抑郁质

二、辨析题(每小题 8 分，参考时限 8 分钟。共 3 小题)

1. 性格有好坏之分。

2. 抑郁质是最差的一种气质类型。

3. 人格随环境和教育的变化而变化，因此不稳定性是人格的典型特征。

三、简答题(每小题 10 分，参考时限 10 分钟。共 2 小题)

1. 简述弗洛伊德的人格“三我”结构。

2. 简述影响人格形成与发展的因素。

四、材料分析题(每小题 18 分，参考时限 20 分钟。共 2 小题)

1. 材料：

陈明和罗亮今年高三，是一对好朋友，两个人在处理问题的认知风格方面有较大的差异。比如，陈明在学习上遇到问题时，常利用个人经验独立对其进行判断，喜欢用概括的与逻辑的方式分

析问题,很少受到同学与老师建议的影响。而罗亮遇到问题时的表现则与陈明相反,他更愿意听老师和同学的建议,并以他们的建议作为分析问题的依据。另外,罗亮还喜欢察言观色,关注社会问题。

问题:

(1)请结合材料谈谈二人的认知风格有何差异。

(2)请从教师的角度来说说如何根据二人的认知方式的差异进行教育。

2. 材料:

某初中二年级期中考试结束之后,老师召集几名考得不太理想的学生谈话。

小强还没等老师说完,就满脸涨红,急切地插话,说老师判卷有问题,认为老师偏心,老师对自己有看法等,咋咋呼呼,没完没了。

小旭默默地听着老师讲话,但对待老师的谈话却一个字也不回答,只是偶尔点点头,看到老师说完了,连个道别都没有,就蔫蔫地走了。

小冬进门之后默默地站在一旁,满脸的忧伤,天塌了似的,老师说了半天,他一点反应也没有,不知道是听进去了还是没有听进去。

问题:

(1)请结合材料,分析小强、小旭、小冬最可能属于哪种气质类型。

(2)老师该如何结合他们的气质类型特点,对他们进行教育管理。

专题六　中学生的能力与自我意识发展

➢答案见 P55

一、单项选择题(每小题 2 分,共 21 小题。参考时限 30 分钟)

1. 在期末考试前,学校要求各年级、各学科分别编制 A 卷和 B 卷两份试卷,以衡量两次测验的评价结果是否符合学生学业水平的实际程度。这体现的重要指标是(　　)

A. 信度　　B. 效度　　C. 难度　　D. 区分度

2. 三国时期的司马懿老谋深算,精明过人。这里的"老谋深算"指的是(　　)

A. 晶体智力　　B. 流体智力　　C. 普遍智力　　D. 特殊智力

3. 根据加德纳的多元智能理论,建筑师具有较高的(　　)

A. 逻辑—数学智力　　B. 言语智力　　C. 自知智力　　D. 视觉—空间智力

4. 能力的发展存在个体差异,下列不属于个体差异的是(　　)

A. 天才儿童　　B. 大器晚成　　C. 多愁善感　　D. 过目不忘

5. 当同学小军嘲笑花花的外貌时,花花没有生气,很好地控制住了自己的情绪。花花的做法体现了自我意识中的(　　)

A. 自我认识　　B. 自我体验　　C. 自我调节　　D. 自我评价

6. 当儿童的自我意识发展处于(　　)阶段时,其自我评价的独立性、原则性、批判性迅速发展,但自我的调控能力差,常出现言行不一的现象。

A. 生理自我　　B. 心理自我　　C. 社会自我　　D. 经验自我

7. 在卡特尔的智力理论中,知识、词汇、计算方面的能力属于(　　)

A. 液体智力　　B. 晶体智力　　C. 社会智力　　D. 抽象智力

8. "我好开心啊,今天我当值日生,老师表扬了我"这句话反映的是学生自我意识中的(　　)

A. 自我认识　　B. 自我监控　　C. 自我调节　　D. 自我体验

9. 通过检测来评定学生的学业成绩是中学常用的评价方法,在一个测验中,衡量是否测出了所要测量的东西的指标是(　　)

A. 信度　　B. 效度　　C. 难度　　D. 区分度

10. 下列哪项属于一般能力的范畴(　　)

A. 记忆能力　　B. 绘画能力　　C. 运动能力　　D. 社交能力

11. 研究表明,人们的智力水平呈常态分布,大多数人的智力属于中等水平,若某儿童的智力为 90,其智力水平为(　　)

A. 超常　　B. 正常　　C. 障碍　　D. 落后

12. 人们通过观察别人的行为和活动,以相同的方式做出反应的能力称之为(　　)

A. 一般能力　　B. 创造能力　　C. 模仿能力　　D. 操作能力

13. 吉尔福特提出的智力理论是(　　)

A. 智力二因素论　　B. 智力形态论

C. 智力多元论　　D. 智力三维结构论

14. 依据加德纳的多元智力理论，画家的(　　)智力发育得比较好。

A. 逻辑—数学　B. 视觉—空间　C. 自知　D. 存在

15. 如果高水平的学生在测验项目上能得高分，而低水平学生只能得低分，说明该测验(　　)

A. 效度高　B. 信度高　C. 难度高　D. 区分度高

16. 小智的运算推理能力较好，其数学成绩在班上名列前茅。运算推理能力属于(　　)

A. 晶体能力　B. 流体能力　C. 模仿能力　D. 创造能力

17. 斯皮尔曼的智力二因素理论中的 S 因素是指(　　)

A. 一般因素　B. 特殊因素　C. 流体因素　D. 晶体因素

18. 下列关于能力与知识、技能关系的说法，正确的是(　　)

①知识、技能等同于能力

②能力的强弱与知识、技能的多少成正比

③能力的形成与发展依赖于知识、技能的获得

④在掌握知识、技能的过程中会促进相应能力的发展

A. ①②　B. ②③　C. ①④　D. ③④

19. 智力的核心成分是(　　)

A. 想象力　B. 思维力　C. 观察力　D. 记忆力

20. 心理健康课上，李老师用人格测验量表对同一个班级的学生进行两次测验，获得的分数差别较大，这反映了该量表存在(　　)

A. 信度问题　B. 效度问题　C. 难度问题　D. 区分度问题

21. 某日在办公室，老师们在讨论青春期学生的自我意识发展属于哪一阶段，并持不同的见解。事实上，青春期学生的自我意识发展处于(　　)

A. 生理自我阶段　B. 心理自我阶段　C. 经验自我阶段　D. 社会自我阶段

二、辨析题(每小题 8 分，参考时限 8 分钟。共 2 小题)

1. 男女智力总体发展水平相当。

2. 晶体智力随年龄增长而降低。

三、简答题(每小题 10 分，参考时限 10 分钟。共 2 小题)

1. 简述个体自我意识发展的阶段。

2. 简述中学生自我意识发展的一般特征。

专题七　中学生的性心理发展与异性交往辅导

➢答案见 P56

材料分析题(每小题 18 分，参考时限 20 分钟。共 1 小题)

材料：某中学为了预防学生早恋，制定了“关于严禁男女生非正常交往的处罚规定”，规定中要求，若出现“同乘一辆自行车或电瓶车非姐弟兄妹关系”“男女成双入对、经常一起出入超过两次”等 7 种情形时，学生将回家反省一周并签订试读协议，若是再犯劝其退学。

问题：结合材料谈谈如何指导中学生正确处理异性交往。

第六章　中学生心理辅导

核心知识提要

答案见 P57

- 中学生心理辅导
  - 心理健康概述
    - 心理健康的概念
    - 心理健康的标准
    - 心理健康的①________★
  - 中学生常见的心理健康问题
    - 常见的心理健康问题
      - ②________★
      - 恐怖症
      - 焦虑症★★
      - 强迫症★★
      - ③________★
    - 心理健康的维护
      - 学生个体进行积极的自我调适
      - 分年级定专题，有针对性地开展心理健康教育
      - 构建全方位、全员心理健康教育指导模式
  - 学校心理辅导
    - 学校心理辅导概述★
      - 心理辅导的原则
      - 心理辅导的目标
    - 学校心理辅导的主要方法
      - 行为改变的基本方法
        - ④________★
        - 代币奖励法
        - 行为契约法
        - 行为塑造法
        - 自我控制法
      - 行为演练的基本方法
        - 全身松弛法
        - 系统脱敏法
        - ⑤________
      - 改善学生认知的方法
        - 认知疗法
        - 来访者中心疗法
        - ⑥________★

经典真题回顾

答案见 P57

一、单项选择题（每小题 2 分，共 6 小题。参考时限 10 分钟）

1. 刚进入高一，赵峰就总想“我考不上大学该怎么办”。他明知离高考还远着呢，这么早想这个事根本没必要，但就是控制不住，以致影响了正常学习。他的主要心理问题是(　　)

A. 强迫观念　　B. 强迫行为　　C. 恐惧观念　　D. 恐惧行为

2. 赵敏课堂上不敢主动发言，有疑难问题也没有勇气向老师请教。为了改变她的这一弱点，老师给她更多的鼓励和机会，当她主动提问时，就及时给予表扬。这种促进行为改变的方法属于(　　)

A. 行为强化法　　B. 精神分析法　　C. 榜样示范法　　D. 系统脱敏法

3. 张博近期经常失眠，食欲不振；不愿与同学和老师交往，对什么事情都不感兴趣，常感到消极悲观；认为自己一无是处，未来没有希望。他存在的心理问题是(　　)

A. 强迫症　　B. 焦虑症　　C. 抑郁症　　D. 恐怖症

4. 在一次心理健康培训班教学测验中，关于学校心理辅导的一般目标，学员们的答案不一，共有四种。其中，正确的是(　　)

A. 学会调适和寻求发展　　B. 学会调节和学会适应

C. 学会调适和寻求健康　　D. 适应学习和适应社会

5. 廖老师在心理辅导课上经常使用文具、卡片等物品作为奖励替代物以改变学生的行为，这种做法属于(　　)

A. 认知法　　B. 代币法　　C. 脱敏法　　D. 消退法

6. 高三学生志强认为，做事应达到尽善尽美，因此他对自己要求很高，常常因偶尔的考试成绩不理想而情绪低落，心理辅导教师通过纠正其不合理信念来调整他的情绪。该教师采用的心理辅导方法是(　　)

A. 理性情绪疗法　　B. 系统脱敏法

C. 阳性强化法　　D. 来访者中心疗法

二、辨析题（每小题 8 分，参考时限 8 分钟。共 1 小题）

心理健康的标准是相对的。

三、简答题(每小题 10 分,参考时限 10 分钟。共 1 小题)

简述学校心理辅导的原则。

四、材料分析题(每小题 18 分,参考时限 20 分钟。共 1 小题)

材料:一位高中女生接受心理辅导时的自述:进入高三以来,我就觉得自己被笼罩在一种紧张学习迎接高考的氛围中,时常感觉到心烦意乱,学习成绩也时好时坏,为此整天惴惴不安。我常常想到高考问题,感觉也与以前有所不同。心跳的剧烈程度比以前强很多,身体有种不舒服的燥热,思维不太受控制,注意力也难集中。我怕老师提问,老师一叫我回答问题,不论是能答上来还是答不上来,回答时总是语无伦次而且声音发颤。虽然经常被老师提问,却还是消除不了这种胆怯心理。考试之前,我会非常紧张,几天前就会睡不着觉连续失眠;考试时常因为太紧张而不能认真审题;并且考试时,感到心跳加速,头脑发胀,昏昏沉沉。结果考试成绩越来越差。老师,你说我能改变这种情况吗?

问题:请结合材料,说明中学生考试焦虑的主要表现、产生的原因和调节方法。

过关必刷题库

答案见 P58

专题一　心理健康概述

一、单项选择题(每小题 2 分,共 3 小题。参考时限 5 分钟)

1. 下列选项对心理健康的描述,不正确的是(　　)

A. 心理健康等于没有疾病或仅限于没有身体疾病

B. 心理健康是比较而言的,从健康到不健康只是程度的不同

C. 心理健康反映的是某一段时间内的特定状态,而不应认为是固定的和永久的

D. 心理健康标准是一个发展的文化的概念,会随着社会的发展变化而发展变化

2. 下列选项中,不属于世界卫生组织提出的健康的含义的是(　　)

A. 身体健康　　B. 心理健康

C. 社会适应良好　　D. 文化素养高

3. 心理健康表现为个人具有生命的活力、积极的内心体验和良好的(　　)

A. 社会适应能力　　B. 社会化人格

C. 精神面貌　　D. 精神状态

二、辨析题(每小题 8 分,参考时限 8 分钟。共 2 小题)

1. 没有查出病就是健康。

2. 心理健康和不健康之间有明确的界限。

三、简答题(每小题 10 分,参考时限 10 分钟。共 1 小题)

心理健康的标准是什么?

专题二　中学生常见的心理健康问题

➢答案见 P58

一、单项选择题(每小题 2 分,共 15 小题。参考时限 20 分钟)

1. 学生小李一到考试临近时,就紧张不安,难以集中注意力,还出现过度出汗、睡眠障碍等不适反应,这属于学生心理健康问题中的(　　)

A. 强迫症　　B. 抑郁症　　C. 焦虑症　　D. 恐怖症

2. 小昭升入高三后,脑海中总是不断浮现出自己高考可能失利的想法,明知这样想没必要,却控制不住自己。她的主要心理问题是(　　)

A. 恐惧观念　　B. 强迫行为　　C. 强迫观念　　D. 恐惧行为

3. 对一件具体的东西、动作或情境的恐惧称之为(　　)

A. 泛化恐怖症　　B. 单纯恐怖症

C. 广场恐怖症　　D. 社交恐怖症

4. 最近三个月小东情绪低落,总是闷在宿舍里,原来喜欢打篮球,现在也提不起兴趣,甚至还产生了轻生的念头。小东最可能患有(　　)

A. 躁狂症　　B. 焦虑症　　C. 抑郁症　　D. 强迫症

5. 学生小娟近期非常苦闷,一提到学习就心烦意乱、焦虑不安,对老师有抵触情绪,成绩也明显下降。小娟存在的心理问题可能是(　　)

A. 焦虑症　　B. 神经衰弱症　　C. 强迫症　　D. 抑郁症

6. 小丽性格非常内向,害怕在社交场合说话,总觉得自己说话不自然,跟同学说话时也不敢抬头,不敢正视对方的眼睛,小丽有可能患有(　　)

A. 抑郁症　　B. 广场恐怖症　　C. 强迫症　　D. 社交恐怖症

7. 以下不属于抑郁症的表现的是(　　)

A. 心跳加快、过度出汗、肌肉持续性紧张

B. 肢体疲劳、失眠、食欲不振

C. 情绪消极、悲观、颓废、淡漠、失去满足感和对生活的乐趣

D. 动机缺失、被动、缺乏热情

8. 害怕大片的水域、空荡荡的街道的恐怖症被称为(　　)

A. 广场恐怖症　　B. 单纯恐怖症　　C. 社交恐怖症　　D. 幽闭恐怖症

9. 姚涵总是不敢在全班同学面前发言,每次老师点她回答问题,她就会脸色变红,浑身发抖,说话不流畅。她可能是出现了(　　)

A. 抑郁症　　B. 焦虑症　　C. 强迫症　　D. 恐怖症

10. 学生如减少或停止上网会出现周身不适、烦躁、易激怒,注意力不集中,睡眠障碍,这表明学生很可能是(　　)

A. 焦虑症　　B. 抑郁症　　C. 强迫症　　D. 网络成瘾

11. 高中生小雷最近有一个毛病,写作业时总觉得不整洁,擦了写,写了又擦,反反复复。他明知道这样做没有必要,但就是控制不住。他可能出现了(　　)

A. 恐惧症　　B. 强迫症　　C. 焦虑症　　D. 抑郁症

12. 学生晓丽情绪低落,看待事情悲观、消极,这种状况持续长达两三年之久。晓丽最可能患的神经症是(　　)

A. 强迫症　　B. 抑郁症　　C. 焦虑症　　D. 恐怖症

13. 某学生经常失眠、疑虑重重、情绪异常、觉得生活无意义,对个人前途悲观失望。该学生存在的心理问题是(　　)

A. 抑郁症　　B. 焦虑症　　C. 恐惧症　　D. 强迫症

14. 小陈特别爱干净,每次吃完饭一定要去刷牙,每次刷牙时间都在五六分钟以上,即使他知道没有这个必要但还是很难控制自己的行为。小陈的表现属于(　　)

A. 焦虑症　　B. 强迫症　　C. 抑郁症　　D. 恐惧症

15. 某教师做事力求完美,每次上课前要不断检查自己的 U 盘、教材等,离开学校时常常怀疑办公室门没锁好而反复查看,这种状况已经严重影响到他的工作效率。该教师的表现具有(　　)

A. 躁狂倾向　　B. 偏执倾向　　C. 强迫倾向　　D. 自闭倾向

二、辨析题(每小题 8 分,参考时限 8 分钟。共 1 小题)

焦虑症是以持久的心境低落为特征的神经症。

三、简答题(每小题 10 分,参考时限 10 分钟。共 2 小题)

1. 简述网络成瘾的几种心理干预方法。

2. 简述强迫症及其矫正方法。

四、材料分析题(每小题 18 分,参考时限 20 分钟。共 2 小题)

1. 材料:

13 岁的小文是一名天真活泼的初一学生,在参加某次比赛活动时,小文莫名地出现紧张、呼吸困难的症状,家长、老师和同学对此难以理解,认为是小文的内心不够强大。自此,小文开始与周边的人疏远,喜欢独处,且觉得活着是一种累赘。或许是内心过于痛苦,小文会偷偷划伤自己来宣泄情绪,体重迅速下降,严重失眠。

问题:结合材料分析小文可能存在哪种心理问题?如何治疗这类心理问题?

2. 材料:

一位初一男生接受心理辅导时自述:

我从小在爷爷家长大,是在爷爷家附近上的小学,后来考上初中,很多同学都是一起从小学升上去的,学习也跟得上。后来我爸工作调动到了一个大城市,他们觉得大城市的教育会比较好,将来可以上一个好高中,考一所好大学,就让我转学到了当地的一中。同学们用的穿的都比我好,我觉得自己很土,也不好意思和他们说话。关键是我不是开学第一天到的班里,他们已经学习了一段时间,都比我要强好多,他们好像什么都会似的。老师偶尔会提问我,我憋得脸红脖子粗,也答不上来。现在我特别怕老师提问,一说要提问,我心就突突地跳,总害怕会叫到我的名字。真的提问到我,就算我会,我也会发抖地吭哧半天答不上来。我觉得同学们都看不起我,也没有谁和我玩,有活动我能不参加就不参加。以前在老家,放假我还出去玩,现在我哪儿也不去,谁也不认识。有时候爸爸带我参加他们同事的聚会,我也觉得脸红,手抖得不知道往哪儿放,后来他就不带我去了。我现在特别害怕有人的地方,就想找个没人的地方藏起来,谁也别理我。我都不想上学了,特别害怕去学校,我觉得很痛苦。

老师,我该怎么办啊?

问题:请结合材料,说明中学生社交恐怖症的主要表现和调适方法。

专题三　学校心理辅导

➤答案见 P60

一、单项选择题(每小题 2 分,共 15 小题。参考时限 25 分钟)

1. 一个学生曾因车祸对汽车产生了恐惧心理,不敢坐汽车。我们可以先让他看有关汽车的图片,与他谈论汽车,让他摸汽车,最后让他坐汽车等,逐步消除他对汽车的惧怕反应。这种行为改变的方法属于(　　)

A. 自我控制法　　B. 肯定性训练　　C. 系统脱敏法　　D. 示范法

2. 心理辅导老师通过帮助李晓明建立焦虑等级,让他想象引起焦虑的情境,进行放松训练,从而缓解他的考试焦虑。这种心理辅导的方法是(　　)

A. 强化法　　B. 系统脱敏法

C. 理性—情绪疗法　D. 来访者中心疗法

3. 晓红是韩老师班上的学生，她孤僻、羞涩，当她主动与同学交谈或者请教老师时，韩老师会给予肯定。这种心理辅导方法是(　　)

A. 强化法　B. 系统脱敏法

C. 理性—情绪疗法　D. 来访者中心疗法

4. 小青认为做事应该尽善尽美，决不允许出现任何差错，因而平时稍有失误就极度焦虑，老师通过矫正其认知偏差来帮助她克服这种焦虑。这种心理疏导方法是(　　)

A. 强化法　B. 系统脱敏法

C. 消退法　D. 合理情绪疗法

5. 以某一具体事件、某一言行来对自己进行评价，如"一次失败就认为这足以证明自己没用，是失败者""公共场合出了点洋相就认定自己又笨又蠢，连这么简单的事都做不好，更何况其他"。这属于不合理信念中的(　　)

A. 糟糕至极　B. 概括化要求　C. 绝对化要求　D. 过分幻想

6. 根据艾里斯的 ABC 理论，人的不合理观念常常具有绝对化的要求、过分概括的评价及糟糕至极的结果三个特征。下列说法体现了"绝对化要求"的是(　　)

A. "我没考上大学，一切都完了"

B. "我这次考试一定要考年级第一"

C. "在全校师生面前演讲时忘词是一件非常可怕的事"

D. "如果我这次考试失败了，那我的整个人生就没有希望了"

7. 中学生张亮不愿意写作业，一看到那么多作业就干脆放弃。为了帮助张亮完成期待的作业量，老师先让他一次写很少的作业，完成后就给予表扬，然后再慢慢增加作业的量，直到他能完成期待的作业量。这种行为矫正的方法是(　　)

A. 系统脱敏法　B. 自信心训练法　C. 行为塑造法　D. 满灌疗法

8. 对学生进行心理辅导工作，让当事人自己运用学习原理进行自我分析、自我监督、自我强化，以改变自身行为的方法是(　　)

A. 行为塑造法　B. 强化法　C. 示范法　D. 自我控制法

9. 指导学生使用"我能应付这个考试""成绩并不重要，学会才是重要的"等正向的自我对话以缓解考试焦虑的方法是(　　)

A. 全身松弛训练法　B. 系统脱敏法　C. 肯定性训练法　D. 改善认知法

10. 同样是上楼梯时不小心跌了一跤，丹丹坐在地上呜呜咽咽地哭起来，平平则马上爬起来，边揉膝盖边告诉自己"没关系"。根据美国心理学家艾里斯的 ABC 理论，丹丹和平平的不同表现是因为(　　)

A. 事件　B. 信念　C. 感受　D. 结果

11. 肯定性训练目的是发展人的自我肯定行为。下列选项中，属于自我肯定行为的是(　　)

A. 呈现厌恶刺激　B. 消除敏感反应

C. 消除肌肉紧张　D. 请求他人为自己做某件合理的事

12. 为了使小莉形成努力学习的好习惯，小莉每次认真听讲、积极回答问题、认真完成作业后，张老师都会表扬小莉，慢慢地小莉养成了良好的学习习惯。张老师采用的方法是(　　)

A. 系统脱敏法　B. 行为塑造法　C. 代币奖励法　D. 自我控制法

13. 如果一个学生不敢拒绝别人的无理要求，不敢表达自己的不满情绪，与学生发生矛盾时不敢正面解决问题，而是哭着找老师。对待这样的学生，应采取的辅导方法是(　　)

A. 全身松弛法　B. 代币奖励法　C. 系统脱敏法　D. 肯定性训练

14. 体育活动中，老师让胆小害怕的学生先看别的同学练习，再让他尝试简单练习，然后进行难度大的练习，多次练习后学生在面对难度大的练习时也不害怕了，这种消除恐惧心理的方法是(　　)

A. 心理放松法　B. 系统脱敏法　C. 注意转移法　D. 意志锻炼法

15. 根据心理辅导的目标，可以将心理辅导分为调适性辅导和(　　)

A. 发展性辅导　B. 小组性辅导　C. 整体性辅导　D. 个别性辅导

二、简答题（每小题 10 分，参考时限 10 分钟。共 3 小题）

1. 简述行为改变的基本方法。

2. 简述认知疗法的治疗过程。

3. 教师制定行为契约应注意哪些方面？

第七章　中学德育

核心知识提要

答案见 P61

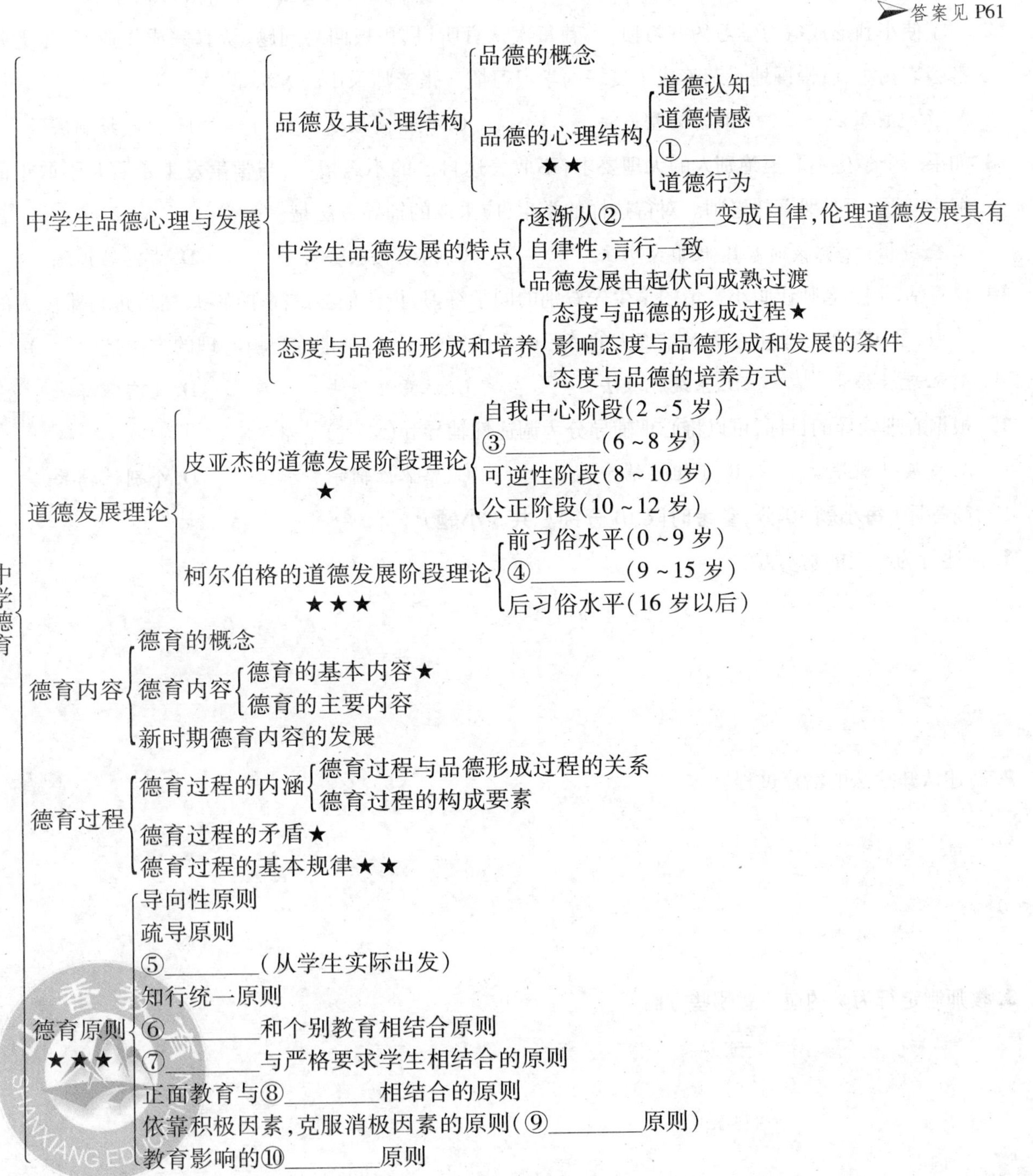

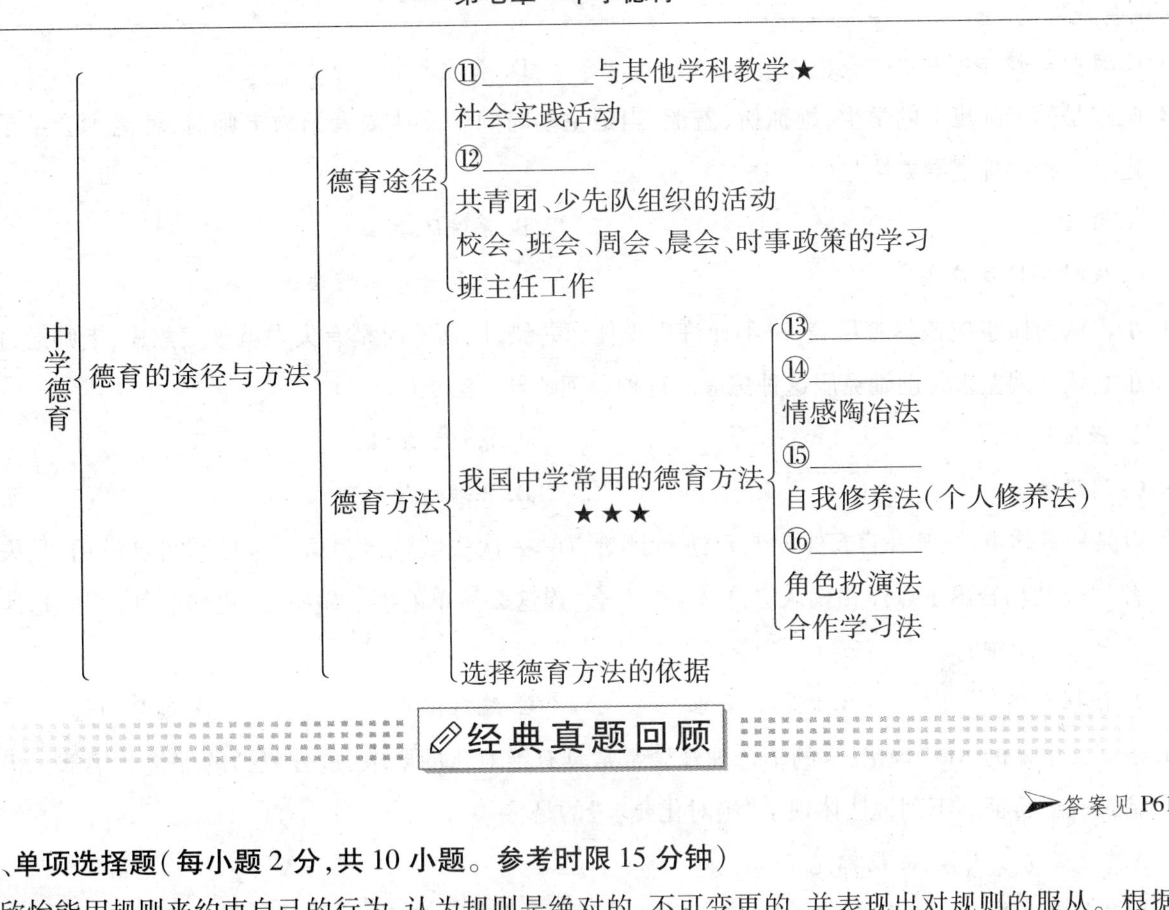

经典真题回顾

答案见 P61

一、单项选择题(每小题 2 分,共 10 小题。参考时限 15 分钟)

1. 欣怡能用规则来约束自己的行为,认为规则是绝对的,不可变更的,并表现出对规则的服从。根据皮亚杰的道德认知发展理论,欣怡的道德发展水平处于(　　)
   A. 自我中心阶段　　B. 权威阶段　　C. 可逆阶段　　D. 公正阶段

2. 张丽在进行道德判断时,能够超越某种规章制度,更多考虑道德的本质,而非具体的原则。根据柯尔伯格的道德发展阶段论,其道德发展处于哪一阶段(　　)
   A. 社会契约　　B. 相对功利　　C. 遵守法规　　D. 普遍伦理

3. 国强认为欺负弱小是不可取的,不道德的,因此他在生活中总是能自觉杜绝这样的行为。这说明其品德发展处于(　　)
   A. 依从阶段　　B. 内化阶段　　C. 自主阶段　　D. 外化阶段

4. "一把钥匙开一把锁"体现的德育原则是(　　)
   A. 理论联系实际　　B. 长善救失
   C. 教育影响的一致性　　D. 因材施教

5. 子路对教育的作用不以为然,说:南山有竹,人不去管它照样长得直;砍来当箭,照样能穿透犀牛皮。孔子对他说:若是将砍来的竹子刮光装上箭头,磨得很利,岂不射得更深吗?子路接受了孔子的教诲,成为孔子的学生。孔子的做法体现了哪一德育原则(　　)
   A. 教育影响的一致性和连贯性原则　　B. 理论联系实际原则
   C. 长善救失原则　　D. 疏导原则

6. 学校德育可以通过多种途径实施，但其中最基本的途径是（　　）

A. 思想政治课和其他学科教学　　B. 课外和校外活动

C. 班主任工作　　D. 共青团、少先队活动

7. 郑老师通过让全班同学观看“某中学生为了减轻妈妈的辛劳，时常为加班晚归的妈妈做好饭”的视频，让学生学会孝敬长辈。这种品德修养方法属于（　　）

A. 树立榜样　　B. 有效说服　　C. 群体约定　　D. 价值辨析

8. 张校长特别重视学校文化建设，提出“让学校的每一面墙都开口说话”，以此来促进学生品德的发展。张校长强调的德育方法是（　　）

A. 陶冶教育法　　B. 榜样示范法　　C. 实际锻炼法　　D. 说服教育法

9. 孟子说：“天将降大任于斯人也，必先苦其心志，劳其筋骨，饿其体肤，空乏其身，行拂乱其所为，所以动心忍性，增益其所不能。”这段话体现的德育方法是（　　）

A. 实际锻炼法　　B. 品德评价法　　C. 情感陶冶法　　D. 榜样示范法

10. 在一次志愿者活动结束后，马老师要求同学们对自己这一天的表现进行反思，并写出心得体会。马老师运用的德育方法是（　　）

A. 说服教育法　　B. 榜样示范法

C. 实际锻炼法　　D. 个人修养法

二、辨析题（每小题 8 分，参考时限 8 分钟。共 2 小题）

1. 德育的起点是提高道德认识。

2. 根据柯尔伯格的观点，道德发展的阶段是固定的，相同年龄阶段的人都能达到同样的发展水平。

三、简答题（每小题 10 分，参考时限 10 分钟。共 2 小题）

1. 简述品德的心理结构。

2. 简述态度与品德形成的三阶段及其主要内容。

四、材料分析题（每小题 18 分，参考时限 20 分钟。共 1 小题）

材料：新学期，班主任李老师接了一个新班。李老师第一天走进教室，发现卫生状况非常差，桌仰椅翻，污物满地。看到这种情景，李老师一声不吭地拿起扫帚把地面打扫干净，然后又把桌椅重新摆好，一切都收拾好了，才请同学们进教室上课。坐在老师打扫过的教室里，全班同学一个个出奇地规矩。

第二天，李老师依旧如此，有一些同学说：“李老师，让我们打扫吧”。李老师微笑着说：“不，这一周我做值日。”一个星期后，李老师安排了值日表，每天值日的学生都非常认真负责，就连卫生死角也打扫得干干净净。

教室卫生向来由学生轮流打扫，很少见过老师也做值日的。李老师不仅这样做了，而且做在学生之前，做得一丝不苟。学生由起初的费解，到惭愧，以至最后肃然起敬。在李老师的带动下，这个卫生差的班级周周都能得到卫生流动红旗，还不时得到学校的表扬。

问题：

（1）结合材料，分析李老师运用了何种德育方法？

（2）结合材料，分析这个方法的含义和要求。

过关必刷题库

答案见 P63

专题一　中学生品德心理与发展

一、单项选择题（每小题 2 分，共 19 小题。参考时限 25 分钟）

1. “三军可夺帅也，匹夫不可夺志也”体现了（　　）

A. 道德认知　　B. 道德情感　　C. 道德意志　　D. 道德行为

2. 学生能相信并接受他人的观点，从而改变自己的态度与行为，同时将这些观点纳入自己的价值体

系，说明其品德发展已达到(　　)

A. 服从阶段　　B. 依从阶段　　C. 认同阶段　　D. 内化阶段

3. 小赵把冒险当作勇敢，做出违反纪律的事情，其原因是他缺乏(　　)

A. 正确的道德认识　　B. 积极的道德体验

C. 良好的道德意志　　D. 高尚的道德动机

4. 在主题班会上，王老师与学生讨论乱扔垃圾的危害，形成了"不乱扔垃圾"的共识，并要求大家互相监督。这种品德培养的方法是(　　)

A. 树立榜样　　B. 价值辨析　　C. 群体约定　　D. 有效说服

5. 如果某学生在校园内，将喝完奶的奶盒随手扔掉，此行为恰巧被老师看到，该学生马上感到非常不好意思。该生此时的情感体验最有可能属于(　　)

A. 直觉的道德情感　　B. 形象的道德感情

C. 理想的道德情感　　D. 伦理的道德情感

6. "亲其师，信其道"体现了(　　)的作用。

A. 道德认知　　B. 道德情感　　C. 道德动机　　D. 道德行为

7. 学生的品德好坏是评判一所学校办得好坏的一个重要标准，因此，学生良好品德行为的培养是学校教书育人工作的重中之重。对于学生来说，良好品德的教育是绝不能忽视的，对学生品德起主导作用的因素是(　　)

A. 社会　　B. 家长　　C. 学生　　D. 学校

8. 小美经常顺手牵羊拿走其他同学的文具盒，老师发现后严厉地批评了她。小美感到很困扰，自己明明知道偷东西是不对的，可就是控制不住自己的手。这说明小美目前缺乏(　　)

A. 道德认识　　B. 道德意志　　C. 道德情感　　D. 道德行为

9. "狐假虎威"和"东施效颦"体现了学生在学习过程中的(　　)心理。

A. 从众　　B. 依从　　C. 认同　　D. 内化

10. 课间，阳阳在教室外的走廊上见到一张废纸，本想装作没有看见走过去，但发现冯老师正在不远处看着自己，于是他把废纸捡起来丢进了垃圾桶。阳阳的行为表明其品德的形成正处于社会规范的(　　)阶段。

A. 信奉　　B. 认同　　C. 依从　　D. 建立

11. 美国心理学家班杜拉通过实验提出的培养学生良好品德的重要方法是(　　)

A. 说服教育法　　B. 榜样示范法　　C. 角色扮演法　　D. 群体约定法

12. 初中阶段学生的品德发展具有(　　)

A. 稳定性　　B. 波动性　　C. 延缓性　　D. 爆发性

13. 国家乒乓球队的健儿团结拼搏，为祖国和人民赢得金牌。这种爱国主义情感和集体主义情感属于(　　)

A. 动作的道德情感　　B. 伦理的道德情感

C. 想象的道德情感　　D. 直觉的道德情感

14. 某班老师总要求学生讲究卫生，但班里经常有学生随地吐痰，乱扔纸屑。教师应侧重(　　)

A. 提高学生认识　　B. 锻炼学生意志

C. 丰富学生道德情感　　D. 培养学生道德行为习惯

15. 心理学家大卫·艾肯德认为："家长没有办法控制青少年所看到和所听到的一切。"所以在尽可能控制不良信息对青少年影响的同时，应培养和增强青少年对形形色色的信息的鉴别能力。这种鉴别能力属于(　　)

A. 道德意志　　B. 道德行为　　C. 道德情感　　D. 道德认知

16. 表现为"富贵不能淫，贫贱不能移，威武不能屈"的阶段是(　　)

A. 依从　　B. 认同　　C. 内化　　D. 坚定

17. 教师通常会用一些正面或反面的例子，对学生进行思想教育。这种品德培养的方法属于(　　)

A. 有效的说服　　B. 树立良好的榜样

C. 价值辨析　　D. 利用群体的约定

18. 学生对善恶美丑有了分别，说明学生具有了(　　)

A. 道德认知　　B. 道德情感　　C. 道德意志　　D. 道德行为

19. 学生的人生观开始形成且品德出现两极分化的阶段是(　　)

A. 学前阶段　　B. 小学阶段　　C. 初中阶段　　D. 高中阶段

二、辨析题(每小题 8 分，参考时限 8 分钟。共 2 小题)

1. 道德意志是道德行为的直接动因。

2. 从抑制不良行为的角度看，惩罚不利于良好的态度与品德的形成。

三、简答题(每小题 10 分，参考时限 10 分钟。共 3 小题)

1. 简述中学生品德发展的基本特征。

2. 简述影响品德形成和发展的条件。

3. 简述态度与品德的培养方式。

专题二 道德发展理论

➢答案见 P64

一、单项选择题(每小题 2 分,共 14 小题。参考时限 20 分钟)

1. 小林在一则新闻里看到一位母亲为了救患病的女儿去偷东西。小林认为这位母亲虽然是为了救女儿,但她偷别人东西这一行为是违法的,所以不该偷。这表明小林的道德判断发展到( )

A. 前习俗水平 B. 中习俗水平 C. 后习俗水平 D. 习俗水平

2. 小青常在课堂上玩手机,小娜提醒小青学校规定课堂上不能玩手机,可小青不听,因此小娜认为小青不是好学生。根据柯尔伯格道德发展理论,小娜的道德发展处于哪一阶段( )

A. 惩罚与服从取向阶段 B. 相对功利取向阶段
C. 遵守法规取向阶段 D. 普遍伦理取向阶段

3. 采用"对偶故事法"研究儿童道德发展阶段的心理学家是( )

A. 华生 B. 皮亚杰 C. 柯尔伯格 D. 加涅

4. 小刚自学法律之后,认为某些法律条文太过无情,不符合大众权益,应该适度修改。根据柯尔伯格的理论,小刚可能处于道德发展的( )

A. 服从与惩罚取向阶段 B. 维护权威或秩序取向阶段
C. 社会契约取向阶段 D. 普遍伦理取向阶段

5. 在道德两难故事测验中,小明认为海因茨不应该偷药,因为偷药被抓住的话要被惩罚。这表明小明可能处在柯尔伯格道德发展理论的( )

A. 9 岁之前 B. 9 ~ 15 岁 C. 15 ~ 20 岁 D. 20 岁以上

6. 云丰是一个性格外向,爱耍"小聪明"的学生,凡事以自我为中心,很少顾及他人的感受。根据道德发展理论,云丰此时的道德发展最可能处于( )

A. 权威阶段 B. 公正阶段 C. 可逆性阶段 D. 自我中心阶段

7. 当同学向小军借学习用品时,小军从不拒绝,因为他希望得到同学的赞赏和认可,让大家觉得他是个"好孩子"。根据柯尔伯格的道德发展阶段理论,小军处于( )

A. 前习俗水平 B. 习俗水平 C. 后习俗水平 D. 超习俗水平

8. 皮亚杰将儿童道德发展划分为四个阶段,其中,8 ~ 10 岁的儿童属于哪一阶段( )

A. 权威阶段 B. 可逆性阶段 C. 公正阶段 D. 自我中心阶段

9. 某儿童认为规则不是绝对的,它可以怀疑、可以改变,甚至可以违反。按照柯尔伯格的理论,其道德发展处于的阶段是( )

A. 服从与惩罚定向阶段 B. 普遍原则定向阶段
C. 维护权威或秩序定向阶段 D. 社会契约定向阶段

10. 小霞能根据他人的具体情况,以平等为标准,在同情、关心的基础上对学习和生活中的道德事件进行判断。根据皮亚杰的道德发展阶段理论,小霞的道德发展处于( )

A. 自我中心阶段 B. 权威阶段 C. 可逆阶段 D. 公正阶段

11. 根据柯尔伯格道德发展阶段理论,学生在某一阶段遵守社会规范,并认为契约和法律规定是绝对的、不可更改的。这一阶段是( )

A. 相对功利取向阶段 B. 社会法制取向阶段
C. 惩罚与服从取向阶段 D. 遵守法规取向阶段

12. 小明在判断道德问题时,意识到道德不是一成不变的,如果小伙伴们都同意,道德标准是可以改变的。根据皮亚杰的道德发展理论,小明的道德认知水平最可能处于( )

A. 自我中心阶段 B. 权威阶段 C. 可逆性阶段 D. 公正阶段

13. 出租车司机为送急症病人连续闯红灯,小周认为该司机违反了交通法规,理应受到处罚。按柯尔伯格的道德发展阶段理论,小周的道德发展水平最可能处于( )

A. 前习俗水平 B. 习俗水平 C. 中习俗水平 D. 后习俗水平

14. 儿童的道德判断只注重行为的客观效果,不关心主观动机,是受自身以外的价值标准所支配。这种道德水平处于皮亚杰道德发展的( )

A. 他律阶段 B. 自律阶段 C. 无律阶段 D. 超自律阶段

二、辨析题(每小题 8 分,参考时限 8 分钟。共 1 小题)

10 岁是个体从他律道德向自律道德转化的分水岭。

三、简答题(每小题 10 分,参考时限 10 分钟。共 2 小题)

1. 皮亚杰把儿童的品德发展划分为哪几个阶段?

2. 简述柯尔伯格的道德发展阶段理论。

专题三 德育内容

答案见 P66

一、单项选择题(每小题 2 分,共 5 小题。参考时限 5 分钟)

1. 德育的永恒主题是(　　)

A. 理想教育　B. 爱国主义教育　C. 劳动教育　D. 集体主义教育

2. 疫情期间,A 市中学校改为线上授课,每周一早晨八点半的升旗仪式正常举行,学生们每周一早早地起床,穿好校服,等待着升旗仪式。当国歌声响起时,学生们面对家里的电视屏幕,庄严地举起右手,向国旗敬礼。这体现了学校德育内容中的(　　)

A. 理想教育　B. 集体主义教育　C. 爱国主义教育　D. 劳动教育

3. 对学生进行辩证唯物主义和历史唯物主义的人生观与世界观的教育,这是德育中的(　　)

A. 道德教育　B. 政治教育　C. 思想教育　D. 心理教育

4. 对学生进行水、电、门窗、玻璃等都应该爱护的教育,以此来培养学生的社会责任感,同时培养他们勤俭节约的良好习惯,这一类教育属于(　　)

A. 爱国主义教育　B. 理想教育　C. 集体主义教育　D. 劳动教育

5. 近年来,青少年由于学业压力大、亲子关系差、痴迷游戏等原因,导致自杀事件频发。对此,应加强学生的(　　)

A. 安全教育　B. 生存教育　C. 生活教育　D. 生命教育

二、简答题(每小题 10 分,参考时限 10 分钟。共 1 小题)

教师如何进行生活教育?

专题四 德育过程

答案见 P66

一、单项选择题(每小题 2 分,共 8 小题。参考时限 10 分钟)

1. 某学校通过组织学生交流分享与父母之间的故事、去儿童福利院献爱心、在新四军纪念馆当讲解员等系列主题活动来培养学生的品德。这体现了该学校充分认识到德育(　　)

A. 培养和发展了学生　B. 能够促进学生思想转变

C. 是长期的、反复的、逐步提高的过程　D. 是在活动和交往中接受多方面影响的过程

2. "晓之以理,动之以情,持之以恒,导之以行"所体现的是(　　)

A. 智育过程规律　B. 体育过程规律　C. 德育过程规律　D. 美育过程规律

3. 在德育过程中,德育的主体是(　　)

A. 教育者　B. 受教育者　C. 社会　D. 家长

4. 德育工作者在德育过程中起(　　)

A. 指导作用　B. 主导作用　C. 辅助作用　D. 决定作用

5. 德育过程结构的构成要素是(　　)

A. 教育者、受教育者　B. 教育者、受教育者、德育内容

C. 教育者、受教育者、德育内容、德育方法　D. 教育者、受教育者、德育环境

6. 德育过程的一般顺序可以概括为知、情、意、行,其中________是基础,________是关键。(　　)

A. 知　情　B. 知　意　C. 情　意　D. 知　行

7. 德育过程从本质上说是(　　)的统一过程。

A. 个体与环境　B. 个体与社会

C. 个体与教育　D. 个体社会化与社会规范个体化

8. 在培养学生道德行为习惯的过程中,常常会遇到"屡教不改"的学生,这说明(　　)

A. 德育过程是一个需要长期反复培养、实践的过程

B. 德育过程是社会道德内化为个体的思想品德的过程

C. 德育过程是促使学生思想内部矛盾运动的过程

D. 德育过程是教育和自我教育的统一过程

二、辨析题(每小题 8 分,参考时限 8 分钟。共 4 小题)

1. 德育过程是对学生知、情、意、行的培养与提高过程,从任何一个方面都可以开始进行品德教育。

2. 只要方法得当,德育过程可以一蹴而就,不会出现反复。

3. 德育过程中的活动和交往不同于一般的社交活动。

4. 学校教育在学生身心发展中起主导作用,因此,学生在学校中受到良好的德育,就能形成良好的品德。

专题五　德育原则

➢答案见 P67

一、单项选择题(每小题 2 分,共 13 小题。参考时限 15 分钟)

1. 要统一学校内部各方面和社会各方面的教育力量,争取家长和社会的配合,逐步形成以学校为中心的"三位一体"的德育网络,处理好衔接工作,保持德育工作的经常性、制度化、连续性、系统性。这体现的德育原则是(　　)

A. 知行统一原则　　B. 教育影响的一致性与连贯性原则
C. 导向性原则　　D. 疏导原则

2. 陶行知任育才学校校长时,发现一个同学要拿砖头砸人,他制止后,不但没有批评这个同学,反而使用四颗糖果分别奖励他尊重老师、守时、有正义感、敢于承认错误,促进学生积极反省,不断成长。这体现的德育原则是(　　)

A. 知行统一原则　　B. 因材施教原则　　C. 长善救失原则　　D. 疏导原则

3. 在教育过程中,教师如果用简单粗暴、讽刺挖苦的做法来处理问题就违反了德育原则中的(　　)

A. 知行统一原则　　B. 依靠积极因素,克服消极因素原则
C. 疏导原则　　D. 尊重信任学生与严格要求学生相结合原则

4. 在德育过程中,教师要有目的地对各方面的影响加以组织、调节、控制,使其相互配合、协调一致,从而共同促进学生思想品德健康发展的教育原则是(　　)

A. 知行统一原则　　B. 教育影响的一致性和连贯性原则
C. 集体教育原则　　D. 正面教育原则

5. 苏联教育家马卡连柯所倡导的"平行教育"的德育原则是指(　　)

A. 长善救失原则　　B. 严格要求与尊重信任学生相结合原则
C. 教育影响的一致性与连贯性原则　　D. 集体教育与个别教育相结合原则

6. 课堂上李老师向同学们强调:"同学们,我们都知道中国是礼仪之邦,崇德尚礼是中华民族的优良传统,我们不仅仅要知道这些礼仪,更重要的是在生活当中去积极践行这些传统礼仪。"这主要体现了德育原则中的(　　)原则。

A. 反面教育　　B. 知行统一　　C. 导向性　　D. 正面教育

7. "视其所以,观其所由,察其所安。"这句话反映了德育的(　　)

A. 导向性原则　　B. 疏导原则
C. 尊重信任学生与严格要求学生相结合原则　　D. 因材施教原则

8. 九年级(2)班的王丽涂了口红来学校上课,班主任问王丽:"你为什么要涂口红?"王丽说:"英语老师不是也涂口红上课吗?"班主任接着拿出两张化妆的中学生图片给王丽看,问她图片上的人好看吗? 王丽说:"不是很好看。"班主任说:"中学生化妆后不好看是因为不符合他们的身份和特征,中学生应该是自然素净的。"王丽听后认识到了自己的错误。在这次谈话中班主任运用的德育原则是(　　)

A. 因材施教原则　　B. 长善救失原则
C. 疏导原则　　D. 理论联系实际原则

9. 一位老师在召开主题班会之后,组织学生到敬老院慰问老人,帮老人打扫卫生,陪老人聊天,以增强学生的爱心和责任心。由此体现的德育原则是(　　)

A. 尊老爱幼原则　　B. 正面教育与纪律约束相结合原则
C. 严格要求与尊重学生相结合原则　　D. 知行统一原则

10. 德育工作中,要把德育的理想性与现实性结合起来,指导学生向正确的方向发展。这一做法体现的德育原则是(　　)

A. 导向性原则　　B. 因材施教原则　　C. 疏导原则　　D. 知行统一原则

11. "夫子循循然善诱人,博我以文,约我以礼,欲罢不能",这句话体现的德育原则是(　　)

A. 导向性原则　　B. 因材施教原则
C. 疏导原则　　D. 教育影响的一致性和连贯性原则

12. 在德育过程中,体现运用"一分为二"的观点认识学生的德育原则是(　　)

A. 依靠积极因素,克服消极因素原则　　B. 知行统一原则
C. 集体教育和个别教育相结合原则　　D. 尊重信任学生与严格要求学生相结合原则

13. 朱熹认为知与行不可偏废,"论先后,知为先;论轻重,行为重"。这体现的德育原则是(　　)

A. 尊重信任与严格要求相结合的原则　　B. 疏导原则
C. 长善救失原则　　D. 知行统一原则

二、辨析题(每小题 8 分,参考时限 8 分钟。共 1 小题)

德育应该遵循疏导原则,因此,正确的德育要严禁惩罚。

三、简答题(每小题 10 分,参考时限 10 分钟。共 3 小题)

1. 简述贯彻因材施教原则的要求。

2. 简述贯彻知行统一原则的基本要求。

3. 简述正面教育与纪律约束相结合的原则的含义及其贯彻要求。

四、材料分析题(每小题 18 分,参考时限 20 分钟。共 5 小题)

1. 材料:

七年级(2)班全体同学首次参加实践基地活动。第一天晚上,有同学向班主任徐老师报告,男生刘同学在宿舍不停地哭,同学们劝不了,也问不出原因。徐老师一番劝导后得知,刘同学在家没有自己洗过澡,同寝室的同学都洗完回来了,他还在望着满满一箱子衣物和洗涤用品不知所措,经徐老师提议,一位班干部自告奋勇答应帮助他学会一些生活自理技能。

第二天上午组织学生到地里拔草,基地辅导员发现,刘同学居然把菜苗和杂草一起拔光,原来他根本就分不清楚哪些是菜苗、哪些是杂草。于是,部分同学在一旁悄悄议论着,刘同学又羞又愧。这时徐老师向同学们提出问题:"哪位同学能准确说出菜园里所有蔬菜的名称?"同学们互相望着,嘀咕着,没有一位同学举手回答。徐老师建议基地辅导员给同学们开一堂现场讲座——《认识家乡农作物》,刘同学听得特别认真。

午休时,徐老师巡查中发现赵同学躲在被窝里玩手机,本次活动明确规定禁止学生带手机,徐老师本想立即批评制止,又担心会影响同学们休息,便放慢脚步继续往前走,转眼发现赵同学已藏好手机装睡。下午劳动结束后,徐老师将赵同学叫到一旁,严肃批评了她,要求她交出手机并承认错误。赵同学万分不舍地交出手机,低声地解释道:"徐老师,我都没有玩游戏,也没有打电话,我想着这次基地活动一定很有趣,我平时又很喜欢拍照,就忍不住把手机偷带进来,我错了。"徐老师略有所思,说:"那你'偷拍'到照片了吗?能和我分享一下吗?"赵同学同意了。徐老师发现,虽然手机里的照片效果明显受到了拍摄角度等因素影响,但有几张特写非常有价值。当晚的班会上,徐老师肯定了赵同学的初衷,并宣布一个决定:基地活动由赵同学负责拍照。

后来,班级在学校宣传栏成功举办了全校唯一的活动成果展,大多数照片是赵同学负责拍摄的。从那以后,徐老师还感受到,赵同学纪律性更强了,学习的积极性也明显提高了。

问题:结合材料,分析徐老师贯彻了哪些德育原则。

2. 材料:

有个学生,在老师上课板书时,常用食指敲打桌沿,发出"哒哒哒"的响声。虽然有老师警告说查出来要处分,可总是禁而不绝。后来,一位音乐老师找到了这个学生。他怯生生地站在老师面前,等待批评和处分。出乎他预料的是老师不仅没有责备他,反而笑着说:"你参加乐队打鼓好吗?"学生愣了,以为老师是在讽刺他,不敢答话。老师接着说:"学生乐队缺一名鼓手,我觉得你可以当。但是,你在上课时要认真听课,遵守课堂纪律,不要再敲桌子了,好吗?"学生点点头,泪水却止不住地流了下来。后来,这个学生敲鼓进步很快,上课也不再敲桌沿了。

问题:结合上述材料,分析材料中音乐老师突出运用了哪些德育原则。

3. 材料:

初二的时候,我总是考不好数学。有一次,我发现数学老师每次出考试题都是在习题册里面选几题叫我们做。当我发现这个秘密时,就每天把数学题目背下来。由于我记忆力很好,那阵子我一连考了六个 100 分。数学老师开始怀疑我了,这个数学一向差劲的小孩功课怎么会突然好了起来呢?一天,她把我叫到办公室,丢了一张试卷给我,并且说:"陈平,这十分钟里,你把这些习题算出来。"我一看上面全是初三的考题,整个人都呆了。我坐了十分钟后,对老师说不会做。下一节课开始时,她当着全班同学的面说:"我们班上有一个同学最喜欢吃鸭蛋,今天老师想请她吃两个。"然后,她叫我上讲台,拿起笔蘸了墨汁,在我眼睛周围画了两个大黑圈。她边画边笑着对我说:"不要怕,一点也不痛不痒,只是晾晾而已。"画完后,她又厉声对我说:"转过身去让全班同学看一看!"当时,我是一个不知道怎样保护自己的小女孩,就乖乖地转过身去,全班同学哄堂大笑起来。第二天早上,我悲伤地上学去,两只脚像灌了铅似的迈不动,走到教室门口,我昏倒在地上,失去了知觉。从此,我离开学校,把自己封闭在家里。

问题:请运用德育的原则对材料中数学老师的行为进行分析。

4. 材料：

某班有一伙爱玩足球的“淘气鬼”，为了玩球和看球，经常迟到、旷课、抢球、争夺场地、与其他班的同学发生冲突，搞得学校领导、年级负责人、班主任、任课老师等十分头疼。新班主任上任后，组织这些“淘气鬼”成立了一支足球队，选了队长、定了队规，每天组织他们在学校和班级管理的约束下训练。一段时间后，这些“淘气鬼”不仅球技大幅度提高，还练出了纪律、团结、意志和自我控制能力，平时表现和学习成绩都发生了很大的变化。

问题：

(1)上述材料体现了什么德育原则？

(2)学校德育工作应如何贯彻这些原则？

5. 材料：

七年级学生李刚对学习毫无兴趣，成绩极差。一次期中数学考试，他一道题也答不上来，就在试卷上写下了这样一段话：

“零分我的好朋友你在慢慢地向我靠近零分你是如此多情难道你把我当作一个无用的人不我不是一个无用的人我是人我也有一颗自尊心再见吧零分。”

数学老师阅卷时，看到这份“答卷”后，非常生气地把李刚叫到办公室，把他和他的“答卷”一起交给了新任班主任梁老师。梁老师问明情况后，并没有直接训斥李刚，而是耐心地帮助李刚修改了他的“杰作”：

“零分，我的好朋友，
你在慢慢地向我靠近。
零分，你如此多情，
难道你也把我当作一个无用的人？
不，我不是一个无用的人！
我是人，我也有一颗自尊心。
再见吧，零分！”

然后，梁老师让李刚读了这段话，赞叹道：“这是一首很好的诗啊！”听到这句话，李刚感到很惊诧。梁老师接着说：“诗贵形象，你的这首诗很形象。诗言情，诗言志，从这首诗中可以看出你是个不甘与零分为伍的人。”“这是诗？我也能写诗？”李刚非常激动，没想到梁老师不但没有批评他，还会如此评价他。

从此，在梁老师的不断鼓励和帮助下，李刚坚定了学习的信心，端正了学习态度。两年后，李刚顺利地考上了高中。

问题：

(1)梁老师成功地运用了哪一德育原则？

(2)结合材料，论述贯彻该原则的基本要求。

专题六　德育的途径与方法

➢答案见 P70

一、单项选择题(每小题 2 分，共 15 小题。参考时限 20 分钟)

1. 班主任王老师经常安排学生分组办黑板报、布置教室、筹备晚会节目等，以培养学生的责任感和集体主义品质。王老师的行为所体现的德育方法是(　　)

A. 榜样示范法　B. 自我修养法　C. 实际锻炼法　D. 情感陶冶法

2. 教师让学生扮演《变色龙》中的人物，体会奥楚涅洛夫的虚伪与贪婪，属于(　　)

A. 榜样示范法　B. 说理教育法　C. 激励法　D. 角色扮演法

3. 我国古代教育很重视学生立志，《学记》中强调“士先志”，对学生的考查要求第一年就是“离经辨志”，即让学生找到自己的志向。“立志”属于德育方法中的(　　)

A. 实际锻炼法　B. 陶冶教育法　C. 个人修养法　D. 品德评价法

4. 心忧天下的领袖、感动中国的人物、新冠疫情中勇敢的逆行者、抗震救灾的英雄等，都代表了这个社会的道德良心。在德育活动中，如果教育者用这些人物的事迹鼓励学生努力去做一个有道德的人，那么这种德育方法是(　　)

A. 情感陶冶法　B. 说服教育法　C. 榜样示范法　D. 自我教育法

5. 学校在抗战纪念日组织学生开展参观历史博物馆、走访抗日老战士的活动，这些活动体现的德育途径是(　　)

A. 思想品德课教学　B. 课外与校外活动　C. 其他学科教育　D. 班会

6. 班主任王老师经常在班级管理的过程中对学生进行思想品德教育，王老师进行德育的途径是(　　)

A. 思想政治课和其他学科教学　B. 课外、校外活动

C. 社会实践活动　D. 班主任工作

7. “桃李不言，下自成蹊。”这句话所体现的德育方法是(　　)

A. 说服教育法　B. 榜样示范法　C. 陶冶教育法　D. 品德评价法

8. 我国古代教育家颜之推指出："人在年少，神情未定，所与款狎，熏渍陶染，言笑举动，无心于学，潜移暗化，自然似之……是以与善人居，如入芝兰之室，久而自芳也；与恶人居，如入鲍鱼之肆，久而自臭也。"从德育方法来讲，这里强调的是（　　）

A. 说服教育法　B. 陶冶教育法　C. 榜样示范法　D. 实际锻炼法

9. 下列德育方法有助于提高个体的群体意识、归属感、自尊心和成就感的是（　　）

A. 说服教育法　B. 陶冶教育法　C. 合作学习法　D. 实际锻炼法

10. 鲁迅先生早年求学时，曾在自己的桌子角上刻了一个"早"字。这种德育方法是（　　）

A. 自我修养法　B. 情感陶冶法　C. 实际锻炼法　D. 说服教育法

11. 学校组织各类活动，使学生在活动中习得优良的思想与行为习惯。这体现的德育方法是（　　）

A. 说服教育法　B. 榜样示范法　C. 实际锻炼法　D. 陶冶教育法

12. 小明和小华平时亲如兄弟，有一次因琐事争吵不休，打起架来。李老师把他俩叫到办公室，告诉他们，牙齿和舌头也有打架的时候，人和人之间发生冲突在所难免，但大家要各退一步。小明和小华听后认识到了自己的错误，从此以后再也不打架了。此处李老师进行思想品德教育时所采取的方法是（　　）

A. 榜样示范法　B. 品德评价法　C. 说服教育法　D. 情感陶冶法

13. 为培养学生艰苦奋斗、吃苦耐劳的坚强毅力和集体主义精神，增强学生的国防观念和组织纪律性，养成良好的学风和生活作风，我国各级学校纷纷组织新生军训。从德育方法看，军训属于（　　）

A. 实际锻炼法　B. 情感陶冶法　C. 榜样示范法　D. 自我修养法

14. 某校长在谈到学校的校园环境时讲道："这些长长的回廊和雄伟的石柱，这些随风摇曳的棕榈树就像化学实验室和讲堂一样在学生的教育中起着重要的作用。这个庭院的每块石头都有教育意义。"这主要体现的德育方法是（　　）

A. 实际锻炼法　B. 情感陶冶法　C. 说服教育法　D. 榜样示范法

15. 运用讲解、报告、谈话、讨论、参观等具体方式进行德育的方法是（　　）

A. 榜样示范法　B. 情感陶冶法　C. 说服教育法　D. 品德评价法

二、辨析题（每小题 8 分，参考时限 8 分钟。共 2 小题）

1. "其身正，不令而行；其身不正，虽令不从"体现的德育方法是陶冶教育法。

2. 选择和运用德育方法首先要考虑的是学生的年龄特点和个性差异。

三、简答题（每小题 10 分，参考时限 10 分钟。共 4 小题）

1. 简述运用合作学习法的要求。

2. 简述德育的途径。

3. 简述运用情感陶冶法的要求。

4. 选择德育方法的依据有哪些？

四、材料分析题（每小题 18 分，参考时限 20 分钟。共 2 小题）

1. 材料：

开学接任一个新班没几天，阎老师在无意中发现不少男生的头发很长。过去他遇到这种情况时，常常是当面指出，但效果往往不佳。现在，阎老师琢磨用什么办法劝告他们，帮助他们真正从思想上提高认识。终于，阎老师想出了一种合适而又有效的教育方法。在一天中午，阎老师特意去了理发店，把自己不长的头发又精心地理了一次。下午上课前，阎老师不露声色地来到班里，召集全班同学开了个五分钟交流会。阎老师首先问："看谁最先发现班中有哪些新变化？包括我和你们。"当学生发现并说出老师理发了，阎老师话锋一转："现在，我很想知道老师理发之后给你们的感觉怎样？这样好吗？"于是阎老师听到了一片赞扬声。最后，阎老师说："有位名家说得好：'真心诚意地

赞美别人一句，就能让人多活二十分钟！'因此，我感谢同学们今天对我真心诚意的夸奖！"五分钟交流会在愉快的氛围中结束了。阎老师没点一个留长发的男生姓名。第二天阎老师再去上课时，欣喜地发现那几个男生的长发变短了，有的还剪成了小平头。

问题：阎老师的做法体现了哪些德育方法？请结合材料分析。

2. 材料：

开学不久，王老师发现陈剑同学有许多毛病。王老师心想，像陈剑这样的同学缺少的不是批评而是肯定和鼓励。一次，王老师找他谈话说："你有缺点，但你也有不少优点，可能你自己还没有发现。这样吧，我限你在两天内找到自己的一些长处，不然我可要批评你了。"第三天，陈剑很不好意思地找到王老师，满脸通红地说："我心肠好，力气大，毕业后想当兵。"王老师听了说："这就是了不起的长处。心肠好，乐于助人，到哪里都需要这种人。你力气大，想当兵，保家卫国，是很光荣的事，你的理想很实在。不过当兵同样需要学习科学文化知识，需要有真才实学。"听了老师的话，陈剑高兴极了，脸上露出了微笑。

问题：分析材料中王老师在教育过程中主要运用了哪些德育方法。

第八章　中学班级管理与教师心理

核心知识提要

答案见 P72

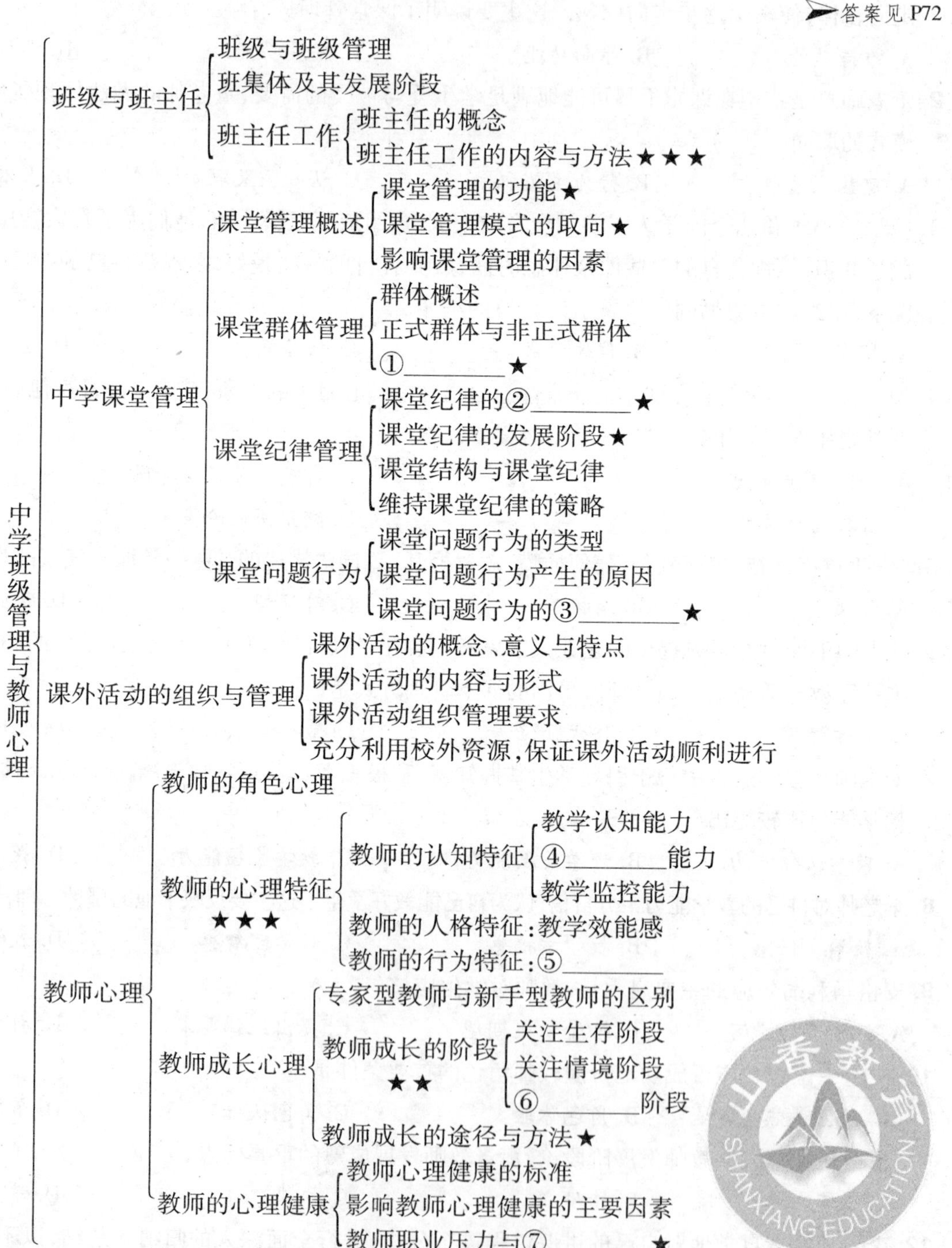

经典真题回顾

答案见 P72

一、单项选择题(每小题 2 分,共 13 小题。参考时限 20 分钟)

1. 华老师认为课堂管理是教学的一部分,课堂管理本身可以教给学生一些行为准则,促使学生从他律走向自律,使学生逐步走向成熟。这主要说明了课堂管理具有哪一功能(　　)

A. 维持功能　B. 导向功能　C. 发展功能　D. 调节功能

2. 董老师总是希望在课堂上尽可能地满足学生爱与被爱的需要,董老师的做法体现了哪种课堂管理模式的取向(　　)

A. 建构主义取向　B. 行为主义取向　C. 认知主义取向　D. 人本主义取向

3. 中学生小华和几个同学为了参加全省航模大赛,组成了航模小组,他们为了在大赛中表现出色,达成了共识,牺牲各自的一些课余休息时间,放弃各自的一些爱好,以规范自己的参赛行为。这种情况下,小组成员遵循的纪律属于(　　)的纪律。

A. 教师促成　B. 群体促成　C. 任务促成　D. 自我促成

4. 初二(5)班的学生们在课堂上非常注意自己在老师心目中的形象,希望老师喜欢他们。该班学生的课堂纪律发展处于(　　)

A. 人际纪律阶段　B. 自我服务行为阶段

C. 自我约束阶段　D. 相互协同阶段

5. "学生过度兴奋,各行其是,随便插嘴,故意捣乱"等词语描述的是哪一类课堂气氛的表现(　　)

A. 积极型　B. 消极型　C. 对抗型　D. 顺从型

6. 钱老师上课时经常先提出问题让大家思考一会儿,然后再叫学生回答,以使学生的心理活动更好地维持在教学活动中。钱老师所采用的课堂管理方式是(　　)

A. 团体警觉　B. 替代强化　C. 最小干预　D. 处理转换

7. 刘老师在教学过程中善于引导学生掌握知识、积极思考、运用多种策略解决问题。这说明他的哪种教学能力比较突出(　　)

A. 教学认知能力　B. 教学反思能力　C. 教学监控能力　D. 教学操作能力

8. 李老师对自己的教学能力十分自信,认为自己能教好学生。这主要反映了他的哪种心理特征(　　)

A. 教学责任感　B. 教学幸福感　C. 教学理智感　D. 教学效能感

9. 皮格马利翁效应的主要启示是,教师对学生应该(　　)

A. 鼓励合作学习　B. 给予积极期望　C. 提出纪律要求　D. 引导发现学习

10. 决定一位教师能否成功地扮演教师角色的首要条件是(　　)

A. 角色意志　B. 角色体验　C. 角色认知　D. 角色期待

11. 根据福勒等人的教师发展阶段论,衡量教师发展成熟的重要标志是能否自觉关注(　　)

A. 生存　B. 情境　C. 未来　D. 学生

12. 李老师经常自觉地对自己的讲课过程进行分析,进行全面深入的归纳和总结,以不断地改善自己的教学行为,提高自己的教学水平。李老师的做法基于下列哪种专业发展方式(　　)

A. 教学实践　B. 教学研究　C. 自我发展　D. 教学反思

13. 孟老师近期工作比较消极,漠视学生的存在,对学生态度麻木,缺乏应有的尊重。依据职业倦怠的特征,孟老师的这些表现属于(　　)

A. 情感枯竭　B. 去人性化　C. 成就感低　D. 知识枯竭

二、简答题(每小题 10 分,参考时限 10 分钟。共 1 小题)

简述教师自我促进心理健康的有效方法。

三、材料分析题(每小题 18 分,参考时限 20 分钟。共 1 小题)

材料:初中开学第一天,七年级(1)班班主任李老师到班级开班会,她在点名的过程中,看到了一个比较熟悉的名字。

"上官文俐?"

"到!"

"你是不是有个姐姐叫上官文伶?"

"是的。"

"我记得上官文伶,她是我前几年带过的学生。她学习很努力,成绩优秀,平时很有礼貌,大家都很喜欢她。我看你和她长得非常像,在各个方面你也应该像她一样优秀。"

两个月后,班主任推荐她参加学校的中学生创新竞赛,结果她取得了好成绩。得到这个好消息后,李老师对她说:"正如我想的那样,你不但爱学习,还很有创新意识。"

在随后的日子里,上官文俐努力学习,团结同学,积极为班级服务,努力使自己成为李老师所期望的那样,像她姐姐一样优秀的学生。

问题:

(1)结合案例阐述教师期望效应的作用。

(2)分析教师期望效应对教育的启示。

过关必刷题库

答案见 P74

专题一　班级与班主任

一、单项选择题(每小题 2 分,共 21 小题。参考时限 30 分钟)

1. 最早提出“班级”一词的是( )
A. 埃拉斯莫斯　B. 马卡连柯　C. 夸美纽斯　D. 赫尔巴特

2. 某班主任总是对同学们说:“咱们班犹如海洋上航行的船。你们都是勇斗巨浪的海员,我就是你们的老船长,目标都是彼岸。”该班主任的话体现了班集体具备( )
A. 明确的共同目标　B. 一定的组织结构
C. 共同生活的准则　D. 团结、和谐、向上的人际关系

3. “没有规矩,不成方圆”,因此在组织和培养班集体时应( )
A. 确立班集体的目标　B. 全面了解和研究学生
C. 开展丰富多彩的集体活动　D. 建立健全必要的班级规则

4. 下列不属于班主任了解学生常用的方法的是( )
A. 实验法　B. 书面材料分析法
C. 谈话法　D. 调查法

5. ( )是学校教育教学工作的基本单位,也是学习活动的基层组织。
A. 同桌　B. 班级　C. 小组　D. 年级

6. 班级管理的功能不包括( )
A. 有助于维护教师权威,确立教师主体地位　B. 有助于实现教学目标,提高学习效率
C. 有助于维持班级秩序,形成良好的班风　D. 有助于锻炼学生能力,学会自治自理

7. 教师以教育目的为指导思想,以“学生守则”为基本依据,对学生一个学期内在学习、劳动、生活、品行等方面进行小结与评价属于( )
A. 操行评定　B. 成绩评定　C. 素质评定　D. 道德评定

8. 班主任工作千头万绪,但班主任工作的中心环节是( )
A. 对学生进行思想品德教育　B. 抓好学生的学习,提高教学质量
C. 组织和培养班集体　D. 开展多种多样的班级活动

9. 班集体形成的基础和前进的动力是( )
A. 共同的奋斗目标　B. 班主任的要求
C. 班级内部的矛盾斗争　D. 共同的活动

10. 班主任工作最繁忙的时期,也是班主任工作能力经受考验的关键期是在( )
A. 初建期的松散群体阶段　B. 形成期的合作群体阶段
C. 成熟期的集体阶段　D. 形成后的巩固阶段

11. 班主任工作中,最常用、最基本的教育方法是( )
A. 书面材料分析法　B. 谈话法　C. 观察法　D. 调查研究法

12. 面对班级中的后进生,教师应当采取的正确态度是( )
A. 弄清情况,分析原因,对症下药　B. 交给家长教育
C. 不要特别关注,给予充分自由　D. 以上都不对

13. 班上的小芳同学从来不参与学校或者班集体组织的课外活动,作为她的班主任,在和小芳谈心时,首先应该( )
A. 向小芳详细说明学校或班集体组织课外活动的重要意义
B. 询问和了解小芳不参加或者不愿意参加集体活动的原因
C. 让小芳知道参加课外活动也是课程学习的重要组成部分
D. 使小芳明白自己在班集体中所处的位置和应发挥的作用

14. 学生操行评定的主要负责人是( )
A. 科任教师　B. 班主任　C. 级任导师　D. 班委会

15. 李老师作为一名刚毕业踏上工作岗位的新人,接手了一个初中低年级班主任的工作。李老师成为班主任后,为了有效开展工作,他应该首先( )
A. 选好班级干部　B. 组织培养班集体
C. 了解和研究学生　D. 做好思想品德教育

16. 班主任工作总结一般是在( )进行。
A. 学期开始前　B. 学期开始一半时
C. 学期、学年末　D. 出现工作问题时

17. 班主任通过学生的成绩单了解学生的学习情况,这种研究方法属于( )
A. 观察法　B. 调查法　C. 书面材料分析法　D. 谈话法

18. 班主任工作的内容不包括( )
A. 及时与家长沟通　B. 维持正常的班级秩序
C. 教授学生各科知识　D. 组织多种多样的教育活动

19. 个别教育是指( )
A. 学优生的个别教育　B. 中等生的个别教育
C. 后进生的个别教育　D. 全体学生的教育

20. 班集体建设的核心力量是( )
A. 班主任　B. 优秀的班级干部
C. 班级全体成员　D. 个别先进生

21. ( )是班主任工作的前提和基础,是做好班级工作的先决条件,也是班级教育过程中有效开展各项工作必不可少的基本环节。
A. 了解和研究学生　B. 个别教育工作
C. 协调校内外各种教育力量　D. 操行评定

二、简答题(每小题10分,参考时限10分钟。共2小题)

1. 简述班集体的基本特征。

2. 班主任怎样做好先进生教育工作?

三、材料分析题(每小题18分,参考时限20分钟。共1小题)

材料:某班级是全校有名的"乱班",近半年内已先后有两位同学因为打架等违纪行为而受到学校的批评和处理。教室里经常垃圾遍地、脏乱不堪。这个班级有几个"刺儿头"学生经常在上课时敲桌子、乱起哄,扰乱课堂秩序。该班任课的几位老师对这几名学生也颇感"头痛",多次向班主任老师表达对该班状况的不满。有一位青年女老师上课时甚至被学生的乱起哄而气得大哭,向学校提出不再担任该班任课老师的要求。班里的学生干部对少数同学的违纪行为,也是束手无策。班里虽然也有不少同学希望能够有一个理想的班级环境,但面对班级的种种乱象,也感到心灰意冷。

问题:

(1)你认为一个班集体应当具备什么特征?

(2)如果你担任这个班的班主任,你将采用哪些措施来改变这个班级的面貌?

专题二　中学课堂管理

答案见 P75

一、单项选择题(每小题2分,共15小题。参考时限20分钟)

1. 在课堂纪律形成的原因与类型中,以"别人也这么干"为理由而从事某件事,属于(　　)

A. 自我促成的纪律　　B. 任务促成的纪律
C. 教师促成的纪律　　D. 集体促成的纪律

2. 约束群体内成员的行为准则称为(　　)

A. 群体气氛　　B. 群体压力
C. 群体凝聚力　　D. 群体规范

3. 某班学生总是在做眼保健操的时候嬉戏打闹,班主任吴老师告诉大家:"做眼保健操期间会有专门的纪律小组来检查各班的纪律情况,这会直接影响到我们班是否能拿到下个月的流动红旗。"于是全班同学为了能拿到下个月的流动红旗,在此后做眼保健操时都十分遵守纪律。这主要体现了该班学生的纪律是(　　)

A. 集体促成的纪律　　B. 任务促成的纪律
C. 自我促成的纪律　　D. 教师促成的纪律

4. 一个月前,李老师的家庭发生了重大变故。事假结束后,李老师回到学校继续开展教学工作。可是同学们普遍感受到李老师不在状态,导致课堂气氛比较压抑,学生课堂学习的效果较差。这一现象体现了(　　)对课堂气氛的影响。

A. 教师的领导方式　　B. 教师的期望
C. 教师的情绪状态　　D. 教师的认知风格

5. 小玲和班里的几名同学都非常热爱音乐,于是他们自发形成一个音乐兴趣小组。这种学生群体属于(　　)

A. 参照群体　　B. 消极群体　　C. 非正式群体　　D. 正式群体

6. 李老师在课前宣布:"今天讲的课非常重要,讲完后当堂进行测验。"随后学生们精神抖擞,全神贯注地投入听课,课堂秩序井然。这种情况形成的纪律属于(　　)

A. 自我促成的纪律　　B. 任务促成的纪律
C. 规则促成的纪律　　D. 集体促成的纪律

7. 课堂管理能够有效地排除课堂中的各种干扰因素,维持良好的课堂学习环境,使学生充分地参与到学习活动中。这说明课堂管理具有(　　)

A. 维持功能　　B. 缓冲功能　　C. 发展功能　　D. 解释功能

8. 课堂纪律管理的终极目标是(　　)

A. 形成教师促成的纪律　　B. 形成集体促成的纪律
C. 形成自我促成的纪律　　D. 形成任务促成的纪律

9. 杨老师是五班的英语老师,在他上课时,教室里吵闹声不断,学生有的说话打闹,有的在教室里随意走动。因此,他不得不中断讲课进程来维持课堂秩序。这属于( )课堂气氛。

A. 积极的 B. 消极的 C. 对抗的 D. 游离的

10. 分配学生座位时,教师最需要关注的应该是( )

A. 对人际关系的影响 B. 减少课堂混乱

C. 听课的效果 D. 家长的意见

11. 某班学生以建立融洽的同学关系为行为取向,以"如何才能让同学喜欢或接纳"为行为准则。该班处于课堂纪律发展的( )

A. 自我服务行为阶段 B. 人际纪律阶段

C. 自我约束阶段 D. 反抗行为阶段

12. 课堂上,当有学生出现不专心听讲、交头接耳等这些扰乱课堂秩序的行为时,老师的解决方法不恰当的是( )

A. 暂时采取淡化处理 B. 通过眼神交流,提醒学生

C. 将学生调到最后一排,孤立他 D. 让学生回答问题

13. 课堂上某种占优势地位的态度与情感的综合状态被称为( )

A. 群体凝聚力 B. 群体规范 C. 课堂气氛 D. 人际关系

14. 某班学生当班主任在的时候很规矩,但班主任一离开班级,纪律等就明显松懈,缺乏责任心,班级不团结,犹如一盘散沙。由此推测,该班主任的领导方式属于( )

A. 民主管理型 B. 仁慈专断型 C. 放任自流型 D. 强硬专断型

15. 影响课堂管理效果的直接因素是( )

A. 教师的领导风格 B. 教师的授课水平

C. 学生的配合程度 D. 班级规模

二、辨析题(每小题 8 分,参考时限 8 分钟。共 2 小题)

1. 课堂心理气氛的形成受多方面因素的影响,其中学生对良好的课堂心理气氛的形成起着决定作用。

2. 非正式群体对个体的影响是积极的还是消极的,主要取决于教师对它的管理。

三、简答题(每小题 10 分,参考时限 10 分钟。共 2 小题)

1. 简述导致学生课堂问题行为产生的原因。

2. 简述非正式群体的管理应注意的问题。

四、材料分析题(每小题 18 分,参考时限 20 分钟。共 1 小题)

材料:新入职的张老师最近很焦虑,因为她的课堂这段时间总是出问题,尤其是课堂氛围和她课前预想的活泼有序、积极互动的良好氛围大相径庭。比如,有一天刚开始上课时,她发现班级气氛过于沉闷,学生学习兴趣不高。为了活跃课堂气氛,调动学生的学习积极性,她随即提出了一个问题,话音刚落,同学们立马来了精神,便七嘴八舌地讨论起来,有的学生过度兴奋,出现了故意捣乱、起哄的情况,张老师多次制止都无济于事,场面一度失控。这种对抗的课堂气氛让张老师不知所措。

问题:

(1)请分析出现上述情况,教师方面的主要原因有哪些?

(2)请结合上述材料,说明如何创设良好的课堂气氛。

专题三　课外活动的组织与管理

➢答案见 P77

单项选择题(每小题 2 分,共 5 小题。参考时限 5 分钟)

1. 学校应当加强与学生家庭的联系,做好沟通工作,相互配合,共同促进学生发展。下列选项中,不属于学校与家庭联系方式的是(　　)

A. 互访　B. 民主评议　C. 家长会　D. 家长委员会

2. 某班开展以"小发明、小创造"为主题的兴趣活动,这属于课外活动中的(　　)

A. 文体活动　B. 班会活动
C. 科技活动　D. 社会公益活动

3. 学生在教师的帮助和指导下,根据个人的特长、能力水平和兴趣爱好独立地进行各种学习和实践活动的组织形式是(　　)

A. 个别活动　B. 小组活动
C. 群众性活动　D. 团体活动

4. 参观、游览活动属于课外活动组织形式中的(　　)

A. 群众性活动　B. 小组活动　C. 个别活动　D. 科技活动

5. 在课外教育活动中,让学生通过自己设计、动手获得知识和技能,体现了课外教育活动的(　　)

A. 开放性　B. 实践性　C. 综合性　D. 探究性

专题四　教师心理

➢答案见 P77

一、单项选择题(每小题 2 分,共 21 小题。参考时限 30 分钟)

1. 人的情感和观念会受到他人不同程度的影响。例如,小明的老师经常鼓励小明要努力学习,不懂的问题应该多向他人请教,并且在小明受到挫折的时候也一直鼓励他不要放弃,最终小明的学习成绩明显提高。该教育现象属于(　　)

A. 皮格马利翁效应　B. 最近发展区理念
C. 情境教学理念　D. 学习迁移理论

2. 王老师当班主任后,用了一个月的时间了解班里每个学生的性格特点和兴趣爱好,建立档案,并依此进行教育教学工作。王老师的成长阶段属于(　　)

A. 关注生存阶段　B. 关注情境阶段
C. 关注学生阶段　D. 关注自我感受阶段

3. 根据玛勒斯的理论,下列选项中,不属于教师职业倦怠的表现的是(　　)

A. 情绪耗竭　B. 去人性化
C. 个人成就感低　D. 人际关系障碍

4. 一开始就以人数众多的学生为对象,进行正规的一个课时的课堂教学,对于经验较少的新老师来说,是一件困难的事。在这种情况下,最佳的处理方法是采取(　　)

A. 教学决策训练　B. 教学反思训练
C. 微格教学　D. 教学观摩

5. "教师成长 = 经验 + 反思"这一教师成长公式的提出者是(　　)

A. 奥苏伯尔　B. 皮亚杰　C. 布鲁纳　D. 波斯纳

6. 教学过程中,教师给学生以足够的关注与期望,学生得到激励和赏识后常表现出积极的学习行为,这种心理效应是(　　)

A. 扇贝效应　B. 罗森塔尔效应
C. 南风效应　D. 巴纳姆效应

7. 新教师更多关注课堂中的细节,专家型教师很少谈论课堂管理问题和自己的教学是否成功。这是反映二者在(　　)方面的差异。

A. 课时计划　B. 教学过程　C. 课后评价　D. 教学策略

8. 教师不仅掌握了所教学科的定理、法则,而且还能分析学生的心理特点与教学策略的密切关系。这主要体现了教师的哪种教学能力(　　)

A. 教学监控能力　B. 教学操作能力
C. 教学认知能力　D. 教学反思能力

9. 刚参加工作的梁老师在上课时很注重学生的感受,担心学生不喜欢自己的为人与教学风格,由此可见,梁老师最可能处于(　　)

A. 关注生存阶段　B. 关注情境阶段
C. 关注学生阶段　D. 关注自我阶段

10. 刘美丽做了多年的班主任,感觉自己每天都在做着重复的工作,而且经常需要处理问题学生。这导致她对教育工作失去了热情,教学方面得过且过,对班里的学生也放任自流。刘美丽的表现最适合概括为(　　)

A. 情绪衰竭　B. 去人性化
C. 低个人成就感　D. 高度自控

11. 教学反思是教师成长与发展的途径之一。下列选项中不属于布鲁巴奇等人提出的反思方法的是(　　)

A. 理性思考　B. 详细描述　C. 交流讨论　D. 行动研究

12. 王老师是数学老师,相当自信。他认为,只要他努力,就能提高数学学习困难学生的成绩。这说明王老师哪种心理特征较好(　　)

A. 教学监控能力　B. 教学应变能力
C. 角色认同感　D. 教学效能感

13. 为了提高新教师的教学能力,学校组织新入职的老师观看优秀教师的教学录像,这种方法属

于(　　)

A. 教学观摩　B. 微格教学　C. 专门训练　D. 行动研究

14. 教师角色形成的(　　)阶段,教师角色的社会要求转化为个体需要,形成教师职业特有的自尊心和荣誉感。

A. 角色奉献　B. 角色信念　C. 角色认同　D. 角色认知

15. 王老师经常思考"如何教好这节课"这样一些问题,该教师处于(　　)阶段。

A. 关注自我　B. 关注情境　C. 关注学生　D. 关注生存

16. 教师将自己的教学实践活动定期进行梳理,总结出自己的教学经验,同时不断听取学生、同事、专家的反馈,以改进教学。这种反思方法属于(　　)

A. 行动研究　B. 撰写日记　C. 观摩讨论　D. 案例分析

17. 某老师总是消极地评价自己,贬低自己工作的意义和价值。该教师表现出的职业倦怠特征是(　　)

A. 去人性化　B. 个人成就感低

C. 情绪耗竭　D. 缺乏工作动机

18. 美国学者福勒和布朗提出的有关教师专业发展理论的划分依据是(　　)

A. 教师不同时期关注的焦点问题　B. 知识、经验和技能的获得

C. 教龄、职称　D. 教学学科

19. 某教师近半年来刻意与学生保持距离,态度冷漠。该教师表现出的职业倦怠特征是(　　)

A. 情绪耗竭　B. 去人性化

C. 个人成就感低　D. 自我效能感低

20. 教师主动对自身教学活动进行计划、检查、评价、反馈、控制和调节。这是(　　)

A. 教学认知能力　B. 教学操作能力

C. 教学监控能力　D. 教学研究能力

21. 下列选项中,不属于教师职业心理特征的是(　　)

A. 教师的认知特征　B. 教师的示范特征

C. 教师的人格特征　D. 教师的行为特征

二、简答题(每小题 10 分,参考时限 10 分钟。共 4 小题)

1. 简述教师心理健康的标准。

2. 简述促进教师成长的方法。

3. 简述教师成长与发展的基本途径。

4. 简述减少和消除教师职业倦怠的方法。

第二模块　全真模拟试卷

国家教师资格考试全真模拟试卷(一)

➢答案见 P79

教育知识与能力(中学)

注意事项:

1. 考试时间为 120 分钟,满分为 150 分。
2. 请按规定在答题卡上填涂、作答,在试卷上作答无效,不予评分。

一、单项选择题(本大题共 21 小题,每小题 2 分,共 42 分)

在每小题列出的四个备选项中只有一个是符合题目要求的,请用 2B 铅笔把答题卡上对应题目的答案字母按要求涂黑。错选、多选或未选均无分。

1. 作为一种培养人的社会活动,教育有其自身的规律,在特定的时期,教育存在"超前"或"滞后"的现象。这说明教育具有(　　)

A. 永恒性　　B. 民族性　　C. 相对独立性　　D. 历史性

2. 下列现象中,不属于教育现象的是(　　)

A. 新生儿握紧筷子　　B. 妈妈教孩子洗袜子
C. 厨师教徒弟厨艺　　D. 收银员学习电脑知识

3. "不愤不启,不悱不发"这一教育思想出自(　　)

A.《学记》　　B. 孟子　　C. 孔子　　D. 荀子

4. 墨子认为:"国有贤良之士众,则国家之治厚;贤良之士寡,则国家之治薄。"这一思想体现的是教育的(　　)

A. 政治功能　　B. 经济功能　　C. 文化功能　　D. 人口功能

5. "人之性恶,需教之,否则必危害他人"反映了教育目的价值取向中的(　　)

A. 个人本位论　　B. 文化本位论
C. 社会本位论　　D. 无目的论

6. 以杜威为代表的现代教育思想的核心一般被概括为学生中心、经验中心和(　　)

A. 学校中心　　B. 活动中心　　C. 教材中心　　D. 课堂中心

7. 某学校借助该地特有的醒狮、龙形拳等非遗项目,由该校体育教研室老师集体开发了《醒狮表演》和《龙形拳》的课程,并且定期在学校开展"我是文化传承人"的系列活动。该课程属于(　　)

A. 校本课程　　B. 隐性课程　　C. 显性课程　　D. 地方课程

8. 宋老师在教学过程中通过口头提问的方式引导学生自己寻找正确的答案,而不是一味地牵着学生鼻子走。这体现的教学原则是(　　)

A. 直观性原则　　B. 启发性原则
C. 巩固性原则　　D. 量力性原则

9. 小伟同学在观看了学校组织播放的电影《战狼》之后,受到了很好的爱国主义教育,增强了为祖国而努力学习的信念。该学校运用的德育方法是(　　)

A. 情感陶冶法　　B. 说服教育法　　C. 心理咨询法　　D. 品德评价法

10. 古人云:"唯仁者能好人,能恶人",这属于德育过程中的(　　)

A. 道德认识　　B. 道德情感　　C. 道德意志　　D. 道德行为

11. 教师在教育某一学生时,只看到其缺点而粗暴对待他,这违背了德育中的(　　)

A. 长善救失原则　　B. 因材施教原则
C. 疏导原则　　D. 在集体中教育原则

12. 在知觉、思维、记忆等认知活动中,往往强调速度而不是准确度的认知风格属于(　　)

A. 场独立型　　B. 沉思型　　C. 场依存型　　D. 冲动型

13. 张明在快速阅读英语课文时发现某段语句没有读懂,就放慢了阅读速度,重新仔细地进行阅读。张明使用的学习策略是(　　)

A. 注意策略　　B. 复述策略
C. 元认知策略　　D. 精细加工策略

14. 小雪同学第一次在公众场所进行演讲时非常紧张。这种情绪属于(　　)

A. 激情　　B. 心境　　C. 应激　　D. 压力

15. 小丹说当她听到小刀刮竹子的声音时,就会觉得很冷,浑身不舒服。这种感觉现象是(　　)

A. 适应　　B. 对比　　C. 联觉　　D. 综合

16. 教育教学中,教师要尊重学生的看法,鼓励学生质疑、发表不同的意见,以讨论、协商的方式解决争端。这种领导方式是(　　)

A. 仁慈专断型　　B. 强硬专断型
C. 民主型　　D. 放任自流型

17. 某学生比较注意按成人眼中"好孩子"的标准来约束自己的行为以寻求家长和老师的表扬。根据柯尔伯格的品德发展阶段理论,该生最可能处于(　　)

A. 前习俗水平的惩罚与服从定向阶段　　B. 前习俗水平的相对功利取向阶段

C. 习俗水平的寻求认可定向阶段　　D. 习俗水平的维护权威定向阶段

18. 做作业时，彤彤常常根据身边老师的面部表情来判断自己做题的对错，一看到老师的表情不对，就会立刻更改答案。彤彤的认知风格很可能属于(　　)

A. 冲动型　　B. 沉思型　　C. 场独立型　　D. 场依存型

19. 小强同学经常上学迟到，在新学期他决定改掉这个坏习惯，可冬天一到，他仍然无法克服这个坏习惯，结果还是经常迟到。教师在对该学生进行教育时，应该重点培养其(　　)

A. 道德认识　　B. 道德意志　　C. 道德情感　　D. 道德行为

20. 学生兴趣小组的纪律主要属于(　　)

A. 教师促成的纪律　　B. 集体促成的纪律

C. 任务促成的纪律　　D. 自我促成的纪律

21. 对于不能够真实地表达自己意见和情感的学生，有效的行为改变的方法是(　　)

A. 肯定性训练　　B. 全身松弛训练　　C. 系统脱敏法　　D. 改变认知法

二、辨析题(本大题共 4 小题，每小题 8 分，共 32 分)判断正误，并说明理由。

22. 教育对受教育者和社会的发展产生的是正向功能。

23. 教学反思就是回顾一节课的教学过程。

24. 上课时学生既要听教师讲课，又要记笔记，还要看实验演示或幻灯片。这时学生的注意状态是稳定的。

25. “余音绕梁三日不绝于耳”是感觉的补偿作用。

三、简答题(本大题共 4 小题，每小题 10 分，共 40 分)

26. 简述课外辅导的要求。

27. 简述教学过程是一种特殊的认识过程的表现。

28. 简述建构主义的知识观。

29. 简述教师维持课堂纪律的策略。

四、材料分析题(本大题共 2 小题,每小题 18 分,共 36 分)阅读材料,并回答问题。

30. 材料:

班里有一位女生经常上课迟到,自习课上又不安心学习,多次跑出教室,科任教师和其他学生都纷纷向班主任反映,希望班主任严肃批评她。班主任了解到她以前挨批评已是"家常便饭",似乎"习以为常"了,再严厉的批评她好像都不在乎。因此,班主任没有正面批评指责她,而是采取了"旁敲侧击"的方法去教育、影响、鼓励她。一次,班主任因公务上课迟到两分钟,走进教室,便主动向学生检讨,较详细而深刻地分析此事的严重性。老师感叹道,如果所有老师都迟到几分钟,那么要浪费全校同学多少时光?并向学生保证以后决不再出现类似现象,请大家监督,也请大家每天准时上下课。此后那个女生果然不再迟到或早退了。一天放学前,她到班主任办公室,主动承认了以前的错误,并表示以后一定准时到校,言传身教的效果在她身上体现了出来。

问题:

(1)班主任老师贯彻了哪些德育原则?结合材料加以分析。(9 分)

(2)班主任运用了哪个德育方法?结合该方法的运用要求分析材料。(9 分)

31. 材料:

考试成绩出来了,小明和小华都考了 85 分。小明很开心地说:"我太幸运了,昨天刚做了一套模拟题,有三道题跟考试题一样。"小华则情绪不高,他说:"我已经很认真地复习了,但还是有很多题不会,很多知识弄不清楚,我还得仔细看看课本。"

问题:

(1)根据韦纳的归因理论,分析小明和小华两人归因的倾向性和特点。(10 分)

(2)假如你是老师,你应该如何对他们进行引导?(8 分)

国家教师资格考试全真模拟试卷(二)

➢答案见 P82

教育知识与能力(中学)

注意事项：

1. 考试时间为 120 分钟,满分为 150 分。
2. 请按规定在答题卡上填涂、作答,在试卷上作答无效,不予评分。

一、单项选择题(本大题共 21 小题,每小题 2 分,共 42 分)

在每小题列出的四个备选项中只有一个是符合题目要求的,请用 2B 铅笔把答题卡上对应题目的答案字母按要求涂黑。错选、多选或未选均无分。

1. 根据马克思主义教育学的基本观点,培养全面发展的人的唯一方法是(　　)

A. 创新与动手实践相结合　　B. 认知与情感体验相结合

C. 道德与知识学习相结合　　D. 教育与生产劳动相结合

2. “干、越、夷、貉之子,生而同声,长而异俗,教使之然也。”这句话体现了哪种因素对人发展的重要影响(　　)

A. 环境　　B. 遗传

C. 教育　　D. 个体主观能动性

3. (　　)的颁布和实施,标志着中国资产阶级新教育制度的确立,标志着中国近代以来的学制体系建设的基本完成。

A. 壬寅学制　　B. 癸卯学制　　C. 壬子癸丑学制　　D. 壬戌学制

4. 某校教师在作自我介绍时说:我从事人文社会类的课程教学,这类课程是我国学校教育的主导课程,能够使学生获得系统的知识与技能。他所教的这类课程我们叫作(　　)

A. 综合课程　　B. 活动课程

C. 学科课程　　D. 相关课程

5. 开展“教学与发展”实验,以尽可能好的教学效果来促进学生的一般发展。“一般发展”概念的提出者是(　　)

A. 巴班斯基　　B. 维果斯基

C. 杜威　　D. 赞可夫

6. 诺笃尔普认为:“在事实上个人是不存在的,因为人之所以为人,只是因为他生活在人群之中,并且参加社会生活。”这种教育目的的价值取向是(　　)

A. 伦理本位论　　B. 科学本位论

C. 社会本位论　　D. 个人本位论

7. 王老师教学《满江红》时讲到了抗金英雄岳飞,她从历史事实出发,高度赞扬了岳飞舍身为国的精神,使同学们受到了感染。王老师的教学主要体现了教学原则中的(　　)

A. 启发性原则　　B. 因材施教原则

C. 直观性原则　　D. 科学性和思想性相结合原则

8. 班主任于老师通过委托任务和组织班级活动对学生进行思想品德教育的方法是(　　)

A. 榜样示范法　　B. 品德评价法

C. 实际锻炼法　　D. 情感陶冶法

9. 个体内差异评价法是教育教学过程中常用的评价方法之一,其最大的优点是(　　)

A. 充分体现了尊重个体差异的因材施教原则,并适当地减轻了评价对象的压力

B. 没有把被评价者与他人相比较,更易于找出真正的差距

C. 评价本身不带有客观标准,而带有主观性

D. 易给评价对象提供明确的目标,有利于发挥评价的应有功能

10. 《基础教育课程改革纲要(试行)》中提出,从小学到高中设置(　　)并作为必修课程,其内容包括信息技术教育、研究性学习、社区服务与社会实践以及劳动与技术教育。

A. 艺术课　　B. 综合实践活动

C. 综合课　　D. 体育课

11. 孙老师关心学生的一举一动,对学生的各种愿望都有求必应,其做法违背了德育原则中的(　　)

A. 疏导原则　　B. 因材施教原则

C. 尊重学生与严格要求学生相结合原则　　D. 平行教育原则

12. 在讲授《认识我们身边的植物和动物》一课时,孙老师带领学生们深入校园,分组观察校园里不同的植物。有的观察教学楼旁的花,有的观察操场后的大树,有的观察图书馆旁的草坪,同学们认真又积极。随后,孙老师让同学们组成学习小组,分享自己的观察结果。孙老师的教学体现的是(　　)的理论观点。

A. 联结主义　　B. 行为主义　　C. 建构主义　　D. 认知主义

13. 考试后,学生分析考试成败的原因,总结经验教训,并做出下一步的计划和安排。他所运用的学习策略是(　　)

A. 精细加工策略　　B. 元认知策略

C. 组织策略　　D. 复述策略

14. 学生在解决脑筋急转弯“小明吹电扇的时候为什么越吹越热”时,只想到了电扇吹小明,而想不到是小明去吹电扇。这里体现出来的影响问题解决的因素是(　　)

A. 思维定势　　B. 原型启发　　C. 问题表征　　D. 灵感

15. 让小丽先学习两组难易相当、性质相似的材料,随后的检查发现她对前面一组材料的记忆效果不如后面一组好。这是由于受到了(　　)的影响。

A. 倒摄抑制　　B. 前摄抑制

C. 分化抑制　　D. 延缓抑制

16. 袁老师中途接手某班的班主任,发现有相当一部分学生在进行体育活动时总是叫苦叫累,哪怕运动量没有超出他们可以承受的范围也是如此。如果你是袁老师,可在全班进行(　　)

A. 良好性格的教育　　B. 人际交往教育

C. 积极的情感教育　　D. 意志品质的培养

17. 杨艺最近对食物吃到胃里是如何消化、转化为身体所需的养料并被身体吸收的过程十分感兴趣,因此她在生物课上十分认真,并受到了生物老师的表扬,之后一段时间,杨艺对生物课学习的积极性更高了。根据奥苏伯尔的分类,杨艺的学习动机属于(　　)

A. 外部动机,附属内驱力　　B. 认知内驱力,附属内驱力

C. 内部动机,自我提高内驱力　　D. 认知内驱力,自我提高内驱力

18. 在智力技能形成的过程中,依据智力活动的实践模式,以展开的、外显的方式付诸实施的阶段是(　　)

A. 原型定向　　B. 操作定向　　C. 原型操作　　D. 原型内化

19. 有的学生面对问题时不易受周围环境的影响和干扰,倾向于根据自身的内部线索对事物作出判断,此类学生的认知风格属于(　　)

A. 沉思型　　B. 冲动型

C. 场依存型　　D. 场独立型

20. 对同一个体而言,不同心理的各个组成成分的发展速度有所不同,达到成熟水平的时期不尽相同,发展所需的最佳条件也不同。这体现了个体心理发展的(　　)

A. 顺序性　　B. 阶段性

C. 个别差异性　　D. 不平衡性

21. 汪娟最近有一个毛病,写作业时总觉得不整洁,擦了写,写了又擦,反反复复。她明知道这样做没有必要,就是控制不住,她可能患有(　　)

A. 抑郁症　　B. 焦虑症

C. 强迫症　　D. 恐怖症

二、辨析题(本大题共4小题,每小题8分,共32分)判断正误,并说明理由。

22. 备课就是写教案。

23. 德育过程的基本矛盾是教育者与受教育者之间的矛盾。

24. “江山易改,禀性难移”说明气质是不可以改变的。

25. 习得性无助感的形成与人们对失败的归因有关。

三、简答题(本大题共 4 小题,每小题 10 分,共 40 分)

26. 根据评价作用的不同可将教学评价分为哪几类?

27. 简述我国中学常用的德育方法。

28. 简述短时记忆的概念和特点。

29. 简述如何运用注意规律组织教学。

四、材料分析题(本大题共 2 小题,每小题 18 分,共 36 分)阅读材料,并回答问题。

30. 材料:

王老师和张老师同时入职,各自担任一个平行班的班主任。两位教师都有良好的敬业精神和工作态度,学校领导也很信任他们。

王老师为了把班级带好,几乎把全部精力都投入到班级工作中,找学生谈话,督促学生做作业,管理课堂纪律、教室环境卫生等等,甚至亲力亲为,代替学生完成部分学校布置的班级活动任务。张老师的班级管理风格和王老师有所不同,她尊重每个学生的个性,注重班集体建设,相信班集体的力量,创造条件让每个学生在集体中成长成才。几年下来,无论是学生的精神风貌与学业成绩,还是班级的教室环境卫生、体育运动和文艺演出等,张老师所带的班级都走在全校前列,今年张老师还被评选为校级优秀班主任。

一天,两人聊起班主任工作,王老师问:"张老师,你把班级带得那么好,有什么绝招?"张老师说:"其实也没有什么特别的,就是首先要相信每个学生都是可造之材,都能成功,同时最主要的是把班集体培养好,发挥班集体的作用。"

问题:

(1)请你说说班集体对学生健康成长具有哪些作用。(6 分)

(2)如何培养一个良好的班集体?请提出你的建议。(12 分)

31. 材料：

李老师刚入职时，为了得到学校和学生的肯定和认可，把大量时间花在如何与学生搞好关系上。一段时间后，他发现虽然自己与学生的关系非常密切，但是学生的学习成绩并不理想。于是，李老师开始把主要精力放在教学上。为了上好每一堂课，他认真准备材料，虚心地向老教师们请教，积极参加公开课观摩优秀教师的教学，坚持写教学日志，不断反思自己的教学活动，还通过校本教研这个平台，寻找解决问题的方法和努力的方向。经过不懈的努力，李老师在教学上成了一把“好手”，他不仅通过各种途径了解学生，还能考虑学生的不同需要，关注他们的个别差异，并根据学生的不同发展水平设计课堂教学和作业，因此取得了良好的教学效果。由于教学成绩突出，李老师被学校评选为“教学名师”。

问题：

(1)请结合材料分析李老师的专业发展所经历的阶段。(12 分)

(2)谈谈教师专业发展的方法。(6 分)

图书反馈

重磅！真题重奖征集！

凡提供当年度考试真题者，均可获得现金奖励。具体请联系QQ：3232490489。

（温馨提示：所提供真题须是当年度考试真题，且真实有效。最终解释权归山香教育所有）

亲爱的考生：

感谢您对山香教育的信任和支持，您的建议是我们前进的动力！为进一步提高图书质量，我们特向全国各地的考生开展有奖反馈活动。

1. 凡提供山香图书的错题反馈者，均能获得价值99元的山香网课《高频考点》（基础版）大礼包1份。

2. 凡提供反馈项目者，可获得价值299元的山香网课《高频考点》（豪华版）超级大礼包1份。

3. 我们从意见被采纳人员中每月抽取幸运者2名，各奖励价值1380元的山香网校网课大礼包一份。

图书反馈链接

¥99 大礼包

¥299 超级大礼包

反馈项目

姓名： 专业： 报考地区：

手机号： QQ号：

1. 您认为图书中可以增加哪些模块或内容，有助于您的学习？

2. 您对本书的印刷、装订、封面有何意见和建议？

3. 结合山香现有图书和考情需要，您还需要哪些形式的备考资料？

联系方式：400-600-3363 研发部QQ：1831595423

招教网：http://www.zhaojiao.net 山香网校：http://www.sx1211.cn

图书订正链接

目 录

第一模块 过关必刷题库

第二模块 全真模拟试卷

参考答案及解析单独成册

前　　言

一、考情介绍

中小学教师资格考试是由国家建立考试标准，省级教育行政部门组织的全国统一考试，包括笔试和面试两部分。笔试主要考查申请人从事教师职业所应具备的教育理念、职业道德、法律法规知识、科学文化素养、阅读理解、语言表达、逻辑推理和信息处理等基本能力；教育教学、学生指导和班级管理的基本知识；拟任教学科领域的基本知识，活动设计实施评价的知识和方法，运用所学知识分析和解决教育教学实际问题的能力。笔试一般在每年 3 月和 11 月各举行一次，笔试单科成绩有效期为 2 年。笔试科目均合格的考生，可参加教师资格考试面试。下表为各学段的笔试科目及面试相关情况。

<table>
<tr><th rowspan="2" colspan="3">类别</th><th colspan="3">笔试科目</th><th rowspan="2">面试</th></tr>
<tr><th>科目一</th><th>科目二</th><th>科目三</th></tr>
<tr><td colspan="3">幼儿园</td><td>综合素质</td><td>保教知识与能力</td><td rowspan="2">——</td><td rowspan="5">教育教学实践能力</td></tr>
<tr><td colspan="3">小学</td><td>综合素质</td><td>教育教学知识与能力</td></tr>
<tr><td rowspan="5">中学</td><td colspan="2">初级中学</td><td rowspan="5">综合素质</td><td rowspan="5">教育知识与能力</td><td rowspan="3">学科知识与教学能力</td></tr>
<tr><td colspan="2">高级中学</td></tr>
<tr><td rowspan="2">中职</td><td>文化课教师</td></tr>
<tr><td>专业课教师</td><td rowspan="2">（试点省自行组织）</td><td rowspan="2">（试点省自行组织）</td></tr>
<tr><td colspan="2">中职实习指导教师</td></tr>
</table>

注 1. 初级中学的《学科知识与教学能力》科目分为：语文、数学、英语、物理、化学、生物、道德与法治、历史、地理、音乐、体育与健康、美术、信息技术、历史与社会、科学等 15 个学科。

注 2. 普通高级中学的《学科知识与教学能力》科目分为：语文、数学、英语、物理、化学、生物、思想政治、历史、地理、音乐、体育与健康、美术、信息技术、通用技术等 14 个学科。

二、图书特点

为了让考生有针对性地备考，使复习有方向有条理，作为国内研究开发教师资格考试辅导教材的专业机构，山香教育在调研历年教师资格考试真题的基础上，结合考试标准和考试大纲，策划出版了本套题库，致力于帮助广大考生实现教师之梦。

本套题库具有如下特点：

第一，精选真题，契合考纲。

本题库选择真题时注重其是否契合《中小学教师资格考试·教育知识与能力（中学）笔试大纲》。精选真题按照教育基础知识与基本原理、中学课程、中学教学、中学生学习心理、中学生发展心理、中学生心理辅导、中学德育、中学班级管理与教师心理划分归类，又具体分出各个专题，使考生能够根据专题的知识点、重点进行强化训练，以达到提升应试能力的目的。

第二，题量丰富，解析详尽。

本套题库试题丰富，题型全面，且所有试题都附有详细的答案和解析，思路清晰，要点明确，考生可通过做题达到巩固知识、熟悉题型、强化记忆的效果。

三、图书使用说明

1. 本套题库在“核心知识提要”部分对重要知识与考点挖空，并在“参考答案及解析”册增设“核心知识提要”部分答案，考生可在默写后对照答案查漏补缺，有针对性地巩固薄弱点。

2. 本套题库的“经典真题回顾”部分选用 2017—2022 年的经典真题，覆盖范围广，知识点全面，有助于考生了解教师资格考试命题趋势，发现自身不足，及时进行复习。

3. 本套题库在每一章各部分及专题名右下方增设“答案页码”图标➢答案见 P1，为考生提供便利，考生可在完成试题后快速找到“参考答案及解析”册对应页码处，查阅试题答案解析。

本套题库难免存在一些不足之处，衷心希望各位读者朋友批评指正，同时希望这套题库能为考生顺利通过教师资格考试提供帮助。

编　者

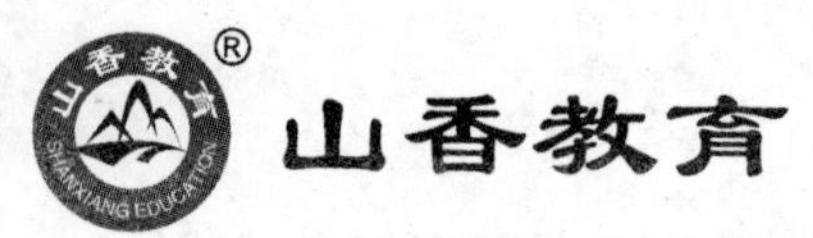
山香教育

国家教师资格考试

高分题库

1000 

山香教师资格考试命题研究中心 主编

中学·教育知识与能力

关注公众号，点击“笔试练习”领取历年真题及预测卷20套！

图书在版编目(CIP)数据

高分题库. 教育知识与能力. 中学／山香教师资格考试命题研究中心主编. -- 北京：首都师范大学出版社，2017.4(2022.4重印)

国家教师资格考试

ISBN 978-7-5656-3402-4

Ⅰ. ①高… Ⅱ. ①山… Ⅲ. ①中学教师－教学能力－资格考试－习题集 Ⅳ. ①G451.1-44

中国版本图书馆CIP数据核字(2017)第061492号

国家教师资格考试高分题库
JIAOYU ZHISHI YU NENGLI ZHONGXUE
教育知识与能力·中学
山香教师资格考试命题研究中心 主 编

策划编辑 张文强
责任编辑 曹亮亮 王慕飞　　封面设计 山香教育
首都师范大学出版社出版发行
地　址 北京市西三环北路105号
邮　编 100048
咨询电话 010－68418523(总编室)　010－68982468(发行部)
网　址 http://cnupn.cnu.edu.cn
印　刷 河南黎阳印务有限公司
经　销 全国新华书店
版　次 2017年4月第1版
印　次 2022年4月第11次印刷
开　本 787mm×1092mm 1/16
印　张 16
字　数 380千
定　价 42.00元

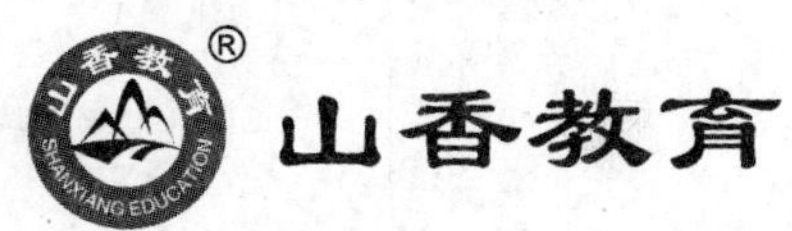

国家教师资格考试

高分题库

1000

山香教师资格考试命题研究中心 主编

中学·教育知识与能力

参考答案及解析

首都师范大学出版社
CAPITAL NORMAL UNIVERSITY PRESS

目 录

第一模块 过关必刷题库

第二模块　全真模拟试卷

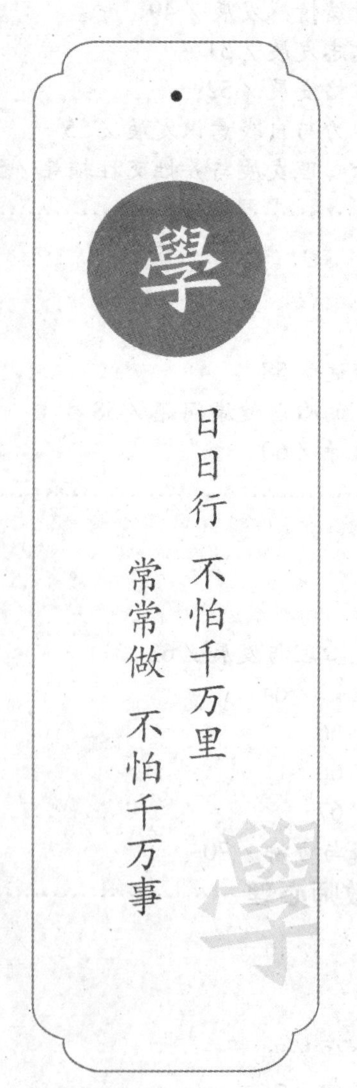
學
日日行 不怕千万里
常常做 不怕千万事

参考答案及解析

第一模块　过关必刷题库

第一章　教育基础知识与基本原理

核心知识提要

①个体功能　②隐性功能　③心理起源说　④劳动起源说　⑤遗传决定论　⑥外铄论　⑦顺序性　⑧不平衡性　⑨个别差异性　⑩个体主观能动性　⑪个人本位论　⑫德育　⑬美育　⑭壬寅学制　⑮癸卯学制

经典真题回顾

一、单项选择题

答案速查

1~5	CCDBB	6~10	ABBDC
11~15	ACACB	16~20	BCCDD
21~26	BCADDC		

1. C　【解析】本题考查教育的社会属性。永恒性是指教育与人类社会共始终，只要人类社会存在，教育就存在。题干的描述体现了教育的永恒性。

2. C　【解析】本题考查教育的生产性的内涵。现代教育具有明显的生产性，现代教育越来越与人类的物质生产结合起来，越来越与生产领域发生密切的、多样化的关系；生产的发展也越来越对教育系统提出新的要求。人们日益认识到，今天的教育就是明天的经济。教育的消费是明显的消费，潜在的生产；是有限的消费，扩大的生产；是今日的消费，明日的生产。教育已经成为经济发展的杠杆。故本题选C。

3. D　【解析】本题考查教育的相对独立性。尽管教育的发展受政治经济制度和生产力的制约，但教育又具有自身的特点和规律，相对独立于社会政治经济制度和生产力的发展水平，能促进生产力的发展，维护、巩固和加强政治经济制度，对社会政治经济制度和生产力具有能动作用。题干所述说明教育具有相对独立性。

4. B　【解析】本题考查我国古代社会教育的特征。题干中不同级别官员的子孙进入不同的学校，说明社会地位不同接受的教育不同，体现了我国封建社会教育制度的等级性。

5. B　【解析】本题考查教育的经济功能。教育的经济功能体现在教育再生产劳动力、教育再生产科学知识两方面。其中，教育再生产劳动力体现在：(1)教育能使潜在的生产力转化为现实的生产力；(2)教育可以提高劳动力的质量和素质；(3)教育可以改变劳动力的形态；(4)教育可以使劳动力得到全面发展，提高劳动转换能力。题干所述说明投资教育可以提高生产力水平，体现的是教育对生产力的促进作用，反映了教育的经济功能。

6. A　【解析】本题考查《学记》的地位。《学记》(收入《礼记》)是中国也是世界教育史上的第一部教育专著，成文大约在战国末期。《论语》记录了孔子及其弟子的言行，集中体现了孔子的教育思想和理论主张。昆体良的著作《论演说家的教育》(也称《雄辩术原理》)被誉为古代西方第一部教学法论著。《理想国》是柏拉图的代表作，集中体现了其教育思想。本题选A。

7. B　【解析】本题考查孔子的教育思想。孔子是春秋末期的大思想家、大教育家，儒家学派的创始人。在教育对象上，孔子主张“有教无类”。他的教育思想主要体现在《论语》一书中。

8. B　【解析】本题考查夸美纽斯的教育著作及其教育思想。夸美纽斯提出了普及教育的思想，论述了班级授课制。他出版的《大教学论》被认为是近代第一本教育学著作。

9. D　【解析】本题考查卢梭的教育著作。卢梭于1762年出版的教育小说《爱弥儿》系统阐述了他的自然主义教育思想，故本题选D。A项，《理想国》的作者是柏拉图；B项，《巨人传》的作者是拉伯雷；C项，《太阳城》的作者是康帕内拉。

10. C　【解析】本题考查斯宾塞及其教育思想。斯宾塞是19世纪英国著名的实证主义哲学家、社会学家、教育理论家。在斯宾塞看来，教育的目的是为未来“完满生活”做准备，因此，他明确要求必须教给学生有价值的知识。此外，他主张运用实证的方法来研究知识的价值，强调实用学科的重要性。

11. A　【解析】本题考查赫尔巴特及其教育思想。赫尔巴特是传统教育学派的代表人物，他提出的“三中心”即教师中心、教材中心、课堂中心。

12. C　【解析】本题考查外国教育学家及其著作。20世纪50年代初，人民教育出版社出版发行凯洛夫的《教育学》，该书传入我国后被许多师范院校作为公共课教育学必修教材，也是当时广大在职教师的工作宝典。故新中国建立初期，我国师范院校的教育学课程普遍采用的教材是凯洛夫的《教育学》。

13. A 【解析】本题考查当代教育学理论的新发展。布卢姆提出了教学目标分类理论，将教学目标分为认知、情感、动作技能三大领域。苏联教育家巴班斯基提出了教学过程最优化理论。苏联教育家赞可夫著有《教学与发展》一书并提出了发展性教学理论的五条教学原则。教学特殊认识论认为教学过程是一种特殊的认识过程，这一学说最早来源于苏联教育家凯洛夫主编的《教育学》。

14. C 【解析】本题考查教育与社会发展。人口、生产力水平、社会政治经济制度、文化等都会对教育的发展产生影响。其中，人口从数量、结构、分布、流动等方面制约着教育的发展。我国对农村中小学的布局结构进行了调整，主要反映的是人口变化对教育的影响。

15. B 【解析】本题考查影响教育发展的因素。我国古代教育的一大特点是脱离生产劳动。奴隶社会和封建社会是建立在统治阶级不劳而获的基础之上的。因此，为统治阶级所垄断的教育也严重脱离生产劳动。所谓“劳心者治人，劳力者治于人，治人者食于人，治于人者食人”，被看成天下通义。古代教育不仅严重脱离生产劳动，而且对学生还进行鄙视生产劳动和劳动人民的教育。如孔子认为：“耕也，馁在其中矣；学也，禄在其中矣。”所谓“君子忧道不忧贫”，故孔子把请学稼、学圃的樊迟视为“小人”。由此可见，我国古代学校教育脱离生产劳动且鄙视生产劳动是受到了社会政治经济制度的影响。

16. B 【解析】本题考查个体身心发展的动因。“染于苍则苍，染于黄则黄”出自《墨子·所染》，意思是“（丝）染了青颜料就变成青色，染了黄颜料就变成黄色”，引申的意思是环境的熏陶、社会风气的感染，会对人的思想、品质产生重要的影响。因此题干所述体现的是环境决定论的观点。

17. C 【解析】本题考查个体身心发展的动因。内发论也称遗传决定论，该理论强调人的身心发展的力量主要源于人自身的内在需要，身心发展的顺序也是由身心成熟机制决定的。即在人的身心发展过程中起决定作用的是遗传素质。我国历史上出现过“生而知之”的“天才论”，或“性也者，与生俱生也”，或“唯上智与下愚不移”等“先天决定论”，都属于遗传决定论的范畴。

18. C 【解析】本题考查人的身心发展规律的教育要求。A 项，人的身心发展的顺序性要求教育要循序渐进地促进学生的身心发展。B 项，人的身心发展的稳定性要求在一定时期内，教育内容、方法等要保持相对稳定性。C 项，人的身心发展的不平衡性要求教育要掌握和利用人的发展成熟机制，抓住发展的关键期，不失时机地采取有效措施，卓有成效地促进学生健康地发展。D 项，人的身心发展的个别差异性要求教育必须因材施教，充分发挥每个学生的潜能和积极因素，有的放矢地选择适宜、有效的教育途径和方法手段，使每个学生都能得到最大的发展。故本题选 C。

19. D 【解析】本题考查个体身心发展的规律。个体身心发展的个别差异性，是指个体之间的身心发展以及个体身心发展的不同方面之间，存在着发展程度和速度的不同。个别差异性的表现之一是不同个体具有不同的个性心理倾向，如不同年龄的儿童具有不同的兴趣、爱好和性格等。题干中李老师的做法就是适应了人身心发展的差异性的特点。

20. D 【解析】本题考查个体身心发展的规律。身心发展的不平衡性（不均衡性）的表现之一是指身心发展的同一方面的发展速度，在不同的年龄阶段是不平衡的。

21. B 【解析】本题考查教育目的的价值取向。个人本位论认为教育的根本目的是人的本性和本能的高度发展。卢梭是个人本位论的代表人物，倡导自然教育。他认为，人生来具有良心、理性、自由，具有善良的天性，个人自由、幸福是人与生俱来的“自然权利”，教育的目的就是要培养具有独立人格的“自然人”，促进人的自然发展。卢梭的观念体现了个人本位论的内涵。本题选 B。

22. C 【解析】本题考查教育目的的层次结构。教育目的包括三个层次：国家的教育目的、各级各类学校的培养目标和教师的教学目标。其中，各级各类学校的培养目标居于第二个层次，它是根据国家的教育目的制定的某一级或某一类学校、某一专业对人才培养的具体要求，是国家教育目的在不同教育阶段、不同级别的学校、不同专业方向的具体化。

23. A 【解析】本题考查学校体育的根本任务。学校体育的根本任务是增强学生的体质，这是学校体育与学校其他活动最根本的区别。

24. D 【解析】本题考查学校教育制度的内涵。学校教育制度简称学制，是一个国家各级各类学校的总体系，具体规定了各级各类学校的性质、任务、要求、入学条件、修业年限及它们之间的相互关系。

25. D 【解析】本题考查现代学制的类型。分支型学制是介于单轨学制和双轨学制之间的一种学制，前段是单轨，后段分叉，既有上下级学校间的相互衔接，又有职业技术学校横向的相互联系，形成了立体式的学制。题干中的国家的学制类型属于分支型学制。

26. C 【解析】本题考查我国现代学制的建立。“废科举,兴学堂”是从清末开始实行的。

二、辨析题(参考答案)

1. 母猴带着小猴爬树也是教育。

(1)这种说法是不正确的。(2)教育的本质属性是育人,即教育是一种有目的地培养人的社会活动,这是教育区别于其他事物现象的根本特征。教育是人类所特有的一种有意识的社会活动,只存在于人类社会,动物界没有教育。故题干说法错误。

2. 教育在人的身心发展中起决定作用。

(1)这种说法是不正确的。(2)影响人的身心发展的因素是多方面的。遗传素质是人的身心发展的物质前提,环境为个体的发展提供了多种可能,而教育作为特殊的环境对人的身心发展起主导作用,个体因素是人的身心发展的内在动力,也是促进个体发展从潜在的可能状态转向现实状态的决定性因素。故题干说法错误。

3. 教育必然促进社会的发展。

(1)这种说法是不正确的。(2)按照作用的方向,教育的功能可分为正向功能和负向功能。教育的正向功能是指教育有助于社会进步和个体发展的积极影响与作用。教育的负向功能使教育在不同程度上对社会和人的发展产生阻碍作用。对任何社会、任何时候的教育来说,正向和负向的功能都是存在的,只不过比重不同。在实施教育的过程中,要促进教育正向功能的实现,必须充分遵循社会发展和人的发展的客观规律。故题干说法片面。

4. 教育既然是培养人的活动,教育目的就只能按照人的发展需要确立。

(1)这种说法是不正确的。(2)确立教育目的的依据有:①社会政治、经济、文化因素。②人的身心发展特点和需要。③制定者的教育理想和价值观。我国确立教育目的的理论依据是马克思关于人的全面发展学说。人的发展需要只是确立教育目的的依据之一,因此,题干说法错误。

三、简答题(参考答案)

1. 简述教育的政治功能。

(1)教育培养出社会政治经济制度所需要的人才;(2)教育通过传播思想、形成舆论作用于一定的政治经济制度;(3)教育促进民主化进程,但对社会政治经济制度不起决定作用。

2. 为什么教育(学校教育)对人的发展起主导作用?

(1)学校教育是有目的、有计划、有组织地培养人的活动;(2)学校有专门负责教育工作的教师,相对而言效果较好;(3)学校教育能有效地控制和协调影响学生发展的各种因素。

3. 简述学校美育的基本任务。

(1)树立学生正确的审美观点,提高审美能力;(2)培养学生健康的审美情趣,对美的热爱和追求;(3)发展学生表现美和创造美的能力。其中,形成创造美的能力是美育的最高层次的任务。

过关必刷题库

专题一　教育的产生与发展

一、单项选择题

答案速查

1~5	DDCCA	6~10	BAAAB
11~15	CCABB	16~20	CCDCA
21~26	ADCCDB		

1. D 【解析】教会教育的目的是培养教士和僧侣,教育内容是“七艺”,包括“三科”(文法、修辞、辩证法)和“四学”(算术、几何、天文、音乐)。

2. D 【解析】在近代社会的教育中,教育的世俗化是指教育从宗教中分离出来。有些国家明确规定,宗教、政党不得干预学校教育。题干的描述反映了教育的世俗化。

3. C 【解析】狭义的教育指学校教育,是教育者依据一定的社会要求,依据受教育者的身心发展规律,有目的、有计划、有组织地对受教育者施加影响,促使其朝着所期望的方向发展变化的活动。

4. C 【解析】教育媒介,也称教育影响,指建构于教育者和受教育者之间起桥梁或沟通作用的一切事物的总和,包括教育内容、教育方法与组织形式和教育手段等。教育媒介是教育活动的中介。教科书、教学参考书是联结教育者和受教育者使之相互发生作用的教育媒介。

5. A 【解析】我国的朱熹是神话起源说的代表人物之一。该学说认为,教育与其他万事万物一样,都是由人格化的神(上帝或天)所创造,教育的目的就是体现神或天的意志,使人皈依于神或顺从于天。

6. B 【解析】张老师所教学生的合作意识和能力有所提高,这既是对学生的积极影响,也是张老师采用小组合作学习形式所预期的结果,体现了教育的正向显性功能。

7. A 【解析】我国封建社会时期的主要教育内容是四书五经,“四书”是《大学》《中庸》《论语》《孟子》的合称,“五经”是《诗》《书》《礼》《易》《春秋》的合称。

8. A 【解析】教育的历史性指在人类社会的不同时期,由于生产力发展水平不同,生产关系和政治制度不同,教育也就具有不同的性质、特点、内容和形式。题干中,原始社会和现代社会的教育内容不同,说明不同时期的教育有着不同的内容、形式和特点,这体现了教育的历史性。

9. A 【解析】原始社会的教育与社会生活、生产劳动紧密相连，教育内容也很简单，主要是传递生产生活经验。

10. B 【解析】教育的生物起源说是教育史上第一个正式提出的有关教育起源的学说，它标志着在教育起源问题上开始转向科学解释。

11. C 【解析】教育的起源学说包括神话起源说、生物起源说、心理起源说和劳动起源说等。其中，劳动起源说是在马克思历史唯物主义理论的指导下形成的，认为教育起源于人类特有的生产劳动。

12. C 【解析】A、B两项属于动物之间的“哺育”，是一种基于亲子和生存本能的自发行为，其产生与动物的生理需求直接相关，内容与动物的生存本能（如捕食、逃避天敌等）相关，动物的学习以本能为依据，因此不能称为“教育”。教育是人类特有的一种现象，D项不符合题意。故本题选C项。

13. A 【解析】构成教育活动的基本要素包括教育者、受教育者和教育媒介。其中，教育者是主导性因素。

14. B 【解析】在我国，“教育”一词最早见于《孟子·尽心上》中的“得天下英才而教育之，三乐也”。故本题选B。

15. B 【解析】教育的负向功能是指教育阻碍社会进步和个体发展的消极影响和作用。题干阐述的是标准化的教学对学生发展的消极影响和作用，体现了教育的负向功能。

16. C 【解析】题干的意思是樊迟向孔子请教如何种庄稼，孔子说自己不如老农；樊迟又请教如何种菜，孔子说自己不如老菜农。樊迟出去以后，孔子评价樊迟是小人。上位者重视礼仪，老百姓就没有敢不恭敬的……这表明孔子轻视生产劳动，教育偏重人事、文事。所以，樊迟问稼的故事体现了我国古代教育基本上与生产劳动相脱离的特点。

17. C 【解析】古代斯巴达教育以军事体育训练和政治道德灌输为主，教育内容单一，教育方法比较严厉。古印度的教育控制在婆罗门教和佛教手中，主要是家庭教育和佛教教育，教育活动主要是背诵经典和钻研经义；古埃及的教育强调“以僧为师”“以吏（书）为师”；古代雅典在西方最早形成体育、德育、智育、美育和谐发展的教育，教育内容比较丰富，教育方法也比较灵活，教育目的是培养有文化、有修养和多种才能的政治家和商人。

18. D 【解析】东汉灵帝时设立了鸿都门学，它是一种专门学校，是我国最早专门研究文学艺术的学校。鸿都门学作为一种办学的新型形式，为后代专门学校的发展提供了经验。同时，它也是世界上最早的文学艺术专门学校。

19. C 【解析】教育受一定社会的政治、经济等因素的制约，但作为一种培养人的社会活动，教育有其自身的规律，具有相对独立性。所以题干这一观念违背了教育的相对独立性。

20. A 【解析】“稷下学宫”是养士的缩影，是由官家举办、私家主持的高等学府，特点是学术自由。

21. A 【解析】教育的本质属性是育人，即教育是一种有目的地培养人的社会活动，这是教育区别于其他事物现象的根本特征，也是教育的质的规定性。

22. D 【解析】教育的社会流动功能是指社会成员通过教育的培养、筛选和提高，能够在不同的社会区域、社会层次、职业岗位、科层组织之间转换、调整和变动，以充分发挥其个人的智慧才能，实现其人生价值。教育能使人自主选择职业，在不同岗位发挥个人才干，这体现的是教育的社会流动功能。

23. C 【解析】教育是一种生产性活动，教育再生产劳动力和再生产科学知识属于教育的经济功能，体现了教育的生产性。

24. C 【解析】古代雅典在西方最早形成体育、德育、智育、美育和谐发展的教育，教育内容比较丰富，教育方法也比较灵活，教育目的是培养有文化、有修养和多种才能的政治家和商人。

25. D 【解析】题干引文出自《论语》，意思是：我十五岁就立志学习，三十岁能够自立，四十岁遇到事情不再感到困惑，五十岁就知道哪些是不能为人力支配的事情而乐知天命，六十岁时能听得进各种不同的意见，七十岁可以随心所欲（收放自如）却又不超出规矩。这句话是孔子自述的其学习和修养的过程，这个过程贯穿了孔子的一生，体现的是终身教育思想。

26. B 【解析】大体说来，西周时期的学校分为“国学”和“乡学”两种。“国学”是设在周王朝都城和诸侯国都城的学校，专门供奴隶主贵族子弟就读。按照学习的程度，国学又分为“大学”和“小学”两类。“乡学”是各地设立的地方学校，只有“小学”一级，供普通贵族子弟就读。“太学”始设于汉代。“书院”产生于唐，发展于五代，繁荣和完善于宋代。

二、辨析题（参考答案）

1. 终身教育即成人教育。

（1）这种说法是不正确的。（2）法国教育家保罗·朗格朗最早系统论述了终身教育。终身教育是适应科学知识加速增长和人的持续发展的要求而逐渐形成的一种教育思想与教育制度，包括各个年龄阶段的各种方式的教育。故把终身教育等同于成人教育的观点是片面的、不正确的。

2. 凡是能影响人的身心发展的活动都是教育。

（1）这种说法是不正确的。（2）教育是一种有目的地培养人的社会活动，这是教育区别于其他事物现象的根本特征，是教育的本质属性，这也是教育的质的规定性。如果失去这一质的规定性，就不能称之为教育。例如，一个顽皮的孩子偶然把手指伸到火苗上，被灼伤，并由此获得火的有关知识的过程，不能算是受到了"教育"。这样没有明确目的、偶然发生的外界对个体发展的影响不能称之为"教育"。

三、简答题(参考答案)

简述原始社会的教育特征。

原始社会的教育主要有以下三个特征：(1)教育与生产劳动相结合。教育具有非独立性，教育和社会生活、生产劳动紧密相连。(2)教育具有自发性、全民性(普及性)、广泛性、无等级性(平等性)和无阶级性，是原始状态下的教育机会均等，只因年龄、性别和劳动分工不同而有差别。(3)教育具有原始性。教育内容简单，主要是传递生产经验；教育方法单一，只限于动作示范与观察模仿、口耳相传与耳濡目染。

专题二　教育学的产生与发展

单项选择题

答案速查

1～5	CBCCB	6～10	BACBB
11～15	ADBAB	16～20	DCADC
21～25	ADCBC		

1. C 【解析】赫尔巴特的《普通教育学》是教育理论发展史上的伟大里程碑，是近代教育理论走向科学的奠基石。A 项是夸美纽斯的著作，B 项是昆体良的著作，D 项是杜威的著作，均可排除。

2. B 【解析】赫尔巴特在西方教育史上第一次明确提出"教育性教学"的思想。他所说的"教育性教学"，就是说任何教学都必须具有教育性，教育不能离开教学。赫尔巴特曾说："我想不到有任何'无教学的教育'，正如在相反方面，我不承认有任何'无目的的教学'。"

3. C 【解析】杜威的理论是现代教育理论的代表，区别于传统教育"课堂中心""教材中心""教师中心"的"旧三中心论"，他提出了"儿童中心(学生中心)""活动中心""经验中心"的"新三中心论"。

4. C 【解析】孔子是世界上最早提出启发式教学的教育家，比苏格拉底提出的"产婆术"早几十年，故 C 项正确。A 项荀子主张"性恶论"；B 项孟子持"性善论"；D 项墨子以"兼爱""非攻"为教。

5. B 【解析】题干引文的意思是：只学习却不思考就会感到迷茫而无所适从，只空想而不学习就会心中充满疑惑而无定见，强调了学习与思考相结合的重要性，因此 B 项正确。

6. B 【解析】题干引文意为：大学教学，按照时序进行，必须有正式的课业，课后休息时也得有课外练习。这强调了课内与课外相结合的教育思想。

7. A 【解析】题干中的言论出自洛克，他反对天赋观念，提出了"白板说"；他认为教育的目的就是培养绅士，而这种培养只能通过家庭教育，由此提出了"绅士教育论"。他的代表作是《教育漫话》。《爱弥儿》是卢梭的代表作。

8. C 【解析】在西方教育史上，裴斯泰洛齐是第一个明确提出"教育心理学化"口号的教育家。所谓"教育心理学化"就是把教育提高到科学的水平，将教育科学建立在人的心理活动规律的基础上。

9. B 【解析】昆体良所著的《雄辩术原理》(《论演说家的教育》或《论演说家的培养》)是西方最早的教育著作，也被誉为古代西方的第一部教学法论著。夸美纽斯的《大教学论》被认为是近代第一本教育学著作。泰勒的《课程与教学的基本原理》被誉为"现代课程理论的圣经"。赫尔巴特的《普通教育学》被认为是第一本现代教育学著作。

10. B 【解析】实验教育学重视研究儿童发展与教育的关系，重视实验，并强调从实验的结果中寻找教育的途径和方法。

11. A 【解析】赫尔巴特将伦理学和心理学作为其教育理论的基础。把道德教育理论建立在伦理学的基础上，把教学理论建立在心理学的基础上。

12. D 【解析】《学记》提出"道而弗牵，强而弗抑，开而弗达"，主张引导学生，但不要牵着学生走；对学生提出较高的要求，但不能使学生灰心；指导学习的门径，而不把答案直接告诉学生。故 D 项符合题干所述观点。

13. B 【解析】亚里士多德被称为古希腊百科全书式的哲学家，其教育思想反映在他的著作《政治学》中；《民主主义与教育》是杜威的代表作；《理想国》是柏拉图的代表作；《大教学论》是夸美纽斯的代表作。

14. A 【解析】1939 年，凯洛夫主编的《教育学》被公认为是世界上第一部马克思主义的教育学著作。教育家杨贤江的《新教育大纲》是中国第一部马克思主义的教育学著作。

15. B 【解析】苏霍姆林斯基在其著作《给教师的一百条建议》和《把整个心灵献给孩子》中阐述了其全面和谐发展的教育思想，认为学校教育的理想是培养全面和谐发展的人。

16. D 【解析】斯宾塞是 19 世纪英国著名的实证主义哲学家、社会学家、教育理论家，其教育代表作是《教育论》，这部著作是由题为《智育》《德育》《体育》《什么知识最有价值》的四篇论文汇集而成的。

17. C 【解析】范例教学模式比较适合原理、规律性知识的学习,它是德国教育家瓦·根舍因提出来的。

18. A 【解析】苏格拉底是古希腊的哲学家,以其雄辩和与青年智者的问答法著名。柏拉图是西方客观唯心主义的创始人,其教育思想集中体现在《理想国》一书中;亚里士多德的教育思想主要体现在他的著作《政治学》中,他在教育史上首次提出"教育遵循自然"的观点;德谟克利特率先提出原子论,认为万物由原子构成。

19. D 【解析】实用主义教育学是19世纪末20世纪初兴起于美国的一种教育思潮,对20世纪整个世界的教育理论研究和教育实践发展产生了极大的影响,代表人物是杜威、克伯屈。其基本主张有:(1)教育即生活,教育的过程与生活的过程是合一的;(2)教育即学生个体经验持续不断的增长;(3)学校是一个雏形的社会;(4)课程组织应以学生的经验为中心;(5)师生关系以儿童为中心;(6)教学过程注重学生的独立发现和体验,尊重学生发展的个体差异。D项是传统教育学派的观点。

20. C 【解析】题干译文:尽管有美味可口的菜肴,不吃是不会知道它的美味的;尽管有高深完善的道理,不学习也不会了解它的好处。所以,通过学习才能知道自己的不足,通过教人才能感到困惑。知道自己学业的不足,才能反过来严格要求自己;感到困惑然后才能不倦地钻研。这体现的是教学相长的原则。

21. A 【解析】康德认为教育的根本就是要对人的本性进行适当的控制,"人是唯一需要教育的动物",他还提出自由是道德教育的最高目的,必要的"管束"和"训导"是实现自由的必要保证。此外,康德是最早在大学开设教育学讲座的有影响力的学者之一。所以,题干所述的教育家为康德。

22. D 【解析】亚里士多德在教育史上首次提出了"教育遵循自然"的观点,主张按照儿童心理发展的规律对儿童进行分阶段教育。

23. C 【解析】"生活即教育""社会即学校""教学做合一"属于陶行知的生活教育理论,毛泽东称赞他是"伟大的人民教育家"。

24. B 【解析】斯宾塞提出了"什么知识最有价值"这一经典课程论命题。他明确要求必须教给学生有价值的知识。此外,他主张运用实证的方法来研究知识的价值,强调实用学科的重要性。

25. C 【解析】A项出自《学记》的开篇,体现的是教育的目的;B项出自《学记》,体现的是长善救失原则;C项出自《荀子·劝学》,体现的是环境对个体身心发展的影响;D项出自《学记》,体现的是启发诱导原则。故本题选C项。

专题三　教育与社会发展

一、单项选择题

答案速查

1~5	CCDAB	6~10	CBACA
11~16	ADABAD		

1. C 【解析】题干中的这些学校开设的校本课程能够传递和保存传统文化,体现了学校教育对文化的传承功能。

2. C 【解析】生产力发展水平制约着学校的专业设置。随着科技发展和社会进步,社会结构不断调整变化,社会所需的专业人才也在变动,学校作为培养人才的场所,其专业设置必须依据社会需求进行调整,即学校的专业设置受制于社会生产力发展状况。

3. D 【解析】社会必须根据生产力发展水平以及在此基础上形成的经济结构,采取与之相适应的教育结构,生产出一定数量和质量的人才,才能满足生产力发展的需要。故生产力发展水平制约着教育结构的变化。

4. A 【解析】三孩政策的放开,有利于人口数量的增长,进而影响到教师数量的增长。这体现了人口数量和增长速度对教育发展的制约作用。

5. B 【解析】社会政治经济制度决定着教育内容的取舍。不同政治经济制度的社会具有不同的政治方向、思想意识和主流文化,并且不同的政治经济制度要求培养具有不同政治立场和思想意识的人,这自然要求传递不同的教育内容,特别是思想道德方面的内容。秦始皇焚书坑儒,汉武帝独尊儒术体现了政治经济制度决定教育内容的取舍。

6. C 【解析】教育具有经济功能。教育对经济发展的作用,不是表现为直接创造物质财富,而是表现为为经济活动再生产劳动力和再生产科学知识。教育再生产科学知识的一个重要表现,即教育可以高效能地扩大科学知识的再生产,使原来为少数人所掌握的科学知识在较短的时间内为更多的人所掌握,从而提高劳动生产效率,促进生产力的发展。故题干所述表明教育可以高效能地再生产科学知识,体现了教育的经济功能。

7. B 【解析】教育促进民主化进程,一个国家的民主程度直接取决于一个国家的政体,但又间接取决于这个国家人民的文化程度和教育事业发展的程度,一个国家普及教育的程度越高,人的知识越丰富,就越能增强人民的权利意识,认识民主的价值,推崇民主的政策,推动政治的改革和进步。题干中,列宁认为只有先教文盲识字,才能有政治,体现的正是教育促进民主化的功能。

8. A 【解析】唐朝的"六学二馆"在入学方面针对不同阶级的人群有不同的规定,这很鲜明地反映了社会政治经济制度对受教育权的影响。

9. C 【解析】一个国家的民主程度直接取决于一个国家的政体，但又间接取决于这个国家人民的文化程度和教育事业发展的程度。一个国家普及教育的程度越高，人的知识越丰富，就越能增强人民的权利意识，认识民主的价值，推崇民主的政策，推动政治的改革和进步。教育通过增强公民的民主意识可以促进民主化进程，这体现的是教育的政治功能。

10. A 【解析】依据题干所述可知，蒸汽时代、电力时代和自动化时代处于不同的社会发展阶段，每个时代的生产力发展水平不同，因此对教育和人才的要求也不相同，这体现了生产力发展水平对教育的影响，说明生产力发展制约人才培养的规格。本题选 A。

11. A 【解析】题干中的引言通常用以教育人既要致力于读书，又要关心政治。二者要紧密结合，做到学以致用。这体现的是教育对政治的影响，即教育的政治功能。

12. D 【解析】20 世纪 60 年代，以美国舒尔茨为代表的西方经济学家，提出了人力资本理论。倡导该理论的学者尤其重视教育投资的作用，认为教育不但是一种消费活动，也是一种投资活动。教育投资是人力资本的核心，是一种可以带来丰厚利润的生产性投资。

13. A 【解析】生产力的发展促进了科学技术的发展与更新，从而也要求教育内容不断调整与更新。题干的描述体现了生产力的发展水平促使教育的内容不断更新。

14. B 【解析】教育通过传播文化，使不同国家和民族的文化相互交流、交融，促进文化的优化和发展。题干所述体现了教育具有传播和交流文化的作用。

15. A 【解析】教育的人口功能之一是有助于人口迁移。教育对人口迁移的影响主要表现为：(1)受过教育的人口更容易做远距离迁移；(2)文化教育发达的城市和地区对人口迁移更有吸引力；(3)教育本身就在实现着人口的迁移。北京优质的教育资源吸引了大批周边城市的人群，体现了教育对人口迁移的影响。故本题选 A 项。

16. D 【解析】教育通过传播文化，使不同国家和民族的文化相互交流、交融，促进文化的优化和发展。来中国学习的留学生把中国文化带回自己的祖国，反映了教育具有文化传播功能。

二、辨析题(参考答案)

1. 社会可以制约教育的发展，而教育无法影响社会的发展。

(1)这种说法是不正确的。(2)教育一方面会受社会政治经济制度、生产力水平、人口、文化等因素的制约，另一方面教育在一定程度上也会影响社会的政治经济制度、生产力水平、人口、文化等方面，从而促进社会或者阻碍社会发展。由此可见，社会可以制约教育的发展，而教育也会影响社会的发展。故题干说法错误。

2. 教育可以改变政治经济制度发展的方向。

(1)这种说法是不正确的。(2)教育对社会政治经济制度起着巨大的影响作用，但它不起决定作用。社会政治经济制度发展的根本动力是生产力与生产关系的矛盾运动，教育在这种矛盾运动中只起加速或延缓作用，而不起决定作用。因此，教育不能改变政治经济制度发展的方向，题干说法错误。

三、简答题(参考答案)

1. 简述文化对教育的影响。

(1)文化对教育具有价值定向作用；(2)文化发展促进学校课程的发展；(3)文化影响教育目的的确立；(4)文化影响教育内容的选择；(5)文化影响着教育教学方法的使用。

2. 简述教育再生产劳动力的具体体现。

(1)教育使潜在的生产力转化为现实的生产力；(2)教育可以提高劳动力的质量和素质，使之获得一定劳动部门认可的技能和技巧，成为发达的和专门的劳动力；(3)教育可以改变劳动力的形态，把一个简单劳动力训练成一个复杂劳动力，把一个体力劳动者培养成一个脑力劳动者；(4)教育可以使劳动力得到全面发展，提高劳动转换能力，摆脱现代分工对每个人造成的片面性。

3. 简述教育的人口功能。

(1)减少人口数量，控制人口增长；(2)改善人口素质，提高人口质量；(3)使人口结构趋向合理化；(4)有助于人口迁移。

4. 简述社会政治经济制度对教育发展的影响和制约。

(1)社会政治经济制度决定教育的领导权；(2)社会政治经济制度决定受教育权；(3)社会政治经济制度决定教育目的；(4)社会政治经济制度决定教育内容的取舍；(5)社会政治经济制度决定教育体制；(6)社会政治经济制度制约教育的改革与发展；(7)教育相对独立于社会政治经济制度。

专题四　教育与人的发展

一、单项选择题

答案速查

1～5	BCCDD	6～10	BBCCB
11～15	CCCDC	16～20	DACDB
21～25	DCBDA	26～28	CDC

1. B 【解析】题干所述比喻环境变了，事物的性质

也变了。强调的是环境对人发展的影响。

2. C 【解析】个体身心发展的顺序性是指个体身心发展是一个由低级到高级、由简单到复杂、由量变到质变的连续不断的发展过程。人的发展的顺序性是客观的、不以人的意志为转移的。教育工作要遵循这种顺序性,循序渐进地促进人的发展。

3. C 【解析】内发论强调内在因素,如"需要""成熟",强调人的身心发展的力量主要源于人自身的内在需要,身心发展的顺序也是由身心成熟机制决定的。即在人的身心发展过程中起决定作用的是遗传素质。题干中霍尔的话是典型的内发论观点。

4. D 【解析】个体主观能动性是指人的主观意识和活动对于客观世界的积极作用,包括能动地认识客观世界和改造客观世界,并统一于人们的社会实践活动中。每个学生学习的需要和动机不同,对教学的态度和行为也各式各样,这反映了个体主观能动性因素对学生身心发展的影响。

5. D 【解析】环境决定论(外铄论)认为人的发展主要依靠外在的力量,诸如环境的刺激和要求、他人的影响和学校的教育等。题干中的观点表明,教师教育学生的过程就是园丁修剪花朵的过程,突出强调了教育的作用,这种观点属于环境决定论。

6. B 【解析】人的身心发展的顺序性是指人的身心发展是一个由低级到高级、由简单到复杂、由量变到质变的连续不断的发展过程。例如,个体身体的发展遵循着从上到下、从中间到四肢(从中心向周围发展)、从骨骼到肌肉的顺序发展。所以题干所述说明了人的身心发展具有顺序性。

7. B 【解析】格塞尔通过双生子爬梯实验证明了他的"成熟势力说",他认为成熟机制对人的发展有关键影响。

8. C 【解析】遗传素质是人的身心发展的物质前提,为人的发展提供了可能性。

9. C 【解析】根据题干的描述可知,董仲舒认为"圣人"和"斗筲"的品性是先天就有的,无法通过后天教育改变,这种观点夸大了遗传的作用,属于遗传决定论。

10. B 【解析】环境对人的发展的影响要通过个体的主观努力和社会实践活动才能实现。主观能动性是外部影响转化为内部发展要素的根据。根据题干的描述可知,人在发展的过程中不是消极被动地接受环境的影响的过程,而是积极主动的实践过程。

11. C 【解析】个体身心发展的个别差异性,是指个体之间的身心发展以及个体身心发展的不同方面之间,存在着发展程度和速度的不同。根据个体身心发展的个别差异性规律,教育要因材施教。

12. C 【解析】遗传素质仅为人的发展提供物质前提,而不能决定人的发展。方仲永小时聪颖异常却由于缺乏足够的教育最终"泯然众人矣"正体现了这一点。

13. C 【解析】辐合论,也称为二因素论。这种观点肯定先天遗传因素和后天环境对儿童发展的重要作用,而且二者的作用各不相同,且不能相互替代。

14. D 【解析】教育的个体个性化发展功能主要体现在三个方面,即教育能促进人的主体意识、个性差异的发展以及人的个体价值的实现。D 项属于教育的个体社会化功能的主要体现。

15. C 【解析】高尔顿主张个体的发展及其个性品质早在基因中就决定了,创立了优生学;霍尔提出了"复演说";格塞尔强调成熟机制对人的发展的决定作用。这三者都是遗传决定论的代表人物,都强调遗传的决定作用。墨子的素丝说强调的是环境的决定作用,属于环境决定论。故 C 选项不属于遗传决定论。

16. D 【解析】个体的主观能动性是人的身心发展的内在动力,也是促进个体发展从潜在的可能状态转向现实状态的决定性因素。同一课堂中,学生学习的积极性不同,产生的结果也就不同,这体现了个体主观能动性对人的发展的作用。

17. A 【解析】美国当代生物社会学家威尔逊把"基因复制"看作是决定人的一切行为的本质力量。

18. C 【解析】人的某种身心潜能在人的某一年龄段有一个最好的发展时期,即关键期(也叫最佳期、敏感期)。在这一时期内,对个体某一方面进行训练可以获得最佳成效,并能充分发挥个体在这一方面的潜力。错过了关键期,训练的效果就会降低,甚至永远无法补偿。个体身心发展的不平衡性要求教师在教育过程中要把握施教的关键期或最佳期,视时而教、及时施教。

19. D 【解析】个体身心发展的个别差异性的表现之一为不同个体同一方面的发展速度和水平不同,如有些人"少年得志",有些人则"大器晚成"。故题干所述是个体身心发展个别差异性的体现。

20. B 【解析】遗传素质存在着个别差异,表现在高级神经活动类型、感觉器官的结构和机能方面。这些差异是个性形成的生理基础,是人的个性差异的最初原因。天赋异禀和智力有缺陷的儿童在生理基础上存在一定差异,受其影响,这两类儿童在教育的难易程度、学习和发展的速度上就会存在差异,故题干说明遗传素质的差异是造成个体间个别差异的原因之一。

21. D 【解析】个体主观能动性由三个层次构成,第一层次是人作为生命体进行的生理活动,第二层次是个体的心理活动,第三层次也即最高层次是社会实践活动。

22. C 【解析】个体身心发展的阶段性规律决定了教育工作必须根据不同年龄阶段的学生的特点分阶段进行。如果不顾学生的年龄特征和接受能力,在教育工作中搞“一刀切”“一锅煮”“齐步走”,把对儿童和青少年的教育“成人化”,就违反了个体身心发展的阶段性规律。题干所述显然违背了这一规律。

23. B 【解析】个体身心发展的不平衡性(不均衡性)一方面是指身心发展的同一方面的发展速度,在不同的年龄阶段是不平衡的;另一方面是个体身心发展的不同方面发展速度也不相同。题干中的王阳明5岁时不能开口说话,却能默背众多藏书,这说明他在语言方面发展比较晚,而在记忆方面发展较早,即体现了个体身心发展在发展的不同方面具有不均衡性。

24. D 【解析】个体身心发展的个别差异性表现在不同个体不同方面的发展存在着差异。题干表述说明不同个体在记忆力、感知力、语言表达能力、写作能力等方面的发展存在差异,即人的发展具有个别差异性。

25. A 【解析】个体身心发展的顺序性是指人的身心发展是一个由低级到高级、由简单到复杂、由量变到质变的连续不断的发展过程。“返老还童”明显违背了个体身心发展的顺序性。

26. C 【解析】个体的主观能动性是人的身心发展的内在动力,也是促进个体发展从潜在的可能状态转向现实状态的决定性因素。“同流而不合污”“出淤泥而不染”“威武不能屈”这些句子都表现出人的主观能动性在个体发展中的作用。

27. D 【解析】个别差异性表现在不同个体所具有的不同个性心理倾向上,比如同一年龄的儿童具有不同的兴趣、爱好和性格等。苏霍姆林斯基创立大量不同的兴趣小组以供学生选择,这体现了教育必须适应人的身心发展的个别差异性规律。

28. C 【解析】外铄论(环境决定论)认为人的发展主要依靠外在的力量,该理论的代表人物有荀子、洛克、华生等。内发论(遗传决定论)的代表人物有孟子、弗洛伊德、威尔逊、高尔顿、格塞尔、霍尔等。

二、辨析题(参考答案)

只要教育得法,人人都可以成为歌唱家、科学家、诗人。

(1)这种说法是不正确的。(2)学校教育在人的身心发展中起主导作用。但教育也不是万能的,学校教育的主导作用和促进作用的实现是相对的,有条件的。低估遗传、环境的影响和作用而片面夸大教育的作用是不正确的。个体身心发展是遗传、环境、教育(学校教育)和个体主观能动性等多种因素综合作用的结果。故题干说法错误。

三、简答题(参考答案)

1. 简述个体身心发展的个别差异性的具体表现。

(1)个别差异性表现在不同个体同一方面的发展速度和水平不同。

(2)个别差异性表现在不同个体不同方面的发展存在着差异。

(3)个别差异性还表现在不同个体所具有的不同个性心理倾向上。

(4)个别差异性也表现在群体间。

2. 简述学校教育在人的身心发展中起主导作用的表现。

(1)学校教育对个体发展做出社会性规范;(2)学校教育具有开发个体特殊才能和发展个性的功能;(3)学校教育对个体发展的影响具有即时和延时的价值;(4)学校教育具有加速个体发展的特殊功能。

专题五　教育目的

一、单项选择题

答案速查

1 ~ 5	ABCDB	6 ~ 10	CAADA
11 ~ 15	BACCB	16 ~ 20	ABAAC

1. A 【解析】教育目的的制定受制于特定的社会政治、经济、文化背景。从美国和苏联这两个政治制度不同的国家的教育目的的表述中,我们可以看到不同的社会政治、经济、文化等因素对教育目的的制约。

2. B 【解析】马克思阐述了关于人的全面发展学说,这一学说是我国确立教育目的的理论依据和基础。

3. C 【解析】教育目的即指教育要达到的预期结果,是根据一定社会发展和受教育者自身发展需要及规律,对受教育者提出的总的要求,规定了把受教育者培养成什么样的人,是培养人的质量规格标准,同时也反映了教育在人的努力方向和社会倾向性等方面的要求。由此可见,教育目的所要回答的根本问题是“教育要培养什么样的人”。

4. D 【解析】教育目的是由国家提出来的,其决策要经过一定的组织程序,一般体现在国家的教育文本和教育法令中。培养目标是根据国家的教育目的制定的某一级或某一类学校、某一专业对人才培养的具体要求,是国家教育目的在不同教育阶段、不同级别的学校、不同专业方向的具体化。教育目的与培养目标不能等同,两者是普遍与特殊的关系。A、B、C项说法均错误。

5. B 【解析】社会本位论认为,确立教育目的的根据是社会的要求,个人的发展必须服从社会需要,因为个人生活在社会中,受制于社会环境。教育以社会的稳定和发展为最高宗旨。

6. C 【解析】美育又称审美教育,是运用艺术美、自然美和社会生活美培养学生健康的审美观,发展他们感受美、鉴赏美、创造美的能力,培养他们高尚的情操与文明素养的教育。培养学生创造美的能力是美育的最高层次的任务。

7. A 【解析】马克思阐述了关于人的全面发展学说,这一学说是我国确立教育目的的理论依据和基础。其主要内容之一是,旧式分工造成了人的片面发展。马克思认为社会分工是导致人片面发展的根本原因。

8. A 【解析】个人本位论认为确立教育目的的根据是人的本性,教育的目的是培养健全发展的人,发展人的本性,挖掘人的潜能,增进受教育者的个人价值,个人价值高于社会价值,而不是为某个社会集团或阶级服务。题干中的话是个人本位论者马利坦的观点。

9. D 【解析】教育目的包括三个层次:国家的教育目的、各级各类学校的培养目标和教师的教学目标。其中,教学目标是教育目的和培养目标在教学活动中的进一步具体化。

10. A 【解析】我国的教育目的较好地体现了个人本位和社会本位的历史的、具体的统一。这表现在两方面:(1)我们培养的人是德智体美全面发展的人,体现了对个人价值的尊重;(2)我们培养的人又是社会主义的建设者和接班人,体现了社会对人的要求。

11. B 【解析】题干中海伦·凯勒的话致力于让学生善于发现美,体现了美育的重要性。

12. A 【解析】智育是传授给学生系统的科学文化知识、技能,发展他们的智力和与学习有关的非认知因素的教育。智育的根本任务是培育或发展学生的智慧,尤其是智力。

13. C 【解析】体育是实施各育的物质保证。德育对其他各育起着保证方向和保持动力的作用,它体现了社会主义教育的方向,是“五育”的灵魂;智育则为其他各育的实施提供了认识基础;美育和劳动技术教育是德育、智育、体育的具体运用和实施。

14. C 【解析】题干所述体现了教育的目的是为社会培养合格的成员和公民,使受教育者社会化。这属于社会本位的教育目的观。

15. B 【解析】社会本位的教育目的论重视教育的社会价值,教育的目的是为社会培养合格的成员和公民,使受教育者社会化,社会价值高于个人价值,教育质量和效果可以用社会发展的各种指标来评价。社会本位论以凯兴斯泰纳为代表人物之一。因此,B项符合题意。

16. A 【解析】劳动技术教育是引导学生掌握劳动技术知识和技能,形成劳动观点和习惯的教育。题干描述的是劳动技术教育的内涵。

17. B 【解析】个人本位论的代表人物有孟子、卢梭、裴斯泰洛齐、福禄贝尔、马利坦、赫钦斯、奈勒、马斯洛、萨特等。

18. A 【解析】在全面发展教育中,德育对其他各育起着保证方向和保持动力的作用,它体现了社会主义教育的方向,是“五育”的灵魂;智育为其他各育的实施提供了认识基础;体育则是实施各育的物质保证;美育和劳动技术教育是德育、智育、体育的具体运用和实施。故选A项。

19. A 【解析】个人本位论认为教育的根本目的是人的本性和本能的高度发展。马斯洛的需要层次理论强调发展人的潜能,罗杰斯的非指导性教学强调以学生为本,让学生自发地学习,他们的理论都符合个人本位论的观点。

20. C 【解析】教育目的指教育要达到的预期结果,是根据一定社会发展和受教育者自身发展需要及规律,对受教育者提出的总的要求。它规定了把受教育者培养成什么样的人,是培养人的质量规格标准,同时也反映了教育在人的努力方向和社会倾向性等方面的要求。

二、辨析题(参考答案)

1. 教育目的的“社会本位论”忽视了受教育者个人的发展,因此,我们应当坚持教育目的的“个人本位论”。

(1)这种说法是不正确的。(2)从理论上讲,个人本位论和社会本位论具有同等的合理性与同等的局限性。教育目的中个人价值与社会价值的权衡与选择,要受具体的社会历史条件的制约,是随社会历史条件的变化而有所变化与侧重的。社会需要与个人发展是辩证统一的,教育目的必须体现这种辩证统一的关系。单纯从社会出发或单纯从个人出发的教育目的价值取向都是不正确的。

2. 教育目的是国家制定的,与教师平时的教学没有直接的联系。

(1)这种说法是不正确的。(2)教育目的是国家制定的,和教师的教学有着一定的联系。教学目标与教育目的、培养目标之间是具体与抽象的关系。教育目的是最高层次的概念,教学目标要依据教育目的制定。教育目的是制定教学目标的依据,教学目标日积月累地得以实践,才会实现教育目的。

3. 教育方针是评价教育效果的根本依据。

(1)这种说法是不正确的。(2)教育方针是国家或政党在一定历史阶段提出的有关教育工作的总方向和总指针,是教育基本政策的总概括,是教育目的的政策性表达,在一定时期内具有必须贯彻的强制性。教育目的是整个教育工作的核心,是教育活动的依据和评判标准、出发点和归宿,在教育活动中居于主导地位。同时它也是全部教育活动的主题和灵魂,是教育的最高理想。它贯穿教育活动的全过程,对一切教育活动都有指导意义,也是确定教育内容、选择教育方法和评价教育效果的根本依据。因此,教育目的是评价教育效果的根本依据,题干的说法是不正确的。

4. 全面发展教育的组成部分包括德、智、体、美、劳。

其中，体育是“五育”的基础。

(1)这种说法是不正确的。(2)一般认为，我国现在中小学的全面发展教育主要包括德育、智育、体育、美育、劳动技术教育。其中，德育对其他各育起着保证方向和保持动力的作用，它体现了社会主义教育的方向，是“五育”的灵魂；智育则为其他各育的实施提供了认识基础；体育则是实施各育的物质保证；美育和劳动技术教育是德育、智育、体育的具体运用和实施。故题干说法是不正确的。

三、简答题(参考答案)

1. 简述确立教育目的的依据。

(1)社会政治、经济、文化因素；(2)人的身心发展特点和需要；(3)制定者的教育理想和价值观。

2. 智育的任务有哪些？

(1)向学生系统传授科学文化知识，为学生各方面发展奠定良好的知识基础；(2)培养训练学生，使其形成基本技能；(3)培养和发展学生的智力才能，增强学生各个方面能力；(4)培养学生良好的学习品质和热爱科学的精神。

3. 简述德育的基本任务。

(1)培养学生良好的道德品质；(2)培养学生正确的政治方向；(3)培养学生正确的价值观；(4)培养学生良好、健康的心理品质；(5)培养学生良好的思想品德能力等。

四、材料分析题(参考答案)

(1)这所学校的做法明显不符合我国的教育方针。我国当前的教育方针是：“坚持教育为社会主义现代化建设服务，为人民服务，与生产劳动和社会实践相结合，培养德智体美全面发展的社会主义建设者和接班人。”

(2)材料中的学校把分数作为评价学生和教师的唯一标准或全部依据，学校不开设体育、音乐、美术课，几乎所有时间都用来上语文、数学课。这些做法都体现了该学校只是注重对学生智育的培养，忽视了学生德育、美育、体育等方面的发展，有违教育方针中全面发展的要求，这样培养出来的学生是有缺陷的，如案例中提到的“体质普遍下降、近视率增高”“不知五线谱为何物”“没有学习的兴趣和信心，更谈不上有什么业余爱好”就是这种应试教育的产物。这是我们应该极力反对的教育。

专题六　教育制度

一、单项选择题

答案速查

1～5	CBDCD	6～12	AAAAACC

1. C 【解析】壬子癸丑学制，又称1912～1913年学制，该学制明显反映了资产阶级在学制方面的要求，明令废除在受教育权方面的性别和职业限制，在法律上体现了教育机会均等；第一次规定了男女同校，废除读经，充实了自然科学的内容，将学堂改为学校。

2. B 【解析】“壬寅学制”以日本学制为蓝本，由清政府当时的管学大臣张百熙起草，是中国近代教育史上最早由国家正式颁布的学制系统，虽然正式公布，但并未实行。

3. D 【解析】从层次结构上来看，我国现行学校教育包括学前教育、初等教育、中等教育和高等教育四个层次；从类型结构上来看，我国现行学校教育可划分为基础教育、职业技术教育、高等教育、成人教育和特殊教育五个大类。

4. C 【解析】壬戌学制以美国学制为蓝本，采用美国式的六三三分段法，即小学六年、初中三年、高中三年，又称“新学制”或“六三三学制”。

5. D 【解析】双轨学制以英国的双轨学制为典型代表。这种学制是古代等级特权在学制发展过程中遗留的结果。它的学校系统分为两轨：一轨是学术教育，为特权阶层子女所占有，学术性很强，学生可升到大学以上；另一轨是职业教育，为劳动人民的子弟所开设，属生产性的一轨。这两轨既不相通，也不相接，最初甚至也不对应。

6. A 【解析】“癸卯学制”是中国近代教育史上第一部由国家颁布并在全国实行的学制系统。该学制明文规定教育目的是“忠君、尊孔、尚公、尚武、尚实”，指导思想是“中学为体，西学为用”。因此，A项正确。“壬寅学制”是中国近代教育史上最早由国家正式颁布的学制系统，虽然正式公布，但并未实施。“壬子癸丑学制”是我国教育史上第一个具有资本主义性质的学制。“壬戌学制”明确以学龄儿童和青少年身心发展规律作为划分学校教育阶段的依据，这在我国现代学制史上是第一次。

7. A 【解析】1904年初，清政府颁布了《奏定学堂章程》，亦称“癸卯学制”。这个学制的指导思想是“中学为体，西学为用”，其宗旨是：“无论何等学堂，均以忠孝为本，以中国经史之学为基。俾学生心术壹归于纯正，而后以西学瀹其智识、练其艺能，务期他日成材，各适实用，以仰副国家造就通才、慎防流弊之意。”故题干所述为癸卯学制。

8. A 【解析】单轨制最早产生于美国，这种学制开创了从小学直至大学、形式上任何儿童都可以入学的形式。单轨学制后来被世界许多国家采用，是因为它有利于教育的逐级普及，有利于现代生产和现代科技的发展。

9. A 【解析】教育制度有狭义、广义之分，狭义的教育制度指学校教育制度，简称学制，是一个国家各级各类学校的总体系，具体规定各级各类学校的性质、任务、要求、入学条件、修业年限及它们之间的相互关系。题干所述内容体现了学校教育制度的内涵。

10. A 【解析】从类型结构上来看，我国现行学校教育可划分为基础教育、职业技术教育、高等教育、成人教育和特殊教育五个大类。

11. C 【解析】义务教育具有强制性(义务性)、普及性(普遍性、统一性)、免费性(公益性)、公共性(国民性)和基础性。其中,义务教育的普及性是义务教育的基本性质。

12. C 【解析】"允许智力超常的学生跳级、设立特殊学校与特殊班"是依据个体身心发展的个别差异性而进行的因材施教,说明学制的制定受人的身心发展规律的影响。

二、辨析题(参考答案)

义务教育是为高一级学校输送优质生源的教育。

(1)这个说法是不正确的。(2)义务教育是根据法律规定,适龄儿童和青少年都必须接受的,国家、社会、家庭必须予以保证的国民教育。其实质是国家依照法律的规定对适龄儿童和青少年实施的一定年限的强迫教育的制度。义务教育又称强迫教育或免费义务教育,具有普及性、基础性等特点,其目的是为提高民族素质、培养"四有"社会主义人才奠定基础,并非是给高一级学校输送优质生源。题干对义务教育的理解是不正确的。

三、简答题(参考答案)

简述当代发达国家学校教育制度改革的主要趋势。

(1)义务教育年限的延长;(2)普通教育与职业教育的综合化;(3)高等教育的大众化;(4)终身教育体系的建构。

专题七　常用的教育研究方法

单项选择题

答案速查

1~5	DBBCC	6~10	BBAAD

1. D 【解析】行动研究法的基本过程大致分为循序渐进的四个环节,即计划、行动、考察和反思。反思是最后一个环节。

2. B 【解析】教育研究的基本过程包括:(1)选择研究课题;(2)教育文献检索与综述;(3)制订研究计划;(4)教育研究资料的收集、整理与分析;(5)教育研究论文与报告的撰写。确定所要研究的课题是进行教育研究活动的第一个步骤。

3. B 【解析】实验研究法是根据研究目的,运用一定的人为手段,主动干预或控制研究对象的发生、发展过程,通过观察、测量、比较等方式探索、验证所研究现象因果关系的研究方法。题干中教师对两个班级实施干预,一个班级采用讲授法,另一个班级采用讨论法,并使两班学生在智力、学业基础等方面尽量保持均衡,最后测量成绩差异,以此来探索讲授法与实验法的教学效果,这种教育研究方法就是教育实验法。

4. C 【解析】实验研究的目的是发现事物间的因果关系,是各类研究中唯一能确定因果关系的研究。

5. C 【解析】在教育调查研究中,常用的调查方法有查阅资料、问卷法、开调查会、访谈法和调查表法,其中最基本、使用最广泛的方法是问卷调查。

6. B 【解析】行动研究法是指实际工作者(如教师)基于解决实际问题的需要,与专家、学者及本单位的成员共同合作,将实际问题作为研究的主题,进行系统的研究,以解决实际问题的一种研究方法。李老师以教学中发现的实际问题为研究对象,制定并实施了解决计划,将研究结果应用到课堂中以解决教学问题。故选 B 项。

7. B 【解析】观察研究法是指人们有目的、有计划地通过感官和辅助仪器,对处于自然状态下的客观事物进行系统考察,从而获取经验事实的一种科学研究方法。

8. A 【解析】根据观察时是否借助仪器设备,观察可分为直接观察与间接观察。

9. A 【解析】调查研究法是在教育理论指导下,通过运用观察、列表、问卷、访谈、个案研究及测验等方式,收集教育问题的资料,从而对教育的现状做出科学分析,并提出具体工作建议的一整套实践活动。

10. D 【解析】叙事研究是抓住人类经验的故事性特征进行研究并用故事的形式呈现研究结果的一种研究方式。它所关注的是在一定的场景和实践中所发生的故事,以及主人公是如何思考、筹划、应对、感受、理解这些故事的。即教育主体叙述教育教学中的真实情境的过程,是通过讲述教育故事,体悟教育真谛的一种研究方法。题干中,李老师通过记录自己的教育教学过程和事例,对自己的教学实践进行反思和改进的方法属于叙事研究法。

第二章　中学课程

核心知识提要

①分科课程　②地方课程　③校本课程(学校课程)　④隐性课程　⑤课程标准　⑥教材　⑦螺旋式　⑧纵向组织　⑨心理顺序　⑩儿童发展　⑪课程结构　⑫发展性　⑬三级

经典真题回顾

一、单项选择题

答案速查

1~5	ACBDC	6~8	BBB

1. A 【解析】本题考查课程类型。学科课程,是指以文化知识(科学、道德、艺术)为基础,按照一定的价值标准,从不同的知识领域或学术领域选择一定的内容,根据知识的逻辑体系,将所选出的知识组织为学科的课程类型。题干中的“六艺”“七艺”以及物理、化学等课程属于学科课程。

2. C 【解析】本题考查教育史上第一部课程论专著。一般认为,美国学者博比特在 1918 年出版的《课程》一书,标志着课程作为专门研究领域的诞生,这也是教育史上第一本课程理论专著。

3. B 【解析】本题考查课程理论及其代表人物。活动中心课程理论又称学生中心课程理论、儿童中心课程理论,主要倡导者是美国实用主义教育家杜威。活动中心课程理论具有实用性、综合性、实践性等特点,是以儿童的现实生活特别是活动为中心来编制课程的理论。

4. D 【解析】本题考查我国中学的课程管理体制。2001 年颁布的《基础教育课程改革纲要(试行)》明确规定实行国家、地方和学校三级课程管理体制。这样做是为了改变我国原有课程管理过于集中的状况,通过确立地方和学校参与课程改革的权力主体地位,完善课程管理体系,进一步增加课程对地方、学校及学生的适应性。故本题选 D。

5. C 【解析】本题考查课程类型。学校课程即校本课程,是学校在确保国家课程和地方课程有效实施的前提下,针对学生的兴趣和需要,结合学校的传统和优势以及办学理念,充分利用学校和社区的课程资源,自主开发或选用的课程。题干中的“侗族织锦课程”是侗寨中学组织的,所以是校本课程。

6. B 【解析】本题考查课程内容的组织形式。螺旋式是指在不同阶段、单元或不同课程门类中,使课程内容重复出现,逐渐扩大知识面,加深知识难度,使之呈现“螺旋式上升”的形状。依照螺旋排列式设计的课程在学习的深度和广度上是不同的。题干中的学生在小学和中学阶段所学数学知识的深度不同,这种课程内容的组织形式属于螺旋式。

7. B 【解析】本题考查课程的文本形式。课程的文本形式是指课程的书面表现形式,从宏观到微观,依次包括课程计划、课程标准、教材(教科书)。

8. B 【解析】本题考查基础教育课程改革的内容。我国新课改规定小学阶段以综合课程为主,初中阶段设置分科与综合相结合的课程,高中阶段以分科课程为主。

二、辨析题(参考答案)

教材编写的直接依据是课程计划。

(1)这种说法是错误的。(2)教材是根据学科课程标准系统阐述学科内容的教学用书,它是知识授受活动的主要信息媒介,是课程标准的进一步展开和具体化。课程标准是指在一定课程理论指导下,依据培养目标和课程方案,以纲要形式编制的关于课程的性质与价值、目标与内容、教学实施建议以及课程资源开发等方面的指导性文件。课程标准是编写教科书和教师进行教学的直接依据,也是衡量各科教学质量的重要标准。因此题干的说法是错误的。

三、简答题(参考答案)

1. 简述综合实践活动的主要领域。

综合实践活动课是基于学生直接经验,密切联系学生自身生活和社会生活,体现对知识的综合运用的课程形态。其主要领域包括:(1)信息技术教育;(2)研究性学习;(3)社区服务与社会实践;(4)劳动与技术教育。

2. 简述教材编写的基本要求。

(1)科学性与思想性相统一;(2)强调内容的基础性与适用性;(3)知识的内在逻辑与教学法要求的统一;(4)理论与实践统一;(5)教科书的编排形式要有利于学生的学习;(6)注意与其他学科的纵向和横向联系。

过关必刷题库

专题一　课程与课程理论

单项选择题

答案速查

1 ~ 5	CADDB	6 ~ 9	ADBC

1. C 【解析】以赫钦斯为代表的永恒主义课程理论认为课程涉及的第一个根本问题就是:为了实现教育目的,什么知识最有价值或如何选择学科。永恒主义的回答是:具有理智训练价值的传统的“永恒学科”的价值高于实用学科的价值。“永恒学科”是课程的核心。题干强调“中小学课程是不变的学问”“学习者要学习广泛流传的经典著作”,这体现了永恒主义课程理论的观点。

2. A 【解析】“课程”一词在我国始见于唐宋期间。唐朝孔颖达在《五经正义》里为《诗经·小雅·巧言》中“奕奕寝庙,君子作之”一句注疏:“维护课程,必君子监之,乃依法制也。”这是“课程”一词在汉语文献中的最早显露。

3. D 【解析】结构主义课程理论强调学科基本结构的学习要与学生的认识发展水平相一致,在编制学科课程时,要依据学习者的思维发展水平,采用螺旋上升的方式编制课程。题干所述是结构主义课程理论的观点。

4. D 【解析】多尔在分析和批判泰勒模式的基础上,把他设想的后现代课程标准概括为“4R”,即丰富性(richness)、循环性(recursion)、关联性(relations)和严密性(rigor)。其中,严密性是

"4R"中最重要的。

5. B 【解析】活动中心课程理论又称学生中心课程理论、儿童中心课程理论,是以儿童的现实生活特别是活动为中心来编制课程的理论。该理论的主要倡导者是美国实用主义教育家杜威,他认为,教育应以儿童实际经验为起点,从做中学。一切学习都要通过"做",由"做"而得到的知识才是真正的知识。题干描述的是活动课程理论的教育主张。

6. A 【解析】目前,在国内"课程即知识"这种课程观仍然最具代表性和广泛性。在我国中小学普遍实行的学科课程及相应的理论,就是这种观点的表现。

7. D 【解析】广义的课程是指学校为实现培养目标而选择的教育内容及其进程的总和,它包括学校所教的各门学科和有目的、有计划的教育活动。狭义的课程是指某一门学科,故选 D 项。

8. B 【解析】宋朝朱熹在《朱子全书·论学》中多次提及课程,如"宽着期限,紧着课程",这里的课程已含有学习范围、进程、计划的程序之义,与我们现在许多人对课程的理解有相似之处。

9. C 【解析】社会中心课程理论亦称社会改造主义课程理论,该理论认为应该把课程重点放在当代社会的问题、社会的主要功能、学生关心的社会现象以及社会改造与社会活动计划等方面。题干所述内容体现了社会改造主义课程理论的观点。

专题二　课程类型

一、单项选择题

答案速查

1~5	BCDCA	6~10	BAABC
11~15	BBCCA		

1. B 【解析】选修课程是为发展学生的兴趣、爱好和个性特长而开设的课程。它是考虑到学生的差异而设计的,具有选择性、多样性的特点。题干所述为"选修课程"的概念。

2. C 【解析】地方课程是省级教育行政部门以国家课程为基础,依据当地的政治、经济、文化、民族等发展的需要而开发设计的课程。

3. D 【解析】活动课程亦称经验课程,是指围绕着学生的需要和兴趣、以活动为组织方式的课程形态,即以学生的主体性活动经验为中心组织的课程。学生的兴趣、动机、经验是经验课程的基本内容,其主导价值在于使学生获得关于现实世界的直接经验和真切体验。题干所述符合活动课程的内涵。

4. C 【解析】以课程存在状态为依据,课程可分为显性课程与隐性课程。本题选 C。从课程管理层次来分,课程可分为国家课程、地方课程与校本(学校)课程。根据课程实施的要求进行分类,课程可分为必修课程与选修课程。从课程性质来划分,课程可分为分科课程、综合课程和活动课程。

5. A 【解析】从课程存在状态来划分,课程分为显性课程与隐性课程。显性课程亦称公开课程,是指在学校情境中以直接的、明显的方式呈现的课程。隐性课程亦称潜在课程、自发课程,是指在学校情境中以间接的、内隐的方式呈现的课程。校徽作为学校文化的一部分,是以潜移默化的形式影响学生的,故包括"校徽"这类教育内容的课程是以间接的、内隐的方式呈现的课程,属于隐性课程。

6. B 【解析】地方课程是一种为突出地方特色与地方文化,满足地方发展需要而设置的课程,具有区域性、本土性的特点。A 市组织开发的课程,满足了本市发展实际需要,充分体现了本土特色,属于地方课程。故本题选 B 项。

7. A 【解析】学校课程即校本课程,是学校在确保国家课程和地方课程有效实施的前提下,针对学生的兴趣和需要,结合学校的传统和优势以及办学理念,充分利用学校和社区的课程资源,自主开发或选用的课程。题干中由学校开设的武术课属于校本课程。

8. A 【解析】活动课程强调使学生获得关于现实世界的直接经验和真切体验,学科课程注重传授学生他人总结好的、逻辑严密的间接经验。活动课程与学科课程的关系,实际上反映的是人的直接经验与间接经验、个人知识与公共知识、儿童当下的心理经验与凝结在学科中的逻辑经验之间的关系。本题选 A。

9. B 【解析】活动课程亦称经验课程,是指围绕着学生的需要和兴趣、以活动为组织方式的课程形态,即以学生的主体性活动的经验为中心组织的课程。其主导价值在于使学生获得关于现实世界的直接经验和真切体验。题干所述符合活动课程的特点。

10. C 【解析】隐性课程是学校情境中以间接的、内隐的方式呈现的课程。它是所有学校文化要素的集合,几乎无所不在、无所不包,涉及学校生活各个方面。从课程类型来看,学校的人际关系状况,师生特有的心态、行为方式等都属于隐性课程。

11. B 【解析】地方课程的主导价值在于通过课程满足地方社会发展的现实需要。沿海城市结合本地的特色开设海洋教育知识课程,就属于地方课程。

12. B 【解析】相关课程、核心课程、融合课程、广域课程都是综合课程的形式,但是它们的综合程度不同。相关课程将两种或两种以上学科在一些主题或观点上相互联系起来,但又维持各学科原来的独立状态。核心课程即以问题为核心,将几门学科结合起来的课程。融合课程即把有内在联系的学科的内容融合在一起而形成一门新的学科。广域课程指合并数门相邻学科的内容形成的综合课程,在范围上比融合课程要大。社会研究课综合了历史、地理、经济学、政治学、法学、人类学等多种不同的学科课程,其课程类型属于广域课程。

13. C 【解析】目前,世界绝大多数国家学校中最主要、最常用的一种课程类型是学科课程。

14. C 【解析】综合课程是指打破传统的分科课程的知识领域,组合两门以上学科领域而构成的一门学科。题干所述体现了综合课程的内涵。

15. A 【解析】活动课程(经验课程)的主导价值在于使学生获得关于现实世界的直接经验和真切体验。学科课程的主导价值在于传承人类文明,强调使学生掌握、传递和发展人类积累下来的文化遗产。必修课程的主导价值在于培养和发展学生的共性。综合课程的主导价值在于通过相关学科的集合,促进学生认识的整体发展并形成把握和解决问题的全面视野与方法。所以本题答案选A项。

二、简答题(参考答案)

1. 简述学科课程的主要特征。

(1)从知识体系、社会需要出发设计课程,是知识本位、社会本位;(2)以知识的逻辑体系为中心编制课程;(3)重视理论知识,强调把各门科学中的基本概念、基本原理、规律和事实教给学生。

2. 简述活动课程的特征。

(1)从儿童的需要、兴趣和个性出发设计课程,是儿童本位、经验本位;(2)以儿童的心理发展顺序为中心编制课程;(3)主张儿童在活动中探索,尝试错误,学到方法。

3. 简要回答综合课程的优缺点。

优点:(1)打破学科界限,有利于培养学生对事物的整体认识能力;(2)减少了课程的门类,有利于减轻学生的负担;(3)从生活、社会的实际出发,具有较强的实践性,有利于培养学生分析解决问题的能力和动手能力。

缺点:(1)教科书的编写较为困难,只专不博的教师很难胜任综合课程的教学,教学具有一定的难度。(2)难以向学生提供系统完整的专业理论知识,不利于高级专业化人才的培养。

4. 与显性课程相比,隐性课程有哪些特点?

隐性课程的特点主要体现在以下几方面:

(1)隐蔽性,即隐性课程主要是以不明显的、间接的、内隐的方式,通过学生无意识的、非特定的心理反应机制影响学生。

(2)广泛性,即隐性课程是所有学校文化要素的集合,几乎无所不在、无所不包,涉及学校生活各个方面。

(3)非预期性,即隐性课程的影响一般是在潜移默化中进行的,教育者一般不能事先准确估计和预料。

专题三　课程开发

一、单项选择题

答案速查

1～5	ACCAA	6～12	DCABDAD

1. A 【解析】编写教科书要注重科学性与思想性的统一,要注重课程内容的时代性,反映科学技术最新成果,并要做到在科学性上准确无误。

2. C 【解析】"课程创生"取向认为,真正的课程是教师与学生联合创造的教育经验,课程实施本质上是在具体教育情境创生新的教育经验的过程,既有的课程计划只是供这个经验创生过程选择的工具而已。

3. C 【解析】教材是根据学科课程标准编制的、系统阐述学科内容的教学用书,它是知识授受活动的主要信息媒介,是课程标准的进一步展开和具体化。教科书是教材的主体,是学生获取系统知识的重要工具,也是教师进行教学的主要依据。

4. A 【解析】课程计划具体规定了教学科目的设置(课程设置)、学科顺序(课程开设顺序)、课时分配(教学时数)、学年编制和学周安排。其中,开设哪些科目(课程设置)是课程计划的中心和首要问题。

5. A 【解析】课程标准的要求是所有学生基本要达到的要求,而非最高要求。

6. D 【解析】忠实取向认为,课程实施过程是忠实地执行课程计划的过程。李老师课前写好教案,在课堂上严格按照自己的教案来上课的行为属于忠实取向。

7. C 【解析】在教材的编排方式中,螺旋排列式是针对学生的接受能力,按照繁简、深浅、难易的不同程度,使一科教材的基本概念和基本原理分层次地重复出现、逐步扩展、螺旋上升的排列方式。题干中,按照由浅入深、由易到难的方式编排学科知识,使关键概念和基本原理得以重复出现,内容逐步深入、扩展,这符合螺旋排列式的特点。

8. A 【解析】CIPP评价模式由美国学者斯塔弗尔比姆于1966年提出。它由四种评价组合而成:背景评价、输入评价、过程评价和成果评价。

9. B 【解析】"知识与技能"目标强调基础知识和基本技能的获得,相当于传统的"双基"教学。题干中表述的"依法服兵役和参加民兵组织是公民的光荣义务以及军人的职责",属于基础知识,因此属于知识与技能目标。

10. D 【解析】情感态度与价值观目标强调在教学

过程中激发学生的情感共鸣,引起积极的态度体验,形成正确的价值观。“学会关爱生命”这一教学目标属于情感态度与价值观目标。

11. A 【解析】目标评价模式强调要用明确的、具体的行为方式来陈述目标,并以预先规定和界说的目标为中心来设计、组织和实施评价,从而确定学生通过课程教学所取得的进步,亦即确定学生达到目标的程度,找出实际结果与课程目标之间的差距,并利用这种信息反馈作为修订课程计划或更新课程目标的依据。题干的描述体现了目标评价模式的内涵。目的游离评价模式强调评价的重点应放在课程计划实际的结果上。CIPP评价模式强调课程评价不应局限在评定目标达到的程度上,而应该是一种过程,旨在描述、取得及提供有用的资料,为判断各种课程计划、课程方案服务。

12. D 【解析】目的游离评价模式是由美国学者斯克里文针对目标评价模式的弊病而提出来的。他主张把评价的重点从“课程计划预期的结果”转向“课程计划实际的结果”上来。

二、辨析题(参考答案)

1. 课程计划与课程标准是同一概念。

(1)这种说法是错误的。(2)课程计划、课程标准、教材(教科书)都属于课程的文本形式。课程计划是根据一定的教育目的和培养目标,由教育行政部门制定的有关学校教育和教学工作的指导性文件。课程标准是指在一定课程理论指导下,依据培养目标和课程方案,以纲要形式编制的关于课程的性质与价值、目标与内容、教学实施建议以及课程资源开发等方面的指导性文件。由此可见,课程计划与课程标准的概念不同,故题干说法错误。

2. 新课程特别强调三维目标中的“过程与方法”“情感态度与价值观”,这说明“知识与技能”不是很重要了。

(1)这种说法是不正确的。(2)“知识与技能”目标强调基础知识和基本技能的获得,相当于传统的“双基”教学。“过程与方法”目标突出的是让学生“学会学习”,使学生获得知识的过程同时成为获得学习方法和能力发展的过程。“情感态度与价值观”目标强调教学过程中激发学生的情感共鸣,引起积极的态度体验,形成正确的价值观。三维课程目标应是一个整体,知识与技能、过程与方法、情感态度与价值观三个方面互相联系,融为一体。在教学中,既没有离开情感态度与价值观、过程与方法的知识与技能的学习,也没有离开知识与技能的情感态度与价值观、过程与方法的学习。

三、简答题(参考答案)

1. 简述确定课程目标的依据。

(1)学习者的需要(对学生的研究);(2)当代社会生活的需求(对社会的研究);(3)学科知识及其发展(对学科的研究)。

2. 简述影响课程开发的因素。

(1)儿童发展。课程的一个基本职能就是要促进儿童的发展。因此,课程的开发应关注儿童发展的各种要求。

(2)社会需求。社会生产力的发展决定课程内容的选择、教学手段的使用以及评估方式的改革;社会制度与政策直接制约课程目标的制定与课程内容的筛选(特别是人文科学方面);社会结构对课程结构会产生影响。因此,我们要根据社会所能提供的办学条件,根据社会对各种人才的需求,设计出适应广泛需求的多层次、多类型的课程方案。

(3)学科特征。学科特征是影响课程开发的重要因素。课程开发从其本质上说是从学科庞大的知识体系中选择什么、按什么标准进行选择、根据什么逻辑进行编排的过程。

此外,课程属于观念形态的文化,或多或少地会受到社会文化传统的影响。

专题四 基础教育课程改革

一、单项选择题

答案速查

1~7	DCCADBB

1. D 【解析】《中国学生发展核心素养》的基本内涵中的“健康生活”主要是学生在认识自我、发展身心、规划人生等方面的综合表现。具体包括珍爱生命、健全人格、自我管理等基本要点。故本题选D项。

2. C 【解析】综合实践活动充分尊重学生的兴趣、爱好,为学生的自主性的充分发挥开辟了广阔的空间。综合实践活动的主题、活动方式、活动过程,都是学生在教师的指导下,从他们的现实生活情境中自主确定和设计的,具有鲜明的自主性。

3. C 【解析】新课程结构的综合性是针对过分强调学科本位、科目过多和缺乏整合的现状而提出的。

4. A 【解析】我国基础教育课程改革中,为保障和促进课程对不同地区、学校、学生的适应性,实行有指导的逐步放权,建立国家、地方和学校的三级管理模式,明确各自的职责。

5. D 【解析】《基础教育课程改革纲要(试行)》要求重建课程结构,课程结构应体现课程的综合性、均衡性和选择性。

6. B 【解析】新课程改革的具体目标之一是实现课程功能的转变,改变课程过于注重知识传授的倾向,强调形成积极主动的学习态度,使获得基础知识与基本技能的过程同时成为学生学会学习和形成正确价值观的过程。题干所述体现了这一目标的内涵。

7. B 【解析】基础教育课程改革的核心理念是：为了中华民族的复兴，为了每一位学生的发展。

二、简答题（参考答案）

第八次基础教育课程改革对课程结构的调整有哪些？

(1)整体设置九年一贯的义务教育课程；(2)高中以分科课程为主；(3)从小学至高中设置综合实践活动课程并作为必修课程；(4)农村中学课程要为当地社会经济发展服务。

第三章 中学教学

核心知识提要

①间接经验与直接经验相结合 ②掌握知识与发展智力相统一 ③双边性规律 ④教育性规律 ⑤领会知识 ⑥运用知识 ⑦理论联系实际原则 ⑧启发性原则 ⑨因材施教原则 ⑩讲授法 ⑪讨论法 ⑫实验法 ⑬欣赏教学法 ⑭班级授课制 ⑮复式教学 ⑯上课 ⑰课外辅导 ⑱形成性评价 ⑲个体内差异评价

经典真题回顾

一、单项选择题

答案速查

1～5	DABDC	6～8	BBA

1. D 【解析】本题考查教学过程的基本规律。在教学过程中，要充分发挥教师的主导作用，而教师主导作用是针对能否引导学生积极学习与上进而言的。教师主导作用发挥得越好，学生学习的主动性、积极性越高。所以，学生的主体性调动得怎样，学习的效果怎样，是衡量教师主导作用发挥得好坏的主要标志。

2. A 【解析】本题考查教学原则。理论联系实际原则是指教师在教学中，应使学生从理论与实际的结合中来理解和掌握知识，并引导他们运用新获得的知识去解决各种实际问题，培养他们分析问题和解决问题的能力。田老师在学生学习完理论知识之后让学生举例说明该原理在生活中的运用，这是运用理论联系实际原则的体现。

3. B 【解析】本题考查教学过程的本质。教学过程是一种特殊的认识过程，具有间接性的特点。学生要以掌握人类长期积累起来的科学文化知识为中介，间接地认识客观世界。即学生学习的内容是已知的、他人总结好的，也就是说，学生在教学过程中以学习间接经验为主。

4. D 【解析】本题考查教学方法。实习作业法是指教师根据学科课程标准的要求，指导学生运用所学知识在课上或课外进行实际操作，将知识运用于实践的教学方法。这种方法在自然学科的教学中占有重要的地位，如数学课的测量练习、生物课的植物栽培和动物饲养等。故题干所述教学方法属于实习作业法。

5. C 【解析】本题考查洛扎诺夫创立的教学方法。暗示教学法是保加利亚的医学和心理学博士洛扎诺夫创立的教学方法。暗示教学法强调运用心理学、生理学、精神病治疗学有关知识和规律，精心设计教学环境，通过暗示、联想与想象、智力活动、体力活动、练习、音乐等方式的综合运用，巧妙地利用无意识的心理活动，充分挖掘心理潜力，使学生在轻松愉快、精神毫不紧张的情况下学习。洛扎诺夫为暗示教学法确定了三条原则：愉快而不紧张的原则，有意识和无意识统一的原则，暗示手段相互作用的原则。A项，范例教学由瓦·根舍因创立；B项，发现学习由布鲁纳提出；D项，非指导教学法由罗杰斯提出。故本题选C。

6. B 【解析】本题考查课的类型。在实际的教学中，有时一节课只完成一个任务，即单一课；有时一节课需完成多项任务，即综合课。李老师在一节课上要完成多项教学任务，所以是综合课。

7. B 【解析】本题考查教学评价的基本类型。诊断性评价是在学期开始或一个单元教学开始时，为了了解学生的学习准备状况及影响学习的因素而进行的评价。题干中李老师在开学时所进行的摸底考试就属于诊断性评价。

8. A 【解析】本题考查教学评价的基本类型。形成性评价是在教学过程中为改进和完善教学活动而进行的对学生学习过程及结果的评价。班主任王老师是在教学过程中对学生各方面的表现进行评价，客观地反映学生的进步与成长，故王老师所用的评价方式是形成性评价。

二、辨析题（参考答案）

1. 学生在学校学习的主要是间接经验。

(1)这种说法是正确的。(2)学生的认识来自两个方面：一是直接经验，二是间接经验。以间接经验为主是教学活动的主要特点，学习间接经验是学生认识客观世界的基本途径。在学校里，学生的主要任务不是去探索、发现真理，而是学习和继承已有的认识成果，把他人的认识转化为自己的认识，把人类的认识转化为个体的认识。要完成这一任务，必须在教师的指导下，以接受间接经验的方式来实现。因此，题干说法正确。

2. 教学的任务就是向学生传授知识。

(1)这种说法是不正确的。(2)教学的一般任务包括：①引导学生掌握科学文化基础知识和基本技能,这是教学的首要任务。②发展学生智能,特别是培养学生的创新精神和实践能力。③发展学生体能,提高学生身心健康水平。④培养学生高尚的审美情趣和审美能力。⑤培养学生具备良好的道德品质和个性心理特征,形成科学的世界观。这五项基本任务是相互联系、相互促进的,其中使学生掌握基础知识、形成基本技能是基础,发展智能是核心,发展体能是保证,思想品德是方向,良好的个性心理品质是理想目标。因此,题干的说法是不正确的。

3. 教学评价就是某一学段结束后,对学生学业成绩的总评价。

(1)这种说法是不正确的。(2)教学评价是指以教学目标为依据,通过一定的标准和手段,对教学活动及其结果给予价值上的判断,即对教学活动及其结果进行测量、分析和评定的过程。教学评价一般包括对教学过程中教师、学生、教学内容、教学方法、教学设备等因素的评价。题干只体现了教学评价的一个方面,因而是错误的。

三、简答题(参考答案)

1. 简述学校教学工作的意义。

教学是贯彻教育方针,实施全面发展教育,实现教育目的的基本途径。教学工作的意义具体体现在:(1)教学是传播系统知识、促进学生发展的最有效的形式,是社会经验的再生产、适应并促进社会发展的有力手段;(2)教学是进行全面发展教育、实现培养目标的基本途径,为个人全面发展提供科学的基础和实践,是培养学生个性全面发展的重要环节;(3)教学是学校教育的中心工作,教学在学校教育工作中所占时间最多、涉及面最广、对学生的发展影响最全面深刻,对学校教育质量的影响也最大。学校教育工作必须坚持以教学为主。

2. 简述贯彻科学性和思想性相统一教学原则的基本要求。

(1)教师要保证教学的科学性;(2)教师要结合教学内容的特点进行思想品德教育;(3)教师要通过教学活动的各个环节对学生进行思想品德教育;(4)教师要不断提高自己的业务能力和思想水平。

3. 简述教学工作的基本环节。

(1)备课;(2)上课;(3)作业的布置与反馈;(4)课外辅导;(5)学业成绩的检查与评定。

四、材料分析题(参考答案)

(1)周老师贯彻了启发性原则、因材施教原则、直观性原则和量力性原则。

(2)分析如下:

①启发性原则是指在教学活动中,教师要调动学生的主动性和积极性,引导他们通过独立思考、积极探索,生动活泼地学习,自觉地掌握科学知识,提高分析问题和解决问题的能力。材料中,周老师在课堂教学中采用多种形式的教学方法,调动了学生学习的积极性和主动性,激发了学生的学习兴趣;还提出问题让学生深入思考,并且让学生自己动脑动手找到解决问题的方法,这些举措体现了启发性原则。

②因材施教原则是指教师在教学中,要从课程计划、学科课程标准的统一要求出发,面向全体学生,同时又要根据学生的个别差异,有的放矢地进行有差别的教学,使每个学生都能扬长避短,获得最佳的发展。材料中,周老师对不同程度的学生提出不同任务和要求,促进了全体学生的发展,体现了因材施教原则。

③直观性原则是指在教学活动中,教师应尽量利用学生的多种感官和已有的经验,通过各种形式的感知,使学生获得生动的表象,从而比较全面、深刻地掌握知识。材料中,周老师通过创设情境、使用多媒体进行教学等方式,使学生对知识理解得更加全面深刻,体现了直观性原则。

④量力性原则,也称可接受性原则,是指教学的内容、方法、分量和进度要适合学生的身心发展,使他们能够接受,但又要有一定的难度,需要他们经过努力才能掌握,以促进学生的身心发展。材料中,周老师对于不同程度的学生设定了不同的学习任务,并在此基础上稍作拔高,学生完成状况良好,体现了量力性原则。

过关必刷题库

专题一　教学概述

一、单项选择题

答案速查

1～3	DCA

1. D 【解析】教学以培养全面发展的人为根本目的。

2. C 【解析】智育主要是通过教学进行的,但不能把两者等同。教学是智育的主要途径,但不是唯一途径。一方面,教学也是德育、美育、体育、劳动技术教育的途径;另一方面,智育也需要通过课外活动等才能全面实现。故 C 项说法错误。

3. A 【解析】教学是贯彻教育方针,实施全面发展教育,实现教育目的的基本途径。

二、辨析题(参考答案)

1. 教学即教育,二者是相同的。

(1)这种说法是不正确的。(2)教学与教育这两个概念的关系是一种部分与整体的关系。教育包括教学,教学只是学校进行教育的一个基本途径。除教学外,学校还可通过课外校外活动、生产劳动等途径对学生进行教育。因此,题干说法错误。

2. 教学的首要任务是发展学生智力,培养学生的创造能力。

(1)这种说法是不正确的。(2)教学的首要任务是使学生掌握系统的科学文化基础知识,形成基本技能、技巧,其他任务的实现都是在完成这一任务的过程中和基础上进行的。故题干说法错误。

3. 常言道,做事先做人,因此学校的中心工作是德育。

(1)这种说法是不正确的。(2)做事先做人,体现了德育的重要性,因此,在学校工作中应该树立"德育为先"的理念,但这并不代表学校的中心工作就是德育。学校是专门培养人的机构,教学是传授系统知识、促进学生发展的最有效的形式,也是进行全面发展教育、实现培养目标的基本途径。教学是学校教育的中心工作。因此,题干说法错误。

三、简答题(参考答案)

简述教学的一般任务。

(1)引导学生掌握科学文化基础知识和基本技能;(2)发展学生智能,特别是培养学生的创新精神和实践能力;(3)发展学生体能,提高学生身心健康水平;(4)培养学生高尚的审美情趣和审美能力;(5)培养学生具备良好的道德品质和个性心理特征,形成科学的世界观。

专题二　教学过程

一、单项选择题

答案速查

1～5	CCAAB	6～12	DBBBCDD

1. C 【解析】教育性规律即传授知识与思想品德教育相统一的规律。题干中的班主任在向学生讲解"共和国勋章"时,借用钟南山的事迹对学生进行了思想品德教育,体现了教学过程中传授知识与思想品德教育相统一的规律。

2. C 【解析】教学过程的阶段之一是运用知识。在教学中,运用知识、形成技能技巧主要是通过教学实践来实现的,如完成各种书面或口头作业、实验等。此外,运用知识不只局限于技能和技巧的掌握,还包括知识迁移的能力和创造能力的发挥等。题干所述属于运用知识阶段。

3. A 【解析】教学过程本质上是一种认识过程,它遵循的是感性认识和理性认识相统一、认识和实践相统一的普遍性规律。

4. A 【解析】间接经验与直接经验相结合(间接性规律)主要是指:教学活动是学生认识客观世界的过程,要以间接经验为主、直接经验为辅,将二者有机结合起来。学生学习间接经验要以直接经验为基础,教师在教学中要充分利用学生已有经验,增加学生学习新知识所必需的感性认识,以保证教学的顺利进行。

5. B 【解析】魏老师把大部分时间交给学生讨论问题,充分发挥了学生的主体作用;同时魏老师作为课堂的引导者,保证学生不偏离主道,这体现了魏老师的主导作用。魏老师的课取得了良好的教学效果,这说明在教学过程中要把教师的主导作用和发挥学生的主体作用统一起来。

6. D 【解析】"指引者,师之功也"的意思是:教师的功劳在于引导、指导学生。"师傅领进门,修行靠个人"的意思是:师傅只起着引导作用,学业或技艺上的钻研与提高,还得靠学子自身的努力。题干中"师傅"和"个人"的关系体现了教学中教师主导作用与学生主体作用相结合的规律。

7. B 【解析】感知教材主要是使学生获得关于所学内容的一个整体的表象,是所有教学活动的必经阶段。

8. B 【解析】传授知识与思想教育相统一是教学过程的基本规律之一,这一规律强调在教学过程中,教师在传授知识的同时,一定要注重对学生进行思想品德教育,并使二者有机结合起来,使学生在知识能力和思想品德等方面都获得进步和发展。题干中的教师只注重传授知识,不注重学生的行为习惯和心理健康,这说明该教师在教学中忽视了传授知识与思想教育相统一的规律。

9. B 【解析】教学活动是学生认识客观世界的过程,学校的教学活动以教授间接经验为主。题干的描述体现了学生认识的范围突破了他们个人生活的狭小范围,表明了学生的认识对象是间接经验,具有间接性。

10. C 【解析】一般认为,教师、学生、教学内容和教学手段是构成教学过程的基本要素。

11. D 【解析】由"要求学生保持安静,不要插嘴""学生举手提出疑问时他也不予理会"可知,张老师在教学过程中只强调发挥自己的主导作用,而忽视了发挥学生主体参与教学的能动性,这违背了教师主导作用与学生主体作用相统一的规律。

12. D 【解析】传授知识与思想品德教育相统一的规律是指在教学过程中,学生掌握科学文化知识和提高思想品德修养是相辅相成的。知识是思想品德形成的基础,思想品德修养的提高为学生积极地学习知识提供动力,在教学过程中要注意把二者有机结合起来。题干中,张老师在讲授人物描写之后,让学生描写自己的母亲,从而让学生更尊重和理解自己的母亲,这种做法体现了传授知识与思想品德教育相统一的规律。

二、辨析题(参考答案)

1. 学生的认识活动是教学中最主要的活动。

(1)这种说法是正确的。(2)教学过程中有两类不同性质的活动(教师教和学生学),但教学过程的主要矛盾是学生与其所学的知识之间的矛盾，实际上也就是学生认识过程的矛盾，是认识主体与其客体之间的矛盾，因此学生的认识活动是教学中最主要的活动。故题干说法正确。

2. 教学中“授人以鱼，不如授人以渔”。

(1)这种说法是正确的。(2)现代教学观认为，教学过程既是向学生传授知识的过程，又是发展学生智力和能力的过程。“授人以鱼，不如授人以渔”正体现了教师不仅要教给学生知识，更重要的是要发展学生的能力。

3. 教学过程的中心环节是巩固知识。

(1)这种说法是不正确的。(2)教学过程包括五个环节：激发学习动机、领会知识、巩固知识、运用知识、检查知识。其中，中心环节是领会知识。领会知识包括使学生感知和理解教材。感知教材主要是使学生获得关于所学内容的一个整体的表象，是所有教学活动的必经阶段。理解的目的在于形成概念、原理，真正认识事物的本质和规律。由此可见，教学过程的中心环节不是巩固知识，故题干说法错误。

三、简答题(参考答案)

1. 怎样使知识的掌握真正促进智力的发展？

(1)从传授知识的内容来看，传授给学生的知识应是规律性的知识；(2)从传授知识的量来看，一定时间范围内所授知识的量要适当，不能过多；(3)采用启发式教学；(4)培养学生良好的个性，重视学生的个别差异，注重因材施教。

2. 简述教学过程中的教育性规律。

在教学过程中，学生掌握科学文化知识和提高思想品德修养是相辅相成的，具体体现在以下三点：(1)知识是思想品德形成的基础；(2)思想品德修养的提高为学生积极地学习知识提供动力；(3)贯彻传授知识与思想品德教育相统一的规律时，既不能脱离知识进行思想品德教育，也不能只强调传授知识，忽视思想品德教育，要注意把二者有机结合起来。

专题三　教学原则与教学方法

一、单项选择题

答案速查

1～5	BACCB	6～10	DDBDB
11～15	CDCBA	16～20	CBABC
21～23	DDC		

1. B 【解析】读书指导法是以语言传递为主的教学方法，A 项不选。参观法是以直观感知为主的教学方法，B 项正确。练习法是以实际训练为主的教学方法，C 项不选。发现法是以引导探究为主的方法，D 项不选。

2. A 【解析】思想性(教育性)和科学性相统一原则是指教学要以马克思主义为指导，授予学生科学知识，并结合知识教学对学生进行社会主义品德和正确人生观、科学世界观的教育。这一原则的实质是要求在教学活动中把教书和育人有机地结合起来。题干中，王老师在传授知识的同时对学生进行思想教育，这体现的是科学性与思想性相统一的教学原则。

3. C 【解析】启发性原则是指在教学活动中，教师要调动学生的主动性和积极性，引导他们通过独立思考、积极探索，生动活泼地学习，自觉地掌握科学知识，提高分析问题和解决问题的能力。题干所述是启发性原则的内涵。

4. C 【解析】巩固性原则指教师在教学中要引导学生在理解的基础上牢固地掌握基本知识和基本技能，而且在需要的时候，能够准确无误地呈现出来，以利于知识技能的利用。陈老师在给学生讲解完理论概念后，不断给学生出新的题目进行练习，加深学生对知识的理解，体现的是巩固性原则。

5. B 【解析】循序渐进原则是指教师要严格按照科学知识的内在逻辑和学生的认知发展规律进行教学，使学生掌握系统的科学文化知识，能力得到充分的发展。“不陵节而施”强调教学要按一定顺序进行，这体现了循序渐进原则。

6. D 【解析】“学而时习之”是说学习知识要经常复习它，“温故而知新”是说复习旧知识会有新的收获，都体现了巩固性教学原则。

7. D 【解析】启发性教学原则的贯彻要求包括：(1)加强学习的目的性教育，调动学生学习的主动性；(2)设置问题情境，启发学生独立思考，培养学生良好的思维方法和思维能力；(3)让学生动手，培养学生独立解决问题的能力，鼓励学生将知识创造性地运用于实际；(4)发扬教学民主。D 项是直观性教学原则的贯彻要求。

8. B 【解析】因材施教原则是指教师在教学中，要从课程计划、学科课程标准的统一要求出发，面向全体学生，同时又要根据学生的个别差异，有的放矢地进行有差别的教学，使每个学生都能扬长避短，获得最佳的发展。题干中的罗老师对反应迟钝的学生，鼓励他们思考；对语言表述缺乏条理的学生，让他们多做复述和发言。这说明罗老师能根据学生的个别差异采取不同的教育措施，以促进每个学生获得最佳的发展，遵循了因材施教原则。

9. D 【解析】实验法是指教师引导学生使用一定的仪器和设备，进行独立操作，引起某些事物和现象产生变化，从而使学生获得直接经验，培养学生技能和技巧的教学方法。题干中学生在教师指导下进行实验，验证了“光合作用产生氧气”这一现象，这种教学方法属于实验法。

10. B 【解析】练习法是指学生在教师的指导下运用知识去反复完成一定的操作,或解决某类作业与习题,以加深理解和形成技能技巧的方法。题干描述的是练习法的内涵。

11. C 【解析】暗示教学法是保加利亚的医学和心理学博士洛扎诺夫创立的教学方法,它采取与传统教学法完全相反的做法,上课如同游戏、表演。题干所述符合暗示教学法的内涵。

12. D 【解析】情境教学法是指在教学过程中,教师有目的地引入或创设具有一定情绪色彩的生动具体的场景,以引起学生一定的情感体验,从而帮助学生理解教材,并使学生的心理机能得到发展的教学方法。该教师通过播放与教学内容相关的视频来创设一定的情境,使学生能够更好地领会诗中所蕴含的意境,这种教学方法是情境教学法。

13. C 【解析】运用讨论法需要学生具备一定的基础知识、一定的理解能力和独立思考能力,因此,讨论法在高年级运用得比较多。

14. B 【解析】直观性原则是指在教学活动中,教师应尽量利用学生的多种感官和已有的经验,通过各种形式的感知,使学生获得生动的表象,从而比较全面、深刻地掌握知识。"不闻不若闻之,闻之不若见之"的意思是:没有听说不如听说过,听说过不如亲眼所见。这句话体现了直观性原则。

15. A 【解析】讨论法是全班或小组成员在教师的指导下,围绕某一中心问题发表自己的看法和见解,从而进行相互学习的一种方法。题干中,刘老师让学生各抒己见,充分表达自己的看法,采用的就是讨论法。

16. C 【解析】情境教学法是指在教学过程中,教师有目的地引入或创设具有一定情绪色彩的生动具体的场景,以引起学生一定的情感体验,从而帮助学生理解教材,并使学生的心理机能得到发展的教学方法。教师创设的情境一般包括生活展现的情境、图画再现的情境、实物演示的情境、音乐渲染的情境、言语描述的情境等。教师模拟话剧并让学生扮演故事中的角色,运用的就是情境教学法。

17. B 【解析】谈话法也叫问答法,它是教师按一定的教学要求向学生提出问题让学生回答,通过问答、对话的形式来引导学生思考、探究,获取或巩固知识,促进学生智能发展的方法。教师通过问答、对话的形式使学生获得知识,这体现了谈话法的内涵。

18. A 【解析】发现法又称探索法、研究法,是指学生在教师指导下,对所提出的课题和所提供的材料进行分析、综合、抽象和概括,自行发现并掌握相应的原理和结论的一种教学方法。

19. B 【解析】演示法是指教师通过展示实物、教具和示范性的实验来说明、印证某一事物和现象,使学生掌握新知识的一种教学方法。题干中老师通过做实验让学生了解有关电荷的知识,这种教学方法是演示法。

20. C 【解析】量力性原则,也称可接受性原则,是指教学的内容、方法、分量和进度要适合学生的身心发展,使他们能够接受,但又要有一定的难度,需要他们经过努力才能掌握,以促进学生的身心发展。墨子这句话的意思是:用深一点的知识去教育程度较深的人,用浅一点的知识去教育程度较浅的人,用使其增长的办法对待人的长处,用尊重的态度去对待别人的自尊之处。这说明墨子要求根据学生的知识水平量力而教,体现了量力性原则。

21. D 【解析】讲授法是教师运用口头语言系统连贯地向学生传授知识、技能,发展学生智力的教学方法。题干描述的是讲授法的概念。

22. D 【解析】量力性教学原则又称为可接受性原则,是指教学的内容、方法、分量和进度要适合学生的身心发展特点,使他们能够接受,但又要有一定的难度,需要他们经过努力才能掌握,以促进学生的身心发展。"最近发展区"是儿童在有指导的情况下,借助成人的帮助所能达到的解决问题的水平与独自解决问题所达到的水平之间的差异,实际上是两个邻近发展阶段间的过渡状态。"语之而不知,虽舍之可也"的意思是:如果老师开导了(学生)还是不懂,那么暂时放弃开导,也是可以的。这都在一定程度上表明教学的内容、方法、分量和进度要适合学生的身心发展,使他们能够接受。故题干所述体现了量力性的教学原则。

23. C 【解析】"文以载道""教书育人"都强调在传授知识的同时,注重对人的教化。这体现的是科学性和思想性(教育性)相统一的教学原则。

二、辨析题(参考答案)

1. "教学有法,但无定法",在教学中可以任意采用某一种教学方法。

(1)这种说法是不正确的。(2)"教学有法,但无定法"的意思是我们的教育教学活动是有规律可遵循、有法则可遵守、有模式可遵照的,是有可以掌握的基本方法、基本规律的。但是教学的模式、方法、技能等不是机械的、教条的,而是灵活多变、富有个性、充满灵性的。教师劳动的创造性要求教师不断更新教学方法,但绝不意味着教师可以任意选择教学方法。在实际教学中,教师要根据教学目的和任务、教学内容的性质和特点、教学对象的实际情况、教师自身素养及所具备的条件、教学方法的类型与功能等因素科学、合理地选择和有效地运用某一种或某几种教学方法。故题干观点错误。

2. 教学方法就是指教师为完成教学任务而采取的方法。

(1)这种说法是不正确的。(2)教学方法是指教师和学生为了完成教学任务、实现教学目标而采取的共同活动方式,是教师引导学生掌握知识技能、获得身心发展而共同活动的方法。它既包括教师教的方法,也包括学生学的方法。因此,题干说法错误。

三、简答题(参考答案)

1. 简述理论联系实际教学原则的含义和贯彻要求。

(1)理论联系实际原则的含义:理论联系实际原则是指教师在教学中,应使学生从理论与实际的结合中来理解和掌握知识,并引导他们运用新获得的知识去解决各种实际问题,培养他们分析问题和解决问题的能力。

(2)贯彻此原则的要求:①重视书本知识的教学,在传授知识的过程中注重联系实际;②重视引导和培养学生运用知识的能力;③加强教学的实践性环节,逐步培养与形成学生综合运用知识的能力,进行"第三次学习";④正确处理知识教学与能力训练的关系;⑤补充必要的乡土教材。

2. 简述选择教学方法的基本依据。

选择教学方法的基本依据如下:(1)教学目的和任务的要求;(2)课程性质和特点;(3)每节课的重点、难点;(4)学生年龄特征;(5)教学时间、设备、条件;(6)教师业务水平、实际经验及个性特点。此外,教学方法的选择与运用还受教学手段、教学环境等因素的制约,这就要求我们全面、具体、综合地考虑各种相关因素,进行权衡取舍。

四、材料分析题(参考答案)

1. 谢老师主要采用了演示法、谈话法、发现法、讲授法和讨论法。

(1)演示法是指教师通过展示实物、教具和示范性的实验来说明、印证某一事物和现象,使学生掌握新知识的一种教学方法。谢老师播放短视频、用PPT展示动植物的图片,运用的是演示法。

(2)谈话法也叫问答法,它是教师按一定的教学要求向学生提出问题让学生回答,通过问答、对话的形式来引导学生思考、探究,获取或巩固知识,促进学生智能发展的方法。谢老师提出一系列的问题让学生自己发现问题、分析问题,运用的是谈话法。

(3)发现法又称探索法、研究法,是指学生在教师指导下,对所提出的课题和所提供的材料进行分析、综合、抽象和概括,自行发现并掌握相应的原理和结论的一种教学方法。谢老师先是提出一系列问题,启发学生自己去发现、分析问题,然后在讲解完课堂内容之后组织学生讨论并绘制食物网,解决之前提出的问题,从而提高学生分析问题、解决问题的能力,这一系列过程运用的是发现法。

(4)讲授法是教师运用口头语言系统连贯地向学生传授知识、技能,发展学生智力的教学方法。谢老师讲解食物链和食物网的概念,运用的是讲授法。

(5)讨论法是全班或小组成员在教师的指导下,围绕某一中心问题发表自己的看法和见解,从而进行相互学习的一种方法。谢老师将全班学生分为4组,要求他们讨论并绘制食物网,运用的是讨论法。

2. (1)材料中的孙老师在教学中贯彻了直观性原则和因材施教原则。①直观性原则是指在教学活动中,教师应尽量利用学生的多种感官和已有的经验,通过各种形式的感知,使学生获得生动的表象,从而比较全面、深刻地掌握知识。材料中,孙老师让学生走向大自然,在观察自然的过程中感受春天,体现了对直观性教学原则的运用。②因材施教原则是指教师在教学中,要从课程计划、学科课程标准的统一要求出发,面向全体学生;同时又要根据学生的个别差异,有的放矢地进行有差别的教学,使每个学生都能扬长避短,获得最佳的发展。材料中,孙老师根据全班学生的能力差异,布置程度不同的作业,说明其注意到了学生的个别差异,做到了因材施教。

(2)①贯彻直观性原则的要求包括:正确选择直观教具和教学手段;将直观教具的演示与语言讲解结合起来;重视运用言语直观。②贯彻因材施教原则的要求包括:坚持课程计划和学科课程标准的统一要求;教师要了解学生,从实际出发进行教学;教师要善于发现每个学生的兴趣、爱好,并创造条件,尽可能使每个学生的不同特长都得以发挥。

专题四　教学组织形式与教学工作的基本环节

一、单项选择题

答案速查

1~5	CACAB	6~10	DCDBB
11~15	DDBAC	16~19	ADDA

1. C 【解析】考试是对学生知识、技能等进行总结性检查时所采用的一种方式,不属于平时考查方式。

2. A 【解析】教学组织形式是指教学活动中教师与学生为实现教学目标所采用的社会结合方式。题干是对"教学组织形式"的概念的阐述。

3. C 【解析】个别教学是教师针对不同学生的情况进行个别辅导的教学组织形式。它是班级授课制的一种辅助形式。张老师在课间或放学后单独辅导小兰,属于个别教学。

4. A 【解析】复式教学是把两个或两个以上不同年级的学生编在一个教室里，由一位教师分别用不同的教材，在一节课里对不同年级的学生进行教学的一种特殊组织形式。它适用于学生少、教师少、校舍和教学设备较差的农村以及偏远地区。故本题选 A 项。

5. B 【解析】分组教学中的外部分组就是取消按年龄编班，按学生的能力或某些测验成绩编班。把同一年级的学生按英语测试水平的等级编入不同班级上课，这属于外部分组。

6. D 【解析】道尔顿制是由美国教育家柏克赫斯特创建的一种新的教学组织形式。运用这种方法时，教师不再讲授，只为学生指定自学参考书、布置作业，由学生自学和独立完成作业后，向教师汇报学习情况和接受考查。

7. C 【解析】作业是课堂教学的延续，是教学活动的有机组成部分。无论是课内作业还是课外作业，作用都在于加深和加强学生对教材的理解和巩固，帮助学生掌握相关的技能、技巧。

8. D 【解析】布置作业的其中一个要求是作业应有助于启发学生的思维，含有鼓励学生独立探索并进行创造性思维的因素。D 项很明显没有遵循这一要求。

9. B 【解析】捷克教育家夸美纽斯在其著作《大教学论》中首先对班级授课制进行研究并确定了班级授课制的基本轮廓。

10. B 【解析】分组教学是指在按年龄编班或取消按年龄编班的基础上，根据学生的能力、成绩分组进行编班的教学组织形式。其类型有外部分组和内部分组、能力分组和作业分组等。外部分组，即取消按年龄编班，而按学生的能力或某些测验成绩编班。

11. D 【解析】根据一节课完成教学任务的数量，可以把课划分为单一课和综合课。单一课在一节课内主要只完成一项教学任务，综合课需要在一节课内完成多项教学任务。

12. D 【解析】课时计划即教案，它通常是指教师为某一节课而拟订的上课计划，一般包括班级、学科名称、授课时间、课题、教学目的、课的类型、教学进程等。其中教学进程是教案的主要部分。

13. B 【解析】在我国，最早采用班级授课制的是清政府于 1862 年设于北京的京师同文馆，并在癸卯学制中以法令形式确定下来，随之在全国范围内推广。“癸卯学制”即《奏定学堂章程》，“壬寅学制”即《钦定学堂章程》，本题选 B。

14. A 【解析】教师备课要做好三方面的工作，即钻研教材、了解学生、设计教法，也即备教材、备学生、备教法。故本题选 A。

15. C 【解析】课外辅导是上课的必要补充，是适应学生个别差异、贯彻因材施教的重要措施。

16. A 【解析】现场教学是指教师把学生带到事物发生、发展的现场进行教学活动的形式。题干中，教师组织学生到田间地头、工厂等地方进行实地考察、研究，使学生获取新知识，这运用的是现场教学法。

17. D 【解析】特朗普制由美国教育家劳伊德·特朗普在 20 世纪 50 年代创立。它把大班上课、小组讨论、个人自学(个人独立研究)结合在一起，以灵活的时间单位代替固定统一的上课时间，以大约 20 分钟为计算课时的单位。题干描述的是特朗普制的内涵。

18. D 【解析】课的结构是指一节课包含哪些组成部分以及各组成部分的顺序、时限和相互关系。课的结构是被课的类型决定的，不同类型的课有不同的结构。题干所述在“教学论”中具体指的是课的结构。

19. A 【解析】教师布置的作业要分量适宜，难易适度，具有典型意义和举一反三的作用。B 项说法正确。教师布置的作业应有助于启发学生的思维，含有鼓励学生独立探索并进行创造性思维的因素。C 项说法正确。教师布置作业时要考虑不同学生的能力需求，因人而异，最大限度地发挥作业的作用，帮助学生成长。故 D 项说法正确。教师并不是在每一堂课后都要给学生布置家庭作业。A 项说法错误。

二、辨析题(参考答案)

1. 评定学生学业成绩只能通过考试。

(1)这种说法是不正确的。(2)学业成绩的检查与评定是教学工作的一个重要环节，它对教学工作的顺利进行和教学质量的提高具有十分重要的意义。检查学生学业成绩的方法是多种多样的。常用的检查方式有两大类：平时考查和考试。平时考查的方式主要有口头提问、检查书面作业和单元测验等。考试是对学生知识、技能等进行总结性检查时所采用的一种方式。综上所述，评定学生学业成绩只能通过考试来进行的说法是不正确的。

2. 备课是整个教学活动的中心环节，是提高教学质量的关键环节。

(1)这种说法是不正确的。(2)备课是教师教学的起始环节，是上好课的先决条件。上课是整个教学工作的中心环节，是教师教和学生学的最直接的体现，是提高教学质量的关键。故题干说法不正确。

3. 作业是课堂教学的延续，是教学活动的有机组成部分。

(1)这种说法是正确的。(2)作业是结合教学内容，要求学生独立完成的各种类型的练习。无论是课内作业还是课外作业，作用都在于加深和加强学生对教材的理解和巩固，帮助学生掌握相关的技能、技巧。通过作业的布置、检查和批改,教师可以及时发现学生在知识或技能方面的缺陷并加以纠正,同时对学生的作业完成情况做出评价并提出进一步学习的建议。所以,作业是课堂教学的延续,是教学活动的有机组成部分。题干说法正确。

4. 教学与上课是相同的,没有区别。

(1)这种说法是不正确的。(2)教师的教学工作包括五个基本环节:备课、上课、作业的布置与反馈、课外辅导、学业成绩的检查与评定。上课是整个教学工作的中心环节,是教师教和学生学的最直接的体现,是提高教学质量的关键。由此可见,教学与上课的概念是不同的,故题干说法错误。

三、简答题(参考答案)

1. 简述课外辅导的内容。

(1)帮助学生解答疑难问题,指导学生做好作业;(2)为基础差和因事、因病缺课的学生补课;(3)为成绩特别优异的学生做个别辅导;(4)对学生进行学习方法上的辅导;(5)对学生进行学习目的和学习态度的教育。

2. 简述组织复式教学的要求。

(1)合理编班,要根据学生人数、教室大小、师资质量等情况全面考虑,灵活掌握;(2)编制复式班课表;(3)培养小助手;(4)建立良好的课堂常规。

3. 简述布置作业的要求。

(1)布置作业要有目的、有重点,作业内容符合课程标准的要求;(2)考虑不同学生的能力需求;(3)分量适宜、难易适度;(4)作业形式与内容要多样化,具有多选性,难度要逐步提高;(5)要求明确,规定作业完成时间;(6)作业反馈清晰、及时;(7)作业要具有典型意义和举一反三的作用;(8)作业应有助于启发学生的思维,含有鼓励学生独立探索并进行创造性思维的因素;(9)尽量同现代生产和社会生活中的实际问题结合起来,力求理论联系实际。

专题五 教学评价

一、单项选择题

答案速查

1~5	BDCCD	6~10	DBBCA

1. B 【解析】形成性评价是在教学过程中为改进和完善教学活动而进行的对学生学习过程及结果的评价。题干中李老师对王大鹏的评价即属于这种评价方式。

2. D 【解析】个体内差异评价是对被评价者的过去和现在进行比较,或将评价对象的不同方面进行比较。"班主任认为小黄偏科严重"是对评价对象不同方面进行的评价,属于个体内差异评价。

3. C 【解析】形成性评价是在教学过程中为改进和完善教学活动而进行的对学生学习过程及结果的评价。它包括在一节课或一个课题的教学中对学生的口头提问和书面测试。题干中的教师在课堂上进行提问,想要了解学生对这首诗的理解情况,这属于教学过程中的形成性评价。

4. C 【解析】诊断性评价是在学期开始或一个单元教学开始时,为了了解学生的学习准备状况及影响学习的因素而进行的评价。诊断性评价的主要功能有:(1)检查学生的学习准备程度;(2)决定对学生的适当安置;(3)辨别造成学生学习困难的原因。题干中,教师分析造成学生学习困难的原因,了解学生的学习情况,这种评价方式属于诊断性评价。

5. D 【解析】根据评价采用的标准,教学评价可以分为绝对性评价(目标参照性评价、标准参照评价)、相对性评价(常模参照评价)和个体内差异评价。其中,个体内差异评价是对被评价者的过去和现在进行比较,或将评价对象的不同方面进行比较。题干中的老师以小明之前的表现为标准,判断其现在明显有进步,并为其颁发"进步奖"。因此,这一评价属于个体内差异评价,选D项。

6. D 【解析】相对性评价又称为常模参照性评价,是运用常模参照性测验对学生的学习成绩进行的评价,它主要依据学生个人的学习成绩在该班学生成绩序列或常模中所处的位置来评价和决定他的成绩的优劣,而不考虑是否达到教学目标的要求。

7. B 【解析】形成性评价是在教学过程中为改进和完善教学活动而进行的对学生学习过程及结果的评价。题干中的张老师进行的正是这种评价。

8. B 【解析】绝对性评价又称为目标参照性评价(标准参照评价),是运用目标参照性测验对学生的学习成绩进行的评价。它主要依据教学目标和教材编制试题来测量学生的学业成绩,判断学生是否达到了教学目标的要求,而不以评定学生之间的差异为目的。绝对性评价可以衡量学生的实际水平,了解学生对知识、技能的掌握情况,宜用于升级考试、毕业考试和合格考试。故本题选B项。

9. C 【解析】相对性评价又称为常模参照性评价,是运用常模参照性测验对学生的学习成绩进行的评价,它主要依据学生个人的学习成绩在该班学生成绩序列或常模中所处的位置来评价和决定他的成绩的优劣,而不考虑是否达到教学目标的要求。

10. A 【解析】诊断性评价是在学期开始或一个单元教学开始时,为了了解学生的学习准备状况及影响学习的因素而进行的评价。题干中的认知水平测试是在新生入学后立即组织的,目的是了解学生的认知情况，这与诊断性评价的概念相符合，故本题答案选择 A 项。

二、辨析题(参考答案)

诊断性评价注重考查学生对某门学科的整体掌握程度。

(1)这种说法是不正确的。(2)诊断性评价是在学期开始或一个单元教学开始时，为了了解学生的学习准备状况及影响学习的因素而进行的评价。总结性评价是在一个大的学习阶段、一个学期或一门课程结束时对学生学习结果的评价，常在学期中或学期末进行。从定义可知，总结性评价注重考查学生对某一学科课程的整体掌握情况。因此，题干说法错误。

第四章　中学生学习心理

核心知识提要

①联觉　②恒常性　③无意注意(不随意注意)　④稳定性　⑤保持　⑥巴甫洛夫　⑦操作性条件作用理论　⑧有意义接受学习　⑨自我提高内驱力　⑩学习效果　⑪自我效能感　⑫复述　⑬精细加工　⑭监控　⑮并列结合(组合)

经典真题回顾

一、单项选择题

答案速查

1～5	CDCBC	6～10	BCBAA
11～15	CDCAD	16～19	BDDA

1. C 【解析】本题考查联觉。一种感觉兼有另一种感觉的心理现象叫联觉。题干中由可怕的声音引发“冷”的感觉，就属于联觉。

2. D 【解析】本题考查知觉的特性。知觉的恒常性是指客观事物本身不变，但知觉条件在一定范围内发生变化时，人的知觉映像仍相对不变。人们不受光线明暗的影响，一直将白衬衫知觉为白色，这反映了知觉具有恒常性。

3. C 【解析】本题考查注意的类型。无意注意也称不随意注意，是没有预定目的、无需意志努力、不由自主地对一定事物所发生的注意。题干中，同学们在课堂上不由自主地看向突然飞入教室的小鸟，这时所产生的注意既没有预定目的，也不需要意志努力，属于无意注意。

4. B 【解析】本题考查注意的品质。注意不稳定表现为注意的分散，也叫分心，是指注意离开了当前应当完成的任务，而被无关的事物所吸引。题干中，建华在听课过程中玩手机或做小动作，其注意力并未集中在学习上，而是被其他事物所吸引，故属于注意分散。

5. C 【解析】本题考查记忆的分类。逻辑记忆是个体对以各种有组织的知识为内容的记忆。例如，对概念、定理、公式和规则等的记忆。题干中，林菁对各种定律、公式、化学方程式的记忆就属于逻辑记忆。

6. B 【解析】本题考查影响遗忘进程的因素。系列位置效应是影响遗忘进程的因素之一。所谓系列位置，是指在系列学习中，学习材料处于系列记忆的不同位置。位置不同，回忆效果也不同。系列位置效应是指接近开头和末尾的记忆材料的记忆效果好于中间部分的记忆效果的趋势。开头部分和结尾部分的记忆效果较好，分别称为首因效应和近因效应。根据题干描述，最后呈现的单词的记忆效果较好，这种现象称为近因效应。

7. C 【解析】本题考查遗忘及其规律。遗忘的进程是不均衡的，其趋势是先快后慢、先多后少，呈负加速，并且到一定的程度几乎就不再遗忘了。

8. B 【解析】本题考查想象的类型。无意想象又称不随意想象，是没有预定目的，不由自主产生的想象。题干中，伟华看到天上的浮云就在脑海中产生了“骏马”“恐龙”等动物形象，这种想象属于无意想象。

9. A 【解析】本题考查巴甫洛夫的经典性条件作用理论的主要规律。刺激的分化，指机体只对条件刺激做出条件反应，而对其他相似刺激不做反应。小狗通过训练能区分清楚圆形光圈和椭圆形光圈，对圆形光圈做出反应，而对椭圆形光圈不做反应，这体现了刺激的分化。

10. A 【解析】本题考查行为主义流派的学习理论。行为主义学习理论流派中，桑代克的联结—试误学习理论认为，学习的过程是一种渐进的、盲目的、尝试错误的过程，因此题干所述是行为主义流派的观点。

11. C 【解析】本题考查发散思维的特征。灵活性是指摒弃以往的习惯思维方法而开创不同方向的能力，也叫思维的变通性。例如，让被试“举出报纸的用途”，如果回答“阅读”“学习”“获取信息”，就只是把报纸的用途局限在“阅读材料”上；如果回答“包东西”“折玩具”等，则范围更加广泛，变通性也就比较大。题干中，学生甲答出的数量多，但都局限在食物这一范围内；学生乙虽然答出的数量相对较少，但开创了不同方向，故乙的思维变通性更好。

12. D 【解析】本题考查强化方式。替代强化是指观察者因看到榜样的行为被强化而受到强化。题干中，李红(观察者)看到王强(榜样)因帮助同学而受到老师表扬，因此她也愿意帮助同学，这一过程体现了替代强化。因此选D项。A项，负强化是通过消除或中止厌恶、不愉快刺激来增强反应频率。B项，间隔强化指间隔一定时间或比例才给予强化。C项，自我强化是指对自己表现出的符合或超出标准的行为进行自我奖励。

13. C 【解析】本题考查奥苏伯尔的学习动机分类。附属内驱力指个体为了获得长者（如家长、教师）的赞许或认可而表现出把工作、学习做好的一种需要。它既不直接指向学习任务本身，也不把学业成就看作赢得地位的手段，而是为了从长者或同伴那里获得赞许和接纳。题干中，晓磊努力学习是为了获得老师或家长的表扬，这体现的是附属内驱力，故选C。

14. A 【解析】本题考查学习动机的分类。近景性动机是指在近期内激发个体行为，常与近期目标相联系。外部学习动机是指诱因来自学习者外部的某种因素，即在学习活动以外由外部的诱因激发出来的学习动机。题干中，晓东为了获得父母的奖励而努力学习，这是一种外部学习动机；他努力学习的目标是争取期末考试取得好成绩，这是一种近景性动机。所以，晓东的学习动机属于近景、外部动机。

15. D 【解析】本题考查班杜拉的理论。效能期待是指人对自己能够进行某一行为的能力的推测或判断，它意味着人是否确信自己能够成功地进行带来某一结果的行为。当个体确信自己有能力进行某一活动时，他就会产生高度的“自我效能感”，并努力实施该活动。依据题干表述，李伟相信自己能够听懂老师讲的知识时就会认真听课，这属于效能期待。

16. B 【解析】本题考查学习迁移的种类。根据迁移发生的方向，可分为顺向迁移和逆向迁移。顺向迁移是指先前学习对后继学习产生的影响；逆向迁移指后继学习对先前学习产生的影响。题干中，刘杰先前学过的物理平衡概念，对后来学习的化学平衡概念产生了促进作用，这种先前学习对后继学习的影响属于顺向迁移。排除D项，选B项。A项，负迁移也叫“抑制性迁移”，是指一种学习对另一种学习产生阻碍作用。C项，垂直迁移也称纵向迁移，是指先行学习内容与后续学习内容是不同水平的学习活动之间产生的影响。

17. D 【解析】本题考查学习策略的种类。复述策略是指在工作记忆中为了保持信息，运用内部语言在大脑中重现学习材料或刺激，以便将注意力维持在学习材料上的方法。题干中，李利反复背诵单词的学习策略属于复述策略。

18. D 【解析】本题考查学习策略的种类。监控策略是指在认知过程中，根据认知目标及时检测认知过程，寻找两者之间的差异，并对学习过程及时进行调整，以期顺利实现有效学习的策略。监控策略包括阅读时对注意加以跟踪和对材料进行自我提问、考试时监视自己的速度和时间等。

19. A 【解析】本题考查知识学习的类型。并列结合学习又称组合学习，是在新命题与认知结构中原有的命题既非下位关系又非上位关系，而是一种并列的关系时产生的。例如，学习质量与能量、遗传与变异、需求与价格等概念之间的关系就属于并列结合学习。

二、辨析题（参考答案）

1. 思维定势对问题解决的影响可能是积极的，也可能是消极的。

（1）这种说法是正确的。（2）定势是指重复先前的操作所引起的一种心理准备状态。在定势的影响下，人们会以某种习惯的方式对刺激情境做出反应。它对问题解决既有积极影响，也有消极影响。积极影响表现在人们遇到相似的问题更加易于解决，而消极影响则表现在不利于创造性地解决问题。因此，题干说法正确。

2. 短时记忆向长时记忆转化的条件是想象。

（1）这种说法是不正确的。（2）①记忆的三级模型包括瞬时记忆（感觉记忆）、短时记忆和长时记忆。短时记忆是指人脑中的信息在一分钟之内加工与编码的记忆，是信息从感觉记忆到长时记忆的过渡阶段。长时记忆是信息经过充分加工，在头脑中长久保持的记忆。②在短时记忆中，信息的保持时间是有限的。短时记忆中的信息如果加以复述，便可以进入长时记忆，得以继续保存；如果它们得不到复述，就会随时间而自动消退。因此，短时记忆向长时记忆转化的条件是复述，题干说法错误。

3. 阿特金森认为，力求成功者旨在获取成就感，他们倾向于选择稳操胜券的任务。

（1）这种说法是不正确的。（2）阿特金森把个体的成就动机分为两类：力求成功的动机和避免失败的动机。力求成功者的目的是获取成就，即通过各种活动努力提高自尊心和获得心理上的满足，成功概率为50%的任务是他们最有可能选择的。避免失败者则往往通过各种活动防止自尊心受伤害和产生心理烦恼，倾向于选择非常容易或非常困难的任务。依据题干所述，“稳操胜券的任务”是指任务的成功概率可能接近或达到百分之百，成功概率极高，这与力求成功者的任务选择倾向不符，故题干说法错误。

4. 后继学习对先前学习产生负迁移作用。

（1）这种说法是不正确的。（2）逆向迁移是指后继学习对先前学习产生的影响。而负迁移是指一种学习对另一种学习产生阻碍作用。题干中所说的“后继学习对先前学习产生作用”属于逆向迁移，而后继学习既可能促进先前学习（即正迁移），也可能对先前学习产生阻碍作用(即负迁移)。因此,题干认为后继学习只能对先前学习产生负迁移作用的说法过于绝对,是错误的。

三、简答题(参考答案)

1. 简述知觉的基本特征。

(1)知觉的选择性。知觉的选择性是指当面对众多的客体时,知觉系统会自动地将刺激分为对象和背景,并把知觉对象优先地从背景中区分出来。(2)知觉的理解性。知觉的理解性是指人以知识经验为基础对感知的事物进行加工处理,并用语词加以概括、赋予说明的加工过程。(3)知觉的整体性。知觉的整体性是指人根据自己的知识经验把直接作用于感官的客观事物的多种属性整合为统一整体的过程。(4)知觉的恒常性。知觉的恒常性是指客观事物本身不变,但知觉条件在一定范围内发生变化时,人的知觉映像仍相对不变。

2. 简述注意的品质。

(1)注意的广度。注意的广度也称注意的范围,是指在同一时间内,人们能够清楚地知觉出的对象的数目。(2)注意的稳定性。注意的稳定性是指注意保持在某一对象或某一活动上的时间长短特性。持续时间愈长,注意就愈稳定。(3)注意的分配。注意的分配是指人在进行两种或多种活动时能把注意指向不同对象的现象。(4)注意的转移。注意的转移是根据新的任务,主动地把注意从一个对象转移到另一个对象或由一种活动转移到另一种活动的现象。

3. 培养学生创造性的主要途径有哪些?

(1)培养创造性认知能力;(2)注重创造性个性的塑造;(3)创设有利的社会环境;(4)培养创造型的教师队伍。

4. 简述建构主义学习理论的主要观点。

(1)知识观:建构主义在一定程度上对知识的客观性和确定性提出质疑,强调知识的动态性。(2)学习观:建构主义在学习观上强调学习的主动建构性、社会互动性和情境性三方面。(3)学生观:建构主义非常强调学习者本身已有的经验结构,认为学习者在学习新信息、解决新问题时往往可以基于相关的经验,依靠其认知能力形成问题的解释。教学不能无视学生的已有经验,而是要把学生现有的知识经验作为新知识的生长点,引导学生从原有的知识经验中发展出新的知识经验。

5. 学习动机的定义与功能是什么?

(1)学习动机是指激发个体进行学习活动,维持已引起的学习活动,并使行为朝向一定学习目标的一种心理倾向或内部动力。(2)学习动机的功能有:①激发功能。学习动机能激发个体产生某一学习行为。②指向功能。学习动机能使个体的学习行为指向某一具体目标。③维持和调节功能(强化功能)。学习动机能调节个体学习行为的强度、时间和方向。

6. 简述元认知策略的种类。

元认知策略是指学生对自己整个学习过程的有效监视及控制的策略。元认知策略大致可分为:计划策略、监控策略、调节策略。(1)计划策略是指根据认知活动的特定目标,在认知活动开始之前计划完成任务所涉及的各种活动、预计结果、选择策略,设想解决问题的方法,并预估其有效性等。(2)监控策略是指在认知过程中,根据认知目标及时检测认知过程,寻找两者之间的差异,并对学习过程及时进行调整,以期顺利实现有效学习的策略。(3)调节策略是指在学习过程中根据对认知活动监视的结果,找出认知偏差,及时调整策略或修正目标的策略。

四、材料分析题(参考答案)

1. (1)①存在问题:自我效能感是指人对自己能否成功从事某一成就行为的主观判断。题干中的学生由于近几次考试的连续失败,对自己的能力产生怀疑,从而造成自我效能感降低。

②产生原因:第一,个人自身行为的成败经验。材料中的学生由于近几次考试都没有考好,连续的失败体验导致其自我效能感降低,这也是造成其自我效能感降低的一个最大因素。第二,言语暗示。材料中的学生会不由自主地多想,思考自己"是否能力不够""是不是无法考出好成绩了",这种消极的想法会加深其对自身能力的怀疑和焦虑情绪,导致自信心不足,自我效能感降低。第三,情绪唤醒。高水平的情绪唤醒使成绩降低而影响自我效能感。研究表明,焦虑水平过高的人往往低估自己的能力,疲劳和烦躁会使人感到难以胜任所承担的任务。材料中的学生由于多次的考试失败而产生了考试焦虑,过高的情绪唤醒也使该学生自我效能感降低,感觉难以胜任一些学习活动。

(2)作为教师,可以通过以下几个方面来帮助该生:

①让学生更多地体验到成功,给学生提供难度适中的学习任务和要求,对学生进行成功性训练,丰富其成功经验。②指导学生使用正面的内在言语进行自我暗示,如"我能行""我一定能考出好成绩"。③教给学生合适的方法,降低其情绪唤醒水平,如放松训练、认知改变、恰当控制动机水平等。④为学生提供适当的榜样。学生通过观察榜样示范的行为获得的间接经验会影响自我效能感。当学生看到与自己水平差不多的榜样取得了成功,就会增强自我效能感,认为自己也能完成同样的任务。⑤引导学生进行积极、正确的归因,即把成功与努力和能力相联系,将失败与努力不足相联系,并及时进行反馈。⑥有效地运用表扬,给予学

生肯定性评价,鼓励学生产生再接再厉、积极向上的心态,增强自信。

2. (1)材料中王老师的做法运用了概括化理论。概括化理论也称经验类化(泛化)说,由美国心理学家贾德提出,其主要观点是:一个人只要对自己的经验进行了概括,就可以完成从一个情境到另一个情境的迁移。贾德认为,先前的学习之所以能迁移到后来的学习中,是因为在先前学习中获得了一般原理,这种一般原理可以部分或全部地运用于后面的学习中。对原理了解、概括得越好,迁移效果也越好。材料中,王老师引导学生总结、掌握了五言绝句、五言律诗的平仄规律,学生在之后的学习中能利用已掌握的方法很快总结出七言律诗的平仄规律,这种对方法、原理的一般迁移符合经验类化说的内涵。

(2)该理论对教学的主要启示是:根据概括化理论,在教学中,教师要注重提高学生的知识经验的概括水平,强调基本原理、基本概念的学习与掌握。这些原理掌握的程度越高,迁移到类似问题中的效果也就越明显。

过关必刷题库

专题一　认知过程

一、单项选择题

答案速查

1～5	CBBBB	6～10	ADAAD
11～15	BDBDA	16～20	BDCDC
21～25	CCBDB	26～30	DABCA
31～35	BCBCD	36～40	BCBBB
41～45	BCBCB	46～50	DCCDD
51～55	CDCBD	56～60	CCDCC
61～65	DBACB	66～70	CDCBA
71～75	DBACA	76～80	DCAAD
81～85	DCCAA	86～90	ADDBB
91～95	CDCAA	96～100	ABBCC
101～105	DAADD		

1. C　【解析】合理组织活动是引起和维持有意注意的方法。教师将讲解和学生记笔记、做实验合理地组织起来,有效地维持了学生的有意注意。本题选 C。

2. B　【解析】发散思维,也叫求异思维,是指人们解决问题时,思路朝各种可能的方向扩散,从而求得多种答案。一题多解、一事多写等都有利于培养学生的发散思维。

3. B　【解析】知觉的理解性是指人以知识经验为基础对感知的事物进行加工处理,并用语词加以概括、赋予说明的加工过程。"仁者见仁,智者见智"即不同的人看待同一个问题的侧重点不同,其理解也不同,这说明了知觉的理解性。

4. B　【解析】暗适应是指照明停止或由亮处转入暗处时视觉感受性提高的过程。电影院光线暗,起初什么也看不清,等一段时间后慢慢能看清了,这是视觉的暗适应。

5. B　【解析】社会刻板印象是指对某一类事物或人物的一种比较固定、概括而笼统的看法。它强调的是人对某类群体的固有印象。题干中,人们对护士、模特等职业的人员的固有看法在心理学上称为刻板印象。

6. A　【解析】思维的间接性是指思维能对感官所不能直接把握的或不在眼前的事物,借助某些媒介物与头脑加工来进行反映。题干中,李清照这首词的意思是:昨夜雨虽然下得稀疏,但是风却劲吹不停,酣睡一夜仍有余醉未消。问那正在卷帘的侍女,外面的情况如何,她却说海棠花依然和昨天一样。知道吗?知道吗?这个时节应该是绿叶繁茂,红花凋零了。通过"昨夜雨疏风骤"来推知今天的海棠花应是"绿肥红瘦",这体现了思维的间接性。

7. D　【解析】在刺激作用停止后暂时保留一段时间的现象称为感觉后效,即感觉后像。题干中的现象属于感觉后像中的视觉后像。

8. A　【解析】知觉恒常性受各种因素的影响,其中视觉线索有重要的作用。视觉线索是指环境中的各种参照物给人们提供的物体距离、方位和照明条件的信息。

9. A　【解析】明适应是指照明开始或由暗处转入亮处时视觉感受性下降的过程。相反,暗适应感受性提高。

10. D　【解析】人们把某种功能赋予某物体的倾向称为功能固着。在功能固着的影响下,人们不易摆脱事物用途的固有观念,从而直接影响问题解决的灵活性。小刚只想到用螺丝刀拧螺丝,没有想到可以用小刀,说明其摆脱不了功能固着的影响。故选 D 项。A 项为干扰项,可排除。B 项,定势(即心向)是指重复先前的操作所引起的一种心理准备状态。在定势的影响下,人们会以某种习惯的方式对刺激情境做出反应。C 项,酝酿效应是指当一个人长期致力于某一问题的解决而又百思不得其解的时候,如果他暂时停下对这个问题的思考而去做别的事情,几小时、几天或几周之后,他可能会忽然想到解决的办法。

11. B　【解析】感觉对比是同一感受器接受不同的刺激,而使感受性发生变化的现象。感觉对比可分为同时对比和继时对比。其中,刺激物先后作用于同一感受器会产生继时对比现象。题干中强调小明先后听了两段语速不同的听力材料,会觉得正常语速比较慢,这是刺激物先后作用于听觉器官从而产生了继时对比现象。

12. D 【**解析**】在刺激作用停止后暂时保留一段时间的现象称为感觉后效,即感觉后像。在各种感觉中,视觉的后效很显著,又称视觉后像。视觉后像有正后像和负后像。注视发光的灯泡几秒钟,再闭上眼睛,就会感到眼前有一个同灯泡差不多的光源出现在黑暗的背景里,这时出现的就是正后像。

13. B 【**解析**】思维的间接性,是指思维能对感官所不能直接把握的或不在眼前的事物,借助某些媒介物与头脑加工来进行反映。通过观察一个人的表情、肢体动作、语言等外部行为表现来推断这个人的情绪状态,这体现了思维的间接性。

14. D 【**解析**】无意注意也称不随意注意,是没有预定目的、无需意志努力、不由自主地对一定事物所发生的注意。题干所述教师利用声音的变化吸引学生的注意,这是无意注意规律在教学中的应用。

15. A 【**解析**】知觉的整体性是指人根据自己的知识经验把直接作用于感官的客观事物的多种属性整合为统一整体的过程。人的面部特征是我们感知人体外貌的强的刺激部分。只要认得人的面部特征,不管他的发型、服饰等如何变化,只要面部没有变化,就不会认错人。

16. B 【**解析**】明适应是在光刺激由弱变强的情况下发生的感受性降低的过程。比如,从暗的环境到亮的环境,开始觉得光线刺得眼睛睁不开,很快就习惯了。明适应是从暗的环境到亮的环境,暗适应是从亮的环境到暗的环境,题干所述现象为明适应。

17. D 【**解析**】知觉的选择性是指当面对众多的客体时,知觉系统会自动地将刺激分为对象和背景,并把知觉对象优先地从背景中区分出来。因此,题干中学生用荧光笔画出优美的语句利用的就是知觉的选择性。故选 D 项。

18. C 【**解析**】思维的概括性,包含两层意思:(1)把同一类事物的共同特征和本质特征抽取出来加以概括;(2)将多次感知到的事物之间的联系和关系加以概括,得出有关事物之间的内在联系的结论。学生在认识了各种三角形之后,总结出了三角形的本质特征,即"三角形是由三条线段所围成的封闭图形",这种从具体到抽象、由个别到一般的思维过程体现了思维的概括性。

19. D 【**解析**】知觉的恒常性是指客观事物本身不变,但知觉条件在一定范围内发生变化时,人的知觉映像仍相对不变。例如,平视桌面上的一本书与斜视桌面上同一位置的同一本书,在视网膜上成像的形状虽有不同,但人对书的形状知觉却仍然保持不变。

20. C 【**解析**】感觉阈限与感受性在数值上成反比关系,感受性高,则感觉阈限低;反之,感受性低,则感觉阈限高。

21. C 【**解析**】对问题解决起启发作用的事物叫原型。原型启发是指从其他事物上发现解决问题的途径和方法。人们受面包发酵后变得松软的启发,制造出泡沫橡胶,这种解决问题的过程与方法属于原型启发,故选 C 项。

22. C 【**解析**】无意注意也称不随意注意,是没有预定目的、无需意志努力、不由自主地对一定事物所发生的注意。引起无意注意的条件之一就是刺激物的活动和变化。题干中,大街上的霓虹灯因其灯光亮度、色彩的变换,很容易引起人们的注意,本题选 C。

23. B 【**解析**】有意识记是有明确的识记目的,并运用一定方法的识记,在识记过程中还需要一定的意志努力。学生的学习活动主要依靠有意识记。

24. D 【**解析**】题干中,"有的人"认为:有孩子的人可能会将虐待儿童这一现象联想到自己孩子身上,从而不敢看这类新闻。这表明题中"有的人"将自己的想法投射到了有孩子的他人身上,认为别人会做出符合自己设想的行动,这体现的正是投射效应。故选 D 项。A 项,晕轮效应是当我们认为某人具有某种特征时,就会对他的其他特征做相似判断。B 项为干扰项,可排除。C 项,社会刻板效应是指对某一类事物或人物的一种比较固定、概括而笼统的看法。

25. B 【**解析**】当我们认为某人具有某种特征时,就会对他的其他特征做相似判断,这就是晕轮效应,也称光环效应。因为学习不好,父母也否定了小明的其他方面,这就是晕轮效应的体现。

26. D 【**解析**】感觉适应是指由于刺激对感受器的持续作用而使感受性发生变化的现象。题干所述是嗅觉的适应过程。

27. A 【**解析**】手段—目的分析法是指把所需达到的问题的目标状态分成若干个子目标,通过实现一系列的子目标而最终达到总目标。例如,完成一篇 20 页的论文,对某些学生来说是个难题,采用手段—目的分析策略,把任务分解成几个子任务,如选题、查找资料、阅读资料、组织材料、制定大纲、完成初稿、修改定稿等,问题就容易解决。故本题选 A 项。

28. B 【**解析**】瞬时记忆又称感觉记忆,其信息储存时间极短;短时记忆信息储存一般不超过 1 分钟;长时记忆信息储存在 1 分钟以上,直至数日、数周数年甚至终生。小明记忆电话号码并拨打,但打完电话后就不记得了,属于短时记忆。

29. C 【解析】知觉的恒常性是指客观事物本身不变,但知觉条件在一定范围内发生变化时,人的知觉映像仍相对不变。从不同角度看门,门的形状不变正是体现了知觉的恒常性。

30. A 【解析】感觉对比是同一感受器接受不同的刺激,而使感受性发生变化的现象。感觉对比分为两种:同时对比和继时对比。几个刺激物同时作用于同一感受器会产生同时对比现象。题干所述体现了同时对比。

31. B 【解析】注意的集中性是指心理活动停留在被选择的对象上的强度或紧张度,它使心理活动离开一切无关的事物,并且抑制多余的活动,以保证注意的对象能得到比较鲜明和清晰的反映。人在注意力高度集中时,对目标物之外的其他事物就会"视而不见、听而不闻"了。

32. C 【解析】影响知觉选择性的客观因素之一是对象与背景的差别性。对象与背景的差别越大,对比越鲜明,知觉越容易;对象与背景的差别越模糊,知觉越困难。白色的兔子在白色的雪地上难以分辨出来是因为两者的颜色相同,刺激的对比不强烈。

33. B 【解析】题干老师板书时用红色粉笔把重点内容突出出来运用的原理是色彩对比鲜明的物体容易引起人的无意注意。

34. C 【解析】注意的广度也称注意的范围,是指在同一时间内,人们能够清楚地知觉出的对象的数目。题干中,李峰能关注到整个黑板上的大部分内容,这表明他注意的范围广,即注意的广度这一品质较好,故答案选 C 项。

A 项:注意的分散是指注意离开了当前应当完成的任务而被无关的事物所吸引。与题干不符,排除。

B 项:注意的转移是根据新的任务,主动地把注意从一个对象转移到另一个对象或由一种活动转移到另一种活动的现象。与题干不符,排除。

D 项:注意的分配是指人在进行两种或多种活动时能把注意指向不同对象的现象。与题干不符,排除。

35. D 【解析】注意的转移是根据新的任务,主动地把注意从一个对象转移到另一个对象或由一种活动转移到另一种活动的现象。题干中小刘很快把精力投入到新任务中体现了注意的转移。

36. B 【解析】表象是事物不在面前时,人们在头脑中出现的关于事物的形象。题干中强调游览后在头脑中再现出南京长江大桥的形象,这一形象属于表象。

37. C 【解析】无意注意也称不随意注意,是没有预定目的、无需意志努力、不由自主地对一定事物所发生的注意。上课过程中钱冰突然推门而入,这一突然产生的外部刺激引起了同学们的无意注意,使他们不由自主地看向钱冰。故本题选 C。

38. B 【解析】听觉编码是短时记忆主要的编码形式,语义编码是长时记忆主要的编码形式。

39. B 【解析】下位学习又称类属学习,是一种把新的观念归属于认知结构中原有观念的某一部分,并使之相互联系的过程。原有观念在包容和概括水平上高于新学习的知识。

40. B 【解析】有意注意也称随意注意,是有预先目的、必要时需要意志努力、主动地对一定事物所发生的注意。题干中教师的做法是为了使学生明白这部分知识的重要性,从而自觉、主动地加强记忆和复习。故教师的目的是引起学生的有意注意,本题选 B。

41. B 【解析】再造想象是依据词语或符号的描述、示意在头脑中形成与之相应的新形象的过程。题干中学生在诵读诗句的时候,头脑中出现了相应的画面,这属于再造想象。故本题选 B 项。

42. C 【解析】陈述性记忆是指对有关事实和事件的记忆。它可以通过语言传授而一次性获得,它的提取往往需要意识的参与。例如,我们在课堂上学习的各种课本知识和日常生活常识都属于这类记忆。

43. B 【解析】瞬时记忆存储量大,它主要依靠信息的物理特征进行编码,信息处于相对未加工的原始状态,形象鲜明,但存储时间很短。

44. C 【解析】根据记忆的内容和经验的对象,可将记忆分为形象记忆、情景记忆、逻辑记忆、情绪记忆和动作记忆。其中,逻辑记忆是以各种有组织的知识为内容的记忆,如字词、符号、概念、公式、规则、思想观点等。如对哥伦布发现美洲这个事实的记忆就是逻辑记忆。

45. B 【解析】知觉的理解性是指人以知识经验为基础对感知的事物进行加工处理,并用语词加以概括赋予说明的加工过程。知觉的理解性与人已有的知识经验有密切关系。由于个体的知识经验不同,即使知觉的是同一事物,对知觉的内容的理解也是有差异的。题干所述是知觉的理解性起作用的结果。

46. D 【解析】晚上的学习效果优于白天,这是由于白天受前摄抑制和倒摄抑制的双重干扰较多。晚上只受前摄抑制的干扰。

47. C 【解析】先学习的材料对后学习的材料的识记和回忆起干扰作用称为前摄抑制。后学习的材料对先学习的材料的保持和回忆起干扰作用称为倒摄抑制。前摄抑制和倒摄抑制一般是在学习两种不同但又彼此类似的材料时产生的。但是,在学习一种材料的过程中也会出现这两种抑制现象。题干中"在记忆材料的过程中,中间部分忘得更快"是由于记忆材料的开始部分只受倒摄抑制的影响,记忆材料的终末部分只受前摄抑制的影响,而材料中间部分则同时受这两种抑制的影响。

48. C 【解析】奥苏伯尔提出的同化说(认知结构说)认为,遗忘是知识的组织和认知结构简化的过程。当人们学到了更高级的概念与规律之后,就可以以此来代替低级的观念,使低级观念简化,从而减轻记忆负担。

49. D 【解析】后学习的材料对保持和回忆先学习的材料的干扰作用,称为倒摄抑制(后摄抑制)。在晚上学习不会受到后学习的材料的干扰,即没有倒摄抑制的影响,因此学习效果较好。

50. D 【解析】提取失败说认为遗忘是一时难以提取出需要的信息,遗忘之所以发生是因为编码不准确,失去了检索线索或线索错误。一旦有了正确的线索,经过搜寻,所需要的信息就能提取出来。题干所述现象是提取失败说的典例。

51. C 【解析】感觉记忆的编码方式有图像记忆和声像记忆两种。图像记忆是感觉记忆的主要编码形式。

52. D 【解析】回忆是指过去经历的事物不在面前,人们在头脑中把它重新呈现出来的过程。学生回答问答题时的记忆活动是回忆。

53. C 【解析】有意后注意也叫随意后注意,是有预定目的,但不需要意志努力的注意。它是在有意注意的基础上,经过学习、训练或培养个人对事物的直接兴趣达到的。在有意注意阶段,主体从事一项活动需要意志努力,但随着活动的深入,个体由于兴趣的提高或操作的熟练,不用意志努力就能够在这项活动上保持注意。根据题干描述可知,小陈刚开始学习数学时,只是出于完成学习任务的目的,后来他对数学产生了兴趣,可以自然而然地将注意力集中在数学学习上,这种注意属于有意后注意。故C项正确。

54. B 【解析】由于刺激对感受器的持续作用而使感受性发生变化的现象叫感觉适应。感觉适应可以引起感受性的提高,也可以引起感受性的降低。游泳时,刚刚跳进水中时会觉得水很冷,不久后这种感觉就会消失,这是由于冷水对皮肤的持续刺激,使个体的感受性降低了,故属于感觉适应现象。

55. D 【解析】根据想象的目的和计划性,可将想象分为无意想象和有意想象。根据创造程度的不同,有意想象又可以分为再造想象和创造想象。其中,再造想象是依据词语或符号的描述、示意在头脑中形成与之相应的新形象的过程。题干中强调阅读《红楼梦》时根据文字描述在头脑中想象出王熙凤的形象,这属于有意想象中的再造想象。故本题选D项。

56. C 【解析】形象记忆是以我们感知过的事物形象为内容的记忆。题干中强调小芳脑海中浮现出看到过的苹果树和苹果的形象,故属于形象记忆。

57. C 【解析】动作记忆又称运动记忆,是以过去的运动或动作为内容的记忆。在头脑中保留的体操动作、舞蹈动作等都属于动作记忆。

58. D 【解析】发散思维是指人们解决问题时,思路朝着各种可能的方向扩散,从而求得多种答案。题干中强调"寻求多种答案",这体现了发散思维的内涵。

59. C 【解析】意义识记是在理解的基础上,依据材料的内在联系,并运用已有的知识经验而进行的识记。本题是通过已有知识来记忆新知识,符合意义识记的概念。

60. C 【解析】压抑说认为,遗忘是由于情绪或动机的压抑作用引起的,如果压抑被解除,记忆就能恢复。由于情绪紧张而引起的遗忘(考试时经常发生)就属于这种类型。

61. D 【解析】影响遗忘进程的因素包括:(1)学习材料的性质;(2)系列位置效应;(3)识记材料的数量和学习程度;(4)记忆任务的长久性与重要性;(5)识记的方法;(6)时间因素;(7)情绪和动机。

62. B 【解析】具体形象思维是以直观形象和表象为支柱的思维过程。例如,要考虑走哪条路能更快到达目的地,便需在头脑中出现若干条通往目的地的路的具体形象,并运用这些形象进行分析、比较来作出选择。

63. A 【解析】短时间内注意周期性地不随意跳跃现象称为注意的起伏(或注意的动摇),它是由于人的感受性不能长时间地保持固定的状态,而是间歇性地加强和减弱造成的。题干所述现象是注意的起伏。

64. C 【解析】首因效应指在总体印象形成上,最初获得的信息比后来获得的信息影响更大的现象。题干中老师第一次讲课时就给学生留下了良好印象,这种印象延续下去,使学生认为老师之后讲得课也会很好。这是心理效应中的首因效应。

65. B 【解析】理解问题即明确问题,就是把握问题的性质和关键信息,摒弃无关因素,并在头脑中形成有关问题的初步印象,即形成问题的表征。根据题干描述可知,张老师的做法有利于学生形成对问题的表征。故本题选B项。

66. C 【解析】直觉思维是未经逐步分析就迅速对问题答案做出合理的猜测、设想或突然领悟的思维。直觉思维具有敏捷性、直接性、简缩性、突然性(突发性)、猜测性的特点。题干所述属于直觉思维的典型事例。

67. D 【解析】晕轮效应是指当我们认为某人具有某种特征时,就会对他的其他特征做相似判断,也称光环效应。当一个人的外表充满魅力时，那么他（她）的其他同外表无关的特征，也会得到更好的评价。

68. C 【解析】注意的集中性是指心理活动停留在被选择的对象上的强度或紧张度，它使心理活动离开一切无关的事物，并且抑制多余的活动，以保证注意的对象能得到比较鲜明和清晰的反映。人在注意力高度集中时，除了对目标物之外，对自己周围的其他事物就会"视而不见、听而不闻"了。

69. B 【解析】刺激物之间的对比关系容易引起人的无意注意。题干中，一群孩子中站着一个成年人，一片绿色中存在着鲜艳的红色，两类不同的刺激物之间形成了鲜明的对比，因而能引起人的无意注意。本题选 B。

70. A 【解析】聚合思维，也叫求同思维、集中思维，是指人们解决问题时，思路集中到一个方向，从而形成唯一的、确定的答案。故选 A 项。

71. D 【解析】创造想象是按照一定目的、任务，使用自己以往积累的表象，在头脑中独立地创造出新形象的过程。作者对人物形象的塑造是创造想象的过程。

72. B 【解析】创造想象是按照一定目的、任务，使用自己以往积累的表象，在头脑中独立地创造出新形象的过程。设计蓝图属于创造想象。

73. A 【解析】根据思维的创造程度，可分为再造性思维和创造性思维。其中，创造性思维是指以新颖、独特的方式来解决问题的思维方式。题干中后者使用了新颖、独特的方式来解决问题，这属于创造性思维，故本题选 A 项。

74. C 【解析】思维的灵活性是指摒弃以往的习惯思维方法而开创不同方向的能力，也叫思维的变通性。题干中李明可以不受消极思维定势的桎梏，触类旁通，从不同角度思考并解决问题，说明李明的思维具有变通性。

75. A 【解析】流畅性是指在限定时间内产生观念数量的多少。在短时间内产生的观念越多，流畅性越好。

76. D 【解析】刚刚能引起差别感觉的刺激物间的最小差异量叫差别感觉阈限，又称最小可觉差；能够感受刺激物之间这一最小差异量的能力叫差别感受性。刚刚能引起感觉的最小刺激强度叫绝对感觉阈限；而人的感官觉察这一最小刺激强度的能力叫绝对感受性。题干中强调刚刚能引起差别感觉的刺激物之间的最小差异量，故属于差别感觉阈限。

77. C 【解析】思维定势（即心向）是指重复先前的操作所引起的一种心理准备状态。在定势的影响下，人们会以某种习惯的方式对刺激情境做出反应。题干中教师给自己认为好的学生高分，差的学生低分，属于对学生的思维定势。

78. A 【解析】思维的间接性是指思维能对感官所不能直接把握的或不在眼前的事物，借助某些媒介物与头脑加工来进行反映。题干中教师通过学生的言行举止来了解学生的内心世界，这说明思维具有间接性。

79. A 【解析】注意的分配是指人在进行两种或多种活动时能把注意指向不同对象的现象。杨老师一边讲课一边观察学生，属于注意的分配。

80. D 【解析】形象记忆是以我们感知过的事物形象为内容的记忆。题干所述是形象记忆的典型事例。

81. D 【解析】理论思维是以科学的原理、定理、定律等理论为依据，对问题进行分析、判断的思维。题干所述是理论思维的概念。

82. C 【解析】当一个人长期致力于某一问题解决而又百思不得其解的时候，如果他暂时停下对这个问题的思考而去做别的事情，几小时、几天或几周之后，他可能会忽然想到解决的办法，这就是酝酿效应。酝酿效应实际上是产生了顿悟，使人们打破了以往不恰当的思路，从一个新的角度思考问题，从而使问题得以解决。

83. C 【解析】人们把某种功能赋予某物体的倾向称为功能固着。在功能固着的影响下，人们不易摆脱事物用途的固有观念，从而直接影响问题解决的灵活性。题干所述现象属于功能固着。

84. A 【解析】一种感觉兼有另一种感觉的心理现象叫联觉。根据题干所述，听觉引起了视觉上的联想，这种感觉现象属于联觉，本题选 A 项。

85. A 【解析】内隐记忆是指在不需要意识参与或不需要有意回忆的情况下，个体的已有经验自动对当前任务产生影响而表现出来的记忆。题干所述是内隐记忆的典型现象。

86. A 【解析】情绪记忆是个体以曾经体验过的情绪或情感为内容的记忆。因此，对被蛇咬过之后产生的恐惧情绪的记忆属于情绪记忆。

87. D 【解析】对两个同类的刺激物，只有达到一定的差异强度才能引起人们的差异感觉。刚刚能引起差别感觉的刺激物间的最小差异量叫差别感觉阈限，又称最小可觉差。题干中的 10 分贝是刺激量的最小差异，故属于差别感觉阈限。

88. D 【解析】算法策略是将所有可能的针对问题解决的方法都一一列举出来并进行尝试，直到最终从根本上解决问题。

89. B 【解析】实验证明：过度学习达到 50%，即学习的熟练程度达到 150% 时，学习的效果最好；超过 150% 时，效果并不递增，很可能引起厌倦、疲劳而成为无效劳动。

90. B 【解析】再造性思维也称常规性思维或习惯性思维，是指人们运用已获得的知识经验，按现成的方案和程序,用惯常的方法、固定的模式来解决问题的思维方式。例如,学生运用已学会的公式解决同一类型的问题。

91. C 【解析】过度学习是指学习达到恰能背诵之后再继续学习。实验证明:过度学习达到50%,即学习的熟练程度达到150%时,学习的效果最好;超过150%时,效果并不递增,很可能引起厌倦、疲劳而成为无效劳动。题干中小明在背会后又继续诵读了5分钟,这是运用了过度学习的策略。

92. D 【解析】感觉是人脑对直接作用于感觉器官的客观事物的个别属性的反映。知觉是在感觉的基础上产生的,它是人脑对直接作用于感觉器官的客观事物的整体属性的反映。人们认出"一面红旗"已经是对"红旗"的颜色、形状等属性的整体的感知,因此是知觉的活动过程。

93. C 【解析】程序性记忆是指对如何做事情的记忆,包括对知觉技能、认知技能和运动技能的记忆。题干中,学生对于如何骑自行车的记忆属于对运动技能的记忆,因此属于程序性记忆。

94. A 【解析】经验思维是以日常经验为依据,判断生产、生活中的问题的思维。题干中的谚语就属于一种经验思维。

95. A 【解析】知觉的选择性是指当面对众多的客体时,知觉系统会自动地将刺激分为对象和背景,并把知觉对象优先地从背景中区分出来。被清晰反映的刺激物叫知觉的对象,被模糊反映的刺激物叫知觉的背景。题干中教师的做法会使形近字中用红色突出显示的部件成为学生优先知觉的对象,有助于学生更好地认识、辨别形近字,这一做法符合知觉的选择性规律。

96. A 【解析】直观动作思维是以实际动作为支柱的思维过程。思维活动往往是在实际操作中,借助触摸、摆弄物体而产生和进行的。成人也有动作思维,是在经验的基础上,在第二信号系统的调节下实现的。例如,技术工人在对一台机器进行维修时,一边检查一边思考故障的原因,直至发现问题排除故障为止,这一过程中动作思维占据主要地位。

97. B 【解析】长时记忆是指信息在头脑中储存的时间在1分钟以上,直至保持终生的记忆。

98. B 【解析】手段—目的分析法是将需要达到的问题的目标状态分成若干个子目标,通过实现一系列的子目标而最终达到总目标。题干中将学期报告分解成一个个小任务逐步完成,这种方法就属于问题解决方法中的手段—目的分析法。

99. C 【解析】算法策略是指将所有可能的针对问题解决的方法都一一列举出来并进行尝试,直到最终从根本上解决问题。题干中采用逐个进行尝试的方法找回手机密码就属于算法策略。

100. C 【解析】定势(即心向)是指重复先前的操作所引起的一种心理准备状态。在定势的影响下,人们会以某种习惯的方式对刺激情境做出反应。穆丽丽在铁比棉花重的心理定势下,很容易认为一斤铁比一斤棉花重。

101. D 【解析】影响问题解决的因素包括:(1)问题情境与表征方式;(2)定势与功能固着;(3)原型启发;(4)已有知识经验;(5)情绪与动机。

102. A 【解析】短时记忆的容量一般是7±2个组块,即5~9个项目,平均值为7。

103. A 【解析】短时记忆的特点有记忆时间很短、容量有限、意识清晰、操作性强、易受干扰等。A项属于瞬时记忆的特点。

104. D 【解析】提出假设就是提出解决问题的可能途径与方案,选择恰当的解决问题的操作步骤。因此,"想出两种以上可能的计算方法"属于问题解决的提出假设阶段。

105. D 【解析】感觉对比是指同一感受器接受不同的刺激,而使感受性发生变化的现象。教师把形近字的相异部分用不同颜色的粉笔写出来,体现的就是感觉对比。

二、辨析题(参考答案)

1. 定势是一种消极的心理活动准备状态。

(1)这种说法是不正确的。(2)定势(即心向)是指重复先前的操作所引起的一种心理准备状态。在定势的影响下,人们会以某种习惯的方式对刺激情境做出反应。定势对解决问题既有积极作用,也有消极作用。因此,题干说法错误。

2. 注意的起伏和注意的分散都是稳定性差的表现。

(1)这种说法是不正确的。(2)注意的稳定性是指注意保持在某一对象或某一活动上的时间长短特性。持续时间愈长,注意就愈稳定。注意的分散是指注意离开了当前应当完成的任务而被无关的事物所吸引,这是注意不稳定的表现。而注意的起伏是指短时间内注意周期性地不随意跳跃现象,它是由于人的感受性不能长时间地保持固定的状态,而是间歇性地加强和减弱造成的,这是一种正常的心理现象。因此,只有注意的分散是稳定性差的表现,故本题说法错误。

3. 学习程度超过150%,学习效果最好。

(1)这种说法是不正确的。(2)学习材料的学习程度在一定程度上影响遗忘,学习程度太小或太大,都不利于对知识的记忆。实验证明:过度学习达到50%,即学习的熟练程度达到150%时,学习的效果最好;超过150%时,效果并不递增,很可能引起厌倦、疲劳而成为无效劳动。因此,题干表述错误。

三、简答题(参考答案)

1. 简述防止遗忘的方法。

克服遗忘最好的方法是加强复习,有效组织复习的方法有:(1)复习时机要得当。①及时复习;②合理分配复习时间;③间隔复习;④循环复习。(2)复习方法要合理。①分散复习与集中复习相结合;②复习方法多样化;③运用多种感官参与复习;④尝试回忆与反复识记相结合。(3)复习次数要适宜。①复习内容的数量要适当;②适当的过度学习。(4)重视对记忆品质的培养。(5)注意用脑卫生。

2. 影响遗忘进程的因素有哪些?

影响遗忘进程的因素有:(1)学习材料的性质;(2)系列位置效应;(3)识记材料的数量和学习程度;(4)记忆任务的长久性与重要性;(5)识记的方法;(6)时间因素;(7)情绪和动机。

3. 在教学应用中,教师应如何把握不随意注意的规律。

在教学实践中,教师可以把握不随意注意的规律组织教学,具体措施有:(1)创造良好的教学环境。(2)注重讲演、板书技巧和教具的使用。(3)注重教学内容的组织和教学形式的多样化。

4. 简述问题解决的一般过程。

问题解决的一般过程包括:(1)发现问题;(2)理解问题;(3)提出假设;(4)检验假设。

5. 简述引起和保持有意注意的条件。

(1)加深对目的任务的理解。(2)合理组织活动。(3)培养稳定的间接兴趣。(4)排除内外因素的干扰,提高意志力水平。

四、材料分析题(参考答案)

1. (1)首先,教师把上课要演示的教具放在讲台上,分散了学生的注意力。其次,教师宣布考试成绩,这与接下来的教学无关,容易造成学生紧张的心理氛围。因此,恰当的做法是:①上课之前教师的教具应该放在隐蔽的位置;②教师应该在课堂结束后再宣布考试成绩。

(2)①根据注意的外部表现了解学生的听课状态。教师通过观察学生的外部表现,既能够判断学生是否在专心听讲,又能够了解自己的教学效果,从而保证课堂教学的最优化。

②运用无意注意的规律组织教学。创造良好的教学环境;注重讲演、板书技巧和教具的使用;注重教学内容的组织和教学形式的多样化。

③运用有意注意的规律组织教学。可使用的方法有:明确学习的目的和任务;培养间接兴趣;合理组织课堂教学,防止学生分心等。

④运用两种注意相互转换的规律组织教学。

2. (1)材料反映了记忆过程的特点,根据艾宾浩斯提出的著名的"遗忘曲线"可知,遗忘是有规律的,即遗忘的进程是不均衡的,其趋势是先快后慢、先多后少,呈负加速,且到一定的程度几乎就不再遗忘了。

(2)材料说明了正确运用复习策略,可以提高知识掌握的速度和延长记忆的保持时间。丰子恺充分运用了心理学中的复习策略,如及时复习、合理分配复习时间、间隔复习等,这样做就减少了遗忘的发生,使所学知识得到及时的巩固。

3. (1)发散思维是创造性思维的核心,目前比较公认的是以发散思维的基本特征来代表创造性思维的特征。

①流畅性。流畅性是指在限定时间内产生观念数量的多少。在短时间内产生的观念越多,流畅性越大。该特征能反映个体的心智灵活、思路通达的程度。

②灵活性。灵活性是指摒弃以往的习惯思维方法而开创不同方向的能力,也叫思维的变通性。

③独创性(独特性)。独创性是指产生不寻常的反应和不落常规的能力,以及重新定义或按新的方式对所见所闻加以组织的能力。

(2)一般而言,对学生创造性的培养可从以下方面着手:

①培养创造性认知能力。包括:培养创造性的知识基础;创造性思维的培养。②注重创造性个性的塑造。具体包括保护好奇心;解除个体对答错问题的恐惧心理;鼓励独立性和创新精神;重视非逻辑思维能力;给学生提供具有创造性的榜样。③创设有利的社会环境。包括:创设宽松的心理环境;给学生留有充分选择的余地;改革考试制度与考试内容。④培养创造型的教师队伍。要培养学生的创造性,必须对教师进行有关创造性的相应培训和专门指导。具体表现在:第一,要转变教师的教育教学观念,使教师形成理解并鼓励学生的创造,把培养创造性作为一种教学目标的现代教育理念;第二,要教给教师必要的创造技法和思维策略,提高他们自身的创造意识和创造能力;第三,要为教师提供比较明晰的具有实际应用价值的关于创造性的操作定义、相应的评价标准和程序、有效的教学策略和技能。

专题二　学习与学习理论

一、单项选择题

答案速查

1~5	ACCAC	6~10	ADCCA
11~15	BBBAD	16~20	ACCDD
21~25	CCAAA	26~28	DBD

1. A 【解析】移除性惩罚是指在行为后移去满意刺激,以减少行为的发生。呈现性惩罚是指在行为后施加厌恶刺激以抑制或减少该行为的发生频率。小明的妈妈通过取消周末看电影这一愉快刺激,来降低小明在学校不遵守纪律的行为发生的频率,故属于移除性惩罚。

2. C 【解析】托尔曼的符号学习理论认为,学习是对完形的认知,是形成认知地图的过程。

3. C 【解析】负强化也称消极强化,是通过消除或中止厌恶、不愉快刺激来增强反应频率。小明的妈妈通过免去小明每周洗碗的任务(消除厌恶刺激)来激励小明努力学习,这种做法就属于负强化。

4. A 【解析】奥苏伯尔认为学校应主要采用有意义的接受学习,因为有意义的接受学习可以在短时期内使学生获得大量的系统知识。

5. C 【解析】建构主义的学生观认为,学生不是空着脑袋走进教室的,他们本身具有一定的知识经验。因此,教学不能无视学生已有的经验,而是要把学生现有的知识经验作为新知识的生长点,引导学生从原有知识经验中发展出新的知识经验。

6. A 【解析】根据学习情境由简单到复杂、学习水平由低到高的顺序,加涅把学习分为八类:信号学习、刺激—反应学习、连锁学习、言语联结学习、辨别学习、概念学习、规则或原理学习、解决问题学习(高级规则的学习)。其中,刺激—反应学习是指学会对某一情境中的刺激做出某种反应,以获得某种结果。其过程是:情境—反应—强化。桑代克和斯金纳的操作性条件反射是该学习水平的典例。苗苗在课堂上积极回答问题,受到老师多次表扬后更加积极回答问题的现象体现了操作性条件反射原理的运用,故题干所述学习属于刺激—反应学习。概念学习是指对刺激进行分类时,学会对一类刺激做出同样的反应。辨别学习是指学会识别多种刺激的异同并做出不同的反应。规则学习是指学习两个或两个以上概念之间的关系。

7. D 【解析】强化是采用适当的强化物而使机体反应频率、强度和速度增加的过程。凡是能增强行为频率的刺激或事件都叫作强化物。题干中,老师对进步学生予以奖励是对强化的具体运用,小红花、小礼品则是强化物,强化是行为主义学习理论提出的观点,所以本题选 D。

8. C 【解析】格式塔学派的完形—顿悟学习理论认为,学习的实质是形成新的完形。

9. C 【解析】学习是个体在特定情境下由于练习或反复经验而产生的行为或行为潜能的相对持久的变化。A、B、D 三项属于本能。C 项老马在长时间的练习后可以认识路,这属于学习。

10. A 【解析】狗吃到食物时,会分泌唾液,这种反应叫无条件反射,引起这种反应的刺激是食物,称为无条件刺激。

11. B 【解析】观察学习是个体通过对他人的行为及其强化结果的观察,从而获得某些新的行为反应或已有的行为反应得到修正的过程。题干所述与观察学习的概念相吻合。

12. B 【解析】发现学习是指给学生提供有关的学习材料,让学生通过探索、操作和思考,自行发现知识、理解概念和原理的教学方法。

13. B 【解析】机体对与条件刺激相似的刺激做出条件反应,属于刺激的泛化。如果只对条件刺激做出条件反应,而对其他相似刺激不做反应,则出现了刺激的分化。因此,“一朝被蛇咬,十年怕井绳”就是一种典型的泛化现象。

14. A 【解析】准备律是指联结的加强或削弱取决于学习者的心理准备和心理调节状态。良好的准备状态是学习顺利进行的基础。这条定律由桑代克提出。

15. D 【解析】刺激的泛化是指机体对与条件刺激相似的刺激做出条件反应。题干中,李玲由于数学老师的批评不喜欢上数学课,产生了条件反应,条件刺激是数学课。之后对与数学课堂相似的其他刺激,如其他课堂和学校,产生了讨厌和害怕的条件反应,符合泛化的定义,故选 D 项。消退现象指条件反射形成以后,如果得不到强化,条件反应会逐渐减弱,直至消失,排除 C 项。强化是采用适当的强化物而使机体反应频率、强度和速度增加的过程,题干中没有行为频率增加的过程,排除 AB 两项。

16. A 【解析】班杜拉认为,人类的大部分行为是通过观察习得的。学习是个体通过对他人的行为及其强化结果的观察,从而获得某些新的行为反应或已有的行为反应得到修正的过程。“其身正,不令而行;其身不正,虽令不从”强调的是榜样的作用,这可以用班杜拉提出的观察学习理论进行解释。

17. C 【解析】规则或原理学习是指学习两个或两个以上概念之间的关系。例如,各种规律、定理的学习。

18. C 【解析】桑代克认为,学习要遵循三条重要的原则:准备律、练习律、效果律。其中,效果律是指刺激和反应之间的联结可因导致满意的结果而加强,也可因导致烦恼的结果而减弱,它是最重要的学习规律。在实际教育过程中,教师应努力使学生的学习能得到自我满意的积极结果,防止一无所获或得到消极的后果。题干中胡老师在学生取得进步和好成绩时及时给予表扬和奖励,这符合效果律的内涵。

19. D 【解析】苛勒等人通过著名的黑猩猩实验,对学习的实质及原因做出了解释,提出了完形—顿悟学习理论。

20. D 【解析】人本主义心理学是 20 世纪 50 ~ 60 年代在美国兴起的一个心理学流派,主张心理学者应关心人的价值和尊严,研究对人类进步富有意义的问题。人本主义学者认为,学习是人固有能量的自我实现过程,他们注重人的尊严和价值,强调无条件积极关注在个体成长过程中的重要作用。题干所述符合人本主义学派的观点。

21. C 【解析】原理学习又称规则学习。原理学习是指学习两个或两个以上概念之间的关系。例如,各种规律、定理的学习。

22. C 【解析】桑代克认为,学习要遵循三条重要的原则:准备律、练习律、效果律。故C项不属于桑代克的试误学习基本规律。

23. A 【解析】在加涅的学习结果分类中,态度表现为个体对人、对物或对某些事件的选择倾向。学生观看电影后,对剧中英雄人物产生了敬佩之情,立志学好本领,成为国家有用之才。这体现的是加涅学习结果分类中态度的学习。

24. A 【解析】学习的主动建构性是指学生能够主动地对已有知识经验进行综合、重组和改造,从而用以解释新信息,并最终建构属于个人意义的知识内容。故A项符合题意,当选。

社会互动性主要表现为:学习是通过对某种社会文化的参与而内化相关的知识和技能、掌握有关工具的过程,这一过程常常需要通过一个学习共同体的合作互动来完成。学习的情境性主要指学习、知识和智慧的情境性。建构主义者认为知识是不可能脱离活动情境而孤立存在的,只有通过实际应用活动,知识才能真正被理解。D项不属于建构主义学习理论。

25. A 【解析】布鲁纳认为学习包括三种几乎同时发生的过程,这三种过程是:新知识的获得、知识的转化、知识的评价。

26. D 【解析】普雷马克原理,又称为"祖母法则",即用高频活动作为低频活动的有效强化物。题干描述符合普雷马克原理的定义。故D项正确。

A项:"耶克斯—多德森定律"表明,动机不足或过分强烈都会影响学习效果。与题干不符,排除。

B项:霍桑效应是指当人们意识到自己正在被关注或者观察的时候,就会刻意改变一些行为或者言语表达的效应。与题干不符,排除。

C项:木桶效应是指一只水桶能装多少水,并不取决于最长的那块木板,而是取决于最短的那块木板。也可称为短板效应。与题干不符,排除。

27. B 【解析】消退是指条件刺激形成以后,如果得不到强化,条件反应会逐渐减弱,直至消失的现象。消退是一种无强化的过程,其作用在于通过这种强化的取消来降低某种反应在将来发生的概率,以达到消除某种行为的目的。题干中教师运用消退使学生不举手回答问题的行为消失了,从而完成了对举手回答问题的强化。本题选B。

28. D 【解析】奥苏伯尔从两个维度对学习做了区分:从学生学习的方式上,将学习分为接受学习与发现学习;从学习内容与学习者认知结构的关系上,又将学习分为有意义学习和机械学习。其中,有意义学习的本质就是以符号为代表的新观念与学习者认知结构中原有的适当观念建立起非人为的和实质性的联系的过程,是原有观念对新观念加以同化的过程。

D项"学生李娟聚精会神地听教育专家的讲座"是接受学习,且学生是聚精会神地听,必然会深入理解所学知识,因此属于有意义的接受学习。故D项符合题意。

A、B两项属于发现学习;C项属于人为地增加联系,不属于有意义学习。这三项与题干不符,排除。

二、辨析题(参考答案)

1. 用语言教授的接受学习是被动机械的。

(1)这种说法是不正确的。(2)奥苏伯尔认为,接受学习未必都是机械学习,它可以而且也应该是有意义的学习。发现学习也未必都是有意义的学习,它也可能是机械学习。同时,必须把接受学习与被动学习区分开来。接受学习可能是主动的,也可能是被动的,它与被动学习、主动学习都没有必然联系。因此,题干说法错误。

2. 在知识、技能、行为方面的临时性变化也是学习。

(1)这种说法是不正确的。(2)学习是个体在特定情境下由于练习或反复经验而产生的行为或行为潜能的相对持久的变化。学习引起的是相对持久的行为或行为潜能的变化。因此,在知识、技能、行为方面的临时性变化不是学习。

3. 强化一定能够增强学生的学习动机。

(1)这种说法是不正确的。(2)一般来说,强化起着增强学习动机的作用,如适当的表扬与奖励、获得优秀成绩、取消令人厌恶的频繁考试等便是强化的手段。如果合理运用这些强化手段,便可增强学生的学习动机。但使用过多或者使用不当,不仅不能促进学生的学习,而且可能会破坏学生的学习动机。故强化并不一定能够增强学生的学习动机。

三、简答题(参考答案)

1. 简述经典性条件作用理论的主要规律。

(1)泛化与分化。泛化是对事物的相似性的反应,分化则是对事物的差异性的反应。

(2)习得与消退。在条件刺激与无条件刺激之间建立联结的过程叫作条件反应的习得过程。条件反射形成以后,如果得不到强化,条件反应会逐渐减弱,直至消失,这称为消退现象。

(3)恢复。未经强化而条件反射自动重现的现象被称为恢复。

2. 如何理解学习的内涵?

学习是个体在特定情境下由于练习和反复经验而

产生的行为或行为潜能的相对持久的变化。学习的内涵可以从以下几方面去理解:(1)学习实质上是一种适应活动;(2)学习是人和动物共有的普遍现象;(3)学习是由反复经验引起的;(4)学习是有机体后天习得经验的过程;(5)学习的过程可以是有意的,也可以是无意的;(6)学习引起的是相对持久的行为或行为潜能的变化。

3. 简述桑代克的联结—试误学习理论。

(1)学习的实质在于形成情境与反应之间的联结,联结公式是S-R;(2)学习的过程是一种渐进的、盲目的、尝试错误的过程;(3)学习要遵循三条重要的原则,即准备律、练习律和效果律。

4. 简述加涅对学习结果的分类。

按学习结果,心理学家加涅将学习分为五种类型。

(1)言语信息学习指学习用语言文字表达的知识,以学会陈述观念的能力为目标。

(2)智慧技能学习指获得应用符号与环境相互作用的能力,是学习解决"怎么做"的问题。

(3)认知策略学习指获得内部组织起来的、用于调节自己的认知活动的特殊认知技能,表现为调节和控制自己的注意、学习、记忆、思维和问题解决过程。

(4)动作技能学习指获得协调自身肌肉活动的能力。

(5)态度学习指获得决定个人行为选择的内部状态,表现为个体对人、对物或对某些事件的选择倾向。

这五项内容分属于三个领域:前三项内容属于认知领域;第四项内容属于动作技能领域;第五项内容属于情感领域。

5. 简述布鲁纳提出的掌握学科基本结构的原则。

布鲁纳认为,教学的目的在于理解学科的基本结构,他提出了掌握学科的基本结构的四个教学原则:

(1)动机原则。所有学生都具有内在的学习愿望,内在动机是维持学习的基本动力。

(2)结构原则。任何知识结构都可以用动作、图像和符号三种表象形式来呈现。

(3)程序原则。通常每门学科都存在着各种不同的程序,它们对学习者来说,有难有易,不存在对所有的学习者都适用的唯一的程序。

(4)强化原则。教学应当规定适合的强化时间和步调。

6. 简述奥苏伯尔提出的有意义学习的条件。

(1)客观条件,是指受学习材料本身性质的影响。有意义学习的材料本身必须合乎这种非人为的和实质性的标准,即具有逻辑意义。(2)主观条件,是指受学习者自身因素的影响。主要表现在:①学习者必须具有有意义学习的心向;②学习者认知结构中必须具有适当的知识,以便与新知识进行联系;③学习者必须积极主动地使这种具有潜在意义的新知识与认知结构中有关的旧知识发生相互作用。

专题三　学习动机

一、单项选择题

答案速查

1~5	BCBDC	6~10	CBCBB
11~15	BADAD	16~20	ADABC
21~25	ADCDB	26~32	CADDBAB

1. B 【解析】根据学校情境中的学业成就动机的不同,奥苏伯尔等人把动机分为认知内驱力、自我提高内驱力和附属内驱力三个方面。(1)认知内驱力是指要求了解、理解和掌握知识以及解决问题的需要。故学生C的动机属于认知内驱力。(2)自我提高内驱力是指个体因自己的学业成就而获得相应的地位和威望的需要。故学生D的动机属于自我提高内驱力。(3)附属内驱力是指个体为了获得长者们(如家长、教师)的赞许或认可而表现出把工作、学习做好的一种需要。故学生B的动机属于附属内驱力。学生A的动机属于一种外部动机,但不属于附属内驱力,故排除。因此,本题答案选B项。

2. C 【解析】期待包括结果期待和效能期待。结果期待是指人对自己的某一行为会导致某一结果的推测。效能期待是指人对自己能够进行某一行为的能力的推测或判断,它意味着人是否确信自己能够成功地进行带来某一结果的行为。题干中教师认为只要教学认真,就能取得优异成绩,这说明他结果期待高;但是又认为自己没有能力达到期待目标,说明其效能期待低。

3. B 【解析】替代经验是指个体的许多效能期望是来源于对他人的观察,如果看到一个与自己一样或不如自己的人成功,自己的效能感就会提高。

4. D 【解析】根据韦纳的成败归因理论可知,A项归因于外界环境,属于外部归因;B项归因于运气,属于外部归因;C项归因于工作难度,属于外部归因;D项归因于努力,属于内部归因。

5. C 【解析】"耶克斯—多德森定律"表明动机的最佳水平随着任务性质的不同而不同。在比较容易的任务中,行为效果(工作效率)随着动机的提高而上升;随着任务难度的增加,动机的最佳水平有逐渐下降的趋势。学习难度大时,学习动机最佳水平低,①错误②正确。学习任务容易时,学习动机最佳水平高,③正确④错误。

6. C 【解析】成就动机理论的代表人物是阿特金森。马斯洛是需要层次理论的代表人物,韦纳是成败归因理论的代表人物,班杜拉是自我效能感理论的代表人物。本题选 C。

7. B 【解析】A 项,学习动机是指激发个体进行学习活动,维持已引起的学习活动,并使行为朝向一定学习目标的一种心理倾向或内部动力。不符合题意。

B 项,学习需要是指个体在学习活动中感到有某种欠缺而力求获得满足的心理状态,它包括学习的兴趣、爱好和学习的信念等。符合题意。

C 项,学习兴趣是人对学习的一种认识倾向,对学习具有推动作用。不符合题意。

D 项,学习期待是个体对学习活动所要达到目标的主观估计。不符合题意。

8. C 【解析】内部学习动机是指诱因来自学习者本身的内在因素,即学生因对活动本身发生兴趣而产生的动机。认知内驱力是指要求了解、理解和掌握知识及解决问题的需要。这种动机指向学习任务本身(为了获得知识),满足这种动机的奖励(知识的实际获得)是由学习本身提供的,属于内部动机。

9. B 【解析】避免失败者往往通过各种活动防止自尊心受伤害和产生心理烦恼,倾向于选择非常容易或非常困难的任务。

10. B 【解析】认知内驱力这一动机指向学习任务本身(为了获得知识),满足这种动机的奖励(知识的实际获得)是由学习本身提供的。因此题干中描述的学习动机为认知内驱力。

11. B 【解析】教师的反馈会对学生产生相当大的激励作用,其实质是指一种学习再次出现的概率取决于学习之后的反应,受到强化的学习比没有受到强化的学习再次出现的概率会更高一些,这就是动机的强化理论。因此,本题答案选 B 项。

12. A 【解析】"耶克斯—多德森定律"表明,动机不足或过分强烈都会影响学习效果。一般来讲,最佳水平为中等强度的动机。动机的最佳水平随着任务性质的不同而不同。在比较容易的任务中,行为效果(工作效率)随着动机的提高而上升;随着任务难度的增加,动机的最佳水平有逐渐下降的趋势。"大考大玩,小考小玩,不考不玩"体现的就是这个原理。

13. D 【解析】根据成就动机理论,力求成功者的目的是获取成就,即通过各种活动努力提高自尊心和获得心理上的满足,成功概率为 50% 的任务是他们最有可能选择的。避免失败者则往往通过各种活动防止自尊心受伤害和产生心理烦恼,倾向于选择非常容易或非常困难的任务。

14. A 【解析】学习期待是个体对学习活动所要达到目标的主观估计。它所指向的目标可以是成绩,也可以是奖品、教师的赞扬、名誉、地位等。题干描述的是学习期待的概念。

15. D 【解析】结果期待是指人对自己的某一行为会导致某一结果的推测;效能期待是指人对自己能够进行某一行为的能力的推测或判断,它意味着人是否确信自己能够成功地进行带来某一结果的行为。题干中强调小红对自己落实运动目标感到困难,这体现了其效能期待低。故本题选 D 项。

16. A 【解析】在韦纳的成败归因理论中,稳定因素包括个人的能力和工作难度。

17. D 【解析】自我提高内驱力是指个体因自己的学业成就而获得相应地位和威望的需要。题干中小明努力学习的动机是成为大学教授,这是为了赢得相应的社会地位。因此,小明的学习动机是自我提高内驱力。

18. A 【解析】马斯洛把需要分成了七个层次,即生理需要、安全需要、归属与爱的需要、尊重需要、求知需要、审美需要和自我实现的需要。位于需要层次底部的四种需要被称为缺失性需要,它们是个体生存所必需的;后三种需要是成长性需要,它们虽不是我们生存所必需的,但对于我们适应社会来说却有很重要的积极意义。

19. B 【解析】正确的归因观应该归因于内部、可控的因素(即努力),这样才能使学生发挥主观能动性。

20. C 【解析】美国心理学家韦纳把人经历过事情的成败归结为六种原因,即能力、努力程度、工作难度、运气、身心状况、外界环境。其中,学习能力属于稳定的、内部的、不可控的因素。

21. A 【解析】内部学习动机是指诱因来自学习者本身的内在因素,即学生因对活动本身发生兴趣而产生的动机。"知之者不如好之者,好知者不如乐之者"强调学习兴趣的重要性,故其强调的动机类型是内部动机。

22. D 【解析】王雷推测自己上课认真听讲、课后做好作业这些行为能使自己取得好成绩,也就是个人对自己的某一行为会导致某一结果的推测,所以属于结果期待。

23. C 【解析】一个总是失败并把失败归因于内部的、稳定的和不可控的因素(即能力低)的学生会形成一种习得性无助的自我感觉。

24. D 【解析】由题干所述可知,小明将这次考试失败归因于努力不够。根据韦纳的归因理论,努力程度属于不稳定、内在、可控的归因。

25. B 【解析】根据耶克斯—多德森定律,难度大的学习内容,学习动机保持在低水平较好;难度小的学习内容,动机维持在高水平较好。

26. C 【解析】德韦克等人提出了成就目标理论。该理论认为,人们对能力持有两种不同的内隐观念,即能力增长观和能力实体观。由于人们持有的能力内隐观念不同,因而导致他们的成就目标也就存在差异。因此,题干说法体现的是成就目标理论的观点。

27. A 【解析】美国心理学家韦纳把人经历过事情的成败归结为能力、努力程度、工作难度、运气、身心状况、外界环境这六种原因,又把上述六项因素按各自的性质,分别归入内部归因和外部归因、稳定性归因和非稳定性归因、可控制归因和不可控制归因这三个维度。题干中王某将比赛落败归因于雨后跑道湿滑,这是将成败归因于外界环境因素,外界环境因素属于不稳定、外在、不可控的因素,故本题选 A 项。

28. D 【解析】小华中考失利后觉得自己能力不行,考不上理想的大学,这体现了个人自身行为的成败经验对自我效能感的影响。

29. D 【解析】行为主义者用强化来解释学习行为的发生。人的学习行为倾向完全取决于某种行为与刺激因强化而建立的稳固联系,受到强化的行为比没受强化的行为更倾向于再次出现。依据题干描述可知,学生愿意学习是因为可以得到奖赏、赞扬和优异的成绩作为回报,“奖赏、赞扬和优异的成绩”对学生的学习行为起到了强化作用,故题干所述符合强化理论的内涵。

30. B 【解析】德韦克等人在社会认知框架的最新研究成果的基础上,综合以前成就动机的研究成果,提出了较为完善的成就目标理论。德韦克认为,持有能力实体观的学生倾向于建立成绩目标,从而避免被别人看不起;持有能力增长观的学生,他们更多设置掌握目标并寻求那些能真正锻炼自己的能力、提高自己的技能的任务。根据题干描述可知,小明持有能力增长观,小可持有能力实体观。故本题选 B 项。

31. A 【解析】习得性无助感是指由于连续的失败体验而导致个体产生的对行为结果感到无力控制、无能为力的心理状态。题干中的学生因为屡次遭受学习失败的打击从而放弃学习,这是一种典型的习得性无助感现象。

32. B 【解析】“耶克斯—多德森定律”表明,一般情况下最佳水平为中等强度的动机。故答案选 B 项。

二、辨析题(参考答案)

1. 成就动机理论对教育实践的启示是:教师应多给学生布置容易的任务,以增强学生的自信心。

(1)这种说法是不正确的。(2)成就动机理论的教育启示为:①在教育实践中对力求成功者,应通过给予新颖且有一定难度的任务,安排竞争的情境,严格评定分数等方式来激发其学习动机;②对于避免失败者,则要安排少竞争或竞争性不强的情境,如果取得成功则要及时表扬并给予强化,评定分数时要求稍稍放宽些,并尽量避免在公共场合指责其错误;③由于力求成功的动机比避免失败的动机具有更大的主动性,因此,对学生还应增加他们力求成功的成分,使他们不以避免失败为满足,而以获取成功为快乐,这样才能真正调动一个人的积极性。由此可知,针对不同类型的成就动机的学生,布置的任务难度也应不同,故题干说法错误。

2. 只有在低级需要得到部分满足时,高一级需要才会产生。

(1)这种说法是正确的。(2)马斯洛根据需要出现的先后及强弱顺序,把需要分成了七个层次。前四种需要被称为缺失需要,它们是个体生存所必需的;后三种需要是成长需要,它们虽不是个体生存所必需的,但对于个体适应社会来说却有很重要的积极意义。较低级的需要至少必须部分满足之后才会出现对较高级需要的追求。因此,题干说法正确。

3. 表扬和奖励对于学习具有推动作用,因此应多用。

(1)这种说法是不正确的。(2)对学生的学习行为和学习结果给予奖励能有效地促进其学习。虽然表扬和奖励对学习具有推进作用,但使用过多或者使用不当,也会产生消极作用。有许多研究表明,如果滥用外部奖励,不仅不能促进学习,而且可能破坏学生的内部动机。只有当内部动机缺乏时,物质奖励才能起到很好的激励作用。因此,题干说法错误。

4. 学习动机是直接推动学习行为的原因和动力。

(1)这种说法是正确的。(2)学习动机是指激发个体进行学习活动,维持已引起的学习活动,并使行为朝向一定学习目标的一种心理倾向或内部动力。学习动机是直接推动学生进行学习的内部动力。一个学生是否想要学习、学习的努力程度、积极性、主动性等都与学习动机有关。

三、简答题(参考答案)

1. 简述影响学生自我效能感形成的主要因素。

(1)个人自身行为的成败经验。这一效能信息源对自我效能感的影响最大。(2)替代经验。个体的许多效能期望是来源于对他人的观察,如果看到一个与自己一样或不如自己的人成功,自己的效能感就会提高。(3)言语暗示。他人的言语暗示能提高自己的效能感,但缺乏经验基础的言语暗示效果是不牢固的。(4)情绪唤醒。班杜拉发现,高水平的情绪唤醒使成绩降低而影响自我效能感。

2. 奥苏伯尔认为学校情境中的成就动机由哪几个方面组成?

根据学校情境中的学业成就动机的不同,奥苏伯尔等人把动机分为认知内驱力、自我提高内驱力和附属内驱力三个方面。

(1)认知内驱力,指个体要求了解、理解和掌握知识以及解决问题的需要。

(2)自我提高内驱力，指个体因自己的学业成就而获得相应的地位和威望的需要。

(3)附属内驱力，指个体为了获得长者们(如家长、教师)的赞许或认可而表现出把工作、学习做好的一种需要，是一种间接的学习需要。

3. 简述“耶克斯—多德森定律”。

“耶克斯—多德森定律”表明，动机不足或过分强烈都会影响学习效果。(1)动机的最佳水平随任务性质的不同而不同。在比较容易的任务中，行为效果(工作效率)随动机的提高而上升；随着任务难度的增加，动机的最佳水平有逐渐下降的趋势。(2)一般来讲，最佳水平为中等强度的动机。(3)动机水平与行为效果呈倒U型曲线。

四、材料分析题(参考答案)

1. (1)马斯洛按照需要出现的先后及强弱顺序，将需要划分为七个基本层次：生理需要、安全需要、归属与爱的需要、尊重需要、求知需要、审美需要和自我实现的需要。小明的归属与爱的需要没有得到满足，由于经常变换环境，家长工作忙和对小明疏于照顾，新环境中情感建立需要时间等，小明感觉与周围环境日渐疏离，这种情感上的变化从而造成了小明学业上的困难。

(2)①马斯洛认为，较低级的需要至少得到部分满足之后才会出现对较高级需要的追求，他将七种需要分为缺失性需要和成长性需要。需要层次理论说明，在某种程度上学生缺乏学习动机可能是由于某种缺失需要没有得到充分满足。材料中，小明因为自身的归属与爱的需要没有得到满足，导致求知需要不强，成绩下降。

②高级需要对低级需要具有调节作用，所以小明应该转变心态，把精力放到学习知识、提高技能上来，虽然由于父母的工作需要，生活环境时常发生变化，但小明可以学习、提高自己的环境适应能力，建立对这种生活的适应感。每到一个新环境中，结交新的朋友，开始新的生活，享受这种生活方式。

小明的老师可以对小明多加关注，从学习、生活等方面给予小明关爱，鼓励小明发展兴趣爱好，让他多多参与集体活动，与班级同学建立良好关系。

小明的父母在工作之余，也应当与小明加强沟通交流，尽可能地全家做一些活动，营造良好的家庭氛围。

2. (1)小明学习是为了获得老师和家长的认可，故小明的学习动机属于附属内驱力，同时也是一种外部学习动机。

(2)针对小明的情况，老师帮助小明的正确做法有：①帮助小明保持一种适度的学习动机强度，避免其过度紧张和焦虑；②由于小明的学习动机为外部动机，所以老师应激发他把外部学习动机转化为内部学习动机；③帮助小明树立正确的成败观，并保持良好的心态来对待考试的过程和结果；④改进自己的评价方式，通过适当的表扬对小明的学习活动予以强化，以巩固其学习动机；⑤帮助小明正确面对来自老师和家长的批评，将其变为前进的动力，并与家长合力创造一个宽松的心理环境，减轻小明的心理负担；⑥针对材料中小明成绩失利的表现，老师可以帮助小明做“努力归因”和“现实归因”，进而提高小明学习的积极性和克服困难的勇气，增强其自信心。

专题四　学习迁移

一、单项选择题

答案速查

1～5	CADBB	6～10	BBDAD
11～15	CCCAB	16～20	DACBC
21～24	BDBB		

1. C　【解析】重组性迁移是指重新组合原有认知系统中某些构成要素或成分，调整各成分间的关系或建立新的联系，从而应用于新情境。在重组过程中，基本经验成分不变，但各成分间的结合关系发生了变化，即进行了调整或重新组合。题干中的“刷牙”一词可重组为“牙刷”，故答案选C项。

2. A　【解析】学习迁移也称训练迁移，是指一种学习对另一种学习的影响，或习得的经验对完成其他活动的影响。“举一反三”体现的是学习迁移。

3. D　【解析】具体迁移也称特殊迁移，是指学习迁移发生时，学习者原有的经验组成要素及其结构没有变化，只是将一种学习中习得的经验要素重新组合并移用到另一种学习之中。例如：学习了“日”“月”对学习“明”的影响；掌握了加减法对做四则运算题的影响等。因此，题干所述属于具体迁移，故本题选D项。A项，逆向迁移是指后继学习对先前学习产生的影响。B项，一般迁移也称非特殊迁移、普遍迁移，是指一种学习中所习得的一般原理、原则和态度对另一种具体内容学习的影响，即原理、原则和态度的具体应用。C项，负迁移也叫“抑制性迁移”，是指一种学习对另一种学习产生阻碍作用。

4. B　【解析】负迁移也叫“抑制性迁移”，是指一种学习对另一种学习产生阻碍作用。学会汉语语法后，会对英语语法的学习产生干扰作用，这属于负迁移。

5. B　【解析】学生因“凹透镜”知识掌握不好而影响了“凸透镜”知识的学习属于同一概括水平的经验之间的相互影响，所以属于横向迁移。

6. B　【解析】高等数学学习是后继学习，初等数学学习是先前学习，后继学习对先前学习产生的影响是逆向迁移;学过高等数学后有利于初等数学的进一步理解和掌握,这是正迁移。

7. B 【解析】概括化理论也称经验类化(泛化)说,由美国心理学家贾德提出,其主要观点是,一个人只要对自己的经验进行了概括,就可以完成从一个情境到另一个情境的迁移。他认为先前的学习之所以能迁移到后来的学习中,是因为在先前学习中获得了一般原理,这种一般原理可以部分或全部地运用于后面的学习中。对原理了解、概括得越好,迁移效果也越好。

8. D 【解析】奥苏伯尔提出的认知结构迁移理论指出,学生学习新知识时,认知结构可利用性高、可辨别性大、稳定性强,就能促进对新知识学习的迁移。"为迁移而教"实际上是塑造学生良好认知结构的问题。在教学过程中,可以通过改革教材内容和教材呈现方式改进学生的原有认知结构变量以达到迁移的目的。

9. A 【解析】题中描述的是先前学习对以后的学习产生促进作用。负向迁移强调阻碍作用,逆向迁移强调后一种学习对先前学习的影响,C、D 两项排除。横向迁移是指先行学习内容与后继学习内容在难度、复杂程度和概括层次上属于同一水平的学习活动之间产生的影响。纵向迁移是指先行学习内容与后续学习内容是不同水平的学习活动之间产生的影响。因为乘除法是比加减法更高级的学习活动,所以题干中描述的这种迁移是纵向迁移。

10. D 【解析】影响学习迁移的因素有学习材料的特点、原有的认知结构、对学习情境的理解、学习的心理准备状态、学习策略的水平、智力与能力、教师的指导等。因此,答案选 D 项。

11. C 【解析】同化性迁移是指不改变原有的认知结构,直接将原有的认知经验应用到本质特征相同的一类事物中。原有认知结构在迁移过程中不发生实质性的改变,只是得到某种充实。

12. C 【解析】根据迁移的性质和结果,可分为正迁移、负迁移和零迁移。正迁移也叫"助长性迁移",是指一种学习对另一种学习的促进作用。题干中学生学习鲸、蝙蝠的概念后有利于哺乳动物概念的学习,属于正迁移。负迁移也叫"抑制性迁移",是指一种学习对另一种学习产生的阻碍作用。水平迁移也叫横向迁移,是指先行学习内容与后继学习内容在难度、复杂程度和概括层次上属于同一水平的学习活动之间产生的影响。一般迁移也称非特殊迁移、普遍迁移,是指一种学习中所习得的一般原理、原则和态度对另一种具体内容学习的影响,即原理、原则和态度的具体应用。

13. C 【解析】概括化理论也称经验类化说,由美国心理学家贾德提出,其主要观点是,一个人只要对自己的经验进行了概括,就可以完成从一个情境到另一个情境的迁移。对原理了解、概括得越好,迁移效果也越好。故选 C 项。

14. A 【解析】形式训练说是最早的关于迁移的理论,以官能心理学为心理学基础,代表人物主要有德国的沃尔夫。

15. B 【解析】促进迁移的有效教学应从以下几方面考虑:(1)改革教材内容,促进迁移。具体措施包括精选教材,提高对概念和原理的理解水平;合理编排教学内容,突出知识的组织特点。(2)合理编排教学方式,促进迁移。教师在组织教学时,既要抓住教材内容的核心,也要合理安排教学程序。(3)教授学习策略,提高学生的迁移意识。(4)改进对学生的评价。

16. D 【解析】可利用性、可辨别性和稳定性是影响迁移的三个关键认知结构变量。

17. A 【解析】一般迁移也称非特殊迁移、普遍迁移,是指一种学习中所习得的一般原理、原则和态度对另一种具体内容学习的影响,即原理、原则和态度的具体应用。例如,获得基本的运算技能、阅读技能后运用到各种具体的学科学习中。

18. C 【解析】垂直迁移也称纵向迁移,是指先行学习内容与后续学习内容是不同水平的学习活动之间产生的影响。C 项中"角"的概念层级高于"直角""平角"等概念的层级,因此,这体现了垂直迁移。

19. B 【解析】根据共同要素说,如果两种学习活动含有共同成分,无论学习者是否意识到这种成分的共同性,都会有迁移现象的产生。题干中"going"与其他带有"ing"的词都拥有共同的词缀,因此,学生拼读时变得更加熟练,这可以用共同要素说来解释。故本题选 B 项。

20. C 【解析】概括化理论也称经验类化说,由美国心理学家贾德提出,其主要观点是,一个人只要对自己的经验进行了概括,就可以完成从一个情境到另一个情境的迁移。他认为先前的学习之所以能迁移到后来的学习中,是因为在先前学习中获得了一般原理,这种一般原理可以部分或全部地运用于后面的学习中。题干中的同学们通过第一个问题掌握了乘法原理后,可以很快计算出第二个问题的答案,这符合经验类化说的观点。故选择 C 项。

21. B 【解析】负迁移也叫"抑制性迁移",是指一种学习对另一种学习产生阻碍作用。顺向迁移是指先前学习对后继学习产生的影响。因此,先前掌握的骑自行车的动作技能对学骑三轮车造成了干扰属于顺向负迁移。

22. D 【解析】苛勒所做的"小鸡觅食"实验是支持关系转换理论的经典实验。

23. B 【解析】桑代克等人提出的相同要素说认为,

只有当学习情境和迁移情境存在共同成分时,一种学习才能影响到另一种学习,即产生学习迁移。两种情境中的相同要素越多,迁移的量也就越大。

24. B 【解析】贾德在1908年所做的"水下击靶"实验,是概括化理论的经典实验。

二、辨析题(参考答案)

1. 正迁移就是顺向迁移,而负迁移就是逆向迁移。

(1)这种说法是不正确的。(2)正迁移、负迁移是根据迁移的性质和结果不同而划分的,正迁移是指一种学习对另一种学习的促进作用;负迁移是指一种学习对另一种学习的阻碍作用。顺向迁移和逆向迁移是根据迁移发生的方向不同而划分的,顺向迁移是指先前学习对后继学习产生的影响;逆向迁移是指后继学习对先前学习产生的影响。顺向迁移与逆向迁移、正迁移和负迁移是根据不同的标准划分的,有不同的含义,不能等同。因此,题干说法错误。

2. 学习迁移是学习过程中常见的现象,它对新知识、新技能的学习起促进作用。

(1)这种说法是不正确的。(2)学习迁移可能对学习起促进作用(正迁移),也可能起阻碍作用(负迁移),还可能不起作用(零迁移)。因此,题干说法错误。

3. 相同要素说认为,迁移是由于学习者理解或顿悟了情境之间关系的结果。

(1)这种说法是不正确的。(2)相同要素说认为,迁移是非常具体的、有条件的,需要有共同的要素。只有当两个机能的因素中有相同要素时,一个机能的变化才会改变另一个机能的习得。两种情境中的刺激相似,反应也相似时,迁移才会发生。格式塔心理学家提出关系转换说,认为迁移是学习者突然发现两个学习经验之间关系的结果,是对情境中各种关系的理解和顿悟,而非由于具有共同成分或原理而自动产生。题干所述属于关系转换说的观点,因此题干说法错误。

三、简答题(参考答案)

1. 影响学习迁移的因素有哪些?

(1)学习材料的特点;(2)原有的认知结构;(3)对学习情境的理解;(4)学习的心理准备状态;(5)学习策略的水平;(6)智力与能力;(7)教师的指导。

2. 常见的学习迁移理论有哪些?

早期的学习迁移理论主要有:(1)形式训练说;(2)共同要素说;(3)概括化理论(也称经验类化说);(4)关系转换理论。

当代的学习迁移理论主要有:(1)情境性理论;(2)认知结构迁移理论。

四、材料分析题(参考答案)

1. 材料中的人认为,学习奥数可以训练学生的思维,提高学生思维能力,进而提高学生其他方面的能力,即一种官能的改进可以增强其他的官能。这一观点与形式训练说相似。形式训练说是最早的关于迁移的理论,以官能心理学为基础。它认为心理官能只有通过训练才能得以发展,迁移就是心理官能得到训练而发展的结果,迁移是无条件的、自发的。形式训练说还认为,训练和改进心理官能是教学的重要目标,教育的任务就是要改善学生的各种官能,而改善以后的官能就能够自动地迁移到其他学习中去,一种官能的改进也能增强其他的官能。

2. (1)材料中两位同学所谈论的学习原理是学习迁移的有关理论。学习迁移也称训练迁移,是指一种学习对另一种学习的影响。

①根据迁移的性质和结果,可分为正迁移、负迁移和零迁移。正迁移也叫"助长性迁移",是指一种学习对另一种学习的促进作用。负迁移也叫"抑制性迁移",是指一种学习对另一种学习的阻碍作用。两种学习也可能不发生影响,这种状态称为零迁移,它是迁移的一种特殊形式。材料中,中学学习英语语法对以后学习英语帮助很大;平面几何学得好,学习立体几何就简单了;会弹电子琴,学钢琴也快等现象属于正迁移。会骑自行车反而影响学骑三轮车属于负迁移。

②根据迁移发生的方向,可分为顺向迁移和逆向迁移。顺向迁移是指先前学习对后继学习产生的影响。逆向迁移是指后继学习对先前学习产生的影响。材料中,学生描述的迁移过程,都是先学习的活动对后学习活动的影响,因此都属于顺向迁移。

(2)促进迁移的有效教学应从以下几个方面考虑:

①改革教材内容,促进迁移。精选教材,提高对概念和原理的理解水平;合理编排教学内容,突出知识的组织特点。

②合理编排教学方式,促进迁移。优良的教材只有通过合理的教学进行呈现和传达,才能充分发挥其迁移的效能,否则迁移效果并不显著,甚至会阻碍迁移的产生。教师在组织教学时,一方面要抓住教材内容的核心;另一方面要合理安排教学程序,使得学生顺利地将所学习的内容融会贯通,提高迁移的效果。

③教授学习策略,提高学生的迁移意识。教师在教学中要重视引导学生对各种问题进行深入分析、综合、比较、抽象、概括,帮助学生认识问题之间的关系,寻找新旧知识或课题的共同特点,归纳知识经验的原理、法则、定理、规律的一般方法,发展学生分析问题和概括问题的能力,以促进更有效的迁移。

④改进对学生的评价。教师应有效运用评价手段,使学生形成积极的学习态度,促进学习迁移。

专题五　学习策略

一、单项选择题

答案速查

1～5	DADDB	6～10	CCCDB
11～15	BCACB	16～18	CAA

1. D 【解析】学习策略可分为认知策略、元认知策略和资源管理策略。认知策略包括复述策略、精细加工策略和组织策略。题干所述的学习策略属于精细加工策略中的首字连词法。

2. A 【解析】精细加工策略是指把新信息与头脑中的旧信息联系起来从而增加新信息意义的深层加工策略。它常被描述成一种理解记忆的策略，其要旨在于建立信息间的联系。常见的精细加工策略有：(1)记忆术；(2)做笔记；(3)提问；(4)生成性学习；(5)运用背景知识，联系客观实际。其中，做笔记不仅可以有效地控制自己的认知加工过程，还有助于概括新的知识和建立新旧知识之间的联系。故杨毅使用的学习策略属于精细加工策略中的做笔记。

3. D 【解析】组织策略是指将经过精加工提炼出来的知识点加以构造，形成更高水平的知识结构的信息加工策略。组织策略主要分为归类策略和纲要策略。其中，纲要策略主要有：主题纲要法、符号纲要法。符号纲要法包括系统结构图、流程图、模式或模型图、网络关系图。因此，题干中的老师采用逻辑关系图对课本知识进行总结，运用了组织策略中的纲要策略。A、B两项属于精细加工策略。

4. D 【解析】位置记忆法是通过与熟悉的地点顺序相联系来记忆一些名称或者客体顺序的方法。位置记忆法对记忆有顺序的系列项目特别有用。题干学生所用记忆法为位置记忆法。

5. B 【解析】常用的精细加工策略有记忆术、做笔记、提问、生成性学习和运用背景知识，联系客观实际等。编歌诀是记忆术的一种，属于精细加工策略。

6. C 【解析】运用时间管理策略应做到：(1)统筹安排学习时间；(2)高效利用最佳时间；(3)灵活利用零碎时间。题干中利用课余时间(零碎时间)读短篇文章或阅读报纸、杂志，属于一种时间管理策略。

7. C 【解析】复述策略是指在工作记忆中为了保持信息，运用内部语言在大脑中重现学习材料或刺激，以便将注意力维持在学习材料上的方法。只是为了短暂记住电话号码以便拨号，可采用复述策略。

8. C 【解析】为了使学生维持自己的意志努力，需要不断鼓励学生进行自我激励。这种策略就是努力管理策略。努力管理策略包括：(1)激发内在的动机；(2)树立正确的学习信念；(3)选择有挑战性的任务；(4)调节成败的标准；(5)正确归因；(6)自我奖励；等等。依据题干所述，有的学生在疫情期间能积极调整心态，树立正确的学习信念，坚持学习不放松；有的学生却没有端正学习心态，丧失了学习动力，放松学习，这说明不同学生学习的努力程度不一。

9. D 【解析】精细加工策略是指把新信息与头脑中的旧信息联系起来从而增加新信息意义的深层加工策略。精加工策略包含记忆术，做笔记，提问，生成性学习，运用背景知识、联系客观实际等。题干中的编歌谣、口诀属于记忆术的一种，故本题选D。

10. B 【解析】元认知策略包括计划策略、监控策略和调节策略。其中，监控策略是指在认知过程中，根据认知目标及时检测认知过程，寻找两者之间的差异，并对学习过程及时进行调整，以期顺利实现有效学习的策略。调节策略是指在学习过程中根据对认知活动监视的结果，找出认知偏差，及时调整策略或修正目标。题干中的小王在阅读困难章节时，会根据情况反思应该怎么办，然后退回去重新阅读，这表明他使用的学习策略是元认知策略。故答案选B项。

11. B 【解析】复述策略是指在工作记忆中为了保持信息，运用内部语言在大脑中重现学习材料或刺激，以便将注意力维持在学习材料上的方法。

12. C 【解析】资源管理策略是辅助学习者管理可用环境和资源的策略。它有利于学习者适应环境并调节环境以适应自己的需要，包括时间管理策略、环境管理策略、努力管理策略和学业求助策略等。

13. A 【解析】复述策略是指在工作记忆中为了保持信息，运用内部语言在大脑中重现学习材料或刺激，以便将注意力维持在学习材料上的方法。画线属于典型的复述策略。

14. C 【解析】学业求助策略指当学生在学习上遇到困难时，向他人请求帮助的行为。学业求助包括两个方面：(1)学习工具的利用，如善于利用参考资料、工具书、图书馆、电脑等；(2)社会性人力资源的利用，如善于利用老师的帮助以及同学间的合作与讨论来加深对学习内容的理解。所以，小乐善于使用的学习策略是学业求助策略。

15. B 【解析】元认知策略大致可分为：计划策略、监控策略和调节策略。计划策略是指根据认知活动的特定目标，在认知活动开始之前计划完成任务所涉及的各种活动、预计结果、选择策略，设想解决问题的方法，并预估其有效性等。题干中陈晨规划好先完成比较难的理科作业，然后再写简单的文科作业，属于元认知策略中的计划策略。故选 B 项。

16. C 【解析】精细加工策略是指把新信息与头脑中的旧信息联系起来从而增加新信息意义的深层加工策略。记忆术即通过把那些枯燥无味但又必须记住的信息"牵强附会"地赋予意义,使记忆过程变得生动有趣,从而提高学习记忆效果的方法。题干中采用的记忆方法属于精加工策略中的记忆术。

17. A 【解析】生成性学习就是要训练学生对所阅读的东西产生一个类比或表象,如图形、图像、表格和图解等,以加强其深层理解。

18. A 【解析】形象联想法是通过人为联想,使无意义的、难记的材料和头脑中的鲜明、奇特的形象相结合,从而提高记忆效果。想象的形象越鲜明、具体越好,形象越夸张、奇特越好,形象之间的逻辑联系越紧密越好。题干中"把 PULL 后面两个 L 看成是两个钩,用来拉东西",运用的就是形象联想法。故选 A 项。B 项,谐音联想法是通过谐音线索,运用视觉表象,假借意义进行人为联想。C 项,位置记忆法是通过与熟悉的地点顺序相联系来记忆一些名称或者客体顺序的方法。D 项,关键词法是将新词或概念和与之相似的声音线索词,通过视觉表象联系起来。

二、辨析题(参考答案)

在精细加工策略中,归类和列提纲都是能有效地促进学生学习的方法。

(1)这种说法是不正确的。(2)精细加工策略包括记忆术、做笔记、提问、生成性学习和运用背景知识,联系客观实际。而归类和列提纲属于组织策略。故题干说法不正确。

三、简答题(参考答案)

1. 简述常用的精细加工策略。

常用的精细加工策略有以下几种:(1)记忆术;(2)做笔记;(3)提问;(4)生成性学习;(5)运用背景知识,联系客观实际。

2. 简述资源管理策略的内容。

(1)时间管理策略;(2)环境管理策略;(3)努力管理策略;(4)学业求助策略。

专题六　知识与技能

一、单项选择题

答案速查

1~5	AADAB	6~10	DCBBB
11~15	ADDAB	16~21	CDDCBC

1. A 【解析】根据反映活动的深度不同,知识可分为感性知识和理性知识。

2. A 【解析】陈述性知识也叫描述性知识,是个人能用言语进行直接陈述的知识,主要用于区别和辨别事物。陈述性知识是关于事物及其联系的知识,或者说是关于"是什么"的知识,它包括事实、规则、发生的事件、个人的态度等。题干中老师在生物课上所讲的内容是关于"是什么"的知识,故属于陈述性知识。因此,答案选 A 项。B 项,程序性知识即操作性知识,是一种经过学习后自动化了的关于行为步骤的知识,表现为在信息转换活动中进行具体操作。C 项,策略性知识是关于如何学习和如何思维的知识,即个体运用陈述性知识和程序性知识去学习、记忆、解决问题的一般方法和技巧。D 项,条件性知识主要是指教师所具有的教育学科方面的知识。

3. D 【解析】上位学习又称总括学习,是在学生掌握一个比认知结构中原有概念的概括和包容程度更高的概念或命题时产生的。上位学习遵循从具体到一般的归纳概括过程。学生先学习"正方体""长方体"等的体积公式,再学习"一般柱体"的体积计算公式体现了上位学习的概念。

4. A 【解析】上位学习又称总括学习,是在学生掌握一个比认知结构中原有概念的概括和包容程度更高的概念或命题时产生的。上位学习遵循从具体到一般的归纳概括过程。题干中,"蔬菜"这一概念的概括程度高于"萝卜""白菜"等概念的概括程度,即新学的知识在概括程度上高于已有知识,这种学习属于上位学习。

5. B 【解析】根据知识本身的存在形式和复杂程度,可将知识学习分为三种:符号学习、概念学习和命题学习。

6. D 【解析】并列结合学习又称组合学习,是在新命题与认知结构中原有的命题既非下位关系又非上位关系,而是一种并列的关系时产生的。例如,学习质量与能量、遗传与变异、需求与价格等概念之间的关系就属于并列结合学习。

7. C 【解析】派生类属学习是指新观念是认知结构中原有观念的特例或例证,新知识只是旧知识的派生物。例如,学生掌握了轴对称图形的概念后,再学习圆时,将"圆也是轴对称图形"这一命题纳入或类属于原有轴对称图形的概念中,新的命题很快就能获得意义。故题干所述属于派生类属学习。

8. B 【解析】概念学习是指掌握概念的一般意义,其实质是掌握一类事物的共同的本质属性和关键特征。题干中学习三角形的本质特征并排除无关特征,这种学习属于概念学习。

9. B 【解析】心智技能也称为智力技能、认知技能,是通过学习而形成的合乎法则的心智活动方式。教学技能是教师在已有知识经验基础上,通过实践练习和反思体悟而形成的一系列教学行为和心智活动方式。因此,教学技能属于心智技能。

10. B 【解析】钢琴演奏是一项技能性、专业性较强的活动。在演奏技能形成的练习过程中,学生常常出现练习成绩不稳定、起伏较大或者常处于停滞不前的现象。通常教师把这种现象称为“坎”，在心理学中则称为“高原现象”。故本题答案选B项。

11. A 【解析】操作定向就是了解操作活动的结构与要求，在头脑中建立起操作活动的定向映像的过程。陈老师对每个动作进行示范与讲解，让学生仔细观察并思考应该怎么做这些动作，这是为了让学生在头脑中建立起活动的定向映像。

12. D 【解析】符号学习是指学习单个或一组符号的意义。符号学习的主要内容是词汇学习，此外还包括事实性知识的学习，即学习一组符号（语言或非语言）所表示的某一具体事实。符号学习的心理机制是符号和它们所代表的事物或观念在学习者认知结构中建立相应的等值关系。题干中，儿童听到的言语中的“鸟”和看到的文字中的“鸟”均是一种抽象符号，这种抽象符号代指的是自然界中实际的鸟，符号与实物之间形成了等值关系。儿童通过抽象的语言文字符号即能联想到实物，这体现了符号学习。

13. D 【解析】程序性知识即操作性知识，是一种经过学习后自动化了的关于行为步骤的知识，表现为在信息转换活动中进行具体操作。陈述性知识主要用来回答事物“是什么”“为什么”“怎么样”等问题，程序性知识是关于事物“做什么”和“怎么做”的知识。题干中，学生掌握的一元二次方程解答步骤的知识属于程序性知识。

14. A 【解析】奥苏伯尔根据新知识与原有认知结构的关系，将知识学习分为下位学习、上位学习和并列结合学习。

A项：上位学习又称总括学习，是在学生掌握一个比认知结构中原有概念的概括和包容程度更高的概念或命题时产生的。根据题干描述可知，学生小黄在学习了“蝴蝶”“蜜蜂”“蜻蜓”等词后，再学习“昆虫”一词，而“昆虫”的概念层级高于“蝴蝶”“蜜蜂”“蜻蜓”，故属于上位学习。

B、C、D三项：下位学习又称类属学习，是一种把新的观念归属于认知结构中原有观念的某一部分，并使之相互联系的过程。原有观念在包容和概括水平上高于新学习的知识。下位学习包括派生类属学习和相关类属学习。不符合题意，排除。

15. B 【解析】陈述性知识是个人能用言语进行直接陈述的知识，主要用于区别和辨别事物。间接经验，即他人的认识成果，主要是指人类在长期认识过程中积累并整理而成的书本知识。鸦片战争的相关知识对学生来说既是陈述性知识，也是一种间接经验。

16. C 【解析】“见者易，学者难”的意思是看着容易，学着就难了。这是要告诉我们不要眼高手低，要通过练习训练来掌握相关的知识与技能。因此，这句话强调的是练习对动作技能学习的重要性。

17. D 【解析】在技能形成的练习过程中，其进步情况的表示方法是练习曲线。从练习曲线中可以看出技能随着练习量的增加而提高的一般趋势。

18. D 【解析】原型内化是智力活动的实践模式（原型）向头脑内部转化，由物质的、外显的、展开的形式变成观念的、内潜的、简缩的形式的过程。它又分为三个小阶段，即出声的外部言语动作阶段、不出声的外部言语动作阶段和内部言语动作阶段。

19. C 【解析】命题学习是指获得由几个概念构成的命题的复合意义，实际上是学习表示若干概念之间关系的判断。题干中是学习直角三角形和三角形这两个概念之间的关系，因此属于命题学习。

20. B 【解析】心智技能也称为智力技能、认知技能，是通过学习而形成的合乎法则的心智活动方式。提问是主要依靠心智技能完成的任务，体操训练、抄笔记、织毛衣是动作技能的体现。

21. C 【解析】心智技能也称为智力技能、认知技能，是通过学习而形成的合乎法则的心智活动方式。阅读技能、写作技能、运算技能、解题技能等都是常见的心智技能。

二、辨析题（参考答案）

陈述性知识解决的主要是“做什么”和“怎么做”的问题。

（1）这种说法是不正确的。（2）陈述性知识也叫描述性知识，是个人能用言语进行直接陈述的知识。陈述性知识主要用来回答“是什么”“为什么”和“怎么样”的问题。程序性知识即操作性知识，是一种经过学习后自动化了的关于行为步骤的知识，表现为在信息转换活动中进行具体操作。这类知识主要用来解决“做什么”和“怎么做”的问题。故题干说法错误。

三、简答题（参考答案）

1. 简述奥苏伯尔关于知识学习的分类。

奥苏伯尔根据新知识与原有认知结构的关系，将知识学习分为三类：（1）下位学习，又称类属学习，是一种把新的观念归属于认知结构中原有观念的某一部分，并使之相互联系的过程。（2）上位学习，又称总括学习，是在学生掌握一个比认知结构中原有概念的概括和包容程度更高的概念或命题时产生的。（3）并列结合学习，又称组合学习，是在新命题与认知结构中原有的命题既非下位关系又非上位关系，而是一种并列的关系时产生的。

2. 简述心智技能的形成阶段。

（1）原型定向，是了解原型的活动结构，从而使主体明确活动的方向，知道该做哪些动作和怎样去完成这些动作。(2)原型操作,是依据智力技能的实践模式,把学生在头脑中已建立起来的活动程序计划以外显的操作方式付诸实施,获得完备的动觉映像的过程。(3)原型内化,即智力活动的实践模式(原型)向头脑内部转化,由物质的、外显的、展开的形式变成观念的、内潜的、简缩的形式的过程。

3. 简述动作技能与心智技能的特点。

动作技能的特点:(1)就动作的对象而言,具有客观性;(2)就动作的进行而言,具有外显性;(3)就动作的结构而言,具有展开性。

心智技能的特点:(1)就动作的对象而言,具有观念性;(2)就动作的执行而言,具有内潜性;(3)就动作的结构而言,具有简缩性。

4. 简述动作技能的培养途径。

(1)准确的示范与讲解;(2)必要而适当的练习;(3)充分而有效的反馈;(4)建立稳定清晰的动觉。

第五章 中学生发展心理

核心知识提要

①不平衡性 ②闭锁性 ③具体运算阶段 ④最近发展区 ⑤理智感 ⑥三因素情绪 ⑦反抗 ⑧两极性 ⑨动机 ⑩自制性 ⑪认知风格 ⑫埃里克森 ⑬多元智力理论

经典真题回顾

一、单项选择题

答案速查

1~5	ABDCD	6~12	AAAABBB

1. A 【解析】本题考查维果斯基的教学理论。最近发展区是儿童在有指导的情况下,借助成人的帮助所能达到的解决问题的水平与独自解决问题所达到的水平之间的差异,实际上是两个邻近发展阶段间的过渡状态。"跳一跳,摘到桃"说明教师在教学过程中要注意学生的最近发展区,教师的教学既要符合学生的发展水平,又要有一定难度,以充分挖掘学生的潜力。

2. B 【解析】本题考查情绪的分类。依据情绪发生的强度、持续性和紧张度的不同,心理学家把情绪状态划分为心境、激情和应激三种。激情是一种爆发式的、猛烈而持续时间短暂的情绪状态。例如,狂喜、暴怒、恐惧、绝望、剧烈的悲痛等,都是激情的表现。题干中志君看到他喜欢的球队夺冠时欣喜若狂,此时他表现出的情绪状态属于激情。

3. D 【解析】本题考查皮亚杰的认知发展阶段理论。形式运算阶段是儿童思维发展趋于成熟的阶段。认知发展处于这一阶段的儿童已具备抽象逻辑思维,能理解符号的意义、隐喻和直喻,对事物做一定的概括,其思维发展水平已接近成人的水平。题干中,梦佳能理解"物质决定意识,意识反作用于物质"的含义,这表明其已具有抽象逻辑思维,并出现了辩证思维,这符合形式运算阶段的特征,故选D。

4. C 【解析】本题考查情绪变化的两极性。情绪变化两极性的其中一个表现为:波动和稳定共存。中学生的情绪波动性表现为情绪的大起大落,往往从一个极端走向另一个极端,顺利时晴空万里,受挫时愁云满天,今天对某人佩服得五体投地,明天又觉得不屑一顾。题干中,赵东难以控制自己的情绪,在兴奋、哀伤忧愁两种情绪间来回转换,情绪波动比较大,这反映了青少年的情绪发展具有波动性。

5. D 【解析】本题考查常见的适应挫折的方式。题干中,雨晴失去亲人后通过写诗作画来调节情绪,将失去亲人的悲痛转变为了写作、绘画这种积极且富有建设性的创造性活动,这是升华的体现。

6. A 【解析】本题考查动机斗争的类型。双趋式冲突是从自己同时都很喜爱的两个事物中仅择其一的心理状态。题目当中李哲同时喜欢足球赛和演唱会两个事物,但是只能选一个,故他面临的是双趋式冲突。

7. A 【解析】本题考查意志的品质。意志的品质有以下四种:自觉性、果断性、自制性、坚韧性。因此B项排除。其中,果断性是指一种善于明辨是非、抓住时机、迅速而合理地采取决定并执行决定的意志品质。果断性的两个对立面是优柔寡断和草率武断。题干中李玲遇事常拿不定主意,这说明她缺乏意志的果断性,不能迅速作出决定。故答案选A项。C项,坚韧性是指一个人在行动中坚持决定,百折不挠地克服重重困难去达到行动目的的品质,与之相反的意志品质是动摇性和执拗性。D项,自制性是指一个人善于控制和支配自己的情绪,约束自己言行的品质,与之相反的意志品质是任性和怯懦。

8. A 【解析】本题考查性格的概念。性格是指人的较稳定的态度与习惯化了的行为方式相结合而形成的心理特征。它是一个人的心理面貌本质属性的独特结合,是人与人相互区别的主要方面。性格在后天社会环境中逐渐形成,有好坏、优劣之分,能最直接地反映出一个人的道德风貌。"诚实、勤奋好学"属于性格特征。

9. A 【解析】本题考查认知风格的类型。场依存型的学生对客观事物的判断常以外部线索为依据,其态度和自我认知易受周围环境或背景(尤其是权威人士)的影响,往往不易独立地对事物做出判断,而是人云亦云,从他人处获得标准。题干中,阳慧以他人的建议为参考做出决策,这表明她是场依存型认知风格。

10. B 【**解析**】本题考查埃里克森的人格发展阶段理论。韩波是中学生,正处于埃里克森人格发展阶段中的自我同一性对角色混乱阶段(12 ~ 18 岁),这一阶段的发展任务是培养自我同一性,思考的常是"我是谁""我想要成为什么样的人"等涉及自我认知、职业定向的问题。依据题干表述,B 项符合题意。

11. B 【**解析**】本题考查自我意识的发展阶段。心理自我是在青春期开始形成和发展的。处于该阶段的青年,他们的自我评价越来越客观、公正和全面,且具有社会道德性,并在此基础上形成自我理想,追求最有意义和最有价值的目标。题干中的描述符合该阶段的特点,故选 B。

12. B 【**解析**】本题考查情感的分类。理智感是人认识事物和探求真理的需要是否得到满足而产生的主观体验。例如,人们在探求未知的事物时所表现的求知欲、认识兴趣和好奇心、发现问题的惊奇感、问题解决的喜悦感、为真理献身的自豪感、问题不解的苦闷感等。由此可知,题干中民辉在解答难题时产生的情感属于理智感。

二、辨析题(参考答案)

1. 场独立型的学生比场依存型的学生更优秀。

(1)这种说法是错误的。(2)场依存型的学生对客观事物的判断常以外部线索为依据,其态度和自我认知易受周围环境或背景(尤其是权威人士)的影响,往往不易独立地对事物做出判断,而是人云亦云,从他人处获得标准;行为常以社会为定向,社会敏感性强,爱好社交活动。场独立型的学生对客观事物的判断常以自己的内部线索(经验、价值观)为依据,不易受到周围环境因素的影响和干扰,倾向于对事物的独立判断;行为常是非社会定向的,社会敏感性差,不善于社交,关心抽象的概念和理论,喜欢独处。场依存型认知风格与场独立型认知风格只是表现为学生对信息加工方式的某种偏爱,主要影响学生的学习方式,无好坏、优劣之分。故题干说法错误。

2. 气质由遗传决定。

(1)这种说法是正确的。(2)气质是表现在心理活动的强度、速度、灵活性与指向性等方面的一种稳定的心理特征,即我们平时所说的脾气、秉性。气质是先天的,由遗传因素决定,受生理影响较大。因此,题干说法正确。

三、简答题(参考答案)

1. 简述皮亚杰的认知发展阶段理论。

皮亚杰将人的认知发展分为四个阶段:(1)感知运动阶段(0 ~ 2 岁)。认知发展处于该阶段的儿童思维具有以下特征:①感觉和动作的分化;②"客体永久性"概念的形成;③问题解决能力开始得到发展;④延迟模仿的产生。(2)前运算阶段(2 ~ 7 岁)。认知发展处于该阶段的儿童思维具有以下特征:①早期的信号功能;②自我中心性;③不可逆运算;④不能够推断事实;⑤泛灵论;⑥不合逻辑的推理;⑦不能理顺整体和部分的关系;⑧认知活动具有具体性,还不能进行抽象的思维运算。(3)具体运算阶段(7 ~ 11 岁)。认知发展处于该阶段的儿童思维具有以下特征:①去自我中心性;②可逆性;③守恒;④分类;⑤序列化。(4)形式运算阶段(11 岁 ~ 成人)。认知发展处于该阶段的儿童思维具有以下特征:①命题之间的关系;②假设—演绎推理;③类比推理;④抽象逻辑思维;⑤可逆与补偿;⑥反思能力;⑦思维的灵活性;⑧形式运算思维的逐渐发展。

2. 简述弗洛伊德的人格发展阶段理论。

弗洛伊德的人格发展理论又称为人格性欲阶段理论,因为这个理论中人格阶段的划分方式是根据性兴奋的不同部位所提出的,整个理论将人格的发展划分为五个阶段。

(1)口唇期(0 ~ 18 个月)。此时嘴唇、口舌是最主要的性兴奋点。如果这个时期个体获得的刺激不够或者是过头,就会在以后的生活过程中形成"口唇期人格"。

(2)肛门期(18 个月 ~ 约 3 岁)。这一时期肛门成为最主要的动情点,而且这一时期刚好是小孩子如厕的训练时期,如果这一时期受到创伤,则会形成"肛门人格"。

(3)性器期(3 ~ 6 岁)。此时,儿童已经注意到性器官的不同,并且伴随着以性器官作为性兴奋点的行为。弗洛伊德特别强调这一时期,此时男孩子面临着俄狄浦斯情结,又称恋母情结,并出现了阉割焦虑。同时,女孩子也面临着相似的问题。

(4)潜伏期(6 岁 ~ 青春期)。性欲表现不再那么明显。

(5)生殖期(青春期以后)。此时的儿童对异性抱有浓厚的兴趣。如果前面几个阶段的发展正常,此时他们将具有正常的性机能。

四、材料分析题(参考答案)

(1)随着年龄的增长,学生情绪的社会性成分不断增加。中学以后,由于生活条件的变化和教育要求的提高,情感内容进一步深化。材料中晓辉的表现反映了他的情绪发展特点为:①情绪反应强烈,易动感情。中学生常常因为一点小事情,或者振奋,显得激动、热情;或者动怒、怄气,与人争吵,甚至打架。如晓辉与同学交往经常为一点儿小事发脾气,导致同学关系紧张。②出现反抗情绪与逆反心理。中学生的逆反心理往往发生在父母或教师等成人遇事

"爱唠叨",说话过头,限制了他们的求知欲、好奇心、交友结伴的时候。如只要父母过问晓辉的学习,他就很抵触。③情绪变化的两极性明显。如晓辉觉得自己的情绪来得快,变得也快,在学校,取得好成绩时就非常高兴,遇到一点挫折又极度苦恼。

(2)对晓辉的问题我会给出以下指导建议:①教会晓辉形成适宜的情绪状态。②丰富晓辉的情绪体验。③引导晓辉正确看待问题(调整认知)。④教会晓辉情绪调节的方法。如认知调节法、合理宣泄法(自我排解)、意志调节法、转移注意法、幽默法。⑤通过实际锻炼提高晓辉的情绪调节能力。

过关必刷题库

专题一　中学生的心理发展特征概述

单项选择题

答案速查

1~5	CBCCA

1. C 【解析】心理学家将个体的心理发展划分为八个阶段:乳儿期(0~1岁)、婴儿期(1~3岁)、幼儿期或学龄前期(3~6、7岁)、童年期或学龄初期(6、7~11、12岁)、少年期或学龄中期(11、12~14、15岁)、青年期(14、15~25岁)、成年期(25~65岁)、老年期(65岁以后)。14、15~25岁属于青年期。

2. B 【解析】在中学阶段,中学生身体的迅速发育与成熟引起的心理重大变化之一,就是感到自己长大成人了。这种"成人感"使中学生强烈要求自主独立,对成人过多的干涉表示反感,甚至开始以批评的眼光看待父母和老师,要求给予更多的自由,把他们看成是大人,让他们独立做事。从题干中"尝试脱离""渴望自己的行为像成人"等词语可以看出,中学生的心理发展具有独立性。

3. C 【解析】个体的心理发展总要经历一些共同的基本阶段,但在发展的速度、最终达到的水平,以及发展的优势领域等方面往往又千差万别。题干中学生在反应速度和性格上的不同表现就体现了个体的差异性。

4. C 【解析】按个体的心理发展划分,11、12~14、15岁被称为少年期或学龄中期。

5. A 【解析】中学生心理发展的一般特点有过渡性、闭锁性、社会性、动荡性等。其中,闭锁性是指人的心理活动具有某种含蓄、内隐的特点,它是相对于人的外部行为表现与内部心理活动之间的一致性而言的。中学生的心理逐渐显示出闭锁性的特征,即他们的内心世界逐渐复杂,他们开始不轻易地表露内心世界。题干体现的是闭锁性。

专题二　中学生的认知发展

一、单项选择题

答案速查

1~5	BCCCB	6~12	BABADAD

1. B 【解析】同化是指在有机体面对一个新的刺激情境时,把刺激整合到已有的图式或认知结构中。通过这一过程,主体才能对新刺激做出反应,动作也得以加强和丰富。题干所述是同化的含义。

2. C 【解析】维果斯基所提出的两种心理机能包括:一是作为动物进化结果的低级心理机能,如简单的感觉和无意注意等。二是作为历史发展结果的高级心理机能,即以符号系统为中介的心理机能,如抽象逻辑思维。高级心理机能是人类所特有的,它使得人类心理在本质上区别于动物。维果斯基指出,儿童在与成人交往的过程中,通过掌握高级心理机能的工具——语言符号这一中介环节,使其在低级的心理机能基础上形成了各种新的心理机能。题干中小优根据攻略的描述能想象到出入境时大致的场景,这体现了以语言符号为中介的高级心理机能,故选择C项。

3. C 【解析】思维发展处于具体运算阶段的儿童不能想象独立于他们直接经验之外的事物,但能够考虑多个感知特征,即去自我中心。儿童能够注意到一种情境的多个方面,从他人的角度理解问题。根据题干中的描述可知,这些儿童能够从亮亮的角度去看问题,即去自我中心化,这是儿童的认知发展处于具体运算阶段的思维特征。

4. C 【解析】序列化是指能够根据大小、体积、重量或其他的一些特性对一系列要素进行心理上的排序。具体运算阶段的儿童能够顺利完成排列大小的任务。题干中的女孩能根据高度将玩具重新排列,这表明其认知处于具体运算阶段。

5. B 【解析】顺应是指当有机体不能利用原有图式接受和解释新刺激时,其认知结构发生改变来适应刺激的影响。题干中学生在知道鸵鸟是鸟,但不会飞后,重新建立了鸟的概念,其原有的认知结构发生了改变,故这一认知过程属于顺应。

6. B 【解析】处于形式运算阶段的儿童其思维具有灵活性,他们不再刻板地恪守规则,反而常常由于规则与事实的不符而违反规则。题干中,该学生不刻板地恪守文明规则,当遇到孕妇和老人时,可以让他们"插队",这表明其思维具有灵活性,故该学生处于形式运算阶段。

7. A 【解析】同化是指在有机体面对一个新的刺激情境时,把刺激整合到已有的图式或认知结构中。通过这一过程,主体才能对新刺激做出反应,动作也得以加强和丰富。

8. B 【解析】根据皮亚杰的认知发展阶段理论可

知,自我中心性、不可逆运算、泛灵论等属于前运算阶段的典型特征。

9. A 【解析】处于感知运动阶段的儿童主要有以下几个方面的特征:(1)感觉和动作的分化。(2)"客体永久性"(即知道某人或某物虽然现在看不见但仍然是存在的)的形成。(3)问题解决能力开始得到发展。(4)延迟模仿的产生。因此,本题答案选 A 项。

10. D 【解析】根据皮亚杰的认知发展阶段理论,处于形式运算阶段儿童的思维特征有:(1)命题之间的关系;(2)假设—演绎推理;(3)类比推理;(4)抽象逻辑思维;(5)可逆与补偿;(6)反思能力;(7)思维的灵活性;(8)形式运算思维的逐渐发展。故题干中的学生的认知发展处于形式运算阶段。

11. A 【解析】从最近发展区理论出发,教师应了解学生哪些问题能独立解决,即他已经达到了什么发展水平,还要了解学生解决哪些问题时需要提示、引导、帮助,即他可能达到什么发展水平,教师只有明确了这两种水平,才能在教学中找到教学的重点,才能有的放矢。学生的水平明确以后,教师需要定出符合学生实际水平的学习目标,这样才能激发学生的学习热情,并能使他们在一次次成功的鼓舞下继续冲击新的更高的目标。因而,教师在备课、上课时,要充分考虑学生的实际水平,根据学生的不同特点进行教学,提出合适的要求,真正做到因材施教。因此,题干中的小张老师的做法依据了最近发展区理论。

12. D 【解析】桑代克提出了联结—试误说,布鲁纳提出了认知—发现学习理论,加涅提出了信息加工学习理论,维果斯基提出了最近发展区理论。故答案选 D 项。

二、辨析题(参考答案)

1. 个体通过同化和顺应达到机体与环境的平衡。

(1)这种说法是正确的。(2)根据皮亚杰的认知发展理论可知,同化是指在有机体面对一个新的刺激情境时,把刺激整合到已有的图式或认知结构中。顺应是指当有机体不能利用原有图式接受和解释新刺激时,其认知结构发生改变来适应刺激的影响。个体通过同化和顺应达到机体与环境的平衡,如果失去平衡,就需要改变行为以重建平衡。但平衡是相对的,不是绝对的。个体在平衡与不平衡的交替中不断建构和完善认知结构,实现认知发展。故题干的说法是正确的。

2. 最近发展区是指个体最擅长的能力或兴趣、研究领域。

(1)这种说法是不正确的。(2)维果斯基认为,儿童有两种发展水平:一是儿童的现有水平,即由一定的已经完成的发展系统所形成的儿童心理机能的发展水平;二是可能达到的发展水平。这两种水平之间的差异,就是最近发展区。也就是说,最近发展区是儿童在有指导的情况下,借助成人的帮助所能达到的解决问题的水平与独自解决问题所达到的水平之间的差异,实际上是两个邻近发展阶段间的过渡状态。因此,题干说法错误。

三、简答题(参考答案)

1. 简述具体运算阶段儿童的思维特征。

(1)去自我中心性(去中心化);(2)可逆性;(3)守恒;(4)分类;(5)序列化。

2. 简述形式运算阶段儿童的思维特征。

形式运算阶段儿童的思维特征有:(1)命题之间的关系;(2)假设—演绎推理;(3)类比推理;(4)抽象逻辑思维;(5)可逆与补偿;(6)反思能力;(7)思维的灵活性;(8)形式运算思维的逐渐发展。

3. 简述维果斯基的"文化—历史"发展理论的基本观点。

(1)维果斯基强调社会文化在认知发展中的作用。他区分了两种心理机能,即作为动物进化结果的低级心理机能和作为历史发展结果的高级心理机能。高级心理机能是人类所特有的,它使得人类心理在本质上区别于动物。

(2)维果斯基强调,人的思维与智力是在活动中发展起来的,是借助语言等符号系统不断内化的结果。内化是促使认知发展的主要机制,语言则在内化过程中起重要作用,个体的认知发展遵循"社会语言—自我语言—内部语言"的路线。

4. 简述"教学应走在发展的前面"的含义。

"教学应走在发展的前面"有两层含义:(1)教学在发展中起主导作用。它决定着儿童的发展,决定着发展的内容、水平、速度及智力活动的特点。(2)教学创造着最近发展区。教学应适应学生的现有水平,但更重要的是要发挥教学对发展的主导作用。

专题三　中学生的情绪情感发展

一、单项选择题

答案速查

1~5	AABAD	6~10	CACCA
11~15	CAABB	16~20	CDCCD
21~25	DADDC		

1. A 【解析】心境是一种微弱的、持续时间较长的,带有弥漫性的情绪状态。心境一经产生就不只表现在某一特定对象上,而是在相当长的一段时间内,使人的整个心理活动都染上某种情绪色彩,影响人的整个行为表现,成为情绪生活的背景。

2. A 【解析】道德感是根据一定的道德标准评价人的思想、意图和言行时所产生的主观体验。它表现在对待国家、集体、工作、事业、学习以及人与人之间的关系等各个方面,如爱国主义情感、集体主义情感、责任感、事业心、荣誉感、自尊心等。因此,小华在为老人让座后产生的自豪感属于道德感。

3. B 【解析】补偿指个人所追求的目标、理想受到挫折,或由于本身的某种缺陷而达不到既定目标时,用另一个目标来代替或通过另一种活动来弥补,从而减轻心理上的不适感。题干中的学生学习成绩差却经常购买各种名牌消费品来获得心理上的满足,这是采用了补偿这一心理防御方式。

4. A 【解析】情绪和情感的两极性是指每一种情绪和情感都能找到与之对立的情绪和情感。

5. D 【解析】应激是出乎意料的紧迫情况所引起的急速而高度紧张的情绪状态。当人们遇到突然出现的事件或意外发生危险时,为了应付瞬息万变的紧急情况,就得果断地采取决定,迅速地做出反应。应激正是在这种情境中产生的内心体验。A项,小美一气之下撕碎了试卷,这属于激情。B项,小明被表扬后感觉天格外蓝,这属于心境。C项,范进听到自己金榜题名时欣喜若狂、手舞足蹈,这属于激情。D项,小林突然被老师点名答题而不知所措,这属于出乎意料的紧迫情况所引起的高度紧张的情绪状态。因此,答案选D项。

6. C 【解析】美感是人们根据一定的审美标准对自然或社会现象及其在艺术上的表现予以评价时所产生的情感体验。小雪看到优秀的绘画作品时产生的喜悦感属于情感中的美感。

7. A 【解析】理智感是人认识事物和探求真理的需要是否得到满足而产生的主观体验。题中小明解决问题时产生的喜悦感就属于理智感。

8. C 【解析】题干中,张亮在产生消极情绪后,会通过运动的方式来宣泄不良情绪,这种情绪调节方法属于合理宣泄法。

9. C 【解析】幽默是指个体遇到挫折、处境困难或尴尬时,利用机智、双关、比喻、诙谐、自嘲等语言与动作的良性刺激方式来化解困难。这种处理方式既没有个人的不适也没有不快地影响别人情感的公开显露。当受到嘲笑时,张老师用一句"浓缩的就是精华"来化解尴尬,这种情绪调节方法就是幽默。

10. A 【解析】心境是一种微弱的、持续时间较长的,带有弥漫性的情绪状态。心境一经产生就不只表现在某一特定对象上,而是在相当长的一段时间内,使人的整个心理活动都染上某种情绪色彩,影响人的整个行为表现,成为情绪生活的背景。题干中强调王萍的情绪已延续"十多天",故体现了心境的概念。

11. C 【解析】题干中,甘地遭受他人的歧视后并没有自怨自艾,而是把自己的遭遇与同胞们的不幸联系到一起,振奋精神,投身于印度民族解放运动,将不良情绪转化为了积极而有意义的行动,这种适应挫折的方式是升华法。

12. A 【解析】心境是一种微弱的、持续时间较长的,带有弥漫性的情绪状态,常常使人的整个心理活动都染上某种情绪色彩,影响人的整个行为表现,成为情绪生活的背景。依据题干所述,人在不同心态下,就会以此时的心态去看待客观世界,比如感到开心时就会觉得外界一切都好,这种现象属于情绪中的心境。

13. A 【解析】道德感是根据一定的道德标准评价人的思想、意图和言行时所产生的主观体验。"先天下之忧而忧,后天下之乐而乐"抒发了诗人范仲淹的爱国情怀,是道德感的表现。

14. B 【解析】投射效应指由于个体具有某种特性,因而推断他人也有与自己相同特性的心理现象。题干中,晓华喜欢帮助有困难的人,他将自己的想法投射到他人身上,认为其他同学和自己一样都喜欢帮助有困难的人,这反映的是投射现象。

15. B 【解析】焦虑是由恐惧、内疚、痛苦、愤怒组成的复合情绪,而快乐、悲哀、恐惧和愤怒是基本情绪。

16. C 【解析】"急中生智"是在突发状态下产生的,当人们遇到突发情况时,快速决定,做出智慧的反应,这是应激的过程。

17. D 【解析】激情是一种爆发式的、猛烈而持续时间短暂的情绪状态。例如,狂喜、暴怒、恐惧、绝望、剧烈的悲痛等,都是激情的表现。因此,根据题干中"喜欲狂"一词可知,杜甫当时的情绪状态属于激情。

18. C 【解析】激情是一种爆发式的、猛烈而持续时间短暂的情绪状态。它往往带有特定的指向性和较明显的外部行为表现。因此,题干所述属于激情。

19. C 【解析】中学生的情绪不再像儿童那样天真直露、心口如一,开始表现出文饰性、内隐性。有时会把自己真实的内心情绪世界封闭起来,对自己内心的真实想法或真实情绪是否予以表现也时常依时间、对象、场合而决定。陈鹏以一副若无其事的样子来掩盖自己内心的真实情绪,这反映了青少年的情绪具有隐蔽性。

20. D 【解析】道德感表现在对待国家、集体、工作、事业、学习以及人与人之间的关系等各个方面,如爱国主义情感、集体主义情感、责任感、事业心、荣誉感、自尊心等。

21. D 【解析】认知重组是指对挫折情境的重新认识与评价。个体对挫折情境的认知评价如何,直接影响挫折感的产生。题干中,个体认真分析考试失利的原因,确定了新的努力方向,这种对挫折情境的重新认识和分析是认知重组。

22. A 【解析】逆反心理指人们彼此之间为了维护自尊,而对对方的要求采取相反的态度和行为的一种心理状态。中学生的逆反心理往往发生在父母或教师等成人遇事“爱唠叨”,说话过头,限制了他们的求知欲、好奇心、交友结伴的时候。题干中,小强进入中学后希望摆脱父母的约束和监视,这说明他出现了逆反心理。

23. D 【解析】合理化又称文饰作用,是指个体无法达到目标或行为不符合规范时,用有利于自己的理由来为自己辩解,求得解脱和自慰。例如,“酸葡萄效应”(凡自己得不到的东西都是不好的)和“甜柠檬效应”(凡自己拥有的都是好的)。体能较差的学生以“只有四肢发达的人才会喜欢体育”为借口安慰自己,通过这种方式求得心理上的平衡,这是酸葡萄心理的典型事例。

24. D 【解析】(1)酸葡萄心理,即凡自己得不到的东西都是不好的;(2)甜柠檬心理,当得不到葡萄而只有柠檬时,就说柠檬是甜的,这种心理即凡自己拥有的都是好的。两者均是用有利于自己的理由来为自己辩解,以求得解脱和自慰。题干中强调把得不到的东西说成是不好的,故属于酸葡萄心理。

25. C 【解析】理智感是人认识事物和探求真理的需要是否得到满足而产生的主观体验。

二、简答题(参考答案)

1. 简述中学生的情绪发展特点。

(1)情绪非常丰富;(2)情绪反应强烈,易动感情;(3)情绪理解力增强,学会运用情绪表达规则;(4)能采用有效的情绪调节手段;(5)情绪的延续性较长,心境化;(6)出现反抗情绪与逆反心理;(7)情绪变化具有两极性。

2. 简述情绪的动机—分化理论的主要观点。

情绪的动机—分化理论的主要观点有三个:(1)情绪是分化的,存在着具有不同体验的独立情绪,这些独立的情绪具有动机功能;(2)情绪是人格系统的组成部分,是人格系统的核心动力;(3)情绪的分化是进化过程的产物,具有灵活多样的适应功能,且在有机体的适应和生存上起着核心的作用。

3. 简述培养中学生良好情绪的方法。

(1)正确认识情绪,形成正当、合理的需要;(2)培养正确的人生观,充实和丰富中学生的精神世界,培养健康的情趣;(3)锻炼身体;(4)使自己永远保持一种乐观、向上的情绪基调,培养幽默感;(5)培养高尚的道德情操,培养中学生爱生活、爱祖国、爱人民的思想情感;(6)培养消除不良情绪的能力。

三、材料分析题(参考答案)

1. (1)材料中的调查结果以及学生的部分想法表明学生存在的心理问题主要有以下几方面:学习带来的心理压力,父母的期望造成的精神压力,努力了但看到并没有改善后的挫折感或由此引起的自信心不足,人际关系不协调,青春期对异性接触的渴望与对恋爱的误解之间的矛盾。

(2)为了帮助学生面对、处理这些问题,教师在教学中可以采取以下措施帮助学生培养良好的情绪:①教会学生形成适宜的情绪状态。教会学生调节情绪的紧张度,使他们学会按自己的意愿形成适宜的情绪状态。②丰富学生的情绪体验。学生的不适宜情绪的产生,往往是由缺乏一定的情绪经验引起的。教师应给学生创造不同的情境,使学生积累在各种情境中的情绪体验。③引导学生正确看待问题。学生分析问题的能力还不完善,对一个问题往往只从一个角度解释,所以容易遭受挫折。教师应该指导学生从多个角度看待问题,以发现问题的积极意义,从而产生健康的情绪。④教会学生情绪调节的方法。教师的教最终是为了学生能够学会调节自己的情绪,因此,传授学生一些调节情绪的方法是必不可少的。⑤通过实际锻炼提高学生情绪调节能力。在日常生活和学习中,教师要不断鼓励学生克服不良情绪状态,养成积极乐观的心理品质。同时注意创设情境,让学生体验不良情绪的困扰,从而找到合理宣泄的渠道,这也有助于增强其心理抗压能力。

2. (1)小明面临的是挫折适应问题。造成这一问题的原因是考试失败。小明的学习成绩一直很好,他不能接受成绩下降到二十几名的现实。

(2)可以采取以下措施帮助小明摆脱困境:①帮助小明树立正确的挫折观,对挫折有正确的认识与思想准备。②帮助小明确定适当的抱负水平,即根据实际情况确定适当的目标。③让小明适度感受挫折,锻炼其挫折承受能力。④帮助小明分析考试失败的原因,并提出改进的措施,争取以后考试考出好成绩。⑤教会小明积极适应挫折的方法和技术。

专题四 中学生的意志发展

一、单项选择题

答案速查

1~5	CACBD	6~8	ACC

1. C 【解析】意志的自觉性是指一个人清晰地意识到自己行动的目的和意义,并且能够主动地支配自己的行动,使之符合既定目的的意志品质。题干中的学生放学后能自己主动去做作业,即他能主动支配自己的行动以达到既定目的,说明其意志的自觉性较好。

2. A 【解析】动机冲突可分为以下四类:

(1)双趋冲突,是指从自己同时都很喜爱的两个事物中仅择其一的心理状态。

(2)双避冲突,是指从希望回避的两种事物中必取其一的心理状态。
(3)趋避冲突,是指对同一目的兼具好恶的矛盾心理。
(4)多重趋避冲突,是指对含有吸引与排斥两种力量的多种目标予以选择时所发生的冲突。
题干中强调小美对于加入舞蹈协会的矛盾心理,既想加入但又怕影响学业,故答案选A项。

3. C 【解析】双趋冲突是指从自己同时都很喜爱的两个事物中仅择其一的心理状态。例如鱼与熊掌,不可兼得;高考填志愿,有人既想学文科又想学理科。

4. B 【解析】双避冲突是指从希望回避的两种事物中必取其一的心理状态,例如进退维谷。"前怕狼,后怕虎"体现了双避的矛盾冲突。

5. D 【解析】意志的自制性是一个人善于控制和支配自己的情绪,约束自己言行的品质。与自制性相反的意志品质是任性和怯懦。前者不能约束自己的行动;后者在行动中畏缩不前,惊慌失措。这都是意志缺乏自制性的表现。

6. A 【解析】意志的自制性是一个人善于控制和支配自己的情绪,约束自己言行的品质。题干中的"节之""纵之"说的是一个人是否善于控制自己、约束自己。

7. C 【解析】意志的坚持性又叫坚韧性,是指一个人在行动中坚持决定,百折不挠地克服重重困难去达到行动目的的品质。题干中学生持之以恒地晨跑以达到强身健体的目的,这体现了意志的坚持性。故本题选C项。
A项:果断性是指一种善于辨明是非、抓住时机、迅速而合理地采取决定并执行决定的意志品质。
B项:自觉性是指一个人清晰地意识到自己行动的目的和意义,并且能够主动地支配自己的行动,使之符合既定目的的意志品质。
D项:自制性是指一个人善于控制和支配自己的情绪,约束自己言行的品质。

8. C 【解析】意志的坚韧性(坚持性),是指一个人在行动中坚持决定,百折不挠地克服重重困难去达到行动目的的品质。与坚韧性相反的意志品质是动摇性和执拗性。这与题干中的见异思迁和顽固执拗相对应。

二、简答题(参考答案)

简述培养学生良好意志品质的主要方法。

(1)加强生活目的性教育,树立科学的世界观、远大的理想和信念,培养学生行为的目的性,减少其行动的盲目性;(2)加强养成教育,培养学生的自制能力;(3)组织实践活动,在困难环境中锻炼学生的意志,让学生取得意志锻炼的直接经验;(4)教育学生正确地对待挫折;(5)根据学生意志品质上的差异,采取不同的锻炼措施;(6)发挥教师、班集体和榜样的模范作用,给予必要的纪律约束;(7)加强自我锻炼,从点滴小事做起。

三、材料分析题(参考答案)

(1)意志品质有自觉性、果断性、自制性和坚韧性(坚持性)。

①小明缺乏意志的自觉性。意志的自觉性是指一个人清晰地意识到自己行动的目的和意义,并且能够主动地支配自己的行动,使之符合既定目的的意志品质。材料中小明需要在妈妈的监督下才能完成作业,不能自觉支配自己做作业的行为。

②小丽缺乏意志的自制性。意志的自制性是指一个人善于控制和支配自己的情绪,约束自己言行的品质。自制性强的人,在意志行动中,不受无关诱因的干扰,能控制自己的情绪,坚持完成意志行动,同时能制止自身不利于达到目的的行动。材料中小丽在朋友的诱惑下就忘记作业出去玩,是缺乏自制性的表现。

因此,小明缺乏意志的自觉性,小丽缺乏意志的自制性。

(2)可以从以下几方面努力培养中学生的意志品质:①加强生活目的性教育,树立科学的世界观、远大的理想和信念,培养学生行为的目的性,减少其行动的盲目性;②加强养成教育,培养学生的自制能力;③组织实践活动,在困难环境中锻炼学生的意志,让学生取得意志锻炼的直接经验;④教育学生正确地对待挫折;⑤根据学生意志品质上的差异,采取不同的锻炼措施;⑥发挥教师、班集体和榜样的模范作用,给予必要的纪律约束;⑦加强自我锻炼,从点滴小事做起。

专题五　中学生的人格发展

一、单项选择题

答案速查

1~5	DACAA	6~10	BADCC
11~15	CDBDB	16~20	BCBDD
21~25	ADBBC	26~32	ABADCAB

1. D 【解析】性格的意志特征是指个体自觉地确定目标,调节支配行为,从而达到目标的性格特征,如顽强拼搏、当机立断。学生有明确的目标,并能克服困难,为实现目标而一直努力,这体现了性格的意志特征。

2. A 【解析】沉思型的学生在解决认知任务时,总是谨慎、全面地检查各种假设,在确认没有问题的情况下才会给出答案。这种类型的学生解答认知问题的速度虽然慢,但错误率很低。根据题干所述,小丽的认知方式属于沉思型。

3. C 【解析】6~11岁的儿童的发展任务是培养勤奋感。在这个时期,多数儿童已进入学校,第一次接受社会赋予他并期望他完成的任务。他们追求任务完成时获得的成就感及由此带来的长辈的认可和赞许。如果儿童在学习、游戏等活动中不断取得成就并受到成人的奖励,儿童将以成功、嘉奖为荣,培养乐观、进取和勤奋的人格;反之,如果由于学习方法不当或努力不够而多次遭受挫折或其成就受到漠视,儿童容易形成自卑感。

4. A 【**解析**】场依存型的学生对客观事物的判断常以外部线索为依据,其态度和自我认知易受周围环境或背景(尤其是权威人士)的影响,往往不易独立地对事物做出判断,而是人云亦云,从他人处获得标准;行为常以社会为定向,社会敏感性强,爱好社交活动。因此,题干中的小明在回答问题时易受老师和同学的影响而改变自己的答案,这说明他的认知风格属于场依存型。

5. A 【**解析**】0～1.5 岁的婴幼儿的发展任务是发展对周围世界,尤其是对社会环境的基本态度,培养信任感。对人、对环境的基本信任感是形成健康个性品质的基础,是以后各个时期发展的基础,尤其是青年时期发展起来的同一性的基础。

6. A 【**解析**】场依存型认知方式的人倾向于以外部参照作为信息加工的依据,他们的态度和自我知觉更容易受周围的人们,特别是权威人士的影响和干扰,善于察言观色,注意并记忆言语信息中的社会内容。A 项正确。

一般而言,场独立型认知方式的人,常常利用自己内部的参照来判断客观事物,不易受外来因素的影响和干扰,其认知独立于周围的背景,倾向于在更抽象的和分析的水平上进行加工,独立地对事物做出判断。B 项错误。

冲动型的学生在解决认知任务时,总是急于给出问题的答案,而不习惯对解决问题的各种可能性进行全面思考,有时问题还未弄清楚就开始解答。C 项错误。

沉思型的学生在解决认知任务时,总是谨慎、全面地检查各种假设,在确认没有问题的情况下才会给出答案。D 项错误。

7. A 【**解析**】性格的态度特征是指个体对自己、他人、集体、社会以及对工作、劳动、学习的态度特征。节俭即生活俭省,有节制,反映的是对生活的一种态度,所以属于性格的态度特征。

8. D 【**解析**】场独立型者对客观事物作判断时,倾向于利用自己内部的参照,不易受周围环境因素的影响和干扰;在认知方面倾向于独立对事物做出判断。根据题干所述,该教师的认知方式属于场独立型。

9. C 【**解析**】一方面,同伴群体是儿童学习社会行为的强化物。另一方面,同伴群体又为儿童的社会化和人格发展提供社会模式或榜样。与同伴群体的交往使儿童能够进行人际关系和交流的探索,并发展人际敏感性,奠定儿童今后社会交往的基础,促进儿童的社会化和人格的发展。

10. C 【**解析**】学校教育按一定社会的教育目标,有计划、有步骤地对学生施加影响,因而直接制约着学生人格发展的方向和基本质量。教师对学生人格的发展具有指导定向的作用。题干中,教师的言行体现了学校教育对人格发展的影响。

11. C 【**解析**】放纵型教养方式的父母对孩子过分溺爱,让孩子随心所欲。这种家庭教养方式下的儿童是最不成熟的,易形成任性、自私、幼稚的个性。

12. D 【**解析**】一个人的人格是在遗传、成熟、环境、教育等先后天因素的交互作用下形成的。不同的遗传环境、生存及教育环境,形成了各自独特的心理特点。世界上没有两片完全相同的树叶,也没有两个人格完全相同的人,这体现了人格的独特性。

13. B 【**解析**】"人心不同,各如其面"的意思是人的内心世界各不相同,就好像他们的面貌各不相同一样。这句话反映了人格的独特性。

14. D 【**解析**】人格的功能性表现在:人格是一个人生活成败、喜怒哀乐的根源。人格决定一个人的生活方式,有时甚至会决定一个人的命运。"性格决定命运"这句话就强调了人格对一个人的影响之大,突出了人格的功能性。

15. B 【**解析**】性格的态度特征是指个体对自己、他人、集体、社会以及对工作、劳动、学习的态度特征。题干中强调小丽对集体和他人的态度,故体现了性格的态度特征。

16. B 【**解析**】多血质对应的高级神经活动类型为活泼型。故本题选 B 项。A 项,胆汁质对应的高级神经活动类型为兴奋型。C 项,黏液质对应的高级神经活动类型为安静型。D 项,抑郁质对应的高级神经活动类型为抑制型。

17. C 【**解析**】性格的意志特征是指个体自觉地确定目标,调节支配行为,从而达到目标的性格特征。小江遇到困难总能勇往直前,不达目的誓不罢休,这体现了性格的意志特征。

18. B 【**解析**】多血质的人以反应迅速、有朝气、活泼好动、动作敏捷、情绪不稳定为特征。根据题干所述,该学生的气质类型属于多血质。

19. D 【**解析**】抑郁质的人以敏锐、稳重、体验深刻、外表温柔、怯懦、孤独、行动缓慢为特征。小雨的气质类型是典型的抑郁质。

20. D 【**解析**】12～18 岁的青少年正处于中学阶段,根据埃里克森的人格发展阶段理论,其发展任务是培养自我同一性。

21. A 【**解析**】人格的稳定性指一个人的某种人格特征一旦形成,就相对稳定下来了,要想改变它,是比较困难的事情。"江山易改,禀性难移"是指人的本性的改变,比江山的变迁还要难。这句话通常形容人的本性难以改变。这句俗语说明人格具有稳定性。

22. D 【解析】胆汁质的特点是直率热情、精力旺盛、好冲动,但暴躁易怒、脾气急、易感情用事。对于胆汁质气质类型的人,要注重培养其自制力。张老师的教育方式有利于克服暴躁易怒的问题,暴躁易怒、感情用事是胆汁质气质类型的特点。

23. B 【解析】气质类型主要分为以下四种:胆汁质、多血质、黏液质和抑郁质。其中,黏液质的特征主要表现为稳重,但灵活性不足;踏实,但有些死板;沉着冷静,但缺乏生气。根据题干中对王岩“冷静沉着”“有耐久力”的描述可知,王岩的气质类型属于黏液质。

24. B 【解析】性格的意志特征指个体自觉地确定目标,调节支配行为,从而达到目标的性格特征,如顽强拼搏、当机立断。

25. C 【解析】人格由本我、自我和超我三部分构成。其中,超我位于人格结构的最高层,是道德化了的自我,由社会规范、伦理道德、价值观念内化而来,其形成是社会化的结果。超我遵循道德原则,它具有三个作用:(1)抑制本我的冲动;(2)对自我进行监控;(3)追求完善的境界。题干中小楠没有受批评还是感到内疚,正是超我在道德层面对自我进行监控的结果,故选C项。

26. A 【解析】性格的态度特征是指个体对自己、他人、集体、社会以及对工作、劳动、学习的态度特征,如谦虚或自负。

27. B 【解析】一个人的某种人格特点一旦形成,就相对稳定下来了,要想改变它是比较困难的事情。这种稳定性还表现在人格特征在不同时空下表现出一致性的特点。小琼无论在何时何地都寡言少语,这体现了人格的稳定性。

28. A 【解析】场依存型的学生对客观事物的判断常以外部线索为依据,其态度和自我认知易受周围环境或背景(尤其是权威人士)的影响,往往不易独立地对事物做出判断,而是人云亦云,从他人处获得标准。

29. D 【解析】青春期的学生(12 ~ 18 岁)处于自我同一性对角色混乱阶段,这一阶段的发展任务是培养自我同一性。自我同一性的形成要求谨慎的选择和决策,尤其体现在职业定向、性别角色分化等方面。题干中,中学生小杨对自己的职业选择摇摆不定,处于角色混乱的矛盾之中,因此当前他需要解决的问题是建立自我同一性。

30. C 【解析】抑郁质典型特征有:敏锐、稳重、体验深刻、外表温柔、怯懦、孤独、行动缓慢。根据题干中的关键词“不爱交际”“行动迟缓”“优柔寡断”等可知,小雅的气质类型为抑郁质。故本题选C项。

31. A 【解析】性格是指人的较稳定的态度与习惯化了的行为方式相结合而形成的人格特征。性格在后天社会环境中逐渐形成,有好坏、优劣之分,能最直接地反映出一个人的道德风貌。题干所述属于性格方面的差异。

32. B 【解析】胆汁质的人以精力旺盛、粗枝大叶、表里如一、刚强、易感情用事为特征。李逵是胆汁质的典型代表人物。

二、辨析题(参考答案)

1. 性格有好坏之分。

(1)这种说法是正确的。(2)性格是指人的较稳定的态度与习惯化了的行为方式相结合而形成的人格特征。性格是后天形成的,虽然也具有一定的稳定性,但在社会生活条件的影响下,可塑性比气质强。性格有好坏、优劣之分,能最直接地反映出一个人的道德风貌。因此,题干中的说法是正确的。

2. 抑郁质是最差的一种气质类型。

(1)这种说法是不正确的。(2)气质是表现在心理活动的强度、速度、灵活性与指向性等方面的一种稳定的心理特征,即我们平时所说的脾气、秉性。气质是人的天性,无好坏之分。因此,题干说法错误。

3. 人格随环境和教育的变化而变化,因此不稳定性是人格的典型特征。

(1)这种说法是不正确的。(2)人格是构成一个人思想、情感及行为的特有模式,这个独特模式包含了一个人区别于他人的稳定而统一的心理品质。人格具有稳定性。一个人的某种人格特征一旦形成,就相对稳定下来了,要想改变它,是比较困难的事情。因此,题干说法错误。

三、简答题(参考答案)

1. 简述弗洛伊德的人格“三我”结构。

弗洛伊德将人格结构分为三个层次:本我、自我和超我。(1)本我。本我位于人格结构的最底层,其遵循快乐原则。(2)自我。自我是从本我中逐渐分化出来的,位于人格结构的中间层,遵循现实原则。其作用主要是调节本我与超我之间的矛盾。(3)超我。超我位于人格结构的最高层次,遵循道德原则。

2. 简述影响人格形成与发展的因素。

(1)生物遗传因素。(2)社会因素。①家庭教养方式;②学校教育;③同辈群体。(3)个人主观因素。

四、材料分析题(参考答案)

1. (1)从场独立型和场依存型的角度分析,陈明属于场独立型,罗亮属于场依存型。场独立型的学生对客观事物的判断常以自己的内部线索(经验、价值观)为依据,不易受到周围环境因素的影响和干扰,倾向于对事物的独立判断;场依存型的学生对客观事物的判断常以外部线索为依据,其态度和自我认知易受周围环境或背景(尤其是权威人士)的影响,往往不易独立地对事物做出判断,而是人云亦云,从他人处获得标准;行为常以社会为定向,社会敏感性强,爱好社交活动。材料中,陈明在学习上遇到问题时,常利用个人经验独立对其进行判断,并且很少受到同学与老师建议的影响,故属于场独立型的认知风格;罗亮更愿意听老师和同学的建议,并以他们的建议作为分析问题的依据,另外他还喜欢察言观色,关注社会问题,故属于场依存型的认知风格。

(2)教师要充分认识到每个学生在认知风格上的差异性,了解每种认知方式的优点与不足之处,并根据对学生认知风格的了解,在教学中有针对性地选择不同的教学方式。对于属于场独立型认知风格的陈明,教师可以让他独自学习,给予其新颖、有难度的任务,充分发挥他的独立性和主动性;对于场依存型的罗亮,教师可以让他多多参与小组讨论,与他人协作共同完成学习任务,在学习中及时给予指导,对其表现给予肯定。

2. (1)①胆汁质的人以精力旺盛、粗枝大叶、表里如一、刚强、易感情用事为特征。整个心理活动笼罩着迅速而突发的色彩。材料中,小强满脸涨红,急切地插话,咋咋呼呼,没完没了,这体现了胆汁质的特征。②黏液质的人稳重,但灵活性不足;踏实,但有些死板;沉着冷静,但缺乏生气。材料中,小旭的表现体现了黏液质的气质特征。③抑郁质的人以敏锐、稳重、体验深刻、外表温柔、怯懦、孤独、行动缓慢为特征。材料中,小冬满脸的忧伤,天塌了似的,老师说了半天,他一点反应也没有,符合抑郁质的气质特征。

(2)结合气质类型特点,教师可采取如下教育措施:

①对多血质的学生,可以采取多种教育方式,但要定期提醒,对其缺点严厉批评。教师应鼓励他们勇于克服困难,培养扎实专一的精神,防止其见异思迁;创造条件,多给他们活动的机会,培养他们朝气蓬勃、足智多谋的优点。

②对黏液质的学生,教师要采取耐心教育的方式,让他们有考虑和做出反应的足够时间,培养其生气勃勃的精神、热情开朗的个性和以诚待人、工作踏实、顽强的优点。

③对抑郁质的学生,则应采取委婉暗示的方式,对其多关心、爱护,不宜在公开场合下指责,不宜过于严厉的批评,培养他们亲切、友好、善于交往、富有自信的精神,培养其敏感、机智、认真、细致、高自尊的优点。

专题六　中学生的能力与自我意识发展

一、单项选择题

答案速查

1~5	BADCC	6~10	ABDBA
11~15	ACDBD	16~21	ABDBAB

1. B 【解析】效度是指一个测验工具希望测到某种行为特征的有效性与准确程度。题干中测验的目的是衡量学生学业水平的实际程度,本质上体现了测验的效度。故选择B项。A项,信度是指一个测验量表的可靠程度(或可信程度)。它以反复测验时能否提供相同的结果来说明。C项,难度指题目的难易程度。D项,区分度是指该项题目对不同水平的答题者反应的区分程度和鉴别能力。难度适中,区分度较高的题目较好。

2. A 【解析】晶体智力与教育、文化有关,但在个体差异上与年龄的变化没有密切关系,晶体智力不因年龄增长而降低,有些人甚至因知识经验的累积,晶体智力随着年龄的增长而升高。“老谋深算”指的是晶体智力。

3. D 【解析】视觉—空间智力包括认识环境、辨别方向的能力。画家、雕塑家、建筑师的视觉—空间智力发达。

4. C 【解析】A项是能力发展水平差异,B项是能力表现早晚的差异,D项是能力类型的差异。C项的多愁善感是性格特征,不是能力特征。

5. C 【解析】一般认为,自我意识包括三种成分:(1)自我认识(认识成分),即个体对自己的心理特点、人格特征、能力及自身社会价值的自我了解与自我评价。(2)自我体验(情感成分),如自尊、自爱、自豪、自卑及自暴自弃等。(3)自我监控(意志成分),即对自己的意志控制,如自我检查、自我监督、自我调节、自我追求等。题干中强调花花很好地控制住了自己的情绪,故体现了自我意识中的自我调节。

6. C 【解析】儿童在3岁以后,自我意识的发展进入社会自我阶段。他们从轻信成人的评价逐渐过渡到自我独立评价。这时,自我评价的独立性、原则性、批判性正在迅速发展,对道德行为的判断能力,也逐渐达到了前所未有的水平,从对具体行为的评价到有一定概括程度的评价。但他们的自我评价通常不涉及个人的内心世界和人格特征,自我的调节控制能力也较差,常出现言行不一的现象。

7. B 【解析】晶体智力是以学得的经验为基础的认知能力。它包括大量的知识和技能,与学习能力密切联系着,如知识、词汇、计算方面的能力就属于晶体智力。

8. D 【解析】自我体验是自我意识在情感上的表

现,是伴随自我认识而产生的内心体验。题干中的学生因受到表扬而感到开心,这是该生的自我意识在情感上的表现,故反映的是学生自我意识中的自我体验。

9. B 【解析】效度是指一个测验工具希望测到某种行为特征的有效性与准确程度。

10. A 【解析】一般能力是指在不同种类的活动中表现出来的能力,如观察能力、记忆能力等。特殊能力是指从事某种专门活动所需要的能力,如音乐能力、绘画能力、运动能力、社交能力等。

11. B 【解析】心理学家根据智力发展水平把儿童分成三个等级,即超常儿童、常态儿童、低常儿童。其中IQ超过140属于天才,IQ超过130为智力超常,IQ低于70为智力落后(低常儿童)。题干中儿童的智力为90,因此属于正常水平。

12. C 【解析】模仿能力是指通过观察别人的行为和活动,以相同的方式做出反应的能力。题干描述的是模仿能力的概念。

13. D 【解析】美国心理学家吉尔福特提出了智力的三维结构论。他认为,智力是一个由不同方式对不同信息进行加工的各种能力的综合系统,是一个包括内容、操作和成果的三维结构。智力二因素论是斯皮尔曼提出的,智力形态论是卡特尔提出的,智力多元论是加德纳提出的。

14. B 【解析】逻辑—数学智力是指数学运算与逻辑思考的能力以及科学分析的能力,典型人群如数学家。视觉—空间智力是指认识环境、辨别方向的能力,典型人群如画家、雕塑家、建筑师。自知智力(内省智力)是指认识自己并选择自己生活方向的能力,典型人群如神学家、哲学家和心理学家。存在智力,指陈述、思考有关生与死、身体与心理等问题的倾向性,如人为何到地球上来,在人类出现之前地球是怎样的,别的星球有无生命,以及动物之间能否相互理解等。因此,画家的视觉—空间智力发育较好。

15. D 【解析】区分度是指该项题目对不同水平的答题者反应的区分程度和鉴别能力。区分度高的试题,学习好的学生得分高,学习差的学生得分低;区分度低的试题,学习好和学习差的学生得分相差不大。

16. B 【解析】流体智力(也称液体智力、液体能力)是一个人生来就能进行智力活动的能力,属于人类的基本能力,受教育文化的影响较少。晶体智力(也称晶体能力)是以学得的经验为基础的认知能力,受后天经验的影响较大,与教育、文化有关。故运算推理能力属于流体能力。

17. B 【解析】斯皮尔曼提出了智力的二因素论,他认为智力由一般因素(G因素)和特殊因素(S因素)构成。

18. D 【解析】能力与知识、技能具有不同的概括水平。知识、技能的掌握和能力的发展是不同步的。因此①②说法错误,答案选D项。

19. B 【解析】智力也即智能,是使人能顺利完成某种活动所必需的各种认知能力的有机结合,它包括观察力、记忆力、注意力、想象力和思维力等成分,并以思维力为核心。

20. A 【解析】信度是指一个测验量表的可靠程度(或可信程度)。它以反复测验时能否提供相同的结果来说明。如果学生初测时分数很高,而在复测时分数很低,说明测验的信度差。

21. B 【解析】心理自我是在青春期开始发展和形成的。这时,青年开始形成自觉地按照一定的行动目标和社会准则来评价自己的心理品质与能力。故青春期学生的自我意识发展处于心理自我阶段。

二、辨析题(参考答案)

1. 男女智力总体发展水平相当。

(1)这种说法是正确的。(2)男女智力的总体水平大致相等,但男性智力分布的离散程度比女性大。男女的智力结构存在差异,各自具有自己的优势领域。男女在一般智力因素上没有显著差异,其性别差异主要反映在特殊智力因素中,主要包括数学能力、言语能力和空间能力。因此题干说法正确。

2. 晶体智力随年龄增长而降低。

(1)这种说法是不正确的。(2)流体智力的特征是:对不熟悉的事物,能以迅速、准确的反应来判断其彼此间的关系。流体智力的发展与年龄有密切的关系。一般人在20岁以后,流体智力的发展达到顶峰,30岁以后随着年龄的增长而降低。因此,题干说法错误。

三、简答题(参考答案)

1. 简述个体自我意识发展的阶段。

个体自我意识的发展经历了从生理自我到社会自我,再到心理自我的过程。

(1)生理自我(自我中心期)。生理自我是自我意识最原始的形态,生理自我在3岁左右基本成熟。

(2)社会自我(客观化时期)。儿童在3岁以后,自我意识的发展进入社会自我阶段。社会自我至少年期基本成熟。

(3)心理自我(主观自我时期)。心理自我是在青春期开始发展和形成的。

2. 简述中学生自我意识发展的一般特征。

(1)自我认识的全面性和深刻性提高;(2)有自我控制的愿望,但自制力水平不高;(3)自我控制意识有所增强,但是监控效果不理想。

专题七　中学生的性心理发展与异性交往辅导

材料分析题(参考答案)

正常的异性交往对青少年的健康成长是有益

的。即使男女同学之间产生了爱慕之情,那也是正常的。只要处理得当,控制在适当的程度内,这种感情也可以促进学生对自身发展的完善。材料中的学校为了避免学生早恋,将男女同学之间的正常交往也限制起来的做法显然是不可取的。这样一味地"围追堵截",容易让学生产生逆反心理,可能会让学校的早恋现象愈演愈烈或者让学生形成错误的异性交往观念。所以,作为教育工作者要引导学生把握好其间的"度"。教师在对学生进行引导时应做到:

(1)培养健康的交往意识。让青少年学生认识到异性交往是正常的,必然的,也是必要的,无须紧张、害怕、回避。(2)培养健康的交往态度。在交往中,彼此之间要相互尊重,平等待人,尤其提倡自尊、自重和自爱,应相互体谅和信任、真诚。(3)培养正确的交往行为。言行要适度,自然大方,既不过分拘谨,也不过分随便;既不过分冷淡,也应避免过分亲昵;不哗众取宠,也要学会控制情绪。(4)加强情感教育。让中学生懂得什么是爱,如何感受爱、表达爱,如何区分友情和爱情。(5)加强性教育,如性生理教育、性心理教育和性道德教育。(6)正确应对恋爱现象。与中学生共同探讨恋爱的利弊,引导学生将爱慕升华为成长的动力。同时加强责任意识和自我保护意识的教育。

对中学生异性交往过密的行为表现,教师在理解、宽容的基础上,还要多做调查研究,积极疏导。作为教师,我们还要加强学生青春期的教育,消除学生对异性的神秘感,增强学生的自我控制能力,提高学生的性道德水平,使他们正确认识与异性同学的关系,把握与异性同学交往的分寸,掌握与异性同学交往的礼仪,从而让他们严肃地对待恋爱,婚姻及性等问题。

第六章 中学生心理辅导

核心知识提要

①相对性 ②抑郁症 ③网络成瘾 ④强化法
⑤肯定性训练 ⑥理性-情绪疗法

经典真题回顾

一、单项选择题

答案速查

1~6	AACABA

1. A 【解析】本题考查强迫症。强迫观念是指当事人身不由己地思考他不想考虑的事情,强迫行为(动作)指当事人反复去做他不希望执行的动作。赵峰明知离高考很远,但就是控制不住自己的想法,这是强迫观念的体现。

2. A 【解析】本题考查行为改变的基本方法。强化法用来培养新的适应行为。根据学习原理,一个行为发生后,如果紧跟着一个强化刺激,这个行为就会再一次发生。题干中,老师对赵敏主动提问的行为,及时给予表扬,以强化其主动提问、发言的行为,这种促进行为改变的方法属于强化法。

3. C 【解析】本题考查抑郁症。抑郁症的表现:(1)情绪消极、悲观、颓废、淡漠、失去满足感和生活乐趣;(2)消极的认识倾向,低自尊、无能感,从消极方面看事物,好责难自己,对未来不抱多大希望;(3)动机缺失、被动、缺少热情;(4)躯体疲劳、失眠、食欲不振等。题干中张博的症状符合抑郁症的特征。

4. A 【解析】本题考查学校心理辅导的目标。学校心理辅导的一般目标可归纳为两个方面:学会调适和寻求发展。学会调适是基本目标,以此为主要目标的心理辅导可称为调适性辅导;寻求发展是高级目标,以此为主要目标的心理辅导可称为发展性辅导。

5. B 【解析】本题考查学校心理辅导的主要方法。代币是一种象征性强化物,筹码、小红星、盖章的卡片、特制的塑料币等都可作为代币。当学生做出教师所期待的良好行为后,就发给他们数量相当的代币作为强化物。题干中,廖老师使用文具、卡片等物品作为奖励替代物来改变学生的行为,文具、卡片就是代币,故廖老师运用了代币法。因此答案选B项。A项,认知疗法是根据人的认知过程影响其情绪和行为的理论假设,通过认知和行为技术来改变求治者的不良认知,从而矫正适应不良行为的心理治疗方法。C项,脱敏法是指当某些人对某事物、某环境产生敏感反应(害怕、焦虑、不安)时,我们可以在当事人身上发展起一种不相容的反应,使其对本来可引起敏感反应的事物,不再发生敏感反应。D项,消退法强调的是不予强化,进而使不良行为减少直至消失。

6. A 【解析】本题考查心理辅导方法。理性情绪疗法认为,人的情绪是由他的思想决定的,合理的观念导致健康的情绪,不合理的观念导致负向的、不稳定的情绪。所以该疗法强调要通过改变不合理的信念来调节情绪。因此,题干中的教师采用的方法正是理性情绪疗法,本题选A。

二、辨析题(参考答案)

心理健康的标准是相对的。

(1)这种说法是正确的。(2)心理健康的标准是相对的,而不是绝对的。心理健康标准是一个发展的文化的概念,会随着社会的发展变化而发展变化,也因不同的社会文化背景而有差异。不同的国家、地区、同一地区的不同民族和阶层可能有不同的要求和标准;同一国家、地区的标准也会因时代的变迁、历史的进步而有不同的标准。因此,题干说法是正确的。

三、简答题(参考答案)

简述学校心理辅导的原则。

(1)面向全体学生;(2)预防与发展相结合;(3)尊重与理解学生;(4)发挥学生主体性;(5)个别对待学生;(6)促进学生整体性发展。

四、材料分析题(参考答案)

(1)考试焦虑是一种复杂的情绪现象,是在一定的应试情境下,受个体认知评价能力、人格倾向与其他身心因素制约,以担忧为基本特征,以防御或逃避为行为方式,通过一定程度的情绪反应所表现出来的心理状态。其表现是随着考试临近,心情极度紧张。考试时注意力不集中,知觉范围变窄,思维刻板,出现慌乱,无法发挥正常水平。

(2)产生的原因:①学校的统考,升学的、持久的、过度的压力;②家长对子女过高的期望;③学生个人过分地争强好胜;④学业上多次失败的体验等。

(3)调节方法:①采用肌肉放松、系统脱敏等方法;②采用认知矫正程序,指导学生在考试中使用正向的自我对话,如"我能应付这个考试";③锻炼学生的性格,提高挫折应对能力;④往最好处做,不要计较最后结果;⑤考前要注意调节情绪。

过关必刷题库

专题一 心理健康概述

一、单项选择题

答案速查

1~3	ADA

1. A 【解析】A 项,心理健康是个体心理活动在自身及环境条件许可范围内所能达到的最佳功能状态。它至少包括两层含义:一是无心理疾病;二是有一种积极发展的心理状态。故 A 项说法错误。
B 项,心理健康是比较而言的,从健康到不健康只是程度的不同,而无本质的区别。故 B 项说法正确。
C 项,人的心理健康既可从相对不健康变得健康,又可从相对健康变得不那么健康。因此,心理健康反映的是某一段时间内的特定状态,而不应认为是固定的和永远如此的。故 C 项说法正确。
D 项,心理健康标准是一个发展的文化的概念,会随着社会的发展变化而发展变化,也因不同的社会文化背景而有差异。故 D 项说法正确。
2. D 【解析】世界卫生组织指出,健康应包括生理、心理、社会适应和道德健康等。世界卫生组织对"健康"的定义不包括 D 项,本题选 D。
3. A 【解析】心理健康表现为个人具有生命的活力、积极的内心体验和良好的社会适应。

二、辨析题(参考答案)

1. 没有查出病就是健康。
(1)这种说法是不正确的。(2)健康指的是有机体的一种机能状态,一般指机能正常,没有缺陷和疾病。世界卫生组织指出,健康应包括生理、心理、社会适应和道德健康等。"健康"包含很多方面,"没有查出病"只能表明个体身体健康,并不意味着其心理健康、社会适应良好。因此,题干说法错误。
2. 心理健康和不健康之间有明确的界限。
(1)这种说法是不正确的。(2)心理健康是比较而言的,从健康到不健康只是程度的不同,而无本质的区别。心理健康与不健康不是泾渭分明的对立面,而是一种连续状态。从良好的心理健康状态到严重的心理疾病之间有一个广阔的过渡带。在许多情况下,异常心理与正常心理、变态心理与常态心理之间没有绝对的界限,只是程度的差异。

三、简答题(参考答案)

心理健康的标准是什么?

世界卫生组织界定的心理健康标准包括以下几方面:(1)智力正常;(2)情绪适中;(3)意志健全;(4)人格统一;(5)人际关系和谐;(6)与社会协调一致;(7)心理特点符合年龄特征。

专题二 中学生常见的心理健康问题

一、单项选择题

答案速查

1~5	CCBCA	6~10	DAADD
11~15	BBABC		

1. C 【解析】焦虑症是以与客观威胁不相适应的焦虑反应为特征的神经症。学生中常见的焦虑反应是考试焦虑。其表现是:随着考试临近,心情极度紧张;考试时注意力不集中,知觉范围变窄,思维刻板,表现慌乱,无法发挥正常水平。根据题干描述可知,小李的表现属于焦虑症。
强迫症主要表现为强迫观念和强迫行为;抑郁症强调持久的心境低落;恐怖症强调对事物非理性的惧怕。均不符合题意,排除。
2. C 【解析】强迫观念指当事人身不由己地思考他不想考虑的事情;强迫行为指当事人反复去做他不希望执行的动作,如果不这样想、不这样做,他就会感到极端焦虑。题干中强调小昭不受控制地浮现出不好的想法,这属于强迫观念。故本题选 C 项。
3. B 【解析】恐怖症可分为单纯恐怖症(对一件具体的东西、动作或情境的恐怖)、广场恐怖症(害怕大片的水域、空荡荡的街道)、旷野恐怖症(害怕路过旷野,严重时害怕路过任何建筑)、社交恐怖症(害怕出现在众人面前,特别是对于被人注意更为敏感)和幽闭空间恐怖症(害怕较小的空间)。故题干所述为单纯恐怖症。

4. C 【**解析**】抑郁症的表现有:(1)情绪消极、悲伤、颓废、淡漠,失去满足感和生活的乐趣;(2)消极的认识倾向,低自尊、无能感,从消极方面看事物,好责难自己,对未来不抱多大希望;(3)动机缺失、被动,缺少热情;(4)躯体上疲劳、失眠、食欲不振等。由此可判断,小东最可能患有抑郁倾向。

5. A 【**解析**】根据题干描述,小娟最近因学习陷入一种烦躁、焦虑不安的情绪之中,这是焦虑症的典型表现之一,故小娟可能患有焦虑症。

6. D 【**解析**】社交恐怖症的主要表现为:害怕在社交场合讲话,担心自己因双手发抖、脸红、声音颤抖、口吃而暴露自己的焦虑,觉得自己说话不自然,因而不敢抬头,不敢正视对方的眼睛。根据题干中小丽的行为表现可知,她可能患有社交恐怖症。

7. A 【**解析**】抑郁症的表现主要有:(1)情绪消极、悲观、颓废、淡漠、失去满足感和对生活的乐趣;(2)消极的认知倾向,低自尊、无能感,对未来没有期望;(3)动机缺乏、被动、缺乏热情;(4)肢体疲劳、失眠、食欲不振。因此,答案选 A 项。

8. A 【**解析**】恐怖症可分为单纯恐怖症(对一件具体的东西、动作或情境的恐怖)、广场恐怖症(害怕大片的水域、空荡荡的街道)、旷野恐怖症(害怕路过旷野,严重时害怕路过任何建筑)、社交恐怖症(害怕出现在众人面前,特别是对于被人注意更为敏感)和幽闭空间恐怖症(害怕较小的空间)。由此可判断,题干所述为广场恐怖症。

9. D 【**解析**】恐怖症是对特定的无实际危害的事物与场景的非理性的惧怕。恐怖症可分为单纯恐怖、广场恐怖和社交恐怖。社交恐怖在学生中较为常见,主要表现为:害怕在社交场合讲话,担心自己因双手发抖、脸红、声音颤抖、口吃而暴露自己的焦虑,觉得自己说话不自然,因而不敢抬头,不敢正视对方的眼睛。姚涵的表现反映了她可能出现了社交恐怖症。

10. D 【**解析**】网络成瘾,又称网络成瘾综合征,临床上是指由于患者对互联网过度依赖而导致的一种心理异常症状以及伴随而来的生理性不适。我们可以根据一些症状表现来判断个体是否有网络成瘾,比如个体不上网会产生消极的情绪体验和不良的生理反应。题干中学生如减少或停止上网,会出现一系列的不良反应,由此可推断这名学生很可能是网络成瘾。

11. B 【**解析**】强迫行为指当事人反复去做他不希望执行的动作,如果不这样想、不这样做,他就会感到极端焦虑。题干中小雷控制不住地反复擦写的行为就属于强迫行为,因此他可能出现了强迫症。

12. B 【**解析**】抑郁症是以持久的情绪低落为特征的神经症,抑郁症的表现有情绪消极、悲伤、颓废、淡漠、失去满足感和生活的乐趣等等。根据题干中晓丽的表现可知,晓丽最有可能患的神经症是抑郁症。

13. A 【**解析**】抑郁症是以持久的心境低落为特征的神经症,其主要表现为:(1)情绪消极、悲观、颓废、淡漠、失去满足感和对生活的乐趣;(2)消极的认知倾向,低自尊、无能感,对未来没有期望;(3)动机缺乏、被动、缺乏热情;(4)肢体疲劳、失眠、食欲不振。根据题干所述,该学生可能患有抑郁症。

14. B 【**解析**】题干中,小陈知道自己每次饭后长时间刷牙的行为是没必要的,但却难以控制,这是典型的强迫行为。强迫行为是强迫症的一种表现形式,本题选 B。

15. C 【**解析**】强迫症是一种以强迫症状为主的神经症,以强迫观念、强迫意向和强迫动作为主要临床表现。题干中的教师上课前不断检查自己的教材、U 盘,下班后又反复查看办公室门是否锁好,这是强迫症的典型表现,故该教师具有强迫倾向。

二、辨析题(参考答案)

焦虑症是以持久的心境低落为特征的神经症。

(1)这种说法是不正确的。(2)焦虑症是以与客观威胁不相适应的焦虑反应为特征的神经症。抑郁症是以持久的心境低落为特征的神经症。因此,题干说法错误。

三、简答题(参考答案)

1. 简述网络成瘾的几种心理干预方法。

常用的几种心理干预法:(1)强化干预法;(2)厌恶干预法;(3)转移注意力法;(4)替代、延迟满足法;(5)团体辅导法。

2. 简述强迫症及其矫正方法。

(1)含义:强迫症是一种以强迫症状为主的神经症。其特点是有意识的自我强迫和反强迫并存,两者强烈冲突使患者感到焦虑、痛苦。

(2)矫正方法:①药物治疗;②行为治疗;③建立支持性环境;④森田疗法。

四、材料分析题(参考答案)

1. (1)材料中小文后期已出现较严重的抑郁症状。抑郁症的表现主要有:①情绪消极、悲伤、颓废、淡漠、失去满足感和生活的乐趣;②消极的认识倾向,低自尊、无能感,从消极方面看事物,好责难自己,对未来不抱多大希望;③动机缺失、被动,缺少热情;④躯体上疲劳、失眠、食欲不振等。材料中,小文觉得活着是一种累赘,内心很痛苦,体重下降,严重失眠,还出现了自伤行为,这些都表明小文患有抑郁症。

(2)对于患有抑郁症的学生,可采用以下方法:①要注意给当事人以情感支持和鼓励。②以坚定而温和的态度激励学生做一些力所能及的事情。③让学生多参与一些积极有益的行动,从活动中体验到成功与人际交往的乐趣。④也可采用认知行为疗法,改变学生已习惯的自贬性的思维方式和不适当的成败归因模式,发展对自己、对未来的更为积极的看法。⑤让学生服用抗抑郁药物以缓解症状。

2. (1)恐怖症是对特定的无实在危害的事物与场景的非理性惧怕。社交恐怖症患者害怕在社交场合讲话(在会场上讲演、在公共场合进餐时交谈),担心自己会因双手发抖、脸红、声音发颤、口吃而暴露自己的焦虑,觉得自己说话不自然,因而不敢抬头,不敢正视对方的眼睛。材料中,这位男生不好意思跟同学说话,害怕老师提问;容易紧张,不参加集体活动,与他人交往时脸红、手抖;甚至不想上学,害怕去人多的地方等,都是社交恐怖症的典型表现。

(2)调适方法:家长和老师应从各个方面了解该学生产生社交恐怖症的具体原因,帮助他克服心理障碍,更好地适应学校和社会的日常生活,同时,必要的时候,可使用以下方法进行调适:①系统脱敏法。②改善人际关系,营造宽松、自由的氛围;适当减轻当事人的压力。

专题三　学校心理辅导

一、单项选择题

答案速查

1~5	CBADB	6~10	BCDDB
11~15	DBDBA		

1. C 【解析】系统脱敏法是指当某些人对某事物、某环境产生敏感反应(害怕、焦虑、不安)时,我们可以在当事人身上发展起一种不相容的反应,使其对本来可引起敏感反应的事物,不再发生敏感反应。题干中通过看汽车图片—谈论汽车—摸汽车—坐汽车等一系列操作,逐步消除该学生对汽车的惧怕反应,这运用了系统脱敏法。故本题选C项。

2. B 【解析】系统脱敏法包括以下步骤:(1)进行全身放松训练;(2)建立焦虑刺激等级表;(3)焦虑刺激与松弛活动相配合。题干中心理辅导老师帮助李晓明建立焦虑等级,并通过放松训练缓解李晓明的考试焦虑,正是系统脱敏法的步骤。

3. A 【解析】强化法用来培养新的适应行为。根据学习原理,一个行为发生后,如果紧跟着一个强化刺激,这个行为就会再一次发生。晓红主动与同学交谈或请教老师时,韩老师给予肯定来强化晓红的这种行为。

4. D 【解析】合理情绪疗法认为,人的情绪是由他的思想决定的,合理的观念导致健康的情绪,不合理的观念导致负向的、不稳定的情绪。人们持有的不合理信念总结起来有三个特征:绝对化要求、概括化要求和糟糕至极。小青认为做事应该尽善尽美,决不允许出现任何差错,说明其过于追求完美,常因不能达到完美而影响自己的情绪,进而产生焦虑。小青的不合理信念属于绝对化要求,老师通过矫正其认知偏差来帮助她调整不合理的认知,这种心理疏导方法是合理情绪疗法。

5. B 【解析】概括化要求是一种以偏概全的不合理的思维方式,它包括对自己和对他人的不合理评价。依据题干所述,个体因一次失败或错误就全盘否定自己,认定自己是个失败者,什么都做不好,这种以偏概全的评价方式属于不合理信念中的概括化要求。

6. B 【解析】艾里斯认为,人们持有的不合理信念总结起来有三个特征:绝对化要求、概括化要求和糟糕至极。(1)绝对化要求,是指个体以自己的意愿为出发点,以极端的要求衡量一切事物。例如,学生要求"我必须每次都考第一名""他们都应该对我好"等。(2)概括化要求,这是一种以偏概全的不合理的思维方式,它包括对自己和对他人的不合理评价。例如:一次考试成绩不理想便认为自己不行,从而导致自卑、情绪消沉;别人一次约会迟到,就认为这人不守时,不值得信任,导致责备他人甚至产生愤怒等情绪。(3)糟糕至极,表现为一旦遇到什么挫折,就产生一种非常糟糕、甚至是灾难性的预期的非理性信念,从而陷入悲观、抑郁的情绪中而不能自拔。故B项属于"绝对化要求",答案选B项。

7. C 【解析】行为塑造是指通过不断强化逐渐趋近目标的反应,来形成某种较复杂的行为。有时候我们所期望的行为在某学生身上很少出现或很少完整地出现,此时,我们可以依次强化那些渐趋目标的行为,直到合意行为的出现。老师通过强化使张亮完成作业的量逐渐增加,直到他能完成期待的作业量,也就是出现了合意行为。老师采用的这种行为矫正方法是行为塑造法。

8. D 【解析】自我控制法是让当事人自己运用学习原理,进行自我分析、自我监督、自我强化、自我惩罚,以改善自身行为。题干所述为自我控制法的内涵。

9. D 【解析】指导学生在考试中使用正向的自我对话,如"我能应付这个考试"属于考试焦虑治疗方法的认知矫正程序。

10. B 【解析】艾里斯认为,人的情绪是由他的思想决定的,合理的观念导致健康的情绪,不合理的观念导致负向的、不稳定的情绪。他提出了一个解释人的行为的ABC理论。A:个体遇到的主要事实、行为、事件。B:个体对A的信念、观点。C:事件造成的情绪结果。情绪反应C是由B(信念)直接决定的。因此,丹丹和平平都不小心跌了一跤,二人对这件事的观点、看法不同,其表现也就不同。故本题选 B。

11. D 【解析】肯定性训练的目的是发展人的自我肯定行为。自我肯定行为主要表现在三个方面:(1)请求他人为自己做某事,以满足自己合理的需要;(2)拒绝他人无理要求而又不伤害对方;(3)真实地表达自己的意见和情感。故本题选 D。

12. B 【解析】行为塑造是指通过不断强化逐渐趋近目标的反应,来形成某种较复杂的行为。有时候教师所期望的行为在某学生身上很少出现或很少完整地出现,此时,教师可以依次强化那些渐趋目标的行为,直到合意行为的出现。题干中的张老师通过不断强化小莉表现出的趋近目标的行为,促使她形成良好的学习习惯,这说明张老师采用了行为塑造法。

13. D 【解析】D 项肯定性训练也叫自信训练、果敢训练,目的是促进个人在人际关系中公开表达自己真实的情感和观点,维护自己权益也尊重别人权益,发展人的自我肯定行为。“不敢拒绝别人的无理要求,不敢表示自己的不满情绪”说明这个学生缺少自我肯定行为,因此需要用肯定性训练培养其自我肯定行为。

A 项,全身松弛法是通过改变肌肉紧张,减轻肌肉紧张引起的酸痛,以应对情绪上的紧张、不安、焦虑和气愤。

B 项,代币奖励法中代币是一种象征性强化物,筹码、小红星、盖章的卡片、特制的塑料币等都可作为代币。当学生做出教师所期待的良好行为后,就发给他们数量相当的代币作为强化物,学生用代币可以兑换有实际价值的奖励物或活动。

C 项,系统脱敏法是让个体一点一点接触害怕的事物或环境,逐步降低个体对其害怕事物的敏感反应。

14. B 【解析】系统脱敏是指当某些人对某事物、某环境产生敏感反应(害怕、焦虑、不安)时,我们可以在当事人身上发展起一种不相容的反应,使其对本来可引起敏感反应的事物不再发生敏感反应。体育课中老师先让学生看别的同学练习,再从简单练习开始,逐步加大练习难度,消除学生对难度大练习的害怕心理,运用的就是系统脱敏法。

15. A 【解析】学校心理辅导的一般目标可归纳为两个方面:学会调适和寻求发展。学会调适是基本目标,以此为主要目标的心理辅导可称为调适性辅导;寻求发展是高级目标,以此为主要目标的心理辅导可称为发展性辅导。

二、简答题(参考答案)

1. 简述行为改变的基本方法。

(1)强化法;(2)代币奖励法;(3)行为塑造法;(4)自我控制法;(5)行为契约法。

2. 简述认知疗法的治疗过程。

(1)建立求助的动机;(2)适应不良认知的矫正;(3)在处理日常生活问题的过程中培养观念的竞争,用新的认知对抗原有的认知;(4)改变有关自我的认知。

3. 教师制定行为契约应注意哪些方面?

行为契约法是双方通过达成协议来建立一定程度的目标行为的方法。在该法的实施中,行为契约是十分关键的内容,它由五个方面构成:(1)确定希望建立的目标行为;(2)规定衡量目标行为的方法;(3)规定该行为必须执行的时间;(4)规定强化与行为执行状况的联系;(5)确认由谁来实施强化。

第七章　中学德育

核心知识提要

①道德意志　②他律　③权威阶段　④习俗水平
⑤因材施教原则　⑥集体教育　⑦尊重信任学生
⑧纪律约束　⑨长善救失　⑩一致性和连贯性
⑪思想政治课　⑫课外、校外活动　⑬说服教育法
⑭榜样示范法　⑮实际锻炼法　⑯品德评价法

经典真题回顾

一、单项选择题

答案速查

1～5	BDBDD	6～10	AAAAD

1. B 【解析】本题考查皮亚杰的道德发展阶段理论。道德发展处于权威阶段的主要特征是:该阶段的儿童服从外部规则,接受权威指定的规范,把人们规定的准则看作是固定的、不可变更的,而且只根据行为后果来判断对错。题干中,欣怡认为规则是绝对的、不可变更的,这表明她的道德发展水平处于权威阶段。

2. D 【解析】本题考查柯尔伯格的道德发展阶段理论。普遍原则的道德定向阶段(普遍伦理取向阶段)以价值观念为导向,有自己的人生哲学,对是非善恶的判断有独立的价值标准,思想超越了现实道德规范的约束,行为完全自律。这一阶段儿童的认识已超越某些规章制度,考虑较多的是道德的本质,而不是具体的道德准则。题干中,张丽在进行道德判断时更多地考虑道德的本质,不受现实中各种规章制度的约束,说明其道德发展水

平较高,已达到普遍伦理取向阶段。

3. B 【**解析**】本题考查态度与品德形成的三个阶段。内化是指在思想观点上与社会规范及其价值保持一致,将自己所认同的思想和自己原有的观点、信念融为一体,构成一个完整的价值体系。题干中国强认为欺负弱小是一种不道德的行为,并自觉杜绝此类行为,说明国强的思想认识与行为保持一致,能自觉遵守自身理念,故国强的品德发展处于内化阶段。

4. D 【**解析**】本题考查德育原则。因材施教原则是指教育者在德育过程中,应根据学生的年龄特征、个性差异以及品德发展现状,采取不同的方法和措施,加强德育的针对性和实效性。"一把钥匙开一把锁"这句话就是指要根据学生的不同情况采取不同的教育措施,这体现的是因材施教原则。

5. D 【**解析**】本题考查德育原则。疏导原则是指进行德育时要循循善诱、以理服人,从提高学生认识入手,调动学生的主动性,使他们积极向上。疏导原则也就是循循善诱原则。题干中,孔子以经过加工的竹子能够射得更深来比喻经过教育的人能取得更高的成就,由此改变了子路的观点,让他认识到教育的作用。这符合疏导原则的内涵。

6. A 【**解析**】本题考查德育途径。学校德育实施的途径主要有思想品德课(思想政治课)与其他学科教学,社会实践活动,课外、校外活动,共青团、少先队组织的活动,校会、班会、周会、晨会、时事政策的学习,班主任工作。其中思想品德课(思想政治课)与其他学科教学是学校德育实施的最基本途径。

7. A 【**解析**】本题考查态度与品德的培养方式。态度与品德的培养方式一般包括以下五种:(1)有效的说服;(2)树立良好的榜样;(3)利用群体约定;(4)价值辨析;(5)给予适当的奖励和惩罚。题干中,郑老师让学生观看视频,目的是让同学们向视频中的榜样学习,这种品德修养方法属于树立榜样,故本题选A。

8. A 【**解析**】本题考查德育方法。情感陶冶法,有时也称陶冶教育法,是指教育者自觉创设良好的教育情境,潜移默化地使受教育者在道德和思想情操等方面受到感染、熏陶的方法。"让学校的每一面墙都开口说话",目的是让学生在良好的校园文化环境中受到熏陶和感化,这体现了陶冶教育法的内涵。

9. A 【**解析**】本题考查德育方法。实际锻炼法是有目的地组织学生参加各种实际活动,使其在活动中锻炼思想,增长才干,培养优良的思想和行为习惯的德育方法。题干引文的意思是:上天将要把重任降临到某人身上的时候,一定要先使他的意志遭受磨炼,使他的筋骨经受劳累,使他的身体忍受饥饿,使他的全身困苦疲乏,使他的行为总是遭受困扰麻烦。这样,便可使他的内心受到震动,使他的性格更加坚韧,从而增加他所未具备的能力。显然,这强调的是实践锻炼的重要性,体现的德育方法是实际锻炼法。

10. D 【**解析**】本题考查德育方法。自我修养法(个人修养法)是在教师引导下学生经过自觉学习、反思和自我改进,使自身品德不断完善的一种方法。自我修养一般包括立志、学习、反思、箴言、慎独等。题干中马老师在活动结束后要求学生对活动中的表现进行反思,是采用了个人修养法。

二、辨析题(参考答案)

1. 德育的起点是提高道德认识。

(1)这种说法是不正确的。(2)德育过程的一般顺序可以概括为:提高道德认识、陶冶道德情感、锻炼品德意志和培养品德行为习惯。德育过程一般以知为开端,以行为终结。但由于社会生活的复杂性、德育影响的多样性等因素,在德育具体实施过程中又具有多种开端,可根据学生品德发展的具体情况,或从"导之以行"开始,或从"动之以情"开始,或从锻炼品德意志开始,最后达到使学生品德在知、情、意、行几方面和谐发展的目的。因此,题干说法错误。

2. 根据柯尔伯格的观点,道德发展的阶段是固定的,相同年龄阶段的人都能达到同样的发展水平。

(1)这种说法是不正确的。(2)柯尔伯格认为儿童道德判断和推理的发展是有阶段的,他将道德判断分为三个水平,每一水平包含两个阶段。分别是:①前习俗水平分为服从与惩罚的道德定向阶段和相对功利的道德定向阶段;②习俗水平分为好孩子的道德定向阶段和维护权威或秩序的道德定向阶段;③后习俗水平分为社会契约的道德定向阶段和普遍原则的道德定向阶段。柯尔伯格认为,道德发展的顺序是固定的,但是并不是所有人都在同样的年龄达到同样的发展阶段。事实上,有的人可能永远无法达到道德判断的最高水平。因此,题干说法错误。

三、简答题(参考答案)

1. 简述品德的心理结构。

品德的心理结构包括四种相辅相成的基本心理成分:道德认知、道德情感、道德意志和道德行为。

(1)道德认知是指对行为规范及其意义的认识,是人的认识过程在道德上的表现。品德的核心是道德认知。

(2)道德情感是人的道德需要是否得到实现而引起的一种内心体验,也就是人在心理上所产生的对某种道德义务的爱憎、喜恶等情感体验。

(3)道德意志是个体自觉地调节道德行为,克服困难,以实现预定道德目标的心理过程。

(4)道德行为是道德形成的最终环节,是指个体在一定的道德意识支配下表现出来的对他人和社会的有道德意义的活动。

2. 简述态度与品德形成的三阶段及其主要内容。

品德的形成是一个从外到内的转化过程,是社会规范的接受和内化,大致经历三个阶段:

(1)依从(社会规范的依从)。依从,即表面上接受规范,按照规范的要求来行动,但对规范的必要性或根据缺乏认识,甚至有抵触情绪。它是规范内化的初级阶段,是品德建立的开端。依从包括从众与服从。

(2)认同(社会规范的认同)。认同比依从深了一层,是学习者在思想、情感、态度和行为上主动接受规范,从而试图与之保持一致。

(3)内化(社会规范的信奉)。内化是指在思想观点上与社会规范及其价值保持一致,将自己所认同的思想和自己原有的观点、信念融为一体,构成一个完整的价值体系。

四、材料分析题(参考答案)

(1)材料中的李老师以身作则,主动打扫卫生,通过自己的实际行动,为学生们树立学习的榜样,从而改变了学生的思想和行为,运用的是榜样示范法。

(2)榜样示范法的含义:榜样示范法是用榜样人物的优秀品德来影响学生的思想、情感和行为的德育方法。榜样包括伟人的典范、教育者的示范、学生中的好榜样等。

运用榜样示范法的要求有:①选好学习的榜样。材料中,李老师亲自打扫卫生给学生做示范,起到了教育者的榜样示范作用,给学生树立了良好的学习榜样。②激起学生对榜样的敬慕之情。材料中,李老师一丝不苟地做了一周的教室值日,使学生从开始的费解逐渐感觉到惭愧,最后对其肃然起敬。③狠抓落实,引导学生用榜样来调节行为,提高修养。材料中,李老师率先做教室值日,做在学生之前,之后还给学生安排了值日表,让全班学生都参与进来,使值日工作落到了实处。学生打扫卫生时也向李老师学习,认真负责,提高了自身修养。

过关必刷题库

专题一　中学生品德心理与发展

一、单项选择题

答案速查

1~5	CDACA	6~10	BDBCC
11~15	BBBDD	16~19	CAAC

1. C 【解析】道德意志是个体自觉地调节道德行为,克服困难,以实现预定道德目标的心理过程。根据题干所述,本题选 C 项。

2. D 【解析】内化是指在思想观点上与社会规范及其价值保持一致,将自己所认同的思想和自己原有的观点、信念融为一体,构成一个完整的价值体系。

3. A 【解析】道德认知是指对行为规范及其意义的认识,是人的认识过程在道德上的表现。题干中,小赵把冒险当作勇敢,说明其缺乏正确的道德认识,因此做出违反纪律的事情。

4. C 【解析】群体的规则、约定可以有效地改变个体的态度和行为,教师可以利用集体讨论后做出的集体约定,来改变学生的态度。王老师与学生在集体讨论后形成了"不乱扔垃圾"的共识,这是教师利用群体约定进行品德培养。

5. A 【解析】直觉的道德情感,即由于对某种具体的道德情境的直接感知而迅速发生的情感体验。题干中的学生乱扔垃圾被老师看到后,马上感到非常不好意思,这种情感体验最有可能属于直觉的道德情感。

6. B 【解析】"亲其师,信其道"的意思是学生只有和老师亲近了,才会信任老师,相信老师所说的,接受老师的教育。道德情感是人的道德需要是否得到实现而引起的一种内心体验,也就是人在心理上所产生的对某种道德义务的爱憎、喜恶等情感体验。因此,答案为 B 项。

7. D 【解析】学校从校风和班风、教师的楷模作用以及学校的德育课程和各科教学等方面影响学生的品德发展,对儿童和青少年的品德发展起着主导作用。因此,本题选 D 项。

8. B 【解析】道德意志是个体自觉地调节道德行为,克服困难,以实现预定道德目标的心理过程。题干中的小美明知道自己偷东西的行为是不对的,但就是控制不住自己,这说明小美缺乏自觉调节道德行为、克服困难的道德意志。故答案选 B 项。

9. C 【解析】认同是学习者在思想、情感、态度和行为上主动接受规范,从而试图与之保持一致。"狐假虎威"和"东施效颦"表面上都强调对他人的模仿,这是主动与他人的态度和行为等保持一致的表现,故体现了认同心理。

10. C 【解析】态度与品德的形成大致经历三个阶段:(1)社会规范的依从;(2)社会规范的认同;(3)内化(社会规范的信奉)。其中,依从即表面上接受规范,按照规范的要求来行动,但对规范的必要性或根据缺乏认识,甚至有抵触情绪。题干中阳阳因冯老师的注视而将废纸捡起来丢进垃圾桶,这属于社会规范的依从阶段。

11. B 【解析】根据班杜拉的社会学习理论可知,榜样在观察学习过程中起着非常重要的作用。因此,树立良好的榜样(榜样示范法),是培养学生良好品德的重要方法。

12. B 【解析】初中阶段学生的品德发展具有波动性。学生的品德虽然具有伦理道德的特性,但仍不成熟,起伏不定。

13. B 【解析】伦理的道德情感,即个体意识到社会道德要求和意义所产生的情感体验。比如,爱国主义情感和集体主义情感属于伦理的道德情感。

14. D 【解析】"随地吐痰,乱扔纸屑"是一种不良的行为习惯,对于这类学生,最适合从道德行为习惯的养成入手进行教育。

15. D 【解析】道德认知是指对于行为规范及其意义的认识,是人的认识过程在道德上的表现。根据题干中描述的"增强青少年对形形色色的信息的鉴别能力"可知,这种鉴别能力属于道德认知。

16. C 【解析】内化是指在思想观点上与社会规范及其价值保持一致,将自己所认同的思想和自己原有的观点、信念融为一体,构成一个完整的价值体系。在内化阶段,个体的行为具有高度的自觉性和主动性,并具有坚定性,表现为"富贵不能淫,贫贱不能移,威武不能屈"。

17. A 【解析】有效的说服是提高学生道德认知的途径之一。教师在对学生进行思想教育时,可以考虑提供正反两方面的论据,使学生产生客观、公正的感觉,从而相信教师所言,改变态度。故教师利用正反事例来教育学生,属于品德培养方法中的有效说服。

18. A 【解析】道德认知是个体对于行为规范及其意义的认识,是人的认识过程在道德上的表现。能够分辨善恶美丑,说明学生具有了对善恶美丑的道德认知。

19. C 【解析】初中阶段是学生人生观开始形成且品德出现两极分化的阶段。根据研究,初中二年级是品德发展的关键期。

二、辨析题(参考答案)

1. 道德意志是道德行为的直接动因。

(1)这种说法是不正确的。(2)品德的心理结构包括四种基本心理成分:道德认知、道德情感、道德意志和道德行为。当道德认知(道德观念)和道德情感成为经常推动个人产生道德行为的内部动力时,它们就成为道德动机。道德动机是道德行为的直接动因。故题干说法错误。

2. 从抑制不良行为的角度看,惩罚不利于良好的态度与品德的形成。

(1)这种说法是不正确的。(2)惩罚作为外部调控手段,不仅影响着认知、技能和策略的学习,而且对个体道德的形成也起到一定的作用。合理、有效的惩罚能降低学生不良行为出现的频率,使学生认识到自己的错误,有助于学生形成正确的道德认识与良好的行为习惯。从抑制不良行为的角度来看,惩罚还是有必要的,也是有助于良好的态度与品德形成的。因此,题干说法错误。

三、简答题(参考答案)

1. 简述中学生品德发展的基本特征。

(1)逐渐从他律变成自律,伦理道德发展具有自律性,言行一致。主要表现在:①能独立、自觉地按道德准则来调节自身行为;②道德信念、理想在道德动机中占据相当地位;③道德情感发展,理性的道德情感占据主导地位,道德情感的社会性水平随着年龄的增长而日益提高;④品德心理中自我意识明显化;⑤中学生主导性道德动机明确,道德意志力有显著增长;⑥道德行为习惯逐步巩固;⑦品德发展与世界观形成的一致性;⑧品德结构的组织形式完善化。

(2)品德发展由起伏向成熟过渡。主要表现在:①初中阶段品德发展具有波动性;②高中阶段品德发展趋向成熟。

2. 简述影响品德形成和发展的条件。

(1)外部条件:①家庭;②学校教育;③社会因素;④同伴群体。

(2)内部条件:①认知失调;②态度定势;③道德认知;④智力因素;⑤情绪因素。

此外,个体的受教育程度与年龄因素也对品德的形成与改变产生不同程度的影响。

3. 简述态度与品德的培养方式。

(1)有效的说服;(2)树立良好的榜样;(3)利用群体约定;(4)价值辨析;(5)给予适当的奖励和惩罚。此外,角色扮演、小组道德讨论等方法对于态度与品德的形成和改变都是非常有效的。

专题二　道德发展理论

一、单项选择题

答案速查

1~5	DCBCA	6~10	DBBDD
11~14	DCBA		

1. D 【解析】柯尔伯格将道德判断分为三个水平,每一水平包含两个阶段,六个阶段依照由低到高的层次发展。其中,习俗水平的第二个阶段是维护权威或秩序的道德定向阶段。这一阶段的道德价值是以服从权威为导向,包括服从社会规范,遵守公共秩序,尊重法律的权威,以法制观念判断是非、知法守法。题干中强调小林以法制观念判断是非,故其道德判断发展到习俗水平。故本题选D项。

2. C 【解析】处于遵守法规取向阶段的人是以服从权威为导向,包括服从社会规范,遵守公共秩序,尊重法律的权威，以法制观念判断是非、知法守法。题干中的小青常在课堂上玩手机，小娜认为她不遵守学校规定，不是好孩子，因此，小娜的道德发展处于遵守法规取向阶段。

3. B 【解析】瑞士著名心理学家皮亚杰早在20世纪30年代就采用“对偶故事法”对儿童的道德判断进行了系统研究。

4. C 【解析】道德发展处于社会契约取向阶段的个体不再把社会规则和法律看成是死板的、一成不变的条文，而是认识到法律或习俗的道德规范仅仅是一种社会契约，它由大家商定，可以改变，而不是固定僵死的。题干中，小刚认为某些法律条文不符合大众权益，可以适度修改，这表明其道德发展处于社会契约取向阶段。

5. A 【解析】处于前习俗水平(0～9岁)的服从与惩罚的道德定向阶段的儿童，其道德价值来自对外力的屈从或对惩罚的逃避。他们衡量是非的标准是由成年人来决定的，对成人或准则采取服从的态度，缺乏是非善恶的观念。他们会认为，海因茨不能去偷药，因为如果被人抓住的话会坐牢的。因此，小明的道德发展处于前习俗水平，他的年龄可能处于9岁之前。

6. D 【解析】自我中心阶段是一种无道德规则阶段，道德规则对儿童没有任何约束力。因为这一年龄阶段的儿童正处于前运算阶段，并不能真正地理解规则，儿童对问题的考虑都还是以自我为中心的。儿童在游戏中不顾及规则，按照自己的想象去制定规则。题干中强调云丰凡事以自我为中心，这说明云丰最可能处于道德发展的自我中心阶段。故本题选D项。

7. B 【解析】在好孩子的道德定向阶段中，儿童的价值以人际关系的和谐为导向，顺从传统的要求，符合大众的意见，谋求大家的称赞。在进行道德评价时，总是考虑到社会对一个“好孩子”的期望和要求，并总是按照这种要求去展开思维。小军为了得到同学的赞赏而从不拒绝同学，由此可知他正处于习俗水平中的好孩子的道德定向阶段。

8. B 【解析】皮亚杰将儿童的道德发展划分为四个阶段：(1)自我中心阶段(2～5岁)；(2)权威阶段(6～8岁)；(3)可逆性阶段(8～10岁)；(4)公正阶段(10～12岁)。

9. D 【解析】道德发展处于社会契约定向阶段的个体认为法律和规范是大家商定的，是一种社会契约。他们看重法律的效力，认为法律可以帮助人维持公正，但同时认为契约和法律的规定并不是绝对的，可以应大多数人的要求而改变。他们在强调契约和法律的规定享受权利的同时也认识到个人应尽义务和责任的重要性。

10. D 【解析】公正阶段的公正观念是从可逆的道德认知中脱胎而来的。这一阶段的儿童开始倾向于主持公正、公平等。儿童不再刻板地按固定的规则去判断，在依据规则判断时应该考虑到同伴的一些具体情况，从关心和同情的角度出发去判断。

11. D 【解析】柯尔伯格将道德判断分为三个水平，每一水平包含两个阶段，六个阶段依照由低到高的层次发展。其中，处于遵守法规取向阶段的儿童的道德价值是以服从权威为导向的，包括服从社会规范，遵守公共秩序，尊重法律的权威，以法制观念判断是非、知法守法。题干中的学生遵守社会规范，认为契约和法律规定是绝对的、不可更改的，这说明该学生处于遵守法规取向阶段，故答案选D项。

12. C 【解析】皮亚杰把儿童的品德发展划分为以下四个阶段：(1)自我中心阶段(2～5岁)；(2)权威阶段(他律道德阶段或道德实在论阶段)(6～8岁)；(3)可逆性阶段(自律或合作道德阶段)(8～10岁)；(4)公正阶段(10～12岁)。其中，可逆性阶段的儿童已不把准则看成是不可改变的，而把它看作是同伴间共同约定的。该阶段的儿童一般都形成了这样的概念，如果所有的人都同意的话，规则是可以改变的。根据题干描述可知，小明的道德认知水平最可能处于可逆性阶段。故本题答案选C项。

13. B 【解析】习俗水平包括两个阶段：好孩子的道德定向阶段和维护权威或秩序的道德定向阶段。维护权威或秩序的道德定向阶段的儿童的道德价值是以服从权威为导向，包括服从社会规范，遵守公共秩序，尊重法律的权威，以法制观念判断是非、知法守法。小周认为司机违反了交通法规，理应受到惩罚，这说明小周的道德发展水平处于习俗水平。

14. A 【解析】他律道德阶段的儿童服从外部规则，接受权威指定的规范，把人们规定的准则看作是固定的、不可变更的，而且只根据行为后果来判断对错。题干所述属于他律道德阶段的特点。

二、辨析题(参考答案)

10岁是个体从他律道德向自律道德转化的分水岭。

(1)这种说法是正确的。(2)瑞士著名心理学家皮亚杰通过大量研究，发现并总结出了儿童道德认知发展的总规律，即儿童道德的发展经历从他律到自律的转化发展过程。他认为10岁是儿童从他律道德向自律道德转化的分水岭。10岁前儿童对道德行为的思维判断主要是他律道德；10岁以后儿童对道德行为的思维判断大多是自律道德。因此，题干说法正确。

三、简答题(参考答案)

1. 皮亚杰把儿童的品德发展划分为哪几个阶段?
(1)自我中心阶段;(2)权威阶段(他律道德阶段或道德实在论阶段);(3)可逆性阶段(自律或合作道德阶段);(4)公正阶段。

2. 简述柯尔伯格的道德发展阶段理论。
柯尔伯格将道德判断分为三个水平,每一水平包含两个阶段,六个阶段依照由低到高的层次发展。
(1)前习俗水平(0~9岁),这一水平包括两个阶段:①服从与惩罚的道德定向阶段;②相对功利的道德定向阶段(相对功利取向阶段)。
(2)习俗水平(9~15岁),这一水平包括两个阶段:①好孩子的道德定向阶段(寻求认可取向阶段);②维护权威或秩序的道德定向阶段(遵守法规取向阶段)。
(3)后习俗水平(16岁以后),这一水平包括两个阶段:①社会契约的道德定向阶段(社会契约取向阶段);②普遍原则的道德定向阶段(普遍伦理取向阶段)。

专题三　德育内容

一、单项选择题

答案速查

1~5	BCCDD

1. B 【解析】爱国主义教育是德育的永恒主题,在社会发展的不同历史时期具有不同的内容,建设有中国特色的社会主义是新时期爱国主义的崭新含义。故本题选B项。

2. C 【解析】爱国主义教育是培养学生热爱祖国的感情,使学生形成保卫祖国、维护祖国统一和利益的坚强意志的教育。爱国主义教育是德育的永恒主题。题干中学生在家参加线上升旗仪式,庄严地举起右手,向国旗敬礼,体现了学校德育内容中的爱国主义教育。

3. C 【解析】思想教育,广义上是指对人的各方面思想、观点产生影响的教育;狭义是指形成一定世界观、人生观的教育。我国对学生进行思想教育是以辩证唯物主义、历史唯物主义为指导思想。故题干所述属于德育中的思想教育。

4. D 【解析】劳动教育是学校德育的一个重要内容,它的主要内容包括:教育学生树立正确的劳动观念,认识劳动的意义与价值;培养学生热爱劳动和劳动人民的情感,养成良好的劳动习惯;学习是学生的主要劳动,要教育学生热爱学习,勤奋学习;教育学生爱护公共财物和劳动成果,反对浪费,提倡节俭。题干中,教育学生爱护公共财物,培养学生勤俭节约的良好习惯属于劳动教育的内容。

5. D 【解析】广义的生命教育是一种全人类的教育,它不仅包括对生命的关注,而且包括对生存能力的培养和生命价值的提升。狭义的生命教育指的是对生命本身的关注,包括个人与他人的生命,进而扩展到一切自然生命。教育青少年学生学会珍惜生命,追求高质量的生命已成为当前德育面临的重要课题。题干中青少年自杀事件频发,说明青少年对生命的价值认识不足,应加强生命教育,让学生认识到生命的意义,感悟生命的可贵,从而珍惜生命。

二、简答题(参考答案)

教师如何进行生活教育?

生活教育主张教育同实际生活相联系,进行生活教育的基本途径有:(1)关注学生学习的愿望和能力。(2)教育内容与社会生活、学生生活经验相结合。(3)乐于参与、主动参与,关注学生的情感与需要,关注丰富的社会生活,提高科学应用意识,促进学生的素质全面发展。

专题四　德育过程

一、单项选择题

答案速查

1~5	DCBBC	6~8	DDA

1. D 【解析】德育过程的规律之一是:德育过程是组织学生的活动和交往,统一多方面教育影响的过程。组织活动和交往是德育过程的基础。有目的地根据德育目标和思想品德的形成规律设计实施活动,能加快个体品德发展的速度,对学生品德发展方向起规范和保证作用。学生在活动中,必定受到多方面的影响,学校德育应在多方面影响中发挥主导作用,抵制负面消极影响,将各种积极正面的教育影响统一到教育目的上来,形成学校、家庭、社会教育的合力,促使学生良好品德的形成和发展。题干中的某学校通过组织一系列的主题活动来对学生进行德育,说明该学校充分认识到德育是在活动和交往中接受多方面影响的过程。

2. C 【解析】德育过程的一般顺序可以概括为:提高品德认识、陶冶品德情感、锻炼品德意志和培养品德行为习惯。德育过程既可以从提高道德认识开始,即"晓之以理";也可以从陶冶情感开始,即"动之以情";有时还可以从磨炼意志和训练行为开始,即"持之以恒""导之以行"。题干体现的是德育过程的基本规律之一:德育过程是具有多种开端的对学生知、情、意、行的培养提高过程。

3. B 【解析】德育过程通常由教育者、受教育者、德育内容和德育方法四个相互制约的要素构成。受教育者包括受教育者个体和群体,他们都是德育的对象。在德育过程中,受教育者既是德育的客体,又是德育的主体。

4. B 【解析】德育工作者是德育过程的组织者、领导者,在德育过程中起主导作用。

5. C 【解析】德育过程通常由教育者、受教育者、德育内容和德育方法四个相互制约的要素构成。

6. D 【解析】学生的思想品德由知、情、意、行四个心理因素构成。其中,知是基础,行是关键。

7. D 【解析】德育过程从本质上说是个体社会化与社会规范个体化的统一过程。

8. A 【解析】德育过程是一个长期的、反复的、逐步提高的过程。青少年正处于成长时期,可塑性比较强,思想不成熟,其发展也具有双向性,某一阶段出现某些倒退是正常的,这使得德育过程是一个反复的、持续的过程。据此规律,教育者必须树立"抓反复,反复抓"的德育思想。针对题干中所说的"屡教不改"的学生,就要长期反复培养,逐步克服其不良的行为习惯,使其养成良好的行为习惯,故答案选A项。

二、辨析题(参考答案)

1. 德育过程是对学生知、情、意、行的培养与提高过程,从任何一个方面都可以开始进行品德教育。

(1)这种说法是正确的。(2)德育过程是具有多种开端的对学生知、情、意、行的培养提高过程。德育过程的一般顺序可以概括为:提高品德认识、陶冶品德情感、锻炼品德意志和培养品德行为习惯。德育过程一般以知为开端,以行为终结。但由于社会生活的复杂性、德育影响的多样性等因素,在德育具体实施过程中,又具有多种开端。德育过程既可以从提高道德认识开始,即"晓之以理";也可以从陶冶情感开始,即"动之以情";有时还可以从磨炼意志和训练行为开始,即"持之以恒""导之以行"。道德教育的开端可不拘于一格,需要具体问题具体分析,根据学生品德发展的具体情况选择适当的开端,最后达到使学生在知、情、意、行几方面和谐发展的目的。

2. 只要方法得当,德育过程可以一蹴而就,不会出现反复。

(1)这种说法是不正确的。(2)德育过程是一个长期的、反复的、逐步提高的过程。具体表现在:①构成思想品德的因素比较复杂,知、情、意、行各因素本身和各因素之间要通过不断斗争,才能得到发展和统一。②青少年正处于成长时期,可塑性比较强,思想不成熟,其发展也具有双向性,某一阶段出现某些倒退是正常的,这使得德育过程是一个反复的、持续的过程。③德育过程中,学生除了接受学校的有目的、有计划、有组织的正规教育影响外,还受到来自社会的、家庭的多种影响,这些影响中难免会有负向的,因而一个人思想品德提高过程中出现反复是正常的。④当前意识形态领域中斗争的复杂性,也使得对学生社会主义品德的培养是长期的、反复的过程。题干说法错误。

3. 德育过程中的活动和交往不同于一般的社交活动。

(1)这种说法是正确的。(2)德育过程中的活动和交往是一种教育性活动和交往,与一般的活动交往存在较大的不同,其主要特点是:①德育过程中的活动和交往是在教育者的指导下开展的,是遵循德育目标要求的,具有明确的目的性、引导性和组织性,它不是自发的、盲目的、随意的,而是可以有效地保障和促进个体思想品德发展的方向和水平。②德育过程中的主要交往对象是教师和学生,一般的社交活动中的交往对象范围更广,并且德育过程中的活动和交往的内容与形式主要是德育实践中的活动和交往,而不是一般的广泛的活动和交往。③德育过程中的活动和交往是按照受教育者品德形成发展的规律和教育学、心理学原理加以组织的,它充分考虑到个体思想品德对德育的影响和作用,能更有效地促进和推动受教育者思想品德的形成和发展,因而具有较强的科学性与可行性。

4. 学校教育在学生身心发展中起主导作用,因此,学生在学校中受到良好的德育,就能形成良好的品德。

(1)这种说法是不正确的。(2)学生在活动中,必定受到多方面的影响,其中既有校内的正式影响,又有校外的非正式影响;既有积极正面的影响,也有消极负面的影响。学校德育应在多方面影响中发挥主导作用,抵制负面消极影响,将各种积极正面的教育影响统一到教育目的上来,形成学校、家庭、社会教育的合力,促进学生良好品德的形成和发展。另外,学生思想品德的任何变化,都依赖于学生个体的心理活动。任何外界的教育和影响,都必须通过学生思想状态的变化,经过学生思想内部的矛盾斗争,才能发生作用,促使学生品德的真正形成。因此,题干说法过于片面,是错误的。

专题五 德育原则

一、单项选择题

答案速查

1~5	BCCBD	6~10	BDCDA
11~13	CAD		

1. B 【解析】贯彻教育影响的一致性与连贯性原则的要求包括:(1)充分发挥教师集体的作用,统一学校内部的多种教育力量,使之成为一个分工合作的优化群体。(2)争取家长和社会的配合,主动

协调好与家庭、社会教育的关系,逐步形成以学校为中心的"三位一体"的德育网络。(3)保持德育工作的经常性和制度化,处理好衔接工作,保证对学生影响的连续性、系统性,使学生的思想品德循序渐进地持续发展。故题干所述体现的德育原则是教育影响的一致性与连贯性原则。

2. C 【**解析**】教师依靠、发扬学生自身的积极因素,调动学生自我教育的积极性,克服消极因素,这体现的是德育的长善救失原则。

3. C 【**解析**】疏导原则,就是教育者在进行德育的过程中要循循善诱,以理服人,从提高学生认识入手,调动学生的主动性,使他们积极向上。疏导原则要求教师教育学生时要以表扬、激励为主,坚持正面教育。这是拒绝用简单粗暴的做法来处理问题的原则。

4. B 【**解析**】教育影响的一致性和连贯性原则即在德育工作中,教育者应主动协调多方面教育力量,统一认识和步调,有计划、有系统、前后连贯地教育学生,发挥教育的整体功能,培养学生正确的思想品德。教师有目的地组织、调控多方面的影响以促进学生品德健康发展,这体现了教育影响的一致性和连贯性原则。

5. D 【**解析**】集体教育和个别教育相结合原则是苏联教育家马卡连柯成功教育经验的总结。马卡连柯指出:教师要影响个别学生,首先要去影响这个学生所在的集体,然后通过集体和教师一道去影响这个学生,便会产生良好的教育效果。这就是著名的"平行教育原则"。

6. B 【**解析**】知行统一原则是指教育者在进行德育时,既要重视对学生进行系统的思想道德的理论教育,又要重视组织学生参加实践锻炼,把提高认识和行为养成结合起来,使学生做到言行一致。题干中的教师强调学生不仅仅要知道礼仪,更重要的是在生活中积极践行传统礼仪,这体现了德育原则中的知行统一原则。

7. D 【**解析**】因材施教原则是指教育者在德育过程中,应根据学生的年龄特征、个性差异以及品德发展现状,采取不同的方法和措施,加强德育的针对性和实效性。孔子很早就提出了"视其所以,观其所由,察其所安"的了解学生的有效方法,并根据学生的特点进行有区别的教育。

8. C 【**解析**】疏导原则是指进行德育时要循循善诱、以理服人,从提高学生认识入手,调动学生的主动性,使他们积极向上。王丽化妆,班主任并未简单粗暴地制止或批评她,而是通过中学生化妆后的图片,让王丽意识到,中学生化妆"不符合他们的身份和特征",从而让王丽主动认识到自己的错误,这符合德育的疏导原则的内涵。

9. D 【**解析**】知行统一原则是指教育者在进行德育时,既要重视对学生进行系统的思想道德的理论教育,又要重视组织学生参加实践锻炼,把提高认识和行为养成结合起来,使学生做到言行一致。因此,题干所述内容体现了德育的知行统一原则。

10. A 【**解析**】导向性原则是指进行德育时要有一定的理想性和方向性,以指导学生向正确的方向发展。题干所述体现了贯彻导向性原则的要求。

11. C 【**解析**】疏导原则是指教育者进行德育时要循循善诱、以理服人,从提高学生认识入手,调动学生的主动性,使他们积极向上。疏导原则也就是循循善诱原则,而题干这句话正是该原则的例证。

12. A 【**解析**】依靠积极因素、克服消极因素的原则是指在德育工作中,教育者要善于依靠、发扬学生自身的积极因素,调动学生自我教育的积极性,克服消极因素,以达到长善救失的目的。贯彻这一原则要求教育者要用一分为二的观点,全面分析,客观地评价学生的优点和不足。

13. D 【**解析**】知行统一原则是指教育者在进行德育时,既要重视对学生进行系统的思想道德的理论教育,又要重视组织学生参加实践锻炼,把提高认识和行为养成结合起来,使学生做到言行一致。题干中,朱熹的言论说明了知与行的关系,体现的是知行统一原则。

二、辨析题(参考答案)

德育应该遵循疏导原则,因此,正确的德育要严禁惩罚。

(1)这种说法是不正确的。(2)德育过程的确应该遵循疏导原则,疏导原则是指教育者进行德育要循循善诱、以理服人,从提高学生认识入手,调动学生的主动性,使他们积极向上。贯彻疏导原则要以表扬、激励为主,坚持正面教育,但这并不等于德育过程要严禁惩罚。适当的惩罚在品德形成过程中是非常必要的。因此,题干说法错误。

三、简答题(参考答案)

1. 简述贯彻因材施教原则的要求。

(1)以发展的眼光客观、全面、深入地了解学生,正确认识和评价当代青少年学生的思想特点;(2)根据不同年龄阶段学生的特点,选择不同的内容和方法进行教育,防止一般化、成人化、模式化,努力做到"一把钥匙开一把锁";(3)注意学生的个别差异,因材施教。

2. 简述贯彻知行统一原则的基本要求。

(1)加强理论教育,提高学生的思想道德认识;(2)组织和引导学生参加社会实践,通过实践活动加深认识,增强情感体验,养成良好的行为习惯;(3)对学生的评价和要求要坚持知行统一的原则;(4)教育者要以身作则,严于律己,言行一致。

3. 简述正面教育与纪律约束相结合的原则的含义及其贯彻要求。

(1)含义:正面教育与纪律约束相结合的原则是指德育工作既要正面引导,说服教育,启发自觉,调动学生接受教育的内在动力,又要辅之以必要的纪律约束,并使两者有机结合起来。

(2)贯彻要求:①坚持正面教育原则,以客观的事实、先进的榜样和表扬鼓励为主的方法教育与引导学生;②坚持摆事实,讲道理,以理服人,启发自觉;③建立健全学校规章制度和集体组织的公约、守则等,并且严格管理,认真执行。

四、材料分析题(参考答案)

1. 徐老师贯彻了如下德育原则:

(1)疏导原则。疏导原则是指进行德育时要循循善诱、以理服人,从提高学生认识入手,调动学生的主动性,使他们积极向上。材料中,徐老师面对缺乏生活自理技能和生活常识的刘同学,没有直接进行批评教育,而是引导学生帮助他,既让刘同学摆脱了尴尬的局面,又能让他学到生活自理技能和生活常识,这一教育过程贯彻了疏导原则。

(2)因材施教原则。因材施教原则是指教育者在德育过程中,应根据学生的年龄特征、个性差异以及品德发展现状,采取不同的方法和措施,加强德育的针对性和实效性。材料中,徐老师对刘同学和赵同学在实践基地活动中表现出的不同问题采取了不同的教育方式和措施,贯彻了因材施教原则。

(3)知行统一原则。知行统一原则是指教育者在进行德育时,既要重视对学生进行系统的思想道德的理论教育,又要重视组织学生参加实践锻炼,把提高认识和行为养成结合起来,使学生做到言行一致。材料中,在发现班级学生不能说出所有蔬菜的名称时,徐老师建议基地辅导员给同学们开设现场讲座,帮助学生认识家乡的农作物,说明徐老师既重视实践锻炼,也重视提高学生的认识水平,贯彻了知行统一原则。

(4)集体教育和个别教育相结合原则。该原则指在德育过程中,教育者要善于组织和教育学生热爱集体,并依靠集体教育每个学生,同时通过对个别学生的教育,来促进集体的形成和发展,从而把集体教育和个别教育有机地结合起来。材料中,针对个别学生缺乏生活常识的情况,徐老师组织全班同学参加讲座,共同学习,贯彻了集体教育和个别教育相结合原则。

(5)尊重信任学生与严格要求学生相结合的原则。该原则指在德育过程中,教育者既要尊重信任学生,又要对学生提出严格的要求,把严和爱有机地结合起来,使教育者的合理要求转化为学生的自觉行动。材料中,针对赵同学违反纪律偷带手机的行为,徐老师对她进行了批评教育,体现了徐老师对学生的严格要求;但同时徐老师也肯定了赵同学带手机的初衷,并委以重任,体现了对学生的尊重信任。这一过程贯彻了尊重信任学生与严格要求学生相结合的原则。

(6)依靠积极因素、克服消极因素的原则。该原则指在德育工作中,教育者要善于依靠、发扬学生自身的积极因素,调动学生自我教育的积极性,克服消极因素,以达到长善救失的目的。材料中,徐老师充分发挥了赵同学喜欢拍照这一优点,对她进行教育,最终既增强了赵同学的纪律性,也提高了她学习的积极性。徐老师对赵同学的教育贯彻了依靠积极因素、克服消极因素的原则,取得了良好的效果。

2. 材料中音乐老师突出运用的德育原则有:(1)疏导原则。疏导原则是指进行德育时要循循善诱、以理服人,从提高学生认识入手,调动学生的主动性,使他们积极向上。材料中的音乐老师针对学生课堂上用食指敲桌沿这一行为并没有像其他老师那样警告,而是循循善诱,引导他加入乐队打鼓。(2)依靠积极因素,克服消极因素的原则。材料中,音乐老师能够从学生用食指敲桌沿这一行为中看到学生有打鼓的潜质,说明这位音乐老师能够做到一分为二地客观评价学生,能够最大化学生的优点,缩小学生的缺点。(3)正面教育与纪律约束相结合的原则。材料中,音乐老师提出让学生到乐队当鼓手,同时要求学生上课认真听讲、遵守课堂纪律,这体现了正面教育与纪律约束相结合的原则。这能够调动学生的内在动力,激发其自觉性,使其得到良好的发展。

3. (1)材料中数学老师的行为违背了德育的疏导原则。疏导原则是指教师进行德育时要循循善诱、以理服人,从提高学生认识入手,调动学生的主动性,使他们积极向上。材料中,数学老师面对陈平做不出初三的数学考题,没有问其原因,更没有循循善诱、以理服人,而是直接以粗暴极端的方式在全班同学面前打击陈平,使学生的心理受到了伤害。

(2)材料中数学老师的行为违背了因材施教的德育原则。因材施教原则是指教育者在德育过程中,应根据学生的年龄特征、个性差异以及品德发展现状,采取不同的方法和措施,加强德育的针对性和实效性。材料中,数学老师没有针对陈平的特点进行个别指导和教育,而是采用了粗暴的方式打击了陈平学习的主动性和积极性,致使陈平从此离开学校。

(3)材料中数学老师的行为违背了依靠积极因素与克服消极因素相结合的德育原则。依靠积极因素与克服消极因素相结合原则(长善救失原则)是指在德育工作中,教育者要善于依靠、发扬学生自身的积极因素,调动学生自我教育的积极性,克服消极因素,以达到长善救失的目的。材料中,数学老师不能一分为二地看待有超强记忆力的陈平,发扬其优点来促进数学学习。

(4)材料中数学老师的行为违背了尊重学生与严格要求学生相结合的原则。尊重学生与严格要求学生相结合原则是指在德育过程中,教育者既要尊重信任学生,又要对学生提出严格的要求,把严和爱有机地结合起来,使教育者的合理要求转化为学生的自觉行动。材料中的数学老师对陈平只是要求严格,她不仅没有对陈平取得的进步给予鼓励,而且当着全班同学的面嘲笑陈平,给陈平的心理带来了很大的伤害,这是不尊重学生的表现。

4. (1)材料中的班主任针对学生因"爱球"而出现的问题,组建了一支球队,使得孩子们不仅提高了球技,还练出了纪律、团结、意志和自我控制能力,这一做法体现了长善救失原则和因材施教原则。所谓长善救失原则,是指在德育工作中,教育者要善于依靠、发扬学生自身的积极因素,调动学生自我教育的积极性,克服消极因素,以达到长善救失的目的。因材施教原则是指教育者在德育过程中,应根据学生的年龄特征、个性差异以及品德发展现状,采取不同的方法和措施,加强德育的针对性和实效性。

(2)贯彻长善救失原则的要求:①教育者要用一分为二的观点,全面分析,客观地评价学生的优点和不足;②教育者要有意识地创造条件,将学生思想中的消极因素转化为积极因素;③教育者要提高学生自我认识、自我评价能力,启发他们自觉思考,克服缺点,发扬优点。

贯彻因材施教原则的要求:①以发展的眼光客观、全面、深入地了解学生,正确认识和评价当代青少年学生的思想特点;②根据不同年龄阶段学生的特点,选择不同的内容和方法进行教育,防止一般化、成人化、模式化,努力做到"一把钥匙开一把锁";③注意学生的个别差异,因材施教。身为教育者,在处理班级中出现的问题时,要像材料中的班主任那样,长善救失、因材施教,这样才能取得良好的教育效果。

5. (1)梁老师成功地运用了德育原则中的依靠积极因素,克服消极因素的原则,即长善救失原则。依靠积极因素,克服消极因素的原则是指在德育工作中,教育者要善于依靠、发扬学生自身的积极因素,调动学生自我教育的积极性,克服消极因素,以达到长善救失的目的。

(2)贯彻这一原则的基本要求是:①教育者要用一分为二的观点,全面分析,客观地评价学生的优点和不足。李刚在数学试卷上写了一段无标点也并非答案的文字,班主任梁老师并没有责备他,而是帮他加以修改,还表扬说这是一首很好的诗。说明梁老师不只看到了李刚消极的一面,更看到了他积极的一面,对他进行了客观公正的评价。②教育者要有意识地创造条件,将学生思想中的消极因素转化为积极因素。对于不爱学习、成绩差的李刚,梁老师发现了他的"闪光点",及时给予了鼓励和表扬,促使他向积极的方面转化。③教育者要提高学生自我认识、自我评价的能力,启发他们自觉思考,克服缺点,发扬优点。李刚在梁老师不断的鼓励和帮助下,学习态度发生了极大的转变,增强了学习的信心,经过坚持不懈的努力顺利考上了高中。

专题六　德育的途径与方法

一、单项选择题

答案速查

1~5	CDCCB	6~10	DBBCA
11~15	CCABC		

1. C 【解析】实际锻炼法是有目的地组织学生参加各种实际活动,使其在活动中锻炼思想,增长才干,培养优良的思想和行为习惯的德育方法。题干中王老师让学生参与各类活动,从而培养学生的责任感和集体主义品质,这体现的是实际锻炼法。

2. D 【解析】角色扮演法是通过让儿童扮演处境特别的求助者或其他有异于自己的社会角色,使扮演者暂时置身他人的位置,按照他人的处境或角色来行事、处世,以求在体验别人的态度、方式中,增进扮演者对他人及其社会角色的理解和认同。通过扮演角色来进行德育,属于角色扮演法。

3. C 【解析】自我修养法(即个人修养法)是在教师引导下学生经过自觉学习、反思和自我改进,使自身品德不断完善的一种方法。自我修养一般包括立志、学习、反思、箴言、慎独等。故本题选C项。

4. C 【解析】榜样示范法是用榜样人物的优秀品德来影响学生的思想、情感和行为的德育方法。由于榜样能把社会真实的思想、政治和法纪、道德关系表现得更直接、更亲切、更典型,因而能给人以极大的影响、感染和激励,教育、带动和鼓舞人们前进。榜样包括伟人的典范、教育者的示范、学生中的好榜样等。题干中的心忧天下的领袖、感动中国的人物、新冠疫情中勇敢的逆行者、抗震救灾的英雄都是学生可以学习的榜样人物。

5. B 【解析】学校组织学生开展的参观历史博物馆、走访抗日老战士的活动属于课外与校外活动,因此这些活动体现的德育途径是课外与校外活动。

6. D 【解析】班级管理是班主任工作的内容之一，王老师在日常班级管理中对学生进行思想品德教育，这体现了王老师是通过班主任工作对学生进行德育的。

7. B 【解析】"桃李不言，下自成蹊"的意思是：桃树、李树有芬芳的花朵、甜美的果实，虽然它们不会说话，但仍然能吸引许多人到树下赏花尝果，以至于树下走出一条小路来。这强调的是人们看到甜美的桃子和李子而受到教育，即以桃子和李子作为榜样，故体现的德育方法是榜样示范法。

8. B 【解析】情感陶冶法，有时也称陶冶教育法，是指教育者自觉创设良好的教育情境，潜移默化地使受教育者在道德和思想情操等方面受到感染、熏陶的方法。情感陶冶法主要包括人格感化、环境陶冶和艺术陶冶等。题干的描述强调了周围的人对少年成长的影响，因此，属于陶冶教育法。

9. C 【解析】合作学习有助于培养合作精神，建设学生集体，提高个体的群体意识、归属感、自尊心和成就感。

10. A 【解析】自我修养法（即个人修养法）是在教师引导下学生经过自觉学习、反思和自我改进，使自身品德不断完善的一种方法。自我修养包括学习、立志、反思、箴言、慎独等多种形式。鲁迅先生刻"早"字提醒自己，体现的德育方法是自我修养法。

11. C 【解析】实际锻炼法是有目的地组织学生参加各种实际活动，使其在活动中锻炼思想，增长才干，培养优良的思想和行为习惯的德育方法。锻炼的方式主要包括执行制度、委托任务和组织活动等。

12. C 【解析】说服教育法又叫说理教育法，是通过语言说理，使学生明晓道理，分清是非，提高品德认识的德育方法。这是一种坚持正面理论教育和正面思想引导，增强辨别是非能力，促进道德发展的重要方法。题干中的李老师将打架的两个学生叫到办公室，对他们进行耐心细致的说理教育，使他们认识到了自身的错误，这运用的德育方法是说服教育法。

13. A 【解析】实际锻炼法是有目的地组织学生参加各种实际活动，使其在活动中锻炼思想，增长才干，培养优良的思想和行为习惯的德育方法。各级学校通过组织新生军训来培养学生的坚强毅力和集体主义精神，增强学生的国防观念和组织纪律性，这体现的德育方法是实际锻炼法。

14. B 【解析】情感陶冶法，有时也称陶冶教育法，是指教育者自觉创设良好的教育情境，潜移默化地使受教育者在道德和思想情操等方面受到感染、熏陶的方法。主要包括人格感化、环境陶冶和艺术陶冶等。其中，环境陶冶是指通过学校的物质文化和精神文化环境使学生受到熏陶和感化。题干所描述的是情感陶冶法中的环境陶冶。

15. C 【解析】说服教育法又叫说理教育法，是通过语言说理，使学生明晓道理，分清是非，提高品德认识的德育方法。说服教育法的方式有两类：第一类是运用语言文字进行说服教育的方式，如讲解、报告、谈话、讨论、辩论、读书指导等；第二类是运用事实进行说服教育的方式，主要包括参观、访问和调查。题干所述即说服教育法。

二、辨析题（参考答案）

1. "其身正，不令而行；其身不正，虽令不从"体现的德育方法是陶冶教育法。

(1)这种说法是不正确的。(2)"其身正，不令而行；其身不正，虽令不从"的意思是：自身端正，不用下命令人们就会实行；自身不端正，即使发布命令也没有人听从。这强调的是榜样的重要性，体现的德育方法是榜样示范法。

2. 选择和运用德育方法首先要考虑的是学生的年龄特点和个性差异。

(1)这种说法是不正确的。(2)选择德育方法的依据有德育目标、德育内容、学生的年龄特点和个性差异等。其中德育目标是德育工作的预期结果，德育方法是为实现德育目标服务的，所以选择德育方法，首先要考虑德育目标的要求。目标不同，方法也相应有所不同。因此，选择德育方法时一定要分析德育目标的性质、特点，从中寻求对德育方法的具体需求。故题干表述是不正确的。

三、简答题（参考答案）

1. 简述运用合作学习法的要求。

运用合作学习法的要求：(1)让学生明白合作是一种重要的目标；(2)根据学习内容选择恰当的合作学习策略，或者从合作策略出发，安排或设计恰当的学习内容；(3)规定一些重要的合作原则；(4)指导学生学习一些基本的合作技巧。

2. 简述德育的途径。

(1)思想政治课与其他学科教学；(2)社会实践活动；(3)课外、校外活动；(4)共青团、少先队组织的活动；(5)校会、班会、周会、晨会、时事政策的学习；(6)班主任工作。

3. 简述运用情感陶冶法的要求。

(1)教师要加强自身修养，提高人格感召力；(2)要寓教育于一定的环境之中，利用情境的感化、熏染作用，使学生在不知不觉中受到教育，使学生在思想感情和行为方式上发生教育者所期望的变化；(3)要创设良好的情境，特别是要为学生创设良好的校园文化环境，注意生活环境的教育性及开展各种文化娱乐活动；(4)做好陶冶因素的选择、组合和重建；(5)要组织引导学生参与情境的创设，主体的主动参与是增强道德陶冶作用的一个重要条件;(6)要与说服教育等方法有机结合起来。

4. 选择德育方法的依据有哪些?

(1)德育目标;(2)德育内容;(3)学生的年龄特点和个性差异。

四、材料分析题(参考答案)

1. 材料中,阎老师的行为体现了说服教育法、榜样示范法和情感陶冶法。

(1)说服教育法又叫说理教育法,是通过语言说理,使学生明晓道理、分清是非、提高品德认识的德育方法。这是一种坚持正面理论教育和正面思想引导、增强辨别是非能力、促进道德发展的重要方法。材料中,阎老师通过举行五分钟交流会,在最后用总结性的话语向学生说明事实,阐述道理,体现了说服教育法。

(2)榜样示范法是用榜样人物的优秀品德来影响学生的思想、情感和行为的德育方法。材料中,阎老师把自己的头发整理了一番,以身作则,为学生树立了典范。阎老师的行为体现了榜样示范法。

(3)情感陶冶法,有时也称陶冶教育法,是指教育者自觉创设良好的教育情境,潜移默化地使受教育者在道德和思想情操等方面受到感染、熏陶的方法。材料中,阎老师首先自己理发,利用自身的教育因素对学生进行陶冶,从而感化学生,促进学生思想转变,积极进取。阎老师的行为体现了情感陶冶法。

2. 王老师在教育过程中主要运用了说服教育法和品德评价法。

(1)说服教育法是通过语言说理,使学生明晓道理,分清是非,提高品德认识的德育方法。这是一种坚持正面理论教育和正面思想引导、增强辨别是非能力、促进道德发展的重要方法。材料中王老师通过谈话来对学生陈剑进行正面教育,主要运用了说服教育法。

(2)品德评价法是通过对学生品德进行肯定或否定的评价而予以激励或抑制,促使其品德健康形成和发展的德育方法。它包括奖励、惩罚、评比和操行评定等。材料中王老师对学生陈剑优点的肯定体现了对品德评价法的运用。

第八章　中学班级管理与教师心理

核心知识提要

①群体动力　②类型　③处置与矫正　④教学操作　⑤教师期望效应　⑥关注学生　⑦职业倦怠

经典真题回顾

一、单项选择题

答案速查

1～5	CDCAC	6～10	ADDBC
11～13	DDB		

1. C 【解析】本题考查课堂管理的功能。课堂管理的发展功能是指课堂管理本身可以教给学生一些行为准则,促进学生从他律走向自律,帮助学生获得自我管理能力,使学生逐步走向成熟。

2. D 【解析】本题考查课堂管理模式的取向。人本主义取向的课堂管理者认为,学生有自己的决策能力,他们可以对控制自己的行为负主要责任。在课堂管理中,教师不应该要求学生百依百顺,而是应该关注学生的需要、情感和主动精神,向学生提供最好的机会去发掘归属感、成就感和积极的自我认同,以此来维持一种积极的课堂环境。题干中的董老师注重满足学生的需要,这是关注学生情感、需要的表现,符合人本主义的观点。

3. C 【解析】本题考查课堂纪律的类型。任务促成的纪律是指某一具体任务对学生行为提出的具体要求。题干中的学生为了完成航模比赛牺牲自己的休息时间,这是由任务促成的纪律。

4. A 【解析】本题考查课堂纪律的发展阶段。处于人际纪律阶段的学生,其行为取向是要建立一种相互的人际关系,他们做出的行为往往与“我怎样才能取悦你”联系在一起,他们这样做是因为你要求他们这样做;他们关心自己在别人心目中的形象,希望别人喜欢自己。

5. C 【解析】本题考查课堂气氛的类型。处于对抗的课堂气氛中的师生行为具有以下特征:(1)课堂纪律问题严重,师生关系紧张;(2)学生随心所欲,各行其是;(3)学生注意力指向无关对象;(4)教师无法正常上课,时常被学生打断或不得不停下来维持课堂纪律,基本上是一种失控的课堂状态。

6. A 【解析】本题考查团体警觉。团体警觉是指在讲演和讨论期间,老师用来鼓励学生保持注意力的提问方法。题干中钱老师通过提问让学生将注意力维持在教学活动中,这采用的课堂管理方式是团体警觉。

7. D 【解析】本题考查教师的认知特征。教学操作能力是指教师在教学中使用策略的水平,其水平高低主要看他们是如何引导学生掌握知识、积极思考、运用多种策略解决问题的,它是教师课堂教学能力的集中体现。题干中的刘老师在课堂教学过程中善于引导学生,能运用多种策略解决问题,这表明他具有良好的教学操作能力。

8. D 【解析】本题考查教师的心理特征中的教学效

能感。教学效能感是指教师对自己影响学生行为和学习结果的能力的一种主观判断。题干中李老师认为自己能教好学生,就是对自己教学能力的一种主观判断。

9. B 【解析】本题考查教师的心理特征中的教师期望效应。教师期望效应也叫罗森塔尔效应或皮格马利翁效应,即教师的期望或明或暗地传送给学生,会使学生按照教师所期望的方向来塑造自己的行为。该效应强调教师期望对学生的影响,因此,在实际教学中教师对学生应该给予积极的期望。

10. C 【解析】本题考查成功扮演教师角色的首要条件。教师角色的心理结构通常包括角色认知、角色体验和角色期待。角色认知是指角色扮演者对角色的社会地位、作用及行为规范的实际认识和对与社会的其他角色的关系的认识。对于教师来说,只有具有清晰的角色认知才能按照相应的身份在各种社会情境中恰当地行事,达到良好的社会适应。角色认知是角色扮演的先决条件,一个人能否成功地扮演各种角色,取决于对角色的认知程度。排除 A 项,答案选 C 项。B 项,角色体验是指个体在扮演一定角色的过程中,由于受到各方面的评价与期待而产生的一种情绪体验。D 项,角色期待是指角色扮演者对自己和对别人应表现出什么样的行为或应成为什么样的角色的想法和期望。

11. D 【解析】本题考查教师成长的历程。福勒和布朗根据教师的需要和不同时期所关注的焦点问题不同,把教师的成长划分为关注生存、关注情境和关注学生三个阶段。处于关注学生阶段的教师能考虑学生的个别差异,认识到不同发展水平的学生有不同的需要,做到因材施教。所以,能否自觉关注学生是衡量一个教师是否成熟的重要标志之一。

12. D 【解析】本题考查教师成长的途径。教学反思是指教师以自己的教学活动为意识对象,对自己的教育理念、教学行为、决策以及由此所产生的结果进行认真的自我审视、评价、反馈、控制、调节、分析的过程。

13. B 【解析】本题考查职业倦怠。职业倦怠去人性化特征即表现为冷酷、麻木,刻意在自身和工作对象间保持距离,对工作对象和环境采用冷漠、忽视的态度。题干中的孟老师工作消极、漠视学生,态度麻木,这属于去人性化。

二、简答题(参考答案)

简述教师自我促进心理健康的有效方法。

(1)改变观念。教师要学会正确看待自己的工作,培养乐观的人生态度;要认识到教师工作的复杂性,也要树立信心;正确认识自己,结合自身实际,对工作作出合理期望,勇于接纳自己。既要努力工作,又要学会休闲,做到张弛有度。

(2)采取积极的应对策略和归因方式。教师要努力使自己成为更加有内控能力的人,把原因归结为个体可以控制的因素。注意培养良好的意志品质,当自己有职业倦怠的症状时,要勇于面对现实,主动应对,反思自己的压力来源,理智、客观地看待压力对自身的影响,形成面对压力的良好心态。如有必要,应主动寻求专业人士的帮助。

(3)注意合理饮食和锻炼,保持身体健康。教师要注重饮食健康和锻炼身体,拥有一个健康的体魄,才能以最佳的精神状态对待自己、对待学生。

三、材料分析题(参考答案)

(1)教师期望效应也叫罗森塔尔效应,即教师的期望或明或暗地传送给学生,会使学生按照老师所期望的方向来塑造自己的行为。具体来说,教师期望效应具有激励、调整、转化、支援性作用。材料体现了以下几条:

①激励作用。教师以激励的教育方式诱导学生产生内驱力,从而把教师的教育教学要求内化为学生的自觉行动,便会使学生获得生动、活泼、主动的发展。材料中,李老师鼓励、肯定上官文俐,认为她会像姐姐一样优秀,在这一期望的激励下,上官文俐积极主动地学习、为班级服务,努力使自己变得像姐姐一样优秀。这体现了教师期望对学生的激励作用。

②转化作用。每个学生都有一种内隐的潜质,即积极向上的要求、自我完善的愿望、自控和调节的适应能力。这种潜质一旦被教师的期望和爱心所激发,就会或快或慢,或迟或早地展现其积极的方面。材料中,李老师的鼓励和关注,激发了上官文俐积极向上、自我发展的愿望,促使上官文俐在创新竞赛中取得好成绩,还团结同学,积极为班级服务,展现出了自己积极的一面。这体现了教师期望的转化作用。

③调整作用。教师期望效应具有调整师生关系的功能,即当教师的期望与学生的思想认识达到同一“频率”的时候,师生之间就会产生认识、情感、思维等方面的“共鸣”。这种民主平等、思维共振、情感共鸣的师生关系,会使学生在师生交往中体验到平等、民主、尊重、信任,同时受到激励和鼓舞,形成积极的人生态度与情感体验。材料中,上官文俐受教师期望的激励,相信自己,并以积极、努力、认真的态度学习,团结同学,这体现了教师期望的调整作用。

(2)教师期望效应表明,教师的期望对学生的发展起着重要作用,教师在教学过程中要合理利用教师期望,引导学生成长。在教育过程中利用教师期望应当注意以下几点:

①教师应对学生抱以积极的期待,而非消极期

待,尤其是对后进生,更要传递积极期待,在言语以及实际行动上给予学生鼓励支持。

②教师应对所有学生都抱以期待,要关注全体学生,而非个别学生。

③教师要有意识地告诉学生自己对他们的期望,并促使这种期望变为学生对自己的“自我期望”。

④教师应当让学生坚信,只要努力,期望一定能变成现实。

⑤教师要帮助学生制订实现期望的具体计划,把抽象的期望具体化、行动化,并让学生从中感受实现期望的乐趣,克服挫折,不断鼓励、支持学生朝期望的目标前进。必要时,教师还要为学生创造条件、培养学生实现期望的技能,帮助他们达到期望目标。

过关必刷题库

专题一 班级与班主任

一、单项选择题

答案速查

1~5	AADAB	6~10	AACAA
11~15	CABBC	16~21	CCCDBA

1. A 【解析】“班级”一词最早由埃拉斯莫斯提出。

2. A 【解析】班集体必须具备以下四个基本特征:(1)明确的共同目标。这是班集体形成的基础。(2)一定的组织结构,有力的领导集体。(3)共同生活的准则,健全的规章制度。(4)具有正确的集体舆论以及团结、和谐、向上的人际关系。题干中班主任的话说明班主任与学生有共同的目标,故答案选A。

3. D 【解析】“没有规矩,不成方圆”意为:做任何事都要有一定的规矩、规则,否则就无法成功。班集体的正常秩序是维持和控制学生在校生活的基本条件,是教师开展工作的重要保证。建立健全必要的班级规则就是为班级“立规矩”,建立正常的班集体秩序,以保证教师顺利开展工作。所以,题干所述表明在组织和培养班集体时应建立健全必要的班级规则。

4. A 【解析】班主任了解学生的方法有书面材料分析法、调查法、观察法、谈话法。

5. B 【解析】班级是学校为实现一定的教育目的,将年龄和知识程度相近的学生编班分级而形成的,有固定人数的基本教育单位,也是学校行政体系中最基层的正式组织,是开展教学活动的基本单位。

6. A 【解析】班级管理的功能有:(1)有助于实现教学目标,提高学习效率——主要功能;(2)有助于维持班级秩序,形成良好的班风——基本功能;(3)有助于锻炼学生能力,学会自治自理——重要功能。

7. A 【解析】操行评定是以教育目的为指导思想,以“学生守则”为基本依据,对学生一个学期内在学习、劳动、生活、品行等方面的小结与评价。题干描述的是操行评定的概念。

8. C 【解析】组织和培养班集体是班主任工作的中心环节,班主任应有计划、有组织地在短时间内有效地组建班集体。

9. A 【解析】目标是集体发展的方向和动力。一个班集体只有具有共同的目标,才能使班级成员在认识和行动上保持统一,推动班集体的发展。所以一个班集体形成的基础和前进动力是共同的奋斗目标。

10. A 【解析】在班集体的形成与发展过程中,处于初建期松散群体阶段的班级,班集体的基本特征已经出现但还不稳定,班级的奋斗目标和行为规范尚未完全变成学生的自觉行动。班级还处于组建之初,班级成员之间互不认识,每位同学只是按照课表进入同一间教室上课或根据班主任的统一安排参加共同活动而已。同学们在形式上同属于同一个班级,实际上还是比较孤立的个体,大家对班主任的依赖性较强,班集体工作主要靠教师指挥。这一时期,班集体的目的任务大都来自教师个体自身的要求。因此,这一时期是班主任工作最繁忙的时期,也是班主任工作能力经受考验的关键期。

11. C 【解析】班主任了解学生的方法包括:(1)观察法;(2)谈话法;(3)调查法;(4)书面材料分析法。其中,观察法即在自然条件下,有目的、有计划地对学生的各种行为表现进行观察。这是班主任了解、研究学生的最基本方法。故本题选C项。

12. A 【解析】班主任对后进生进行个别教育时,应摸清情况,分析原因,对症下药。故本题答案选择A项。

13. B 【解析】了解和研究学生是班主任工作的前提和基础,因此,班主任在与小芳谈心时,首先要了解小芳不参加集体活动的原因。只有了解原因之后,才能有的放矢,找出合适的谈心角度,更好地处理此问题。

14. B 【解析】班主任是对学生进行操行评定的主要负责人。

15. C 【解析】了解和研究学生是班主任工作的前提和基础,包括对班级群体和班级个体的了解和研究,是做好各项班级教育工作的前提,也是班级教育过程中有效开展各项工作必不可少的基本环节。李老师为了有效开展工作,首先应该了解和研究学生。

16. C 【解析】班主任工作总结一般分为两类:全面总结和专题总结,一般在学期、学年末进行。

17. C 【解析】书面材料分析法即借助学生的成绩表、作业、日记等书面材料对学生进行了解的方法。班主任通过学生的成绩单了解学生的学习情况,这种研究方法属于书面材料分析法。

18. C 【解析】教授学生各科知识主要是学科教师的工作内容。

19. D 【解析】班主任做好个别教育工作,包括做好先进生的教育工作、中等生的教育工作和后进生的教育工作,即全体学生的教育。

20. B 【解析】班级干部是班集体建设的核心力量。在一个班集体中,必须有部分热心集体工作,自身素质较好,工作能力较强,在集体中有一定威信和影响力的带头人,形成集体核心,并通过他们团结和带动其他集体成员,沟通信息,协调工作,开展集体活动

21. A 【解析】了解和研究学生是班主任工作的前提和基础,是做好班级工作的先决条件,也是班级教育过程中有效开展各项工作必不可少的基本环节。

二、简答题(参考答案)

1. 简述班集体的基本特征。
(1)明确的共同目标;(2)一定的组织结构,有力的领导集体;(3)共同生活的准则,健全的规章制度;(4)具有正确的集体舆论以及团结、和谐、向上的人际关系。

2. 班主任怎样做好先进生教育工作?
对于先进生的教育,班主任要注意:(1)严格要求,防止自满;(2)不断激励,弥补挫折;(3)消除嫉妒,公平竞争;(4)发挥优势,全班进步。

三、材料分析题(参考答案)

(1)班集体是按照班级授课制的培养目标和教育规范组织起来的,以共同学习活动和直接性人际交往为特征的社会心理共同体。班集体必须具备四个基本特征:①明确的共同目标;②一定的组织结构,有力的领导集体;③共同生活的准则,健全的规章制度;④具有正确的集体舆论以及团结、和谐、向上的人际关系。

(2)材料中的班级既没有明确的班级目标,也没有优秀的班干部团队,同时班级秩序混乱。面对这样的班级,作为班主任,我会从以下几个方面来改善班级面貌。

①确定班集体的发展目标。一个班集体只有具有共同的目标,才能使班级成员在认识和行动上保持统一,推动班集体的发展。在实现班集体目标的过程中,我会以开班会的形式通过班级集体讨论,充分调动班级成员的积极性,使实现目标的过程成为教育与自我教育的过程。

②建立得力的班集体核心。一个得力的班集体核心非常重要,它是维护和推动班级工作的有力助手,是带动全班学生实现集体发展目标的核心。我会在了解学生的基础上,及时发现并选拔出热心为集体服务、团结同学且具有一定管理能力的学生干部。同时,我会把对积极分子的使用与培养结合起来。

③建立班集体正常秩序。班集体的正常秩序是维持和控制学生在校生活的基本条件,是教师开展工作的重要保证。在建立正常秩序的过程中我会依靠班干部的力量,由他们来带动全班同学共同制定班级的规范制度,并制定相关的奖惩措施。

④组织形式多样的教育活动。班集体是在全班同学参加各种教育活动的过程中逐步成长起来的,而各种教育活动又可以使每个人都有机会为集体出力并展示自己的才能。我会提出明确的目的和要求,精心设计活动内容,注意形式的适龄化,力争把活动开展过程变成教育过程。

⑤培养正确的舆论和良好的班风。班集体舆论是班集体生活与成员意愿的反映。正确的班集体舆论是一种巨大的教育力量,对班集体每个成员都有约束、激励的作用,是教育集体成员的重要手段。在此过程中,我会加强思想品德教育,提高学生认识;抓好常规训练,严格行为规范;培养集体荣誉感和责任感;正确实施奖惩,树立守纪风气。

通过以上几方面,我相信一定会改善这个班级的面貌。

专题二　中学课堂管理

一、单项选择题

答案速查

1~5	DDBCC	6~10	BACCA
11~15	BCCDA		

1. D 【解析】集体促成的纪律即在集体舆论和集体压力的作用下形成的群体行为规范。从儿童入学开始,同辈人的集体在促进儿童社会化方面就开始发挥重要的作用。随着年龄的增长,学生受同辈群体的影响会越来越大,开始以同辈群体的集体要求和价值判断作为自己的行为准则,以“别人也都这么干”为理由而做某件事情。

2. D 【解析】群体规范是约束群体内成员的行为准则,包括成文的正式规范和不成文的非正式规范。题干描述的是群体规范的概念。

3. B 【解析】任务促成的纪律,即某一具体任务对学生行为提出的具体要求。题干中班级学生为了能拿到下个月的流动红旗,做眼保健操时都十分遵守纪律。这体现的是任务促成的纪律。

4. C 【解析】教师是课堂教学中的主导者,教师的

领导方式、教师的移情、教师对学生的期望、教师的情绪状态、教师的教学能力是影响课堂气氛的决定因素。题干所述现象体现了教师的情绪状态对课堂气氛的影响。

5. C 【**解析**】在同伴交往过程中,一些学生自由结合、自发形成的小群体,称为非正式群体。题干中强调同学们自发形成音乐兴趣小组,这属于非正式群体。故本题选C项。

6. B 【**解析**】自我促成的纪律简单说就是自律,即在个体自觉努力下由外部纪律内化而成的个体内部约束力。任务促成的纪律即某一具体任务对学生行为提出的具体要求。集体促成的纪律即在集体舆论和集体压力的作用下形成的群体行为规范。根据题干描述可知,题干中学生们认真听课,形成良好的课堂秩序是由课堂测验这一任务促成的,故其属于任务促成的纪律。

7. A 【**解析**】课堂管理具有维持功能、促进功能、发展功能。维持功能是指课堂管理能够在课堂教学中,持久地维持良好的学习环境,有效地排除各种干扰因素,使学生充分地参与到学习活动中。促进功能是指良好的课堂管理能够增强、提升课堂教学的效果,促进学生的学习。发展功能是指课堂管理本身可以教给学生一些行为准则,促进学生从他律走向自律,帮助学生获得自我管理能力,使学生逐步走向成熟。题干所述说明课堂管理具有维持功能。

8. C 【**解析**】自我促成的纪律就是在个体自觉努力下由外部纪律内化为内部约束力。形成自我促成的纪律是课堂纪律管理的最终目标。

9. C 【**解析**】对抗的课堂气氛的特征是:课堂纪律问题严重,师生关系紧张;学生随心所欲,各行其是;注意力指向无关对象;教师无法正常上课,时常被学生打断或不得不停下来维持课堂纪律,基本上是一种失控的课堂状态。故题干所述符合对抗的课堂气氛的特征。因此,答案选C项。

10. A 【**解析**】分配学生座位时,最值得教师关注的应该是对人际关系的影响。

11. B 【**解析**】处于人际纪律阶段的学生,其行为取向是要建立一种相互的人际关系,他们做出的行为往往与"我怎样才能取悦你"联系在一起,他们这样做是因为你要求他们这样做;他们关心自己在别人心目中的形象,希望别人喜欢自己。题干中的学生的行为取向是建立融洽的同学关系,希望同学喜欢或接纳自己,故该班处于课堂纪律发展的人际纪律阶段。

12. C 【**解析**】当学生的行为干扰到教学进行时,教师可通过信号暗示、幽默、有意忽视、创设情境、转移注意力等方法及时终止学生的课堂问题行为。A、B、D项属于课堂问题行为处理的策略。C项不利于学生的身心健康,这种解决课堂问题行为的方法不恰当。

13. C 【**解析**】课堂气氛通常是指在课堂上占优势地位的态度和情感的综合状态。

14. D 【**解析**】教师的领导方式可分为强硬专断型、仁慈专断型、放任自流型以及民主型四种。具体如下:

强硬专断型教师的行为特点有:对学生严加监视,要求即刻无条件接受一切命令;很少表扬学生;认为没有教师的监督,学生不可能自觉学习。学生的典型反应有:屈服,不信服、厌恶这种领导;推卸责任;易激怒,不愿合作,可能会在背后伤人;教师一旦离开教室,学习明显松垮。

仁慈专断型教师的行为特点有:不认为自己专断独行;表扬、关心学生;口头禅:我喜欢这样做/你能让我这样做吗;以"我"为班级一切的工作标准。学生的典型反应有:依赖教师,没有多大的创造性;屈从,缺乏个人的发展;班级的工作量可能是多的,而质也可能是好的。

放任自流型教师的行为特点有:认为学生爱怎样就怎样;很难做出决定,对学生的管理没有明确目标;不鼓励学生,也不反对学生;不参加学生的活动,也不提供帮助或方法。学生的典型反应有:道德差,学习也差;有许多"推卸责任""寻找替罪羊""容易激怒"的行为;没有合作,谁也不知道该做些什么。

民主型教师的行为特点有:善于和集体共同制订计划和做出决定;在不损害集体的情况下,很乐意给个别学生以帮助、指导;尽可能鼓励集体的活动,给予客观的表扬和批评。学生的典型反应有:喜欢学习,喜欢和别人尤其是教师一道工作;学习的质和量都很高,相互鼓励,且独自承担某些责任;不论教师在不在课堂,要改正的问题很少。综上所述,题干中的班主任属于强硬专断型的领导方式。故本题选D项。

15. A 【**解析**】影响课堂管理的因素有教师的领导风格、班级规模、班级性质、对教师的期望。其中教师的领导风格对课堂管理有直接的影响。

二、辨析题(参考答案)

1. 课堂心理气氛的形成受多方面因素的影响,其中学生对良好的课堂心理气氛的形成起着决定作用。

(1)这种说法是不正确的。(2)课堂气氛是师生在课堂活动中相互作用而产生的,主要受教师、学生、课堂内物环境等三方面因素的影响。其中,教师是课堂教学中的主导者,教师的领导方式、教师的移情、教师对学生的期望、教师的情绪状态、教师的教学能力是影响课堂气氛的决定因素。故题干说法错误。

2. 非正式群体对个体的影响是积极的还是消极的，主要取决于教师对它的管理。

(1)这种说法是不正确的。(2)非正式群体对学生个体和正式群体既有积极影响，也有消极影响。非正式群体对个体的影响是积极的还是消极的，主要取决于非正式群体的性质以及与正式群体的目标一致的程度。非正式群体与正式群体如果在目标一致的情况下，由于成员之间在利益、爱好、信仰方面相似，引导得好，对班级群体可以发挥积极作用。如果它与正式群体的目标不一致，则会产生消极作用，甚至会成为破坏性的力量。故题干说法错误。

三、简答题(参考答案)

1. 简述导致学生课堂问题行为产生的原因。

导致学生课堂问题行为产生的原因概括起来有三点：(1)学生的人格特点、生理因素、挫折经历；(2)教师的教学技能、管理方式、威信；(3)校内外的环境，如大众传媒、家庭环境、课堂座位编排等。

2. 简述非正式群体的管理应注意的问题。

(1)摸清非正式群体的性质；(2)对积极的非正式群体给予鼓励和帮助；(3)对消极的非正式群体给予适当的引导和干预。

四、材料分析题(参考答案)

(1)根据材料描述可知，出现课堂失控，教师方面的主要原因有：①教师的教学技能有待提升；②教师的管理方式有待改进；③教师威信不高。

(2)创设良好的课堂气氛可从以下方面入手：

①发挥教师的主导作用。教师在营造良好的课堂氛围的过程中起着主导作用。如果教师能精心组织课堂教学，巧妙把握语言艺术，善于用良好的情绪情感感染学生，处理课堂问题，就更容易创造出良好的课堂氛围。

②尊重学生的主体地位。创造良好的课堂氛围，关键在于教师能否切实调动学生学习的主观能动性，使学生真正成为学习的主体。因此，教师必须调动学生参与的积极性和主动性，让学生保持最佳的学习心态。

③构建和谐的师生关系。课堂中的师生关系，直接影响课堂气氛。建立和谐的课堂人际关系，是创设积极课堂气氛的基础。可以采取以下措施来使师生关系更加和谐：第一，师生民主平等；第二，树立一定的教师威信；第三，教师要关心爱护学生。

专题三 课外活动的组织与管理

单项选择题

答案速查

1 ~ 5	BCAAB

1. B 【解析】学校与家庭联系的方式大体有以下几种：(1)家校互访，包括教师家访和家长访校；(2)家校通信；(3)举办家长学校；(4)建立家长委员会；(5)召开家长会议。故本题选 B。

2. C 【解析】班级的科技活动可以通过科技班(队)会、科技参观、科技兴趣小组三种形式来进行，以组织学生学习科学技术为主要目的。题干中的“小发明、小创造”主题活动属于科技活动，故本题答案选择 C 项。

3. A 【解析】个别活动是指学生在教师指导下，在课外单独进行的活动。它往往与小组或群众性活动相结合，由小组或班级分配任务，个人单独进行。题干中，根据学生个人的特长、兴趣爱好、能力水平独立进行的活动属于个别活动。

4. A 【解析】群众性活动是一种面向多数或全体学生的带有普及性质的活动。参加这种活动的人数较多，群众性活动的方式有集会活动，学科活动，参观、访问和游览，文体活动，墙报和黑板报，社会公益劳动等。故本题选 A。

5. B 【解析】课外活动具有自愿性、灵活性和实践性的特点。课外活动注重学生的实践环节。与课堂教学主要是让学生学习间接知识不同，课外活动是让学生直接参与实践活动获得直接的实践性知识。在实践活动中，学生的知识和技能主要是通过自己设计、动手获得的。所以，题干所述体现了课外教育活动的实践性。

专题四 教师心理

一、单项选择题

答案速查

1 ~ 5	ACDCD	6 ~ 10	BCCAA
11 ~ 15	ADABB	16 ~ 21	ABABCB

1. A 【解析】教师期望效应也叫罗森塔尔效应或皮格马利翁效应，即教师的期望或明或暗地传递给学生，会使学生按照教师所期望的方向来塑造自己的行为。题干中老师通过鼓励将自己的期望传达给小明，小明接收到老师的期望后学习成绩明显提高，这符合皮格马利翁效应的内涵，故答案选 A 项。

2. C 【解析】福勒和布朗根据教师的需要和不同时期所关注的焦点问题不同，把教师的成长划分为关注生存、关注情境和关注学生三个阶段。其中处于关注学生阶段时，教师将考虑学生的个别差异，认识到不同发展水平的学生有不同的需要，根据学生的差异采取适当的教学，促进学生发展。题干描述的情况符合关注学生阶段的特征，故选 C。

3. D 【解析】玛勒斯等人认为教师职业倦怠主要表现在三个方面：情绪耗竭、去人性化、个人成就感低。故本题选 D。

4. C 【解析】微格教学是指以少数的学生为对象，在较短的时间内（5～20 分钟），尝试做小型的课堂教学，并把这种教学过程摄制成录像，课后再进行分析。这是训练新教师、提高其教学水平的一条重要途径。故本题选 C。

5. D 【解析】美国教育心理学家波斯纳提出了教师成长公式：经验＋反思＝成长。

6. B 【解析】教师期望效应也叫罗森塔尔效应或皮格马利翁效应，即教师的期望或明或暗地传递给学生，会使学生按照教师所期望的方向来塑造自己的行为。

7. C 【解析】在课后评价时，专家型教师和新手型教师关注的焦点不同。新手型教师的课后评价要比专家型教师更多地关注课堂中发生的细节；而专家型教师则更多地谈论学生对新教材的理解情况和课堂中值得注意的活动。

8. C 【解析】教学认知能力是指教师对所教学科的定理、法则和概念等的概括化程度，以及对所教学生的心理特点和自己所使用的教学策略的理解程度。题干所述体现了教师的教学认知能力。

9. A 【解析】福勒和布朗根据教师的需要和不同时期所关注的焦点问题不同，把教师的成长划分为关注生存、关注情境和关注学生三个阶段。其中，处于关注生存阶段的一般是新教师，他们非常关注自己的生存适应性，最担心的问题是"学生喜欢我吗""同事们如何看我""领导是否觉得我干得不错"等。根据题干描述可知，梁老师最可能处于关注生存阶段。

10. A 【解析】玛勒斯等人认为职业倦怠主要表现为三个方面：(1)情绪耗竭（情绪衰竭），指个体情绪情感处于极度的疲劳状态，工作热情完全丧失；(2)去人性化，即刻意在自身和工作对象间保持距离，对工作对象和环境采取冷漠和忽视的态度；(3)个人成就感低，表现为消极地评价自己，贬低工作的意义和价值。题干中的刘美丽对教育工作失去了热情，属于情绪耗竭的典型表现。故本题选 A 项。

11. A 【解析】布鲁巴奇等人认为教学反思的方法主要有：(1)反思日记；(2)详细描述；(3)交流讨论；(4)行动研究。

12. D 【解析】教学效能感一般指教师对自己影响学生行为和学习结果的能力的一种主观判断。教学效能感分为两个部分：一般教学效能感和个人教学效能感。个人教学效能感是指教师认为自己能够有效地影响学生，相信自己具有教好学生的能力。题干中的王老师认为只要他努力，就能提高数学学习困难学生的成绩，这表明他个人教学效能感较高。

13. A 【解析】通过观看优秀教师的教学录像及现场组织听课的方式都属于课堂教学观摩。

14. B 【解析】教师职业角色的形成主要经历以下三个阶段：(1)教师角色的认知。角色认知是指角色扮演者对某一角色行为规范的认识和了解，知道哪些行为是合适的，哪些行为是不合适的。(2)教师角色的认同。教师角色的认同指个体亲身体验并接受教师角色所承担的社会职责，用以控制和衡量自己的行为。(3)教师角色的信念。教师角色的信念是指教师在角色扮演中，将职业角色的社会要求转化为个体需要，坚信自己对教师职业的正确认识，并将其作为规范自己行为的指南，形成职业的自尊心和自豪感。

15. B 【解析】处于关注情境阶段的教师关心的是如何教好每一堂课，以及班级大小、时间压力和备课材料是否充分等与教学情境有关的问题，如"内容是否充分得当""如何呈现教学信息""如何掌握教学时间"等。故答案选 B 项。

16. A 【解析】行动研究法不同于研究者由外部进行的旨在探索普遍法则的研究，而是直接着眼于教学实践的改进。题干中教师定期梳理自己的教学实践活动，总结经验，同时听取他人反馈，以改进自己的教学，这属于行动研究。

17. B 【解析】玛勒斯等人认为职业倦怠主要表现为三个方面：(1)情绪耗竭，指个体情绪情感处于极度的疲劳状态，工作热情完全丧失；(2)去人性化，即刻意在自身和工作对象间保持距离，对工作对象和环境采取冷漠和忽视的态度；(3)个人成就感低，表现为消极地评价自己，贬低工作的意义和价值。故该教师表现出的职业倦怠特征是个人成就感低。

18. A 【解析】福勒和布朗根据教师的需要和不同时期所关注的焦点问题不同，把教师的成长划分为关注生存、关注情境和关注学生三个阶段。

19. B 【解析】玛勒斯等人认为职业倦怠主要表现为三个方面：(1)情绪耗竭，指个体情绪情感处于极度的疲劳状态，工作热情完全丧失；(2)去人性化，即刻意在自身和工作对象间保持距离，对工作对象和环境采取冷漠和忽视的态度；(3)个人成就感低，表现为消极地评价自己，贬低工作的意义和价值。故该教师表现出的职业倦怠特征为去人性化。

20. C 【解析】教学监控能力是指教师为了保证教学达到预期的目的而在教学的全过程中，将教学活动本身作为意识对象，不断对其进行积极主动的计划、检查、评价、反馈、控制和调节的能力。故题干所述体现了教学监控能力的内涵。

21. B 【解析】教师职业心理特征包括：(1)教师的认知特征；(2)教师的人格特征；(3)教师的行为

特征。故本题选 B。

二、简答题(参考答案)

1. 简述教师心理健康的标准。

(1)能积极地悦纳自我;(2)有良好的教育认知水平;(3)热爱教师职业,积极地爱学生;(4)具有稳定而积极的教育心境;(5)能控制各种情绪和情感;(6)和谐的教育人际关系;(7)能适应和改造教育环境;(8)具有教育独创性。

2. 简述促进教师成长的方法。

促进教师成长有以下几种方法:(1)观摩和分析优秀教师的教学活动;(2)开展微格教学;(3)进行专门训练;(4)进行教学反思。

3. 简述教师成长与发展的基本途径。

教师成长与发展的基本途径主要有两个方面:(1)通过师范教育培养新教师作为教师队伍的补充;(2)通过实践训练提高在职教师的素质。

4. 简述减少和消除教师职业倦怠的方法。

(1)个体的自我干预;(2)组织有效的干预;(3)构建社会支持网络。

第二模块　全真模拟试卷

国家教师资格考试《教育知识与能力》(中学)全真模拟试卷(一)

一、单项选择题

答案速查

1 ~5	CACAC	6 ~10	BABAB
11 ~15	ADCCC	16 ~21	CCDBBA

1. C 【解析】教育受一定社会的政治经济等因素的制约,但作为一种培养人的社会活动,教育有其自身的规律,具有相对独立性。此外,教育的相对独立性还表现在特定的教育形态不一定跟其当时的社会形态保持一致,而存在教育“超前”或“滞后”的现象。题干所述是教育相对独立性的体现。

2. A 【解析】教育的本质属性是育人,即教育是一种有目的地培养人的社会活动,这是教育区别于其他事物现象的根本特征,也是教育的质的规定性。如果失去了这一质的规定性,那就不能称之为教育了。A 项只是新生儿正常的抓握反射,不属于教育现象。

3. C 【解析】孔子是我国古代伟大的教育家,他的教育思想主要体现在《论语》一书中。孔子说过:“不愤不启,不悱不发。举一隅不以三隅反,则不复也。”主张教学要注重启发诱导。他是世界上最早提出启发式教学的教育家。

4. A 【解析】题干引文的意思是如果贤良人才多,国家就治理得很好;如果贤良人才少,国家就治理得差。国家的兴衰在于人才多寡。这说明教育可以通过培养人才来实现对政治经济制度的影响,体现了教育的政治功能。

5. C 【解析】社会本位论认为教育的目的是为社会培养合格的成员和公民,使受教育者社会化,社会价值高于个人价值,教育质量和效果可以用社会发展的各种指标来评价。简言之,教育以社会的稳定和发展为最高宗旨。题干所述反映的是教育目的的社会本位的价值取向。

6. B 【解析】杜威的理论是现代教育理论的代表,他提出了“儿童中心(学生中心)”“活动中心”“经验中心”的“新三中心论”。

7. A 【解析】学校课程即校本课程,是学校在确保国家课程和地方课程有效实施的前提下,针对学生的兴趣和需要,结合学校的传统和优势以及办学理念,充分利用学校和社区的课程资源,自主开发或选用的课程。校本课程开发的主体是教师,题干中由学校体育教研室老师集体开发的课程属于校本课程。

8. B 【解析】启发性原则是指在教学活动中,教师要调动学生的主动性和积极性,引导他们通过独立思考、积极探索,生动活泼地学习,自觉地掌握科学知识,提高分析问题和解决问题的能力。宋老师通过口头提问的方式,引导学生自己寻找正确的答案,调动了学生学习的积极性和主动性,这是贯彻启发性教学原则的表现。

9. A 【解析】情感陶冶法,有时也称陶冶教育法,是教育者自觉创设良好的教育情境,潜移默化地使受教育者在道德和思想情操等方面受到感染、熏陶的方法。题干中学校运用的是情感陶冶法。

10. B 【解析】道德情感是人的道德需要是否得到实现而引起的一种内心体验,也就是人在心理上所产生的对某种道德义务的爱憎、喜恶等情感体验。“唯仁者能好人,能恶人”指的是“只有讲仁爱的人,才能够正确地喜爱某人、厌恶某人”。这属于道德情感。

11. A 【解析】依靠积极因素,克服消极因素的原则(长善救失原则)要求教育者要用一分为二的观点,全面分析,客观地评价学生的优点和不足。题干中的教师只看到了学生的缺点而粗暴对待他,违背了德育中的长善救失原则。

12. D 【解析】冲动型的学生在解决认知任务时,总是急于给出问题的答案,而不习惯对问题解决的各种可能性进行全面思考,有时问题还未弄清楚就开始解答。这种类型的学生解决问题的速度虽然很快,但错误率高。所以说,冲动型认知风格往往强调的是速度而不是准确度。

13. C 【解析】元认知策略分为:计划策略、监控策略和调节策略。调节策略是指在学习过程中根据对认知活动监视的结果,找出认知偏差,及时调整策略或修正目标。例如:当学习者意识到他不理解课文的某一部分时,他就会退回去读困难的段落;在阅读困难或不熟的材料时放慢速度。根据题干所述,本题选C项。

14. C 【解析】应激是出乎意料的紧迫情况所引起的急速而高度紧张的情绪状态。题干中的小雪同学第一次在公众场所进行演讲对其而言属于紧迫情况,故其紧张表现属于应激。

15. C 【解析】一种感觉兼有另一种感觉的心理现象叫联觉。题干中小丹听到小刀刮竹子的声音感觉到冷,这是由声音引起的身体感觉,体现的感觉现象是联觉。

16. C 【解析】属于民主型领导方式的教师尽可能鼓励集体的活动,让集体共同制订计划和做出决定。题干中教师尊重学生看法,鼓励学生通过讨论、协商等集体共同参与的方式解决争端,说明该教师鼓励集体活动,倡导民主,让集体共同做出决定。故题干所述体现的是民主型教师的领导风格。

17. C 【解析】在习俗水平的好孩子的道德定向阶段(寻求认可取向阶段),儿童的价值是以人际关系的和谐为导向,顺从传统的要求,符合大众的意见,谋求大家的称赞。在进行道德评价时,总是考虑到社会对一个“好孩子”的期望和要求,并总是按照这种要求去展开思维。题干所述学生最可能处于寻求认可定向阶段。

18. D 【解析】美国心理学家赫尔曼·威特金将认知方式分为两种:场依存型与场独立型。其中,场依存型的学生对客观事物的判断常以外部线索为依据,其态度和自我认知易受周围环境或背景(尤其是权威人士)的影响,往往不易独立地对事物做出判断,而是人云亦云,从他人处获得标准。题干中强调彤彤会根据老师的面部表情来修改自己的答案,易受他人影响,这是场依存型认知风格的表现。故本题选D项。

19. B 【解析】道德意志是个体自觉地调节道德行为,克服困难,以实现预定道德目标的心理过程。题干中小强的表现说明其缺乏道德意志,故教师应重点培养其道德意志。

20. B 【解析】集体促成的纪律即在集体舆论和集体压力的作用下形成的群体行为规范。学生受同辈群体的影响,以同辈群体的集体要求和价值判断作为自己的行为准则。学生兴趣小组属于非正式群体,其纪律是在集体舆论和集体压力的作用下形成的群体行为规范,属于集体促成的纪律。

21. A 【解析】肯定性训练,也叫自信训练、果敢训练,其目的是促进个人在人际关系中公开表达自己真实的情感和观点,维护自己的权益也尊重别人的权益,发展人的自我肯定行为。

二、辨析题(参考答案)

22. 教育对受教育者和社会的发展产生的是正向功能。

(1)这种说法是不正确的。(2)教育对受教育者和社会的发展产生的既有正向功能,也有负向功能。正向功能是指教育有助于社会进步和个体发展的积极影响与作用,比如教育所发挥的育人功能、政治功能、经济功能等。负向功能指教育阻碍社会进步和个体发展的消极影响和作用。教育的负向功能是由于教育与政治、经济发展不相适应,教育者的价值观念与思维方式不正确,教育内部结构不合理等因素,使教育在不同程度上对社会和人的发展产生阻碍作用。因此,题干说法错误。

23. 教学反思就是回顾一节课的教学过程。

(1)这种说法是不正确的。(2)教学反思是指教师以自己的教学活动为意识对象,对自己的教育理念、教学行为、决策以及由此所产生的结果进行认真的自我审视、评价、反馈、控制、调节、分析的过程。因此,教学反思不单单是回顾一节课的教学过程。题干说法错误。

24. 上课时学生既要听教师讲课,又要记笔记,还要看实验演示或幻灯片。这时学生的注意状态是稳定的。

(1)这种说法是正确的。(2)注意的稳定性,是指注意保持在某一对象或某一活动上的时间长短特性。持续时间愈长,注意就愈稳定。上课时学生既要听教师讲课,又要记笔记,还要看实验演示或幻灯片等,这些行为都服从于听课这一总任务,因此,学生的注意是稳定的。故题干说法正确。

25. “余音绕梁三日不绝于耳”是感觉的补偿作用。

(1)这种说法是不正确的。(2)在刺激作用停止后暂时保留一段时间的现象称为感觉后效,即感觉后像。感觉的补偿是指某种感觉系统的机能丧失后,由其他感觉系统的机能来弥补。例如,盲人失去视觉会增强其听觉、嗅觉、触觉等感觉的感受性,以发挥其补偿作用。“余音绕梁三日不绝于耳”为感觉后效。因此,题干说法错误。

三、简答题(参考答案)

26. 简述课外辅导的要求。

(1)从辅导对象的实际出发,确定辅导内容和措施;(2)明确辅导只是对课堂教学的补充,不能将主要精力放在辅导上;(3)辅导应采用启发式,充分调动学生的主动性和积极性;(4)辅导应鼓励学生独立钻研、自学为主;(5)教师要注意态度,师生平等,共同讨论。

27. 简述教学过程是一种特殊的认识过程的表现。

教学过程作为一种特殊的认识过程,其特殊性表现在以下几个方面:

(1)间接性。学生要以掌握人类长期积累起来的科学文化知识为中介间接地认识客观世界。

(2)引导性。学生的认识是在教师的引导下完成的。

(3)简捷性。学生走的是一条认识的捷径,许多知识是人类经过数百年甚至上千年才总结出来的,但学生在很短的时间内就能掌握。

(4)教育性。教学中既要传授知识,也要对学生的品德进行培养,促进学生"知、情、意、行"全面发展。

28. 简述建构主义的知识观。

建构主义在一定程度上对知识的客观性和确定性提出质疑,强调知识的动态性。

(1)建构主义认为知识并不是问题的最终答案,而是随着人类进步不断改正并随之出现新的假设和解释。

(2)知识并不能精确地概括世界的法则,而是需要针对具体情境进行再创造。此外,知识不可能以实体的形式存在于具体个体之外,尽管我们通过语言符号赋予知识一定的外在形式,但学习者仍然会基于自己的经验背景进行理解并建构属于自己的知识。

29. 简述教师维持课堂纪律的策略。

(1)建立有效的课堂规则;(2)合理组织课堂教学;(3)做好课堂监控;(4)培养学生的自律品质。

四、材料分析题(参考答案)

30. (1)①班主任贯彻了因材施教原则,因材施教原则是指教育者在德育过程中,应根据学生的年龄特征、个性差异以及品德发展现状,采取不同的方法和措施,加强德育的针对性和实效性。材料中,班主任针对女生经常上课迟到,且对于批评已经"习以为常"的特点,采取"旁敲侧击"的方法去教育、影响、鼓励她,体现了因材施教原则。

②班主任贯彻了疏导原则,疏导原则是指进行德育时要循循善诱、以理服人,从提高学生认识入手,调动学生的主动性,使他们积极向上。材料中,班主任因公务迟到后,因势利导,主动向同学们承认错误,讲明道理,并请大家监督,侧面帮助女生认识到自己的错误,并加以改正,这符合疏导原则的贯彻要求。

③班主任贯彻了尊重信任学生与严格要求学生相结合的原则。德育过程中,教育者既要尊重信任学生,又要对学生提出严格的要求,把严和爱有机地结合起来,使教育者的合理要求转化为学生的自觉行动。材料中,班主任没有正面批评指责女生,而是采取"旁敲侧击"的方法去教育、影响、鼓励她,对学生提出每天准时上下课的要求,这体现了尊重信任学生与严格要求学生相结合的原则。

(2)班主任运用的是榜样示范法。榜样示范法是用榜样人物的优秀品德来影响学生的思想、情感和行为的德育方法。材料中,班主任在迟到后,主动向学生承认错误,并请学生监督的行为,为学生树立了良好的榜样,促使女生主动承认了以前的错误。该方法的运用要求为:①选好学习的榜样。选好榜样是学习榜样的前提。班主任结合女孩的实际情况,通过自己的言行为其树立了良好的榜样,促进了女孩的进步与成长。②激起学生对榜样的敬慕之情。要使榜样能对学生产生力量,推动他们前进,就需要引导学生了解榜样,使他们在心灵上对所学榜样产生敬佩之情。班主任在课堂上主动承认错误并请大家监督其改正错误的行为,激发了女孩的敬佩之情。③狠抓落实,引导学生用榜样来调节行为,提高修养。教师要及时地把学生的情感、冲动引导到行动上来,把敬慕之情转化为道德行动和习惯,逐步巩固、加深这种情感。班主任把学生对自己的敬佩之情转化为学生的行动,促使女孩改正了错误,不再迟到。

31. (1)小明把行为的原因归为外部的、不稳定的、不可控的因素,即运气。这种归因方式可能会导致他对自己的行为不负责,长此以往学习动机会下降,学习成绩也不会提高。

小华把行为的原因归为内部的、不稳定的、可控的因素,即努力。根据归因理论,学生将行为的原因归于努力比归于能力会产生更强烈的情绪体验。努力而成功,体验到愉快;不努力而失败,体验到羞愧;努力而失败,也应受到鼓励。

(2)作为老师,应该对小明进行"努力归因"训练,即无论成功或失败都归因于努力与否的结果,因为学生将自己的成败归因于努力与否会提高学生学习的积极性。

对小华应该进行"现实归因"训练,即针对一些具体问题引导学生进行现实归因,以帮助学生分析除努力这个因素外,影响学习成绩的因素还有哪些,如智力、学习方法、家庭环境、教师等因素。让学生在做"努力归因"时联系现实,在做"现实归因"时又强调努力。

国家教师资格考试《教育知识与能力》(中学)全真模拟试卷(二)

一、单项选择题

答案速查

1~5	DCDCD	6~10	CDCAB
11~15	CCBAA	16~21	DBCDDC

1. D 【解析】社会主义教育学又称马克思主义教育学,这一理论认为教育与生产劳动相结合是发展社会生产力的重要方法,也是培养全面发展的人的唯一方法。

2. C 【解析】原文出自《荀子·劝学》。大意为:干、越、夷、貉的孩子,刚生下来时他们的哭声是一样的,而长大后习俗却不同,这是因为后天的教化使他们这样的。这句话强调了后天教育因素对人的身心发展的重要影响。

3. D 【解析】1922年,留美派主持的全国教育会联合会以美国学制为蓝本,颁布了"壬戌学制",也称六三三学制。该学制的颁布和实施,标志着中国资产阶级新教育制度的确立,标志着中国近代以来的学制体系建设的基本完成。

4. C 【解析】分科课程又称学科课程,是指从不同门类的学科中选取知识,按照知识的逻辑体系,以分科教学的形式向学生传授知识的课程。从题干可知,该老师的教学能够让学生获得系统的知识和技能,而能让学生获得系统的知识与技能的则是学科课程。

5. D 【解析】苏联教育家赞可夫著有《教学与发展》一书。赞可夫提出了发展性教学理论的五条教学原则,即高难度、高速度、理论知识起主导作用、理解学习过程、使所有学生包括"差生"都得到一般发展的原则。

6. C 【解析】社会本位论强调社会价值高于个人价值,认为确立教育目的的根据是社会的要求,个人的发展必须服从社会需要,因为个人生活在社会中,受制于社会环境。题干中诺笃尔普强调社会的价值,属于社会本位论的教育目的观。

7. D 【解析】思想性和科学性相统一的原则是指教学要以马克思主义为指导,授予学生科学知识,并结合知识教学对学生进行社会主义品德和正确人生观、科学世界观教育。王老师在进行知识教学的同时,对学生进行爱国主义教育,做到了教书和育人的统一,体现了科学性和思想性相结合原则。故本题答案选择D项。

8. C 【解析】实际锻炼法是有目的地组织学生参加各种实际活动,使其在活动中锻炼思想,增长才干,培养优良的思想和行为习惯的德育方法。锻炼的方式主要包括执行制度、委托任务和组织活动等。题干于老师通过委托任务和组织班级活动对学生进行思想品德教育的方法是实际锻炼法。

9. A 【解析】个体内差异评价是对被评价者的过去和现在进行比较,或将评价对象的不同方面进行比较。个体内差异评价的最大优点是充分体现了尊重个体差异的因材施教原则,适当减轻了评价对象的压力。

10. B 【解析】《基础教育课程改革纲要(试行)》中提出,从小学至高中设置综合实践活动并作为必修课程。其内容主要包括:信息技术教育、研究性学习、社区服务与社会实践以及劳动与技术教育。

11. C 【解析】尊重信任学生与严格要求学生相结合的原则是指在德育过程中,教育者既要尊重信任学生,又要对学生提出严格的要求,把严和爱有机地结合起来,使教育者的合理要求转化为学生的自觉行动。在德育工作中尊重信任与严格要求是辩证统一的,题干中的孙老师在关心学生的同时没有严格要求学生,其做法违背了该原则。

12. C 【解析】建构主义在学习观上强调主动建构性、社会互动性和情境性。孙老师带领学生在具体的情境中观察学习,并让同学们组成学习小组分享自己的观察结果。这体现的是建构主义的观点。

13. B 【解析】学习的元认知策略是指学生对自己整个学习过程的有效监视及控制的策略。题干中的学生在考试后进行的一系列活动,正是运用了元认知策略。

14. A 【解析】定势(即心向)是指重复先前的操作所引起的一种心理准备状态。在定势的影响下,人们会以某种习惯的方式对刺激情境做出反应。题干所述体现了定势的消极作用。

15. A 【解析】倒摄抑制是后学习的材料对保持和回忆先学习的材料的干扰作用。小丽对前面一组材料的记忆效果不如后面一组好,说明她对前面一组材料的回忆受到了倒摄抑制的影响。

16. D 【解析】意志是指人自觉地确定目的,有意识地根据目的、动机调节支配行动,努力克服困难,实现目标的心理过程。根据题干描述可知,学生总是在体育活动中叫苦叫累,这说明他们缺乏良好的意志品质。因此,袁老师应在全班进行意志品质的培养。

17. B 【解析】认知内驱力是指要求了解、理解和掌握知识以及解决问题的需要。杨艺对食物消化的知识感兴趣、有好奇心而认真听课,这属于认知内驱力。附属内驱力是指个体为了获得长者们(如家长、教师)的赞许或认可而表现出把工作、学习做好的一种需要。杨艺在得到生物老师的赞扬后，学习积极性更高了，这属于附属内驱力。

18. C 【解析】原型操作是依据智力技能的实践模式，把学生在头脑中已建立起来的活动程序计划以外显的操作方式付诸实施，获得完备的动觉映像的过程。

19. D 【解析】场独立型的学生对客观事物的判断常以自己的内部线索（经验、价值观）为依据，不易受到周围环境因素的影响和干扰，倾向于对事物的独立判断；行为常是非社会定向的，社会敏感性差，不善于社交，关心抽象的概念和理论，喜欢独处。

20. D 【解析】心理发展的不平衡性指的是心理的发展可以因进行的速度、到达的时间和最终达到的高度而表现出多样化的发展模式。一方面表现出个体不同系统在发展的速度、发展的起止时间与到达成熟时期的不同进程；另一方面也表现出同一机能特性在发展的不同时期有不同的发展速率。题干所述表明个体的心理发展具有不平衡性的特点。

21. C 【解析】强迫症是一种以强迫症状为主的神经症，其特点为有意识的自我强迫和反强迫并存，两者强烈冲突使患者感到焦虑和痛苦。题干汪娟的行为符合强迫症的症状。

二、辨析题（参考答案）

22. 备课就是写教案。

(1)这种说法是不正确的。(2)教师备课需要做好三方面的工作，即钻研教材、了解学生、设计教法，也即备教材、备学生、备教法；另外，教师还要写好三种计划，即学年（或学期）教学计划、课题（或单元）计划、课时计划（教案）。写教案只是备课的其中一个环节，并不能把备课与写教案等同，故题干说法错误。

23. 德育过程的基本矛盾是教育者与受教育者之间的矛盾。

(1)这种说法是不正确的。(2)德育过程的基本矛盾是社会通过教师（教育者）向受教育者提出的思想道德要求与受教育者已有品德水平之间的矛盾，这是德育过程最一般、最普遍的矛盾。德育过程的展开，就是要解决这一基本矛盾。故题干说法不正确。

24. "江山易改，禀性难移"说明气质是不可以改变的。

(1)这种说法是错误的。(2)气质是表现在心理活动的强度、速度、灵活性与指向性等方面的一种稳定的心理特征，即我们平时所说的脾气、秉性。人的气质是先天的，由遗传因素决定，受生理影响较大。由于气质较多地受生物因素的制约，因此，气质变化较难、较慢，但并不意味着它完全不起变化，在生活环境和教育条件的影响下，在性格的掩盖下，气质可以得到相当程度的改造。故题干说法错误。

25. 习得性无助感的形成与人们对失败的归因有关。

(1)这种说法是正确的。(2)习得性无助感是指由于连续的失败体验而导致个体产生的对行为结果感到无力控制、无能为力的心理状态。其形成的原因是连续的失败，并把失败归因于内部的、稳定的和不可控的因素（即能力低）。故题干说法正确。

三、简答题（参考答案）

26. 根据评价作用的不同可将教学评价分为哪几类？

根据教学评价的作用，可以将教学评价分为以下三种：(1)诊断性评价。诊断性评价是在学期开始或一个单元教学开始时，为了了解学生的学习准备状况及影响学习的因素而进行的评价。(2)形成性评价。形成性评价是在教学过程中为改进和完善教学活动而进行的对学生学习过程及结果的评价。(3)总结性评价。总结性评价也称为终结性评价，是在一个大的学习阶段、一个学期或一门课程结束时对学生学习结果的评价。

27. 简述我国中学常用的德育方法。

常用的德育方法有：(1)说服教育法；(2)榜样示范法；(3)情感陶冶法；(4)实际锻炼法；(5)自我修养法（个人修养法）；(6)品德评价法；(7)角色扮演法；(8)合作学习法。

28. 简述短时记忆的概念和特点。

(1)概念：短时记忆是指对信息的保存时间在1分钟以内的记忆，是信息从感觉记忆到长时记忆的过渡阶段。

(2)特点：①时间很短，不超过1分钟。②容量有限，一般是7±2个组块。③意识清晰。④操作性强。⑤易受干扰。

29. 简述如何运用注意规律组织教学。

(1)根据注意的外部表现了解学生的听课状态；(2)运用无意注意的规律组织教学；(3)运用有意注意的规律组织教学；(4)运用两种注意相互转换的规律组织教学。

四、材料分析题（参考答案）

30. (1)在学校教育中，良好的班集体对学生健康成长是非常重要的，具体表现在：①有利于形成学生的群体意识。②有利于培养学生的社会交往能力与适应能力。③有利于训练学生的自我教育能力。材料中的王老师为了把班级带好，代替学生完成部分学校布置的班级活动任务，忽略了学生在班集体中的自觉主动性，没能实现通过班集体来培养学生的自我教育能力。而材料中的张老师尊重每个学生的个性，注重班集体的建设并创造条件让每个学生在集体中成长成才。几年下来,张老师不仅带好了班级,也使学生在班集体中展示了自己的才华,培养了他们的自我教育能力,从而促进了学生的健康成长。

(2)培养良好班集体要注意:①确定班集体的发展目标;②建立得力的班集体核心;③建立班集体的正常秩序;④组织形式多样的教育活动;⑤培养正确的舆论和良好的班风。

材料中两位老师在班级管理中的成败经验,明确体现了其中两点:

第一,建立得力的班集体核心。建立班集体的核心队伍:首先,教师要善于发现和培养积极分子。其次,教师应把对积极分子的使用与培养结合起来。材料中,张老师在班集体的建设中尊重每个学生的个性,注重班集体建设,相信班集体的力量,创造条件让每个学生在集体中成长成才。她的这些做法有利于培养班集体的核心,带动全班学生的积极性,促进班集体的良好发展。

第二,组织形式多样的教育活动。班集体是在全班同学参加各种教育活动的过程中逐步成长起来的,而各种教育活动又可以使每个人都有机会为集体出力并展示自己的才能。班级教育活动所涉及的内容有主题教育活动、文艺体育活动、社会公益活动等。材料中的王老师在班级的各项活动中投入过多的精力,甚至亲力亲为,代替学生完成部分学校布置的班级活动任务,这些做法都不利于学生个人在班级建设中展示自己的才华和能力。而张老师尊重每个学生,创造条件让每个学生在集体中成长。在她的带领下,班级的教室环境卫生、体育运动和文艺演出等都走在全校前列,从而实现了各种教育活动对班集体的培养和发展的作用。

31. (1)福勒和布朗根据教师的需要和不同时期所关注的焦点问题不同,把教师的成长划分为关注生存、关注情境和关注学生三个阶段。①处于关注生存阶段的教师会把大量的时间花在如何与学生搞好个人关系上,而不是更多地考虑如何让学生获得学习上的进步。材料中的李老师在刚入职时把大量时间花在如何与学生搞好关系上,此时他处于关注生存阶段。②处于关注情境阶段的教师关心的是如何教好每一堂课,以及班级大小、时间压力和备课材料是否充分等与教学情境有关的问题。材料中的李老师后来为了上好每一堂课而认真备课、向优秀教师请教,进行观摩学习,此时他处于关注情境阶段。③处于关注学生阶段的教师将考虑学生的个别差异,认识到不同发展水平的学生有不同的需要,根据学生的差异采取适当的教学,促进学生发展。材料中的李老师最后能考虑学生的个别差异,对学生进行因材施教,此时他处于关注学生阶段。因此,李老师的专业发展经历了从关注生存到关注情境再到关注学生三个阶段。

(2)教师专业发展的方法包括:①观摩和分析优秀教师的教学活动;②开展微格教学;③进行专门训练;④进行教学反思。